Christian Andree
Rudolf Virchow
Vielseitigkeit, Genialität
und Menschlichkeit

Christian Andree

Rudolf Virchow
Vielseitigkeit, Genialität und Menschlichkeit

Ein Lesebuch

Georg Olms Verlag
Hildesheim · Zürich · New York
2009

Anschrift des Herausgebers:
Professor Dr. Christian Andree
Brunswiker Straße 2, 24105 Kiel

Das Werk ist urheberrechtlich geschützt. Jede Verwertung außerhalb der engen Grenzen des Urheberrechtsgesetzes ist ohne Zustimmung des Verlages unzulässig. Das gilt insbesondere für Vervielfältigungen, Übersetzungen, Mikroverfilmungen und die Einspeicherung und Verarbeitung in elektronischen Systemen.

Die Deutsche Nationalbibliothek verzeichnet diese Publikation in der Deutschen Nationalbibliografie; detaillierte bibliografische Daten sind im Internet über http://dnb.ddb.de abrufbar.

ISO 9706
Gedruckt auf säurefreiem und alterungsbeständigem Papier
Umschlaggestaltung: Anna Braungart, Tübingen
Herstellung: Hubert & Co, 37079 Göttingen
Printed in Germany
Georg Olms Verlag AG, Hildesheim 2009
www.olms.de
ISBN 978-3-487-08822-8

Inhalt

I. Das Leben Rudolf Virchows 9

II. Briefe 31

    1. Ein Brief des Studenten Rudolf Virchow, in dem Butter, Gänsebrust und Mikroskop keine Nebenrollen spielen
Berlin, 24. Januar 1841 31

    2. Aus Oberschlesien. Erschütternde erste Eindrücke
Rybnik, 24. Februar 1848 33

    3. Revolution! Kanonen- und Gewehrfeuer in Berlin – Der Sturm auf die Barrikaden in der Tauben- und Friedrichstraße
Berlin, 19. März 1848 35

    4. Trügerische Ruhe nach dem Sturm 1848: Die „Ruhe eines Vulkans". Die Wiederherstellung Polens
Berlin, 24. März 1848 41

    5. Virchow tanzt auf allen Hochzeiten. Politische und ärztliche Tätigkeit 1848
Berlin, 1. Juli 1848 43

III. Mittheilungen über die in Oberschlesien herrschende Typhus-Epidemie. Ein Spiegel für Rudolf Virchows vielfältige Interessen und Berufungen 45

    1. Ein Reiseerlebnis in Oberschlesien und seine Folgen: Die Geburtsstunde der modernen Sozialmedizin
Sommer 1848 46

2. Nahrung der Oberschlesier: Kartoffeln, Milch und
Sauerkraut – Sauerkraut, Milch und Kartoffeln
Sommer 1848 61

3. Mittel gegen Krankheiten: „Bildung mit ihren Töchtern
Freiheit und Wohlstand"
Sommer 1848 63

IV. **Politik** 79

1. Auseinandersetzung mit Bismarck um die Rechte
des Parlaments
Rede im Abgeordnetenhaus 28. Januar 1863 79

2. Virchows Bismarck-Kritik am Beispiel eines unannehmbaren Gesetzentwurfs in bezug auf den außerordentlichen Geldbedarf der Militär- und Marineverwaltung.
Der Vorläufer/Anlaß für die Duell-Affaire Bismarck/Virchow
Rede im Abgeordnetenhaus 2. Juni 1865 94

3. Duell-Affaire mit Bismarck – Virchows Richtigstellung
des Sachverhalts
Rede im Abgeordnetenhaus 17. Juni 1865 101

4. Gleichberechtigung der verschiedenen Konfessionen –
ein Plädoyer für den Humanismus
Rede im Abgeordnetenhaus 12. Dezember 1868 110

5. Humanismus, Religion und Schulen
Rede im Abgeordnetenhaus 15. Dezember 1868 120

V. Kulturkampf 125

1. Gesetzentwurf über die Vorbildung und Anstellung von Geistlichen – „Kulturkampf"
Rede im Abgeordnetenhaus 17. Januar 1873 125

2. „… die Seele noch niemals getroffen"
Ist ein Beweis für die Existenz von Seele und Aberglaube nötig?
Rede im Abgeordnetenhaus 22. Februar 1877 127

3. „Die Frage der Religion … konvertirt in eine Frage der Politik"
Rede im Reichstag 30. November 1881 130

VI. Medizin 137

1. Virchow und seine Trias 137

2. „Wenn eine Frau liebt, so liebt sie in Einem fort, ein Mann thut dazwischen etwas Anderes."
Der puerperale Zustand. Das Weib und die Zelle (1847) 142

3. Zur Trinkerproblematik (Alkoholabusus)
Rede im Reichstag 6. April 1881 152

4. Tierversuche
Rede im Reichstag 23. Januar 1882 169

5. Kurpfuscherei
Das Verhältnis von Naturheilern zu wissenschaftlich ausgebildeten Ärzten
Rede im Reichstag 15. März 1892 182

VII. Anthropologie, Ethnologie und Urgeschichte 189

1. Wie der Mensch wächst – eine Erinnerung 189

2. Der Aul Uolla-Koban im Lande der Osseten
   (Nordkaukasus) 202

3. Heinrich Schliemann – der problematische Freund
   Die Entstehungsgeschichte von Virchows dreiteiliger
   Veröffentlichung „Erinnerungen an Schliemann"
   in der Zeitschrift „Die Gartenlaube"
   „Erinnerungen an Schliemann" 211

VIII. Der Irrsinn von Antisemitismus und Fremdenfeindlichkeit 247

1. Ein jüdischer Freund: Theodor Goldstücker 247

2. Die Besetzung der Assistentenstellen am Berliner
   pathologischen Institut mit Beziehung auf das
   Glaubensbekenntniss der Bewerber erläutert 278

IX. Rückblick 285

1. Zur Erinnerung.
   Blätter des Dankes für meine Freunde 285

X. Textnachweise 293

XI. Anmerkungen 301

I. Das Leben Rudolf Virchows

Virchow gilt als das Symbol „deutscher Wissenschaft" schlechthin, als Inbegriff menschlicher Erkenntnis seiner Epoche. Was verstand er darunter? Objektives (nicht nationalistisches) Streben nach Wahrheit.
Zeitgenossen und Nachgeborene aus aller Welt huldigten ihm. Er gründete durch Anregung, eigene Forschung und tatkräftige Förderung mehrere Wissenschaften in ihrer modernen Form. Dieser große Pathologe, Hygieniker, Sozialmediziner, Anthropologe, Ethnologe und Prähistoriker hat nicht nur in den Wissenschaften, sondern auch als Politiker eine überragende Rolle gespielt (und spielt sie noch heute). In – stets die Form wahrenden – Diskussionen mit Bismarck und anderen politischen Kontrahenten wurde er zu einem der Vorbilder für die moderne deutsche Demokratie. Für seinen politischen Weg waren die Erfahrungen seiner Biographie maßgebend. Es lohnt sich daher, seinen Lebensweg zu betrachten[1].
Rudolf Ludwig Carl Virchow wurde am 13. Oktober 1821 in Hinterpommern geboren. Schivelbein hieß der Ort, der heute den polnischen Namen Swidwin trägt. Zu Anfang des 19. Jahrhunderts hatte das Städtchen rund 2.000 deutsche, meist evangelische Einwohner (heute rund 14.500 Polen). Ackerbau und Viehzucht waren der Haupterwerb der Einwohner. Zur Zeit der Geburt bis 1828 war Virchows Vater Carl Christian Siegfried Stadtkämmerer Schivelbeins und bewirtschaftete ein kleines Anwesen von ca. 50 Morgen – mit äußerst geringem Erfolg[2]. Dieser Vater war wiederum Sohn eines Fleischermeisters, hatte sich zunächst als Handlungsdiener durchgeschlagen, konnte aber nicht davon leben, ehe er Johanna Maria Hesse aus der nahen Kreisstadt Belgard heiratete, die ein geringes Vermögen mitbrachte. Die spät geschlossene Ehe der beiden war nicht gut: Rudolf Virchow blieb ihr einziges Kind. Der Junge zeigte früh ungewöhnliche Geistesgaben. Der Vater, der größten Wert auf eine sorgfältige Erziehung legte, brachte ihm „fast spielend" Lesen und Schreiben bei. Mit sieben Jahren kam Rudolf auf die Stadtschule und erhielt bei deren Rektor Privatunterricht in Latein und Französisch.

Danach wurde er durch Pastoren weiter gefördert, so daß er am 1. Mai 1835 in die Tertia des Gymnasiums zu Köslin (Hinterpommern) aufgenommen werden konnte. Dort legte er Ostern 1839 die Reifeprüfung ab. Er war der beste Schüler seines Jahrgangs gewesen, hatte aber eine schlechte Betragensnote und galt bei seinen Mitschülern zeitweise als „König" der Klasse. Bei der Reifeprüfung 1839 durften sich die wenigen Schüler das Thema ihres Deutschaufsatzes selber wählen. Virchow entschied sich für „Ein Leben voller Arbeit und Mühe ist keine Last, sondern eine Wohlthat". Der Vater war nicht in der Lage, seinen Sohn zur Universität zu schicken. Durch Vermittlung seines Onkels, des Majors Virchow, ergab sich aber die Möglichkeit, eine militärärztliche Akademie zu besuchen. Es war die Berliner Pépinière, eine Ausbildungsanstalt des preußischen Staates, die von den Pépins nur verlangte, daß sie zukünftig als Militärärzte zur Verfügung standen. Aus ihr sind zur gleichen Zeit oder etwas später beispielsweise Hermann von Helmholtz, Emil Dubois Reymond, Emil von Behring und andere große Naturforscher hervorgegangen. Bei der Aufnahmeprüfung bescheinigte man Virchow, daß „außer Krankheitsanlagen dem jungen Manne nichts abgehe".

Schon der junge Virchow war ein selbständig denkender und handelnder Mensch. Daß ihn seine Mutter nach der Familienüberlieferung „über alles geliebt hat", war sicherlich eine Voraussetzung für seine spätere Selbstsicherheit. Die gespannte Atmosphäre im Elternhaus und sein sicheres Gefühl für Rechtspositionen haben im späteren Leben Virchows dazu geführt, daß er stets seine Rechte zu wahren wußte und gleichzeitig streitbar blieb. Am 26. Oktober 1839 trat er in die Pépinière ein.

Vorlesungen hörte der angehende Militärarzt an der Berliner Universität, zu deren eindrucksvollsten Lehrern der Physiologe und Anatom Johannes Müller (1801–1858) gehörte. Virchow wurde einer seiner Lehrstuhlnachfolger. Das Charité-Krankenhaus, an dem sie arbeiteten, hatte schon um 1840 mehr als eintausend Patienten, die von nur neunzehn Chirurgen versorgt wurden. Im Gegensatz zu manchen anderen Militärärzten war Virchow bei den Kranken sehr beliebt und ein begeisterter Arzt. Er arbeitete wissenschaftlich mit Robert Linde auf chemischem Gebiet und mit Robert Froriep, dem Prosektor der Charité, auf mikroskopischem Gebiet zusammen. Am 23. Oktober 1843 verteidigte er, noch vor Ende seiner ärztlichen Ausbildung, eine in lateinischer Sprache verfaßte Dissertation mit dem Titel *De rheumate praesertim corneae*, deren acht Thesen nicht nur von der Hornhaut des Auges handelten, sondern auch den Satz enthielten (in freier Übersetzung): Die Steine Pommerns sind Produkte der Eiszeit[3]. Diese merkwürdig erscheinende These innerhalb einer medizinischen Dissertation möge hier nur als Beweis für die fortwirkende Beschäftigung Virchows mit historischen Fragen selbst während seines Medizinstudiums an einer Pépinière stehen. Sie zeigt, daß Virchow schon als junger Mann in der Lage war, mehrere Gebiete der Wissenschaft gleichzeitig zu behandeln.

Im Jahre 1844 wurde er Assistent des Prosektors an der Charité Robert Froriep. Sein beweglicher Geist und seine Beliebtheit bei den Vorgesetzten verhalfen ihm zu der Ehre, am 3. Mai 1845 anläßlich der alljährlich festlich begangenen Geburtstagsfeier des Gründers der Pépinière seine erste öffentliche Rede – mit einem selbstbestimmten Thema – halten zu dürfen. Er wählte: *Über das Bedürfnis und die Möglichkeit einer Medizin vom mechanischen Standpunkt*[4]. Sein darin mit großer Überzeugung vorgetragenes wissenschaftliches Glaubensbekenntnis erregte die Zuhörer. Denn die zum Teil noch im romantischen Geist ausgebildeten und tätigen Militärmediziner sahen in Virchows Forderungen nach klinischer Beobachtung, Tierexperimenten und Leichenöffnungen mit Recht einen direkten Angriff auf die Grundlagen ihrer vom Geist des Idealismus getragenen Medizin. Sie lehnten sich dagegen auf, daß, wie Virchow sagte, das Leben allgemeinen physikalischen und chemischen Gesetzen unterliege und im wesentlichen Aktivität von Zellen sei. Sie ahnten nicht, daß diese Virchow'schen Erkenntnisse bis heute Grundlagen der modernen Medizin sind. Noch stärkeren Widerstand erfuhr Virchow drei Monate später, als der dreiundzwanzigjährige Student am ebenfalls feierlich begangenen Gründungstag der Pépinière (2. August 1795) über Venenentzündungen sprach[5]. Auch hier ging er von der mechanischen Konstruktion der Lebens- und Krankheitsvorgänge aus und wandte sich gegen die veralteten Methoden romantischen Spekulierens in der Medizin. Die heute sogenannte „Virchow'sche Trias" wird im Abschnitt „Medizin" unter VI.1 vorgestellt.

Er hat danach von wenigen (allerdings den leitenden) Militärärzten der Pépinière Unterstützung erfahren, was für die Qualität damaliger preußischer Militärmedizin spricht. Nachdem er im Frühjahr 1846 die medizinischen Staatsexamina bestanden hatte und seine ersten pathologisch-anatomischen Veröffentlichungen in Frorieps *Neue Notizen* untergebracht hatte, begann er, um seine modernen Erkenntnisse zu verbreiten, Pläne für eine eigene Zeitschrift zu schmieden und Privatvorlesungen an der Universität zu halten. Als dann Froriep vom Posten des Prosektors zurücktrat, bemühte sich Virchow – immerhin ein damals noch nicht fertig ausgebildeter Arzt – um die vakante Prosektorenstelle. Er wußte, daß er damit die Möglichkeit hatte, aus der vorbezeichneten Militärarztlaufbahn auszuscheren und gleichzeitig seinen wissenschaftlichen Interessen folgen zu können. „Sollte es mir gelingen, diese Stellung zu erlangen, so ist mir für meine Zukunft nicht bange; die pathologische Anatomie entbehrt jeder Bearbeitung..."[6], schreibt er in dieser Zeit an den Vater. Und dem 24jährigen gelang es tatsächlich, selbst auf seine schon damals vorhandenen zahlreichen Gegner einen so starken Eindruck zu machen, daß sie ihn zumindest respektierten, anstatt ihn auszulachen oder zu zerbrechen. Die entscheidende Wende seiner Karriere nach seiner Ernennung zum Prosektor am 11. Mai 1846 hatte er also selbst herbeigeführt, sie war nur mittelbar das Werk wohlwollender militärärztlicher Vorgesetzter.

Von April 1847 an gab Virchow dann gemeinsam mit seinem jugendlichen Kollegen Benno Reinhardt die projektierte Zeitschrift, das bis heute existierende *Archiv für pathologische Anatomie und Physiologie und für klinische Medizin* heraus (heute: Virchows Archiv). Im Vorwort des ersten Heftes hieß es: „Der Standpunct, den wir einzuhalten gedenken und dessen weitere Motivirung sich in dem ersten Hefte vorfindet, ist der einfach naturwissenschaftliche." Diese Zeitschrift ist nicht nur ein Hauptorgan der naturwissenschaftlich orientierten „Berliner Schule" der Medizin geworden, sondern hat das hohe Ansehen deutscher Medizin in der Welt seit jener Zeit entscheidend mitgeprägt. Hier sind grundlegende Studien auf allen Gebieten der pathologischen Anatomie und Physiologie im Erstdruck erschienen.

Am 6. April 1847 war Virchow auf seinen Antrag hin aus dem militärärztlichen Dienst endgültig entlassen worden und konnte sich am 6. November habilitieren. Gleichzeitig erreichte er die Zulassung als Privatdozent, die damals normalerweise erst drei Jahre nach dem Staatsexamen möglich war. Auch dies beweist, daß er sich bei seinen Vorgesetzten inzwischen erheblichen Respekt verschafft hatte. Sein Ansehen führte dazu, daß ihn am 18. Februar des Revolutionsjahres 1848 der Minister der geistlichen, Unterrichts- und Medizinalangelegenheiten Eichhorn mit einer für Preußen heiklen Mission beauftragte: Er sollte mit einem Geheimen Obermedizinalrat (Dr. Barez) nach Oberschlesien reisen, um wissenschaftlich den Charakter einer dort herrschenden Flecktyphus-Epidemie und allgemein die medizinischen Verhältnisse dieser damals abgelegenen Provinz mit ihrer polnisch-deutschen Mischbevölkerung zu klären. Als er zwei Tage darauf am 20. Februar 1848 abreiste, ahnte er nicht, daß die ihm bevorstehenden Ereignisse eine entscheidende Wende für sein ganzes Leben bedeuten würden. An größeren Reisen (alle mit der Postkutsche) hatte er außer den regelmäßigen Ferienfahrten in seine pommersche Heimat bis dahin lediglich eine in das Rheintal und nach Belgien und Holland im Sommer 1847 unternommen. Damals begann seine Freundschaft mit Franz Cornelis Donders, einem berühmten holländischen Physiologen, Hygieniker und Ophthalmologen, der wie Virchow und manch anderer Zeitgenosse damals alle Möglichkeiten mikroskopischen Arbeitens ausschöpfte, in einem innovativen Maße, wie es späteren Ärztegenerationen kaum noch oder erst wieder mit der Elektronenmikroskopie möglich war. Die Begegnung mit Donders war von Virchow gesucht worden, so wie er überhaupt auf dieser nachromantischen Bildungsreise viele Größen westeuropäischer Universitäten aufsuchte und zu ihnen auch später Beziehungen gepflegt hat. Die über 2.200 wissenschaftlichen Korrespondenzen, die sich in Virchows Nachlaß finden, geben ein beredtes Zeugnis davon, wie Virchow internationale Wissenschaftskontakte sein ganzes Leben systematisch gepflegt hat, und sie umfaßten schließlich die ganze Welt. Seine 1847er Reise hatte er in einem Brief an die Eltern so charakterisiert:

„Ich kenne jetzt fast alle deutschen Universitäten und den größten Teil der deutschen medizinischen Größen, und was nicht minder wichtig ist, sie kennen mich. Unser Archiv hat dadurch an Ausdehnung und Einfluß gewonnen, und es wird mir möglich, den Standpunkt, auf welchen ich mich gestellt habe, nämlich der Repräsentant einer bestimmten Richtung in der Medizin zu sein, mit Bewußtsein durchzuführen"[7]. Die Reise war übrigens auch zu dem Zweck erfolgt, sich auf der damals in Aachen stattfindenden 25. Versammlung deutscher Naturforscher und Ärzte mit zwei Vorträgen vorzustellen (über parenchymatöse Entzündung [der Ausdruck stammt von Virchow] und über maligne Tumoren), und begründete eine über 50jährige regelmäßige Vortragstätigkeit und die spätere Präsidentschaft auf diesen für die Entwicklung und Popularisierung naturwissenschaftlicher Erkenntnisse im 19. Jahrhundert so wichtigen jährlichen Kongressen. Virchow hat sie auch später immer wieder wissenschaftspolitisch genutzt, um seine Ansichten durchzusetzen.

Zurück zur oberschlesischen Reise. Als Virchow in den Dankesworten, die er nach den Feierlichkeiten anläßlich seines 80. Geburtstages an seine Freunde richtete, das Fazit seiner Lebensarbeit zog, bezeichnete er die Entsendung nach Oberschlesien selbst als das „entscheidende Ereignis" seines Lebens. Es hat ihn zur Beschäftigung mit den großen sozialen Problemen seines Zeitalters geführt, und er ist dadurch zum scharfen Ankläger des ganzen bisherigen Gesundheitssystems in Preußen geworden. Gleich im ersten Brief an seinen Vater aus Rybnik (Oberschlesien) zeigt sich, daß Virchow seine Tätigkeit nicht auf Leichenöffnungen beschränkt wissen wollte, sondern daß er für die unglaublichen Zustände bei der tierisch dahinvegetierenden[8] Mehrzahl der oberschlesischen Bevölkerung direkt und schonungslos die falsche Politik des preußischen Ministers von Bodelschwingh verantwortlich machte. Virchow vertiefte sich in alle Einzelheiten der oberschlesischen Zustände, er studierte die geologische Beschaffenheit und die Kultivierbarkeit des Bodens, die „Rassenfrage" (wie man damals die Nationalitätenfrage nannte), die Wohnverhältnisse, die sprachlichen (deutsch-polnische Mischsprache) Verhältnisse, den Einfluß der Kirche, die Einwirkung des Klimas und kam dann zu dem

Schluß, daß die Ursachen der „grauenhaft-jammervollen" Zustände auf das Konto der Berliner Regierung gingen. Mit jugendlichem Enthusiasmus forderte er später in seinem *Archiv*[9] „volle und unumschränkte Demokratie", spottete über die Bürokraten und ihre unsinnige Gesetzesmacherei, verlachte die Feudalaristokratie, die ihr Geld verbrauche, um den „Narrheiten ihrer Höfe, der Armeen und der großen Städte" zu frönen, und verhöhnte gleichzeitig auch die aufkommenden bourgeoise Geldaristokratie, die in den Oberschlesiern nicht Menschen, sondern lebende Maschinen sah. Er geißelte die kirchliche Hierarchie, die das elende Volk auf den Himmel vertröstete. Virchow forderte statt dessen „Bildung mit ihren Töchtern Freiheit und Wohlstand". Er forderte ferner Fortschritte in der nationalen Entwicklung Deutschlands und eine klare Abgrenzung gegenüber slawisch geprägten Gebieten[10].

Am 10. März 1848 kehrte Virchow plötzlich und vorzeitig aus Oberschlesien zurück, um – wie er seinem Vater schrieb – „an den Bewegungen der Hauptstadt teilzunehmen". Die Nachrichten aus Berlin hatten ihn nämlich in Oberschlesien in äußerste Unruhe versetzt. Noch war ihm unklar, was sich in Berlin vorbereitete, insbesondere inwieweit die Regierung etwa den Volkswünschen entgegenkäme. Am 18. März brach dann bekanntlich der Sturm los. Virchow schreibt etwas später darüber an seinen Vater: „... meine Beteiligung an dem Aufstande war eine relativ unbedeutende. Ich habe einige Barrikaden bauen helfen, dann aber, da ich nur ein Pistol bekommen hatte, nicht unwesentlich mehr nützen können, da die Soldaten meist in zu großer Entfernung schossen, und ein Handgemenge bei der geringen Zahl der Bürger, wenigstens an meiner Barrikade (Ecke Tauben- und Friedrichstraße) nicht möglich war. In wie fern wir morgen eingreifen, werden wir morgen in einer Versammlung bei dem Geheimen Rat Mayer [gemeint war der berühmte Berliner Gynäkologe und Begründer der Berliner Gesellschaft für Geburtshilfe, der spätere Schwiegervater Virchows] besprechen."

Infolge dieser Beteiligung an der Revolution und nachfolgender „agitatorischer Wahlumtriebe" hatte Virchow bis 1849 erhebliche Auseinandersetzungen mit der preußischen Ministerialbürokratie. Daraufhin verlor er die für ihn lebensnotwendige freie Kost und

Logis in der Charité und sollte zeitweise sogar auf die Prosektur verzichten. Er erhoffte sich vom Sieg der Revolution Fortschritte für die wissenschaftliche und praktische Medizin. Was war geschehen? Virchow hatte als behandelnder Arzt in Krankenzimmern Flugblätter verteilt, war für einen Berliner und einen Frankfurter Bezirk zum Wahlmann ernannt worden und hatte sich offen zum „demokratischen Königtum", das heißt zu einer Republik mit erblichem Präsidenten bekannt. In den Briefen an den konservativ geprägten Vater betonte er, daß jetzt die sozialen Fragen im Vordergrund stünden und daß der alte Unterschied zwischen Bürgern und Arbeitern fortfallen müsse. Ja, er bezeichnete als wichtigstes Ziel die Verbesserung der Lage der Arbeitenden, nicht nach dem Willen des Königs, sondern nach dem des gleichberechtigten Volkes.

Neben seiner politischen Tätigkeit gab Virchow seit dem 10. Juli 1848 bis zum 29. Juni 1849 eine Wochenzeitschrift *Die medizinische Reform* heraus, anfangs gemeinsam mit seinem Freunde, dem Psychiater Rudolf Leubuscher. *Die medizinische Reform* ist wie kaum eine andere der ephemeren Erscheinungen in der vielgestaltigen Landschaft des medizinischen Pressewesens im 19. Jahrhundert von nachhaltiger Wirkung gewesen. Die Lektüre der meist kurz und prägnant gehaltenen Artikel des sich als Streitschrift verstehenden Periodikums kann auch heute noch – sowohl für Medizin- und Kultur- als auch für Wissenschafts- und Sozialhistoriker – ungewöhnlich reizvoll sein. Bereits im Eröffnungsartikel steht das berühmte Wort „… die Ärzte sind die natürlichen Anwälte der Armen und die sociale Frage fällt zu einem erheblichen Theil in ihre Jurisdiction." In seiner 1849 erschienenen Schrift *Die Einheitsbestrebungen in der wissenschaftlichen Medicin* erweiterte Virchow diesen Gedankengang: „Soll die Medicin … ihre große Aufgabe wirklich erfüllen, so muß sie in das große politische und sociale Leben eingreifen … sie muß die Hemmnisse angehen, welche der normalen Erfüllung der Lebensvorgänge im Wege stehen und ihre Beseitigung erwirken."

Virchow forderte eine gesetzliche Beschränkung der Arbeitszeit, die damals bis zu zwölf Stunden täglich betrug, Verpflegung „unmittelbar" Kranker durch den Staat, unentgeltliche Ausbildung der Medizinstudenten und freie Arztwahl für die Armen.

Mitte des Jahres 1849 mußte Virchow allerdings das Scheitern all dieser revolutionären Bemühungen erkennen. Anfang August schrieb er an den Vater: „Meine literarische Tätigkeit habe ich bedeutend eingeschränkt. Die ‚Reform' ist seit einem Monat geschlossen, da die Realisirung der demokratischen Forderungen auch in der Medicin noch lange ausstehen wird, und die ewige Opposition jetzt meine Stellung nur erschweren würde"[11]. Wie begründet diese Erkenntnis war, geht aus der Tatsache hervor, daß die Universität Würzburg ihn nur dann auf den neugeschaffenen Lehrstuhl für pathologische Anatomie – auf Anweisung aus München – berufen durfte, wenn Virchow sich „seiner früher kundgegebenen radicalen Tendenzen" enthalten würde. Virchow antwortete darauf etwas pikiert, aber nolens volens, er habe die Absicht gefaßt, in Würzburg eine gesicherte wissenschaftliche Stellung und nicht einen Tummelplatz für radicale Tendenzen zu erwerben[12]. Gleichzeitig versuchte Virchow, die durch den Würzburger Gynäkologen Franz Kiwisch Ritter von Rotterau, den Internisten Franz von Rinecker und den Anatomen Rudolf Albert Kölliker angeregte Berufung, die der mit Kiwisch verwandte damalige Protomedicus von Böhmen, von Nadherny, politisch geschickt unterstützte, in Berlin so zu nutzen, daß er doch noch seine Berliner Position halten könne. Hinzu kam, daß Virchow mit Recht die Umtriebe der ultramontanen Partei in Bayern, mit dem von ihm zeitlebens gehaßten Kollegen Ringseis an der Spitze, fürchtete. So hätte er gerne eine von dem Berliner Minister von Ladenberg diskutierte außerordentliche Professur mit einem bescheidenen Gehalt von 800 Talern jährlich einer ordentlichen Würzburger Professur mit dem erheblich höheren Gehalt von 1.200 Gulden im Jahr vorgezogen[13]. Aber die Stimmung in Berlin war gegen ihn. Noch vor seinem Weggang nach Würzburg verlobte er sich mit Rose Mayer, der Tochter des oben erwähnten Geheimen Sanitätsrates Karl Mayer, und wurde im Jahr 1850 anläßlich seiner Hochzeit Gegenstand eines polizeilichen Ausweisungsverfahrens aus Berlin. Die Verbindung über seine Frau hat Virchow in Beziehungen zu hervorragenden Berliner Familien, insbesondere den Ruges und Seydels gebracht. Karl Theodor Seydel (1812–1873) ist später Oberbürgermeister geworden, und Virchow wiederum hat dessen Sozialpolitik beeinflußt. Es bleibt erstaunlich, daß Virchow trotz aller fieberhaften politischen Tätigkeit in den Jahren 1848/49 noch zu wissenschaftlicher Arbeit fähig war. Seine politischen Aktivitäten verminderte er erst in Würzburg tatsächlich rigoros. Dort hat er den Höhepunkt seiner wissenschaftlich-medizinischen Tätigkeit erreicht, und die sozialen Fragen, die ihn in Berlin so sehr in Anspruch genommen hatten, wurden kaum mehr öffentlich berührt: Eine Untersuchung über „die Not im Spessart", die er im Jahre 1852 im Auftrage des Bayerischen Ministeriums durchführte, zeigt eine außerordentliche Mäßigung im Urteil und ist hauptsächlich bemerkenswert durch einige kluge Beobachtungen über lokale Typhusepidemien[14]. Die bei dieser Gelegenheit gemachten Studien über den dortigen endemischen Kretinismus geben die ersten ausführlichen Mitteilungen über Schädelmessungen, die bei Virchow später eine so große Rolle spielten. Der „Tribun von 1848", wie sein Kollege Schönlein (Leibarzt Friedrich Wilhelms IV.) ihn einmal genannt hatte, war jedenfalls sehr viel ruhiger geworden, und dies mag wohl dazu beigetragen haben, nun den Blick der Berliner Fakultät und besonders von Virchows altgewordenem Lehrer Johannes Müller auf ihn zu lenken, als Heinrich Meckel von Hemsbach, der Prosektor der Charité und in den 1840er Jahren Nachfolger Virchows auf diesem Posten, im Jahre 1856 starb, also ein Nachfolger gesucht wurde. Müller selbst erkannte, daß die pathologische Anatomie, die er bis dahin außer der normalen gelehrt hatte, nun eine eigene Vertretung in Berlin haben müsse, und deshalb schlug er Virchow für ein eignes Ordinariat vor, gab also – was bis heute höchst ungewöhnlich ist – aus seiner Kompetenz etwas ab. Wider Erwarten setzten sich Ministerium und König rasch über alle politischen Bedenken hinweg: im Juni erfolgte die endgültige Berufung Virchows, zum Oktober 1856 die Übersiedlung nach Berlin. Virchows Bedingungen wurden akzeptiert: Neubau eines pathologischen Instituts (des ersten eigenständigen überhaupt), eigene Krankenabteilung in der Charité und 2.000 Taler Jahresgehalt. Man könnte sich wundern, daß Virchow, dessen Leben in Würzburg eigentlich dem Ideal eines arbeitsfrohen Gelehrten entsprochen hatte, nun das hektische und mit vielen Baumaßnahmen beschwerte Berliner Leben vorzog. Er muß wohl doch das Gefühl gehabt haben, daß er au fond ein homo politicus sei und daß nicht alle seine Kräfte in Würzburg voll zur Geltung kämen, daß er vielmehr seine vielfältige Begabung in dem größeren Zentrum reicher entfalten und nutzbringender für die Allgemeinheit würde verwerten können. Er brauchte die Wirkung auf die Mitmenschen. Orden und Ehrenzeichen waren ihm zwar egal, aber er brauchte sie, um für seine Ideen zu werben, Anregungen geben und empfangen zu können. Berührungen mit weitesten Kreisen des ganzen Volkes – nicht nur der Fachgenossen – waren seinem Tatendrang unentbehrlich. Nur Berlin allein bot für all diese Bemühungen den geeigneten Boden. Hier konnte er in der Gemeinde als Stadtverordneter und später im Staat (Haus der Abgeordneten und im Reichstag), in Vereinen und Gesellschaften aller Art anregend und beratend mitwirken, und so trat er wieder voll in das politische Leben ein. Dennoch: Auch aus der Würzburger Zeit existieren einige bemerkenswerte, fast umstürzlerisch klingende Äußerungen, allerdings nur in Briefform. Er hat insbesondere mit 1848er Revolutionären, die nach England und Amerika ausgewandert waren, korrespondiert und zum Beispiel mit Gottfried Eisenmann (1795–1867), einem fruchtbaren medizinischen Schriftsteller und gleichzeitig politischen Märtyrer des Vormärz (der 17 Jahre im Gefängnis zugebracht hatte) gemeinsam ab 1851 die *Jahresberichte über die Leistungen und Fortschritte der Gesammten Medicin* veröffentlicht. Die *Jahresberichte*, eines der wichtigsten Referatenblätter der internationalen Medizin, wurden bis zu Eisenmanns Tod gemeinsam mit dem bedeutenden Würzburger Biochemiker Johann Joseph Scherer (1814–1869) herausgegeben. Ab 1867 gab Virchow (damals schon lange wieder in Berlin) sie dann gemeinsam mit dem Berliner Epidemiologen, Medizingeographen, praktischen Arzt und Medizinhistoriker August Hirsch (4.10.1817, Danzig–28.1.1894, Berlin) bis zu dessen Tod heraus, von da an bis zu seinem Tode 1902 allein; danach verloren sie an Bedeutung und gingen 1919 ein. Wir begegnen hier zum ersten Mal einer der großen organisatorischen Leistungen Virchows, die ihm genau so wichtig gewesen sind wie seine wissenschaftlichen.

In der Würzburger Zeit liegen die Anfänge und die erste Ausformung seiner die gesamte Medizin nachhaltig verändernden

„Zellularpathologie". Es geht dabei um Grundfragen des Lebens und der Krankheiten. Schon 1852 stellte Virchow den Satz auf: „Es gibt nur Leben durch direkte Nachfolge". 1855 erweiterte er diesen Satz durch das allumfassende: „Omnis cellula a cellula" (alles Zellige aus Zelligem)[15]: Die Zelle ist also immer direkter Abkömmling aus anderen Zellen, und sie bildet die letzte Einheit des Lebens und der Krankheiten: „Sie (die Zellen) sind das letzte konstante Glied in der großen Reihe einander untergeordneter Gebilde, welche den menschlichen Leib zusammensetzen. Ich kann nicht anders sagen, als daß sie vitale Elemente sind, aus denen sich die Gewebe, die Organe, die Systeme, das ganze Individuum zusammensetzt. Unter ihnen ist nichts als Wechsel" … „es ist ein freier Staat gleichberechtigter, wenn auch nicht gleichbegabter Einzelwesen, der zusammenhält, weil die Einzelnen aufeinander angewiesen sind, und weil gewisse Mittelpunkte der Organisation vorhanden sind, ohne deren Integrität den einzelnen Teilen ihr notwendiger Bedarf an gesundem Ernährungsmaterial nicht zukommen kann".

Die Zellularpathologie verstand Virchow als Erweiterung und Verbesserung der jahrhundertelangen Krankheitslehren von der Solidar- und Humoralpathologie. Zwar ist Virchow nicht der erste gewesen, der die krankhaften Veränderungen in der Zelle suchte, aber er war der erste, der aus diesem Suchen ein System machte. Überhaupt war Virchow einer der großen Systematiker der Medizin, und bis heute gelten seine systematischen Leistungen. Damals und später wurde er heftig angegriffen. Ein Beispiel: 1952 hatte die zur Lyssenkoschule gehörende Professorin Olga Lepeschinskaja, ordentliches Mitglied der Akademie der Wissenschaften der UdSSR, in ihrem Buch *Die Entstehung von Zellen aus lebender Materie und die Rolle der lebenden Materie im Organismus* behauptet, „die metaphysische reaktionäre ‚Zellularpathologie' und das Dogma der Entstehung von Zellen nur aus Zellen haben im Lichte [der damaligen Sowjetwissenschaft und] der sich auf verschiedenen Gebieten der Naturwissenschaften und speziell in der Pathologie anhäufenden Tatsachen ihre Bedeutung verloren und seien eine Lehre, welche die Wissenschaft hemmt und ihre Entwicklung verzögert." Heute ist es wieder unumstritten, daß man den Sitz der

Krankheiten in den Zellen suchen muß. Die Zellularpathologie Virchows ist beispielsweise für die moderne Krebsforschung ebenso grundlegend, wie sie es für die Aidsforschung ist.

Virchow hat darüber hinaus während seiner Würzburger Zeit (1854) mit der Herausgabe des ersten *Handbuches der speciellen Pathologie und Therapie* begonnen, das er bis 1876 fortführte und in dem er Beiträge der bedeutendsten Fachgelehrten sammelte. 1856 erschienen seine *Gesammelten Abhandlungen zur wissenschaftlichen Medizin*, die seine genialen Forschungen aus den vorausgegangenen Jahren dokumentierten. Vielen, vielen Krankheitsbefunden hatte er erstmals ihre heute gebräuchlichen Namen gegeben. In diesen Würzburger Jahren begann sich sein Ruhm international zu verbreiten, so daß aus vielen Ländern seinetwegen Studenten nach Würzburg kamen. Sie bewirkten einen wirtschaftlichen Aufschwung der Stadt. Als Virchow nun nach Berlin gegangen war, begründete er wiederum dort durch seine Tätigkeit und seine zahlreichen Entdeckungen (auch die seiner Schüler) den Weltruhm der Berliner medizinischen wissenschaftlichen Anstalten. Schon in Würzburg hatte Virchow mit anthropologischen Studien begonnen. Diese baute er nun enorm aus und hat sie – um Ethnologie und Prähistorie erweitert – zum wesentlichen Gegenstand seiner Forschungstätigkeit im letzten Lebensdrittel gemacht. So mag es programmatisch erscheinen, daß seine erste Berliner Buchpublikation, eine bis heute für die Anthropologie grundlegende Arbeit, den Titel *Untersuchungen über die Entwicklung des Schädelgrundes im gesunden und krankhaften Zustande und über den Einfluß derselben auf Schädelform, Gesichtsbildung und Gehirnbau* trug. 1858 erschien *Die Cellularpathologie in ihrer Begründung auf physiologische und pathologische Gewebelehre. Zwanzig Vorlesungen gehalten während der Monate Februar, März und April 1858 im pathologischen Institute zu Berlin*[16].

Gleichzeitig nahm er seine politische Tätigkeit wieder auf, diesmal als Abgeordneter. Bei dieser Gelegenheit mag erwähnt werden, daß Virchow immer stolz darauf gewesen ist, neben all seinen parlamentarischen Verpflichtungen seinen Lehraufgaben stets nachgekommen zu sein und daneben die Arbeit und zunächst den Bau seines pathologischen Instituts nie vernachlässigt zu haben.

Sein pathologisches Institut sollte nicht nur zur Vornahme von Leichenöffnungen dienen, sondern ausgiebig Gelegenheit zu wissenschaftlichen Forschungen sowie Raum zur Aufnahme von Sammlungen bieten. Das Institut wurde auf dem Platz gebaut, auf dem früher das Leichenschauhaus gestanden hatte. Für die Verhältnisse seiner Entstehungszeit war es hervorragend ausgestattet, reichte aber (durch den von Virchow bewirkten wissenschaftlichen Fortschritt) schon nach kurzer Zeit nicht mehr aus und wurde noch unter Virchows Leitung am Ende des Jahrhunderts durch einen Neubau ersetzt, dessen Vollendung er allerdings nicht mehr erleben sollte, wie so vieles, was er angeregt oder gefordert hatte.

In seinem letzten Artikel der „medicinischen Reform"[17] 1849 hatte Virchow bereits darauf hingewiesen, daß die „Militär-Reform und die Bürgschaften der Verfassungsrechte gegen die stehenden Heere den Inhalt unserer politischen Kämpfe ausmachen [werden]." Er sollte Recht behalten.

Zu Anfang des Jahres 1862 trat er in das Preußische Abgeordnetenhaus[18] ein, und zwar für den Wahlkreis Saarbrücken. Schon damals hatte die von der Regierung geplante, von der Mehrheit des Parlaments allerdings abgelehnte Revolution der preußischen Heeresorganisation zu mühsam durch Kompromisse verschleierten Konflikten geführt. Der offene Ausbruch der Feindseligkeiten in dieser Frage stand allerdings noch bevor. Ein halbes Jahr zuvor, am 9. Juni 1861, hatte Virchow gemeinsam mit Theodor Mommsen, Max von Forckenbeck (ab 1850 Abgeordneter für Mohringen (Ostpreußen), seit 1872 Oberbürgermeister von Breslau, in der gleichen Funktion in Berlin von 1878 bis zu seinem Tode 1892), Hermann Schulze-Delitzsch, Paul Langerhans sen., Franz Duncker und anderen die liberale Deutsche Fortschrittspartei gegründet. Sie versuchte erfolgreich, durch ein Aktionsprogramm die Wähler fest an sich zu binden. Obwohl sie an die Spitze ihres Programms die Worte gestellt hatte „Treue für den König und Festhalten an der Verfassung", wurde sie von der Regierung stets verdächtigt, eine demokratische oder verkappt-republikanische Partei zu sein. Mit der Regierung hatte sie eine jahrelange Auseinandersetzung über die Frage des Budgetrechtes. Die alle bewegende Frage lautete damals: „Königliches Heer oder Parlamentsheer"? Die Regierung wollte dem Parlament, in dem Virchows Partei die Mehrheit hatte, nicht erlauben, selbständig in der Frage eventueller Kriegskredite zu entscheiden.

Dies zeigte sich zum Beispiel 1863 in der Schleswig-Holstein-Frage. Über sie debattierten Bismarcks Regierung und Virchows Opposition scharf: Die Gefahr einer Annexion Schleswig-Holsteins durch Dänemark – die durchaus gegeben war – nutzte Bismarck geschickt, um seinerseits in den Besitz Schleswig-Holsteins zu gelangen. Virchow stellte im Landtag einen Antrag, daß alle deutschen Staaten für Schleswig-Holstein und die Rechte des Prinzen von Augustenburg als dessen Herzog intervenieren sollten, um eine Trennung der beiden Landesteile zu verhindern und damit Holstein beim Deutschen Bund bliebe. In mehreren aufsehenerregenden Parlamentsreden stellte Virchow am 18. Dezember 1863 Bismarck als einen zwischen wechselnden Standpunkten hin und her schwankenden, von außen gekommenen Politiker dar, der „ohne Kompaß in das Meer der äußeren Verwickelungen hinausstürmt..." und dem „jedes leitende Prinzip" fehle[19]. Indem Virchow an gleicher Stelle fortfuhr, „die Politik eines großen Staates muß nach festen Prinzipien geführt werden", verlangte er von Bismarck unzweideutiges Eintreten für die gesamte deutsche Nation. Bismarck erwiderte scharf, das Parlament sei in auswärtigen Angelegenheiten absolut inkompetent und „Eine Versammlung von 350 Mitgliedern kann heutzutage die Politik einer Großmacht nicht in letzter Instanz dirigieren wollen ... das ist nicht möglich!" Die Auffassung Virchows von der Grundsatzlosigkeit der Regierungspolitik – erklärte Bismarck – sei dadurch bedingt, „Daß dem Auge des unzünftigen Politikers jeder einzelne Schachzug wie das Ende der Partie erscheint und daraus die Täuschung hervorgeht, daß das Ziel wechsle. Die Politik ist keine Wissenschaft..."[20]. Er fuhr fort, Virchow sei zwar ein „berühmter Anatom", aber „Ich finde bei dem Herrn Vorredner Verständnis für Politik überhaupt nicht." Nach dieser Debatte versagte das Parlament eine von der Regierung geforderte Anleihe, die sie für den Krieg mit Dänemark brauchte. Kein Wunder, daß sich die politischen Auseinandersetzungen mit Bismarck verschärften. Am 2. Juni 1865 griff Virchow den Ministerpräsidenten im Preußischen Abgeordnetenhaus so scharf und geschickt an, daß dieser ihn am Tage darauf zum Duell forderte. Bismarck war ein erfahrener Duellant. Virchow lehnte aus prinzipiellen Gründen am 8. Juni 1865 ab. Er mußte sich daraufhin eine Flut von Schmähungen als Feigling gefallen lassen, war jedoch charakterstark genug, seine Überzeugung von der Falschheit der Austragungen politischer Auseinandersetzungen durch Waffen standhaft zu vertreten[21].

Nach der Bismarckschen Einigung Deutschlands durch „Blut und Eisen", die Virchows und seiner Parteifreunde Wunsch nach der Einbeziehung Österreichs nicht entsprach, hat Virchow erkennen müssen, daß er seine Vorstellungen über die Zukunft des deutschen Staatengebildes aufgeben mußte. Die Resignation in diesem Punkt führte ihn zu verstärkten Aktivitäten auf gesundheitspolitischem, hygienischem und wissenschaftspolitischem Gebiet. So hat er sich als Berliner Stadtverordneter große Verdienste um die Berliner Wasserversorgung, um die Beseitigung der Abwässer mit der Einrichtung der Rieselfelder erworben. Als im Jahre 1866 in Berlin eine Choleraepidemie ausbrach, ließ er städtische Choleralazarette einrichten. Das Krankenhaus Moabit wurde von Virchow als Epidemie-Lazarett nach dem Barackensystem eingerichtet, als 1872 eine Pockenepidemie drohte. Auch das große Krankenhaus am Friedrichshain verdankt ihm die für viele Jahrzehnte mustergültige Ausstattung. So konnten Epidemien, wie sie am Ende des Jahrhunderts noch andere große Städte (etwa Hamburgs Choleraepidemie) erfaßten, in Berlin verhindert werden. Neben von ihm inaugurierten Einrichtungen, wie Schlachthöfen, Armenasylen, Markthallen, gärtnerischen Anlagen und der Umwandlung von Armenschulen in Volksschulen, ist seine Mitwirkung an der allgemeinen Medizinalgesetzgebung der Zeit sowohl in Berlin als auch im Reichstag von bis heute nachwirkender Bedeutung geblieben. Mit Bismarck hatte er in der Frage nicht nur Auseinandersetzungen. Er stimmte mit ihm anfangs voll überein. Die von ihm dazu gehaltenen Reden sind inzwischen alle in den Bänden 30 bis 37 meiner Virchow-Gesamtausgabe abgedruckt. In einer aufsehenerregenden Rede am 17. Januar 1873 prägte Virchow in der Diskussion um das Gesetz zur „Vorbildung und Anstellung von Geistlichen" sogar den Begriff „Kulturkampf", wie man ihn von da ab verstand.

Allerdings der Erfinder des Wortes „Kulturkampf", wie er selbst, die Zeitgenossen und die Nachwelt glauben, war er nicht (vgl. das Kapitel „Kulturkampf" (V. 1) in diesem Buch).

Virchow hoffte, in seinem Kampf gegen vermeintliches, klerikales Dunkelmännertum seine liberalen Fortschrittsideen durchsetzen zu können. Er hat diesen Kampf auch dann noch überzeugungstreu weitergeführt, als Bismarck in seiner politischen Wandlungsfähigkeit längst andere Ziele verfolgte.

Erfolgreich war Virchow in seinem Kampf für die Erweiterung und den Ausbau des deutschen Bildungswesens, der Universitäten und wissenschaftlichen Vereine. Er setzte sich für die Belange des Naturschutzes im gesamten Deutschen Reich ein. Er hat alle deutschen Regionen bei seiner parlamentarischen Arbeit – insbesondere bei der Leitung der Budgetkommission – berücksichtigt; wenn er auch von seiner Herkunft ein Ostdeutscher war, so galt sein Interesse gleichermaßen Schleswig-Holstein wie Österreich, dem Rheinland wie dem Saarland.

Gegen Ende seines Lebens meisterte er noch einmal in der Planung (Pavillonbauweise zur Vermeidung von Infektionsgefahren) des später nach ihm benannten Rudolf-Virchow-Krankenhauses im Berliner Norden eine große organisatorische gesundheitspolitische Aufgabe. Die Vollendung hat er nicht mehr erlebt. Wissenschaftlich war die Berliner Zeit neben der medizinischen und pathologischen Tätigkeit in gleich starkem Maße durch die Beschäftigung mit den Fragen der Anthropologie, Ethnologie, Urgeschichte und deutschen Volkskunde gekennzeichnet. Virchow ist als Begründer der neueren deutschen anthropologischen und prähistorischen Forschung[22] in die Wissenschaftsgeschichte eingegangen. Vor ihm gab es keine systematische Erforschung, nur das Sammeln von Funden aus der Vor- und Frühgeschichte. Virchow begann, das völlig ungeordnete Wissen, das bis dahin vorhanden war, zu ordnen und führte eine wissenschaftliche Methodik für diese Fächer ein. Er begann damit, daß er die organisatorischen Voraussetzungen für die Forschung schuf. So gründete er mit anderen am 17. November 1869 die „Berliner Gesellschaft für Anthropologie, Ethnologie und Urgeschichte", deren zeitweiser Vorsitzender, auf jeden Fall führender Kopf er bis zu seinem Lebensende blieb. Auch die „Deutsche

Gesellschaft für Anthropologie, Ethnologie und Urgeschichte" hat er im Jahre 1870 mitbegründet. Auf den regelmäßigen Versammlungen der international führenden Berliner Gesellschaft für Anthropologie, Ethnologie und Urgeschichte diskutierte er mit Fachforschern anstehende Probleme, legte neues Material vor und fragte nach dessen Verbindungen zu schon Bekanntem. Hinter all dem stand immer sein Interesse am und die Frage nach dem Menschen. Er wollte über diese Wissenschaft „das Wesen des Menschen ergründen". Ein anderer Grund für die enorme Intensivierung seiner Beschäftigung mit Fragen der Anthropologie, Ethnologie und Urgeschichte mag in den Enttäuschungen liegen, die ihm seine politischen Aktivitäten bereiteten. Daneben spielten Heimatgeschichte und Heimatliebe sowie die aufblühende internationale prähistorische und anthropologische Forschung eine Rolle. Virchow interessierte sich für alle Perioden und arbeitete auf allen Gebieten der Ur- und Frühgeschichte. Jedoch galt sein besonderes Interesse der Lausitzer Kultur, der Slawenfrage und der Burgwallforschung. Alle drei haben in seiner ostdeutschen Heimat ihre besondere Ausprägung erfahren. Virchow formulierte viele der bis heute gültigen prähistorischen Termini, zum Beispiel der früheisenzeitlichen Lausitzer Kultur, und ihm gelang es erstmals, die Lausitzer von der slawischen Keramik zu unterscheiden. Er war der erste, der die slawischen Burgen von den Lausitzer Burgen trennen konnte. Ihm verdanken wir die Erkenntnis, daß in Norddeutschland „Pfahlbauten" existierten und daß diese anders zu beurteilen seien als die schweizerischen. Virchow hat erstmals naturwissenschaftliche Methoden in die Vorgeschichte eingeführt und eine sachliche Interpretation der Funde vom naturwissenschaftlichen Standpunkt aus betrieben. Alles Spekulieren war ihm – wie in der Medizin – auch in seiner prähistorischen Arbeit zuwider. So ist es zu erklären, daß er vorschnelle Schlüsse scheute und gelegentlich über Gebühr nach Beweismaterial für die Richtigkeit seiner These gesucht hat. Zum Beispiel bei der Abstammungstheorie Darwins (mit dem er freundschaftlich verbunden war). Da blieb er doch so lange skeptisch, als keine ihm sicher erscheinenden Beweise vorlagen. Dies gilt insbesondere für seine kritische Beurteilung des Neandertalerfundes (1872), dessen menschheitsepochale Bedeutung er für nicht bewiesen erachtete. In der Zeit seiner intensiven prähistorischen Arbeit, also von etwa 1865 bis 1902, stand die Sammlung des Materials im Vordergrund. Er bereiste systematisch Deutschland und das angrenzende Ausland, um alle ihm erreichbaren Funde selbst zu sehen und zu zeichnen. Um Vergleichsmaterial für die heimische Arbeit zu bekommen, ist er auch nach Ägypten und Italien gefahren, hat in der Türkei bei seinem Freunde Heinrich Schliemann[23] an dessen Ausgrabungen teilgenommen und schließlich erreicht, daß Schliemanns gewaltige Sammlungen nach Berlin kamen[24], ferner hat er eine lange Forschungsreise nach Rußland und in den Kaukasus unternommen, wo er eigene Ausgrabungen veranstaltete. Regelmäßig besuchte er die internationalen Kongresse für Anthropologie und prähistorische Archäologie (CIAAP) und kam dann heim, um sofort seine neugewonnenen Kenntnisse und Anschauungen der Berliner Gesellschaft für Anthropologie, Ethnologie und Urgeschichte oder der Deutschen Gesellschaft gleicher Richtung vorzutragen und mit den dort versammelten Forschern zu diskutieren. Sein zur Zusammenstellung und Zusammenschau des Stoffs besonders befähigter Geist verhalf ihm und der prähistorischen Wissenschaft erstmals zu Überblicken über bestimmte Epochen und Fragenkomplexe der Ur- und Frühgeschichte so, wie er das auf anthropologischem oder auf medizinischem Gebiet tat. Mit anthropologischen Fragen hatte er sich seit seiner Kindheit beschäftigt. Seine äußere Erscheinung (klein, dunkeläugig, von gelblicher Hautfarbe, die sich unter Einwirkung des Sonnenlichtes rasch tief bräunte) wie sein slawischer Name stehen im Gegensatz zu den seit Tacitus geläufigen Vorstellungen vom blonden, blauäugigen und hochgewachsenen Deutschen oder Germanen. Als 1871 Armand de Quatrefages in seinem Buch *La race prussienne* nach dem deutsch-französischen Krieg in chauvinistischer Weise behauptete, die deutsche Einheit sei ein anthropologischer Irrtum und die Preußen hätten mit den übrigen Deutschen überhaupt nichts zu tun, da sie (die Preußen) dunkel und mongoloid, also Finnen seien, antwortete ihm Virchow heftig und bewies, daß dieser Unrecht habe[25]. Quatrefages' Behauptung, namentlich die Rachsucht und Bosheit der Preußen beruhe auf finnischem Ursprung, verwies er ins Reich der Fabel.

Zunächst erschienen 1876 als Abhandlung der Berliner Akademie der Wissenschaften seine *Beiträge zur physischen Anthropologie der Deutschen, besonders der Friesen,* danach begann Virchow mit Unterstützung aller deutschen Staaten eine gigantische Untersuchung über die Farben des Haares, der Augen und der Haut bei allen deutschen Schulkindern, deren Endergebnis im *Archiv für Anthropologie* 1886 veröffentlicht wurde. Die Untersuchungen stießen bei ungebildeten Teilen der Bevölkerung auf Widerstand. Es verbreiteten sich Gerüchte, daß zum Beispiel alle katholischen Kinder mit schwarzen Haaren und blauen Augen außer Landes geschickt werden sollten. Trotz solcher Schwierigkeiten wurde die Untersuchung, deren Proportion alles überschritt, was bis dahin auf anthropologischem Gebiet getan worden war, erfolgreich abgeschlossen. Das Ergebnis war, daß die Deutschen tatsächlich rassisch nicht einheitlich waren und daß die Zahl blonder, blauäugiger und weißhäutiger Kinder in Deutschland nicht mehr als 31,8% betrug. Die gleichzeitige Untersuchung jüdischer Kinder in deutschen Schulen erbrachte das Ergebnis, daß von ihnen nur 10% mehr, nämlich 42%, „braun" waren und daß sie einen hohen Prozentsatz an blonden (fast 12%) aufzuweisen hatten. Das hat der objektiven Untersuchung und Virchow persönlich später den Vorwurf des Philosemitismus eingetragen. Dieser ist ihm auch mehrfach im Zusammenhang mit der Auswahl seiner wissenschaftlichen Mitarbeiter auf allen Gebieten gemacht worden. Seine begabtesten Schüler waren der experimentelle Pathologe Julius Cohnheim, ein anderer Oskar Israel. Mit diesen ohne Ansehen ihrer Rasse und Religion ausgewählten jüdischen Mitarbeitern versuchte Virchow das in seiner Doktorarbeit aufgestellte gigantische Lebensprogramm, die Erforschung des Menschen und der Natur „von der Gottheit bis zum Stein" zu verwirklichen.

Bei aller Streitbarkeit hat er sich stets objektiven wissenschaftlichen Einsichten gebeugt. Dies gilt etwa für seine Auseinandersetzung mit Robert Koch, dessen wissenschaftliche Erkenntnisse er anerkannte und sogar förderte, dies gilt aber auch für den oben erwähnten Quatrefages, dem er den Ausrutscher nicht nachtrug, sondern an dessen Lebensende die wissenschaftlich akzeptablen Leistungen in versöhnlicher Weise bestätigte. Virchow hat in unausgesetzter

Tätigkeit bis zum Schluß auf medizinischem Gebiet weitergeforscht (zahlreiche von uns bis heute gebrauchte Begriffe und Termini wie Embolie, Leukämie, Leukozytose, Thrombose oder amyloide Degeneration stammen von ihm) und ist gleichzeitig seinen Lehrverpflichtungen und Prüfungen an der Universität nachgekommen. Er gab nicht nur medizinische, sondern auch anthropologische und prähistorische Zeitschriften heraus wie die *Zeitschrift für Ethnologie* oder die *Nachrichten über deutsche Altertumsfunde*, deren Beiträge er zu großen Teilen selbst geschrieben hat.

Bei dieser erstaunlichen Lebensleistung drängt sich die Frage nach Lebensumständen und Lebensstil auf. Virchow hätte seine gigantischen Arbeitsleistungen nicht vollbringen können, wenn er nicht ein abnorm geringes Schlafbedürfnis gehabt hätte (drei bis vier Stunden je Nacht) und wenn ihn nicht seine Frau, mit der er sechs Kinder hatte, und andere Familienmitglieder sowie politische und wissenschaftliche Freunde unterstützt hätten.

II. Briefe

1. Ein Brief des Studenten Rudolf Virchow, in dem Butter, Gänsebrust und Mikroskop keine Nebenrollen spielen
Berlin, 24. Januar 1841

R. Virchow an seinen Vater
24.1.1841

„Berlin, den 24^{stn.} Januar 1841.
[[CCV²⁶ :] pr. 26/1.41.
Beantwortet, 2 Gänsebrüste 2 [Pfund] Butter
und 2 rh Geld gesandt d 5 Febr. 41.
Abermals geschrieben am 26 Febr.
gesandt 4 rh Geld, Wurst pp.
Briefe an Daneker, Pfeiffer u Hesses
Mikroskop, Pellschaft [sic!]. Akad. Zeugniß pp
Kiste 16 [Pfund] schwer 24 sgl Porto.]

Lieber Vater,

Dein Brief nebst den lange ersehnten Gänse-Brüsten traf mich im erwünschtesten Wohlsein, was denn nothwendig zur Folge hatte, daß die letzteren, zumal unter dem thätigen Beistande einiger Freunde bald ihr Ende fanden. Ein zweiter Nachschub wird mir gewiß sehr angenehm sein; läßt es sich denn thun, daß Ihr mir noch ein Pfund Butter mitschicken könnt, ohne das Porto zu sehr zu erhöhen, so wird mich das, nach der Vernichtung meines Gänseschmalzes, recht wohl unterstützen. Hast Du endlich einmal noch Platz, um mir das größere zusammengesetzte Mikroskop beipacken zu können, so wirst Du zugleich zur Förderung meiner Studien ein wesentliches Moment beitragen. Doch hat es nicht so große Eile; nur bei Gelegenheit.
[...]

In unserm Hause herrscht jetzt ein sehr kräftiger, aber rebellischer Geist. Fast zu derselben Zeit wurde von sämmtlichen Eleven, Volontairen und attachirten Compagnie-Chirurgen eine Eingabe an die höhere Behörde befördert, worin unsere Beschwerden über das Essen auf das kräftigste auseinandergesetzt wurden. Grimm war ganz auf unserer Seite und sagte, ihm wäre es das Liebste, wenn uns von Stunde an die Gelder ausgezahlt würden; Wiebel aber gab uns einige gute Versprechungen, behauptete aber zugleich, wir hätten gar keinen Grund zu klagen! Wir beschweren uns jedoch jetzt stets sogleich, und hoffen am Ende doch noch etwas zu erwirken. So soll uns lb. Fleisch gegeben werden; Wiebel behauptet, das kochte bis auf 7 Loth ein. Es wäre mir sehr wünschenswert, wenn Du mir darüber etwas Gewisseres sagen könntest; Du kannst ja allenfalls ein Paar Versuche darüber anstellen. Die Sache ist für uns sehr wichtig.

Die kriegerischen Aussichten erhalten sich noch fortwährend. Rußland gebraucht die Mündung der Weichsel, Frankreich wünscht den Rhein. Mir könnte nicht unangenehmeres kom[m]en, denn jedenfalls würde ich dadurch auf eine sehr beschwerliche Art in meinen Studien gestört. – [...] Grüße mir alle recht viel und lebe recht wohl.
                    Dein Dich herzlich liebender Sohn
                    Rudolf Virchow."

2. Aus Oberschlesien. Erschütternde erste Eindrücke
Rybnik, 24. Februar 1848

R. Virchow an seinen Vater
24.2.1848

„Rybnik, am 24stn Febr. 1848.
[[CCV²⁷ :] pr 29 [1848]
5 sgr Porto.]

Lieber Vater,

Seit gestern befinden wir uns nun mitten in der erkrankten Gegend, einige 80. Meilen von der Residenz. Die Eisenbahn führt uns fast bis in dieselbe, den[n] Ratibor, wo wir uns auf die Landstraße begeben mußten, ist selbst zum Theil erkrankt. Heute haben wir schon eine Excursion nach Radlin u Loslau gemacht, morgen werden wir nach Sohrau gehen, übermorgen *aufs* Land, am Sonntag wahrscheinlich nach Pleß. Das Elend ist grenzenlos u man sieht hier recht deutlich, was eine durch die katholische Hierarchie u preußische Bureaukratie geknechtete Masse werden kan[n]. Diese Stumpfheit, diese thierische Knechtschaft sind *Schrecken erregend*. Das Land ist zum großen Theil ganz wie manche Landstriche *in* Pommern: meist fruchtbare Ackererde, zuweilen Sand, selten ein mit groben Kieseln dicht gemengtes Erdreich. Davon werden mäßig hügelige Striche gebildet, die zahlreich von sehr schönen Wiesengründen durchzogen sind. Von den Hügeln aus sieht man mehrere Meilen südlich die schneebedeckten Abhänge der Karpathen, die sich in einer unabsehbaren Reihe tief nach Galizien hinein erstrecken. Die Städte sehen passabel aus, aber die Dörfer, die sich *zuweilen* Meilenweit in den Wiesenthälern ausdehnen, sind sehr schlecht. Die Häuser meist aus über einander geschichteten Balken errichtet – Blockhäuser; die Zim[m]er ganz klein, das Vieh bei den Menschen, die Fenster klein u nicht zu öffnen, der größte Theil des Zim[m]ers von dem Ofen u den Betten eingenom[m]en. Und die Menschen – schreckliche Jam[m]ergestalten, mit den <u>bloßen</u> Füßen auf dem Schnee gehend, die Füße meist wassersüchtig, das Gesicht blaß, die Augen trüb. Und dabei sind sie so voll Unterwürfigkeit, küssen einem Arm, Rockzipfel, Knie in einem Athem.

Genug es ist scheußlich. Ziemlich sicher ist es, daß der Hunger u der Typhus nicht aus einander entstanden sind, sondern daß der letztere nur durch den Hunger eine so große Ausdehnung gewonnen hat. Die Ausdehnung der Seuche ist ungeheuer; die Zahl der Waisen wird in den beiden Kreisen Rybnik u Pleß amtlich auf etwa 3000. angegeben. Zu ihrer Unterbringung sind vorlaufig große Raume eingerichtet, in denen sie *Schaarenweise* zusam[m]enliegen. Sie fühlen sich indeß in diesen gut gelüfteten u geheizten Räumen bei einer mäßigen Nahrung so wohl, daß sie den Verlust ihrer Eltern nicht bloß nicht betrauern, sondern sogar darüber Freude empfinden. Ausnahmen davon giebt es nur wenige. Die Einrichtung von Lazarethen für die Kranken wird eifrig betrieben, zunächst in den Städten, u ich selbst werde wahrscheinlich in Sohrau oder hier ein solches übernehmen. Die Ernährung des Volkes geschieht jetzt überall, aber sehr unvollkom[m]en. Jeder erhält täglich ein Pfd Mehl u etwas Salz, allein da dieß niedrige Volk nur Kartoffeln zu essen gewohnt ist, so versteht es sich *gar nicht* auf die Zubereitung von Speisen aus dem Mehl. Sie machen daraus eine Art von Suppe, Kwaß genan[n]t, die sie sauer werden lassen durch Gährung, bevor sie sie genießen, u eine Art von Brod, Platzen, die durch Trocknen eines Teigs auf dem Ofen oder in den Kohlen fabricirt wird. Daß sie dadurch sich den Magen verderben u zu Grunde gehen, wen[n] das 6. Monate lang dauern soll, liegt auf der Hand. Es sind daher auch schon heute unter uns vielfache Besprechungen über die Errichtung von Suppenanstalten u Brodbäckereien gehalten worden. Diese müssen natürlich sehr großartig werden, denn in diesem einen Kreise befinden sich auf etwa 59000 Einwohner amtlich 20000 Menschen, die 6. Monate lang ernährt werden müssen. Daß nun die Krankheit eine solche Entwicklung u der Hunger eine so furchtbare Ausbreitung gefunden hat, ist ein Gegenstand des schärfsten Tadels gegen die Beamten vom Oberpräsidenten bis zum Landrath, doch will ich darüber hier hinweggehen, da sich *dieß* späterhin wahrscheinlich viel entschiedener heraus stellen wird. […]"

3. Revolution! Kanonen- und Gewehrfeuer in Berlin – Der Sturm auf die Barrikaden in der Tauben- und Friedrichstraße
Berlin, 19. März 1848

R. Virchow an seinen Vater
19.3.1848

„Charité, 19ten März, Abends
11 Uhr.
[[CCV²⁸ :] pr 21/3.]

Lieber Vater,

ich benutze den ersten Augenblick der Ruhe seit 24. Stunden, Dir zu schreiben u gleichzeitig Deinen Brief zu beantworten, den ich eben bei meiner Rückkunft nach Hause *vorfinde*. Du schließest mit den Worten: Große Dinge gehen unter unsern Augen vor. Ja wohl, aber Du hast noch keine Ahnung davon gehabt, daß, während Du das schriebst, ungeheuer große Dinge bei uns vorgingen. Seit gestern Mittag began[n] bei uns der *ernste* Kampf; 12. Stunden lang hallte die Stadt wieder [sic!] von dem Don[n]er der Kanonen u des Kleingewehrfeuers – heute ist das Volk siegreich hervorgegangen, u kaum hat das Königthum einige armselige Trümmer gerettet. In diesem Augenblick feiert Berlin diese Revolution, die die blutigste u hartnäckigste von allen, die in diesem Jahre vorgegangen sind, viel hartnäckiger war, als die Pariser, durch eine glänzende Illumination u die Stadt tönt wieder von Freudenschüssen an allen Ecken. Bevor ich an die Einzelheiten gehe, die Versicherung, daß ich vollkom[m]en unversehrt bin.

Als ich am *Freitage* vor 8. Tagen hier ankam, war die Aufregung ziemlich bedeutend. Die Volksversammlungen, welche nicht so unbedeutend gewesen sind, als die Zeitungen sie darstellten, hatten lebhaft gewirkt; der Widerstand der Regierung u des Magistrats, die schlaffe Haltung der Stadtverordneten regten mehr u mehr auf. Die empörende Sprache, welche der König in seinem Erlaß über die Presse u in seinem Aufruf an das Volk führte, steigerten [sic!] diese Stim[m]ung, die durch die ungeheuren Truppenmassen, welche man allabendlich entfaltete, noch erhoben wurde. Das Schloß u das Zeughaus wurden förmlich in Soldaten eingepackt. Die letzteren, durch die fortwährenden Anstrengungen, durch die Aufreizungen der Offiziere u die Verhöhnungen des Pöbels aufgestachelt, durch unzeitige Befehle überdieß genöthigt, machten bald Angriffe auf das Volk, welches im[m]er noch wehrlos war, es kamen Verwundungen von solcher Bedeutung u an so unschuldigen u geachtelten Menschen vor, daß nur die äußerste Wuth oder die äußerste Brutalität sie erklären kon[n]te. Im[m]er noch war die Haltung des Volks ruhig; man began[n] wohl hie u da Barrikaden zu bauen; man fing an, von Angreifen zu sprechen, aber es geschah nichts. Die Maaßregeln, welche die Regierung u der Magistrat trafen, erbitterten um so mehr, als die Bekanntmachungen derselben offenbare Lügen enthielten z.B. daß das öffentliche Eigenthum gefährdet sei, welches niemals sicherer gewesen ist, als in dieser Zeit. Die ersten Barrikaden wurden am Dienstag in der Nähe des Schlosses gebaut. Mittlerweile kamen die Nachrichten von Wien an; die Regierung sah, daß ein so großartig angelegtes Spiel, wie das ihrige, nicht zu halten sei, u als nun die Deputationen von *Breslau* u *Berlin* kamen, gestand man die Einberufung des Landtages auf den 27 April u die baldige Publikation eines Preßgesetzes zu. Die Aufregung wurde dadurch nicht besänftigt, hauptsächlich weil die Entwicklung von Truppenmassen im[m]er grandioser wurde, u am *{Freitag}* Don[n]erstag Abend vor der Hauptwache auf eine unverantwortliche Weise 3. Menschen erschossen wurden, nachdem schon am Abend vorher in der Umgegend des Schlosses viele verwundet u mehrere *getödtet* waren. Es wurden nun schnell Schutzkom[m]issionen von Bürgern gebildet, die das Volk überall zur Ruhe aufforderten, u zwar mit so <u>großem</u> Erfolge, daß der ganze Freitag vollkom[m]en ruhig hinging. An diesem Tage erschien eine Deputation von Köln, die dem Könige am Sonnabend früh das Ultimatum der Rheinlande überbrachte: „Wen[n] er nicht bis zum Abend alle Forderungen (die bekannte Petition) erfüllt hätte, so würden sich die Rheinlande an die süddeutschen Staaten anschließen u von Preußen abfallen. Schon war der König so schwach, diesen ungestümen Forderungen keinen Widerstand mehr leisten zu kön[n]en; er concedirte; es erschien eine Proklamation in hochtrabendem Styl, die Du lesen wirst, u man war allgemein *höchst* erfreut. Alles sam[m]elte sich vor dem Schloß, jubelte u rief, der König erschien u man schrie ihm Hurrah's zu. Die Bürger hatten nur noch einen Wunsch, *den*, daß das Militär zurückgezogen würde. Das war dem König zu viel. Er sagte dem General Möllendorf, er möchte ihm Ruhe verschaffen; der Prinz von Preußen gab den Befehl zum Angriff u plötzlich wurde das nichts ahnende Volk von den Dragonern mit Säbelhieben auseinandergetrieben. In einer, *dieß* betreffenden Proklamation des Königs, die Du in den Zeitungen lesen wirst, steht die Lüge, daß die Dragoner mit eingesteckten Säbeln geritten seien; das ist direkt gelogen.

Von diesem Moment began[n] die Revolution. Alles schrie Verrath u Rache. In wenig Stunden war ganz Berlin unter Barrikaden, u wer Waffen bekom[m]en kon[n]te, rüstete sich. Leider war aber die Zahl der größeren Schießgewehre außerordentlich klein, da die Waffenhändler ihren Vorrath hatten abliefern müssen u die Berliner nur ausnahmsweise Büchsen oder Flinten besitzen. Gegen 4. Uhr standen in Berlin etwa 25000 Mann Militär unter den Waffen, da durch Zuzug von Potsdam, Charlottenburg, Spandau, Stettin, Frankfurt, Guben u Halle die Garnison bedeutend verstärkt war. Die Zahl der kämpfenden Bürger läßt sich nicht angeben. Der Kampf began[n], ich weiß nicht *genau mehr* wan[n], es mag gegen 5. Uhr gewesen sein. Zum erstenmal seit der französischen Revolution des vorigen Jahrhunderts, zum erstenmal seit dem Begin[n] der deutschen Geschichte ist es vorgekom[m]en, daß ein Landesfürst auf seine Unterthanen mit Kanonen hat schießen lassen; das Kleingewehrfeuer genügte [–][29] – nein, Kartätschen u Granaten ließ er in das Volk schleudern. Der Kampf wüthete gleichzeitig an 3. Punkten: in der Nähe des Schlosses, in der Königsstadt u in der Friedrichsstadt; erst in der Nacht um 2. Uhr began[n] er an einem 4ⁿ Punkt, an der Marschallsbrücke in *unserem* Viertel. 12 Stunden lang krachte Schuß auf Schuß, u des Morgens um 4. Uhr waren doch nur 4. Barrikaden in der Friedrichsstraße, eine an der Marschallsbrücke, eine auf dem Kölnischen Fischmarkt u einige in der Königsstraße genom[m]en. Vor der Barrikade, welche die Friedrichsstraße *vor* der Taubenstraße sperrte, u hinter der ich mich befand, stand das Königs-Regiment aus Stettin mit 2. Kanonen; in der Barrikade waren nur 12. Büchsen, u doch wurde das Militär vor derselben länger als 2. Stunden zurückgeworfen. Der Oberst Graf Schulenburg ist getödtet, der eine Major tödtlich verwundet, 3. oder 4. Offiziere u 19. Gemeine getödtet. Gegen den Morgen hin hatte das Regiment alle Munition verschossen; die Leute waren zum Umfallen matt, u doch hatten sie nur 4. oder 5. Barrikaden genom[m]en, die ganz schwach besetzt waren. Da, wo hinreichende Man[n]schaft war, wie namentlich in der Königsstadt, ist *gar nichts* erreicht worden, u der Verlust an Mannschaft soll ungeheuer sein. Ueberall haben sich die Berliner wie Löwen geschlagen; es sind soviel Heldenthaten geschehen, daß man von einzelnen nicht reden kan[n].

So standen die Sachen als *Morgens* gegen 4. Uhr in der Königsstadt, wo ein sehr entschlossener Man[n], der Thierarzt Urban kom[m]andirte, der General Möllendorf gefangen genom[m]en wurde. Man brachte ihn in das Schützenhaus, wo er einen Befehl an die Regimenter Kaiser Franz u Alexander unterzeichnete, das Feuer einzustellen u sich in die Kasernen zurückzuziehen. Gleichzeitig wurde dem König angezeigt, daß, falls noch ein Schuß auf die Bürger fiele, der General sogleich erschossen würde. Von diesem Augenblick hörte das Feuer auf u schon am heutigen Morgen erschien die Absetzung der Minister, Amnestie, Einberufung des Landtages auf den 2ᵗ April *pp*. Schon befand sich der König so bedrängt, daß, als das Volk gegen 10 Uhr Wagen mit *Getödteten* Bürgern vor das Schloß brachte, er genöthigt wurde, auf dem Balkon zu erscheinen u sie unter den Verwünschungen des Volkes anzusehen.

Allein die Concessionen genügten nicht. Nachdem schon die Stadtverordneten Audienz gehabt hatten, erschien eine zum Theil bewaffnete Deputation aus den Königstädter Barrikaden, Urban an der Spitze, gegen 11 Uhr vor dem Schloß u bezeichnete dem König 4.Uhr Nachmittags als den Termin, bis zu welchem allgemeine Amnestie u allgemeine Bürgerbewaffnung dekretirt sein müßten; mittlerweile wurden die Barrikaden gehalten u in der Richtung nach dem Schloß hin neue angelegt. Um 4. Uhr began[n] dan[n] auch die Austheilung von Waffen an die Bürger aus dem Zeughause; das Militär verließ die Posten, zog sich in die Kasernen zurück u ist jetzt zum größten Theil auch aus der Stadt entfernt. Die Bürger *haben* alle Posten, auch die im Schloß vor den Gemächern des Königs selbst. Soweit sind wir mit diesem bis dahin so *hartnäckigen u großmäuligen* Könige gekom[m]en. Ob es dabei bleiben wird, ist sehr fraglich, den[n] fast Niemand ist ernstlich zufriedengestellt. Von den Barrikaden der Königsstadt ist ein neues Ultimatum gestellt, welches 5. Punkte umfaßt, deren erster Entfernung des Prinzen von Preußen von allen Civil- u Militärämtern u Verban[n]ung von Berlin ist. Ein großer Theil der Bevölkerung ist der Meinung, [-]³⁰ *bloß um seinen eigennützigen Herrschergefühlen keinen Abbruch zu thun, nicht länger dulden kön[n]en, u man spricht bald von dem*

Prinzen Karl, bald von einer Republik. Nichtsdestoweniger wäre es möglich, daß für einige Zeit Ruhe wird. Es schcint mir, daß *dieß* von 2. Dingen abhängen wird. Einmal von dem Zustande der Rheinprovinz. Man befürchtet *heute* allgemein, daß die Concessionen zu spät kom[m]en u daß die Rheinlande schon in diesem Augenblick nicht mehr preußisch sind; man sieht namentlich darin eine Bestätigung, daß auf der neuen Ministerliste die rheinischen Namen (Camphausen, Beckerath, Hansemann) fehlen. Andrerseits hängt viel an der Haltung der nun bewaffneten Bürger. *Sollte jetzt der Kampf von Neuem begin[n]en, so ist es vollkom[m]en sicher, daß der dicke Fritze aufgehört hat zu regieren u sich zu Louis Philippe, Abdel Kader pp. begeben kan[n], wen[n] er mit dem Leben davon köm[m]t.*[31]

Die Zahl der Verwundeten u Getödteten läßt sich noch in diesem Augenblick nicht übersehen. In der Charité befinden sich 52. Verwundete u 11. Getödtete vom Civil, 24. Todte liegen in der Werderschen Kirche, wenigstens ebensoviel im Schloß *pp*. Die Beschädigungen an den Gebäuden, namentlich durch die Kanonen, sind zum Theil sehr bedeutend; in den Straßen sieht es noch jetzt fürchterlich aus u Wagen kön[n]en nur in einem kleinen Theil der Stadt passiren. Privat-Eigenthum ist nirgends auch nur im geringsten beschädigt worden; die Volksjustiz hat einige eklatante Beispiele statuirt, von denen die Zeitungen wohl näher berichten werden. Grausamkeiten von Seiten des Volkes sind nicht bekan[n]t, während von den Soldaten die brutalsten Dinge gemacht sind. Namentlich da, wo die Kämpfenden in die Häuser verfolgt sind, haben sie wie Banditen gemordet. Dieser Vorwurf trifft namentlich die Stettiner.

Meine Betheiligung *in* dem Aufstande war eine relativ unbedeutende. Ich habe einige Barrikaden bauen helfen, dan[n] aber, da ich nur ein Pistol bekommen kon[n]te, nicht wesentlich mehr nützen kön[n]en, da die Soldaten meist in zu großer Entfernung schossen u ein Handgemenge bei der geringen Zahl der Bürger, wenigstens an meiner Barrikade, nicht möglich war. Inwieweit wir fernerhin mit eingreifen, werden wir morgen in einer Versam[m]lung bei dem Geheimen Rath Mayer besprechen; eine allgemeine Bewaffnung aller Besitzenden mit Büchsen u ein Schießverein sind schon beschlossen. Durch die Berufung des Grafen Schwerin zum Cultusminister hat diese Stellung plötzlich eine neue Bedeutung u wir werden uns beeilen, für die wissenschaftliche u praktische Medicin den möglichsten Vortheil davon zu ziehen. Uebrigens kan[n]st Du Dich darauf verlassen, daß ich mich nicht nutzlos u ohne Grund weder körperlich, noch in meiner Stellung aufopfern werde. –

Auf Deine sonstigen Fragen fühle ich mich jetzt nicht im Stande, ausführlich zu antworten. Deinen letzten Brief vor meiner Abreise hatte ich erhalten u die Einlage an Köhler zur Stadtpost gegeben. Meine Course über *path[ologische] Anatomie* sind im besten Gange u nur vorläufig noch ausgesetzt. Mit meiner Reise nach Oberschlesien bin ich in jeder Hinsicht vollkom[m]en zufrieden, u ich habe sowohl in wissenschaftlicher, als in socialistischer Hinsicht sehr viel Nutzen davon gehabt. Ich werde mich auch wahrscheinlich bald darüber vernehmen lassen, allein jetzt, siehst Du wohl, kan[n] man nicht arbeiten. Daß man in der Zeitung nichts über mich gelesen hat, erklärt sich einfach daraus, daß ich mich nicht darum bemüht habe u daß hier das Interesse für Oberschlesien vernichtet war, als ich zurückkehrte. Dem Minister habe ich noch gar nicht berichtet, theils wegen Mangel an Zeit u Lust, theils weil ich nicht an einen Minister berichten wollte, dessen Absetzung man stündlich erwarten mußte. Ueber die Bodenverhältnisse Oberschlesiens nächstens, nur hier soviel, daß sie nicht so schlecht sind, als Du glaubst.

Grüße die Mutter herzlich u sage ihr, daß sie sich meinetwegen nicht zu ängstigen habe. Ungefährlich ist keine Zeit, den[n] man kan[n] in jeder sterben; kom[m]en hie u da gefährlichere, nun so gehen sie auch wieder vorüber. Die gefährlichste Periode unserer Zeit haben wir nach meiner Ansicht überwunden. Ein Krieg wäre nur mit Rußland möglich, u das ist der ganzen übrigen Welt gegenüber unmöglich. Also nur Muth!

Grüße auch die Schivelbeiner u sage ihnen, daß sie sich ihrer Voreltern würdig zeigen sollen. *Die Lumpenhunde, denken sie, daß andre sich für sie todtschießen lassen sollen, auf daß sie nachher das Fett von der Suppe bekom[m]en? Ich denke, es wird noch einmal eine Zeit kom[m]en wo auch etwas Leben in sie hineinkom[m]t.*

Dein Rudolf."

4. Trügerische Ruhe nach dem Sturm 1848: Die „Ruhe eines Vulkans". Die Wiederherstellung Polens Berlin, 24. März 1848

R. Virchow an seinen Vater
24.3.1848

„Charité, am 24^{stn} März.
1848.
[[CCV^{32}:] Beantwortet
am 28/3.
ferner geschrieben am 15 April.]

Lieber Vater,

Seit meinem letzten Briefe wirst Du gesehen haben, daß die Revolution vollkom[m]en gesiegt hat. Das Königthum hat die Macht u das Vertrauen gleichzeitig verloren, u die einzige Möglichkeit für dasselbe, noch einen Schein von Glanz zu bewahren, ist in dem kühnen Versuch einer deutschen Hegemonie gegeben. Allerdings ist das ein grosser politischer Streich. Aber noch kan[n] Niemand sagen, wie das auslaufen wird. Für den Augenblick haben wir Ruhe, aber die Ruhe eines Vulkans u zwar eines noch nicht ausgebran[n]ten. Vorläufig giebt es keine Macht bei uns: weder die Regierung, noch das Volk, oder wie man für das letztere sagen muß, weder Bürger, noch Arbeiter haben sich bis jetzt der Gewalt bemächtigt. Glücklich für uns, wenn diese Theilung der Gewalt eine bleibende wird. Allein das steht nicht zu erwarten. Schon begin[n]t unter der Bürgerschaft (bourgeoisie) die Reaction gegen die Arbeiter (das Volk). Schon spricht man wieder von Pöbel; schon denkt man daran, die politischen Rechte ungleichmäßig unter die einzelnen Glieder der Nation zu vertheilen; schon wagt man, die Presse zu terrorisiren, u die Regierung begin[n]t allmählich wieder einen Ton anzustim[m]en, der dem Ton vor dem 18^{tn} März sehr nahe verwandt ist. Aber die Volkspartei ist wach, u auch sie ist mächtig. Sie wird dahin sehen, daß man dem Volk, welches sein Blut vergossen hat, nicht dasjenige wieder schmälert, was man ihm heilig versprochen hat, u daß nicht eine bourgeoisie die Früchte eines Kampfes genießt, den sie nicht geschlagen hat. Die große Frage des Tages, welche in Volksversam[m]lungen, *Clubbs*, Kaffeehäusern *pp.* agitirt wird, ist die Berufung des Landtages, welche unter allen Verhältnissen hintertrieben werden muß. Was soll das kostbare Puppenspiel, daß man den Landtag zusam[m]enkom[m]en läßt, damit er sich selbst auflöse? Und was soll aus der Ordnung werden, wen[n] es diesem aus dem 10jährigen Besitz hervorgegangenen Landtage gefallen sollte, die gleiche politische Berechtigung Aller nicht anzuerkennen? Giebt die besitzende Partei nicht nach, so haben wir eine Zeit der Anarchie u Zerrüttung aller Verhältnisse vor uns, die uns die Schrecken der französischen Revolution bringen kan[n]. Die zweite wichtige Frage ist die Wiederherstellung Polen's. Das Gouvernement ist tölpelhaft genug, sich dagegen zu erklären u sich auf die Wiener Verträge zu berufen – Verträge, die in diesem Augenblick niemand mehr anerken[n]t, als Rußland. Trotzdem wird u muß der Aufstand in Polen ausbrechen u dießmal wird Deutschland entschieden auf Polen's Seite sein. Ein Krieg mit Rußland wird dan[n] schwer zu umgehen sein. – So verwickelt sind die Verhältnisse, u jeder Tag kan[n] ein Ereigniß bringen, welches die Verwicklung steigert.

Der Anblick Berlin's heute, verglichen mit dem vor 14. Tagen, ist wahrhaft traumhaft. Ueberall Leben, überall Waffen, überall freie u öffentliche Rede. Ganz Berlin hängt voll deutscher Fahnen u die Straßen haben dadurch ein außerordentlich buntes u belebtes Aussehen gewon[n]en. Von allen Seiten kom[m]en die Leute in hellen Haufen angefahren, um den Schauplatz der Kämpfe zu sehen; ganze Deputationen von Städten u Corporationen erscheinen, um ihre Freude über so glorreiche Siege darzubringen. Die Berliner selbst sind natürlich voll Siegesstolz u jeder Straßenjunge thut, als ob er mehrere Soldaten getroffen hätte. Das ist etwas ganz Neues u fast das Wichtigste bei der *ganzen* Sache, daß wir jetzt Selbstgefühl, Selbstachtung, Selbstvertrauen gewon[n]en haben. Diese Eigenschaften sind das erste Bedürfniß für die Selbstregierung, welche die einzige der Völker würdige Form des Staates ausmacht. Wünschen wir nur, daß die Selbstregierung nicht noch einmal durch Waffengewalt erkämpft werden muß, den[n] ein zweiter Kampf würde gewiß ungleich blutiger sein, als der erste. Die Armee würde dabei weniger zu fürchten sein, als die bewaffnete bourgeoisie; es würde ein wahrer Bürgerkrieg werden.

Lebe recht wohl, halte Dich gesund.
Dein Rudolf."

5. Virchow tanzt auf allen Hochzeiten. Politische und ärztliche Tätigkeit 1848
Berlin, 1. Juli 1848

R. Virchow an seinen Vater
1.7.1848

„Charitè, 1. Juli 1848.

Lieber Vater,

Daß Du so lange nichts von mir gehört hast, lag zum großen Theil an dem Mangel an Zeit, der sich bei mir in einem Maaße herausgestellt hat; wie nie. Theils politische, theils medicinische Beschäftigungen füllen meinen ganzen Tag aus. Vormittags fesseln mich meine Amtsgeschäfte u mein Cours, u ich kan[n] höchstens noch eine Zeitung lesen; Nachmittags habe ich allerlei Com[m]issionssitzungen, Abends Versam[m]lungen aller Art. Zweimal in der Woche hält unser Bezirksverein, der Friedrich-Wilhelmstädtische[33], Sitzung, wo ich M[it-]glied des Comités bin; einmal der Bezirks-Central-Verein, in dem die Abgeordne[ten] aller Bezirksvereine sitzen, u wo ich bisher auch Mitglied des Comité's war; einma[l] wöchentlich ist General-Versam[m]lung der Aerzte, wo ich Vicepräsident bin. Dazu [kommen] *Clubbs*, Handwerker- u Maschinenbau-Arbeitervereine, u endlich beschäftige ich m[ich in] diesem Augenblick noch mit der Gründung einer medicinischen Wochenschrift, welche] die Reform des Medicinal-Wesens nach den Principien unserer Zeit [vertreten soll[34].] Die einzigen Tage, wo ich mich einmal frei gemacht habe, waren die Pfingsttag[e, wo ich eine] Excursion nach Freienwalde machte u Förster's einmal wieder besucht[e].

Du wünschst nun etwas über die Lage der politischen Dinge u nam[entlich der] Republik zu hören. [...] Gerade diejenigen, welche der Republik am sichersten entgegenzuarbeiten hoffen, nützen am meisten. Die Majorität ist jetzt für eine demokratisch-constitutionelle Monarchie, für ein demokratisches Königthum, in dem der Volkswille das allein geltende Moment, der König nur der Ausdruck des Volkswillens ist. [...]

In der That ist diese Verfassungsform ganz schön u theoretisch höchst anerken[n]ungswerth. Sie hat nur ein Bedenken, nämlich das, daß sie praktisch unausführbar ist. Preußen wird keinen König finden, der weiter nichts sein will, als der Ausdruck des Volkswillens [...]. Die jetzt lebenden Hohenzollern sind durch ihre Erziehung so sehr daran gewöhnt, sich als etwas Apartes zu betrachten u ihre Wünsche für die Wünsche des Volkes zu halten, daß sie sich nie *drin* fügen werden, selbst beim besten Willen unwillkürlich nicht, im[m]er nur dem Volkswillen nachzukommen. Das Volk wird dan[n] sehr bald einsehen, daß es mit solchen Leuten nicht existiren kann, es wird eine neue Revolution machen u dan[n] nur die republikanische Staatsform annehmen.

Das *war* der günstigste Fall. Es ist aber kaum zu erwarten, daß der eintreten wird. Der König u seine Brüder werden sich in die vollkom[m]ene Entkleidung von allen Majestätsrechten freiwillig nicht fügen; sie werden es nicht zugeben, daß ihnen weiter nichts übrig bleiben soll, als das Recht sich fortzupflanzen. [...]

In Baden, *Würtemberg*, Rheinhessen u Rheinbaiern, Darmhessen u Rheinpreußen, in Schlesien, Thüringen, Franken, Braunschweig u hier verstärkt sich die republikanische Partei täglich mehr [...].

Nächstens mehr. Vorläufig lebe recht wohl u möge ein freundlicher Him[m]el so lange als möglich über Euch wachen.

Dein Rudolf."

III. Mittheilungen über die in Oberschlesien herrschende Typhus-Epidemie.
Ein Spiegel für Rudolf Virchows vielfältige Interessen und Berufungen

Unter dem gewaltigen Eindruck seiner vom 20.2. bis 10.3.1848 dauernden Reise nach Oberschlesien (als Delegierter des preußischen Ministers der geistlichen, Unterrichts- und Medicinalangelegenheiten) verfaßte Virchow die „Mittheilungen über die in Oberschlesien herrschende Typhusepidemie".

Diese mitreißend formulierte und leidenschaftlich engagierte Arbeit beschreibt die oberschlesische Geschichte, Geographie, Gesellschaft, Sprache, Kultur, Religion, Ernährung und das Klima, und zwar in gleicher Ausführlichkeit wie die medizinischen Aspekte der Typhusepidemie. Nur letztere wollte das Ministerium haben. Die Broschüre endet mit einem flammenden Aufruf – wie die ganze Schrift den Ton eines revolutionären Pamphlets trägt – zur Hilfe für die unglücklichen Oberschlesier und sollte nach Virchow in erster Linie in politischen Maßnahmen bestehen.

Die folgenden drei Ausschnitte aus den „Mittheilungen ..." verdeutlichen, wie weit Virchows Interessen und Berufungen über das Gebiet der reinen Medizin hinausgingen.

In diesem Bericht, der neben seinen ausführlichen Darstellungen der Krankheitsverläufe und Therapiemöglichkeiten sowie der Erörterung der Frage der Ansteckung gleichsam das Geburtsdokument der modernen Sozialmedizin liefert, offenbart sich dem Leser die Facette des Mediziners, auch die des Anthropologen und Politikers Rudolf Virchow. Nicht nur der kühl sezierende Pathologe, sondern der Mitleid empfindende Mensch Virchow kommt zum Vorschein.

1. Ein Reiseerlebnis in Oberschlesien und seine Folgen: Die Geburtsstunde der modernen Sozialmedizin Sommer 1848

„Oberschlesien (Regierungsbezirk Oppeln) umfaßt den südlich von der Neiße und dem Stober gelegenen Theil von Schlesien. Die Kreise Rybnik und Pless bilden das südlichste Stück davon, welches unmittelbar an der Grenze von Galizien und Oesterreichisch Schlesien zwischen 36 und 37° östlicher Länge, 49,9 und 50,3° nördlicher Breite zwischen dem obersten Theil des Stromlaufes der Oder und Weichsel sich ausdehnt – ein Flächenraum von etwa 35 Quadratmeilen. Das Land bildet hier ein vielfach durchschnittenes zerrissenes Hochplateau, dessen Elevation über der Ostsee durchschnittlich 900 – 1000' beträgt.[35] Die Wasserscheide zwischen Oder und Weichsel, welche dasselbe mitten durchzieht, tritt im Allgemeinen wenig hervor; in der Gegend von Sohrau, wo sie ganz aus aufgeschwemmtem Land besteht, erreicht sie eine Höhe von nur 948', nach beiden Seiten hin, besonders ostwärts gegen das Weichselthal (Plessner Kreis) dacht sie sich sanft ab, während sie westwärts einen Höhenzug bildet, der bis Pschow (1008') ansteigt und sich südwärts mit einer Einsenkung bis Groß Gorzitz (853') fortsetzt. Auf dem rechten Ufer der Oder, deren Spiegel bei der Einmündung der Olsa 673' hoch liegt, fällt das Hochplateau ziemlich steil gegen das breite und fruchtbare Oderthal ab.

Die Ungleichheiten der Oberfläche sind theils durch Gebirgshebungen, theils durch spätere Auswaschungen bedingt. Nördlich zwischen Kosel und Groß Strehlitz stößt man auf die mächtige und ziemlich isolirte Basalthebung des Anna-Berges; südlich zieht sich auf der Grenze zwischen Galizien und Ungarn gegen die Bukowina hin in der Richtung von West nach Ost die jüngere Hebung der Karpathen, deren schöne blaue Kuppen (z.B. die Lissahora) man fast von jedem Punkt beider Kreise aus in unabsehbarer Reihe erblickt. Geht man in der Betrachtung der geologischen Verhältnisse weiter, so stößt man westlich auf die Sudeten, östlich auf das Sendomir-Gebirge, und die ganze Hochebene von Oberschlesien erscheint dann als eine ungeheure Beckenausfüllung. Es ist daher sehr natürlich, daß man an vielen Punkten ältere Gebirgsformationen bis an die Oberfläche oder doch bis auf eine geringe Tiefe heraufsteigen sieht Grauwacke, Steinkohle, rother Sandstein und Muschelkalk, jurassische Bildungen, namentlich Thoneisenstein, denen sich die eigenthümliche Tertiärbildung des Gyps-

und Mergelgebirges (dem auch das Steinsalz von Wieliczka angehört) anschließt, bilden fast überall die Sohle des aufgeschwemmten Landes, dessen mittlere Mächtigkeit sich auf 11-13 Lachtern berechnet. Es besteht in den oberflächlichen Schichten abwechselnd aus Lehm und einem groben, wie es scheint, durch Auswaschung des Lehms entstandenen[36], häufig eisenschüssigen Kies. Der erstere findet sich namentlich ausgedehnt in den südwestlichen Theilen, um Sohrau, Loslau und gegen die österreichische Grenze hin; der letztere ist vorwaltend in den östlichen und nördlichen. Beide kann man meist sehr leicht aus der Natur der Waldbäume beurtheilen, welche hier fast überall Coniferen sind, während gegen Radlin, Loslau etc. schönes Laubholz (selbst Eichen) zu sehen sind. Fast nirgends ist indeß die Bildung der Oberfläche eine für den Ackerbau vollkommen günstige, weil die thonige oder lettige Unterlage meist undurchlässig für das atmosphärische Wasser ist.[37]

Der größte Theil der Thäler, insbesondere im Rybniker Kreise, sind Auswaschungsthäler, oft von ziemlich bedeutender Tiefe, so daß sie nicht blos die Alluviallager durchschneiden, sondern zuweilen an ihren Rändern selbst noch Schichten der tertiären Gypsformation aufgeschlossen sind. Gewöhnlich sind die Ränder ziemlich steil, die Thäler verhältnißmäßig breit, von einem Bach durchflossen, der übrige Theil des Grundes von nassen Wiesen gebildet. Hie und da finden sich ausgedehnte Moorbildungen. Seen, auch große, sind nicht selten, ihre Ufer meist flach, so daß sie dem an Seen mit hohen Uferhügeln gewöhnte Auge des Norddeutschen mehr das Bild ephemerer Wasseransammlungen in seichten Einsenkungen des Bodens gewähren. Das Gefälle der Bäche und kleinen Flüsse, besonders zur Weichsel, ist nicht bedeutend, und da die letztere selbst in ihrem oberen Lauf einen sehr geringen Fall hat, und sowohl sie, als die Oder bei der großen Nähe der Karpathen oft sehr schnell ungeheure Wassermassen empfangen, so sind Rückstauungen bis in diese Thäler hinauf mit ausgedehnten Ueberschwemmungen der umliegenden Wiesen relativ häufige Ereignisse.

Die bedeutende Elevation des Landes, die große Nähe und die Richtung eines so mächtigen Gebirgsstockes, wie die Karpathen, heben den Einfluß, welchen die südliche Lage dieses Bezirkes (Pless liegt fast unter der Breite von Mainz) auf die Temperatur der Luft ausüben sollte, ziemlich auf. Die Roggenerndte fällt gewöhnlich in dieselbe Zeit, wie in Gegenden von Pommern, die 4° nördlicher liegen, Ende Juli, Anfang August, und der Temperaturunterschied ist so bedeutend, daß schon im Oderthal bei Ratibor bei den

Landarbeiten ein Unterschied von 8 Tagen hervortritt. Besonders ungünstig scheint in dieser Beziehung die Richtung der Vorkarpathen von West nach Ost zu sein. Während die warmen Aequatorialwinde durch das Gebirge theils abgefangen, theils an den Schneemassen, welche bis tief in den Mai zu liegen pflegen, abgekühlt werden, fangen sich dagegen die niedriger wehenden Polarströme an dem Gebirge, welches sich fast unmittelbar aus der Ebene erhebt, werden von ihm zurückgeworfen und stauen sich vor demselben. Man erzählte mir, daß Strichregen, die mit einem Nordwestwinde ankommen, fast regelmäßig in einen Landregen übergehen, der in kurzer Zeit sehr bedeutende Massen von Niederschlag setzt. Wie schnelle und bedeutende Wechsel in dem Zustande des Luftmeers hier vorgehen, hatte ich selbst Gelegenheit zu beobachten. In den ersten beiden Wochen, die ich in der Gegend zubrachte, war das Wetter sehr günstig, die Luft meist klar und warm, entschieden frühlingsartig. Plötzlich am Ende der 2ten Woche Schneegestöber, das immer stärker wurde und den Boden in wenig Tagen mit einer mehrere Fuß hohen Schneedecke überzog. Dabei so starker Frost, daß während man eben erst so grundlose Wege gehabt hatte, daß der Verkehr zu Wagen fast unmöglich war, in wenig Tagen schon überall die Schlitten gingen. Am 8. fuhr ich in einem starken Schneegestöber bei einem pfeifenden NNW zu Schlitten nach Gleiwitz; am folgenden Tage, wo ich mit der Eisenbahn nach Breslau abging, sah ich, je weiter ich nördlich kam, die Schneedecke dünner werden; hinter Breslau fand ich nur noch in Vertiefungen des Bodens etwas Schnee vor, und in der Mark war endlich auch davon nichts mehr zu bemerken. –

Aus dem Mitgetheilten geht demnach hervor, daß alle Verhältnisse sich vereinigen, welche den Feuchtigkeitsgehalt des Bodens und der Luft vermehren. Während die Undurchlässigkeit des Landes und der leichte Rückstau der fließenden Wässer eine oft wiederkehrende und dann gewöhnlich lang anhaltende Quelle für die Oberflächen-Verdunstung setzt, so bedingen wiederum die häufigen und anhaltenden Niederschläge aus der Atmosphäre bei der verhältnißmäßig niedrigen Temperatur der Luft eine stete Erneuerung der durch Verdunstung verloren gegangenen Flüssigkeiten. –

Sehen wir uns nun die Bewohner dieses Landes an. Ganz Oberschlesien ist polnisch; sobald man den Stober überschreitet, so wird aller Verkehr mit dem Landvolk und dem ärmeren Theil der Stadtbewohner für diejenigen, welche der polnischen Zunge nicht mächtig sind, unmöglich, und nur Dollmetscher gewähren eine spärliche Aushülfe. Auf dem rechten Oder-Ufer tritt dieß Verhältniß am allgemeinsten hervor; auf dem linken haben sich zahlreiche germanische Elemente eingemischt. Diese Bevölkerung stellt den traurigen Rest des alten schlesischen Volkes dar, wie es sich in diesen peripherischen Landstrichen an den Grenzmarken deutscher Gesittung erhalten hat. Man erinnere sich nur, daß schon vom Ende des 6ten Jahrhunderts an die Glieder der slavischen Völkerfamilie, ein bis dahin ungekanntes Geschlecht, in die Gegenden einrückten, welche die nach Westen und Süden auswandernden deutschen Stämme verlassen hatten, und daß, während links von der Oder und um die Elbe Czechen, Wenden, Lutizier, Obotriten sich ausbreiteten, lechitische Slaven die weite Ebene in Besitz nahmen, welche das Flußgebiet der Weichsel umfaßt und von der Oder westlich begrenzt wird. Ihren Namen Polen leitet man nicht ohne Grund von *pole* her, welches Ebene bedeutet, denn was ist charakteristischer für ihr Land, als diese unendliche Ebene, welche sich von den Karpathen bis zu den Gestaden des baltischen Meeres erstreckt und über welche weithin zerstreut erratische Geschiebsblöcke, von den skandinavischen Gebirgsketten stammen, bis zu den Füßen der Karpathen geführt worden sind? Als am Ende des ersten Jahrtausends christlicher Zeitrechnung Boleslav I. Chrobri das polnische Reich begründete, bildete Schlesien einen integrirenden Theil desselben, und erst 1163 überließ es der vierte Boleslav seinen Neffen als ein getrenntes Reich. Durch fortwährende Theilungen zerfiel es freilich bis zum 14. Jahrhundert in 18 Herzogthümer, allein schon von den luxemburgischen Kaisern wurde ein Stück nach dem andern für die böhmische Krone erworben, bis 1339 das ganze Land von Polen förmlich an Böhmen abgetreten wurde, mit dem es später an die österreichischen Herrscher kam. Der letzte schlesische Herzog (von Liegnitz, Brieg und Wolau) aus dem Haus der Piasten starb indeß erst 1675; aus seiner Erbschaft entspann sich bekanntlich der schlesische Krieg, der den größten Theil des Landes unter preußische Herrschaft brachte, und mit dem jener unselige Streit zwischen den beiden deutschen Großmächten um die Hegemonie begann, der in unseren Tagen wieder aufgenommen wird, und durch die unselige Einmischung fremder Nationalitäten in deutsches Staatsleben eine so verwickelte Gestalt erhält.

Fast 700 Jahre sind also vergangen, seitdem Schlesien von Polen getrennt wurde; der größte Theil des Landes ist durch deutsche Colonisation und durch die Macht deutscher Cultur vollkommen germanisirt worden. Nur für Oberschlesien haben 700 Jahre nicht genügt, seinen Bewohnern das nationalpolnische Gepräge zu nehmen, welches ihre Stammesbrüder in Pommern und Preußen so vollständig verloren haben. Freilich haben sie genügt, das Bewußtsein ihrer Nationalität zu zerstören, ihre Sprache zu corrumpiren und ihren Geist zu brechen, so daß das übrige Volk ihnen den verächtlichen Namen der Wasserpolacken beigelegt hat, aber ihre ganze Erscheinung, die mir als ganz ähnlich derjenigen der polnischen Bevölkerung an der Niederweichsel geschildert wird, zeigt immer noch deutlich ihre Abstammung. Da sieht man nirgends jene eigentümliche Gesichtsbildung der Russen, die man so oft als die eigentlich slavische bezeichnen hört und die so sehr daran erinnert, daß diese Vertreter des Asiatismus die Nachbarn der Mongolen sind. Ueberall findet man schöne Gesichter, lichte Haut, blaue Augen, blondes Haar[38], freilich frühzeitig durch Sorgen und Schmutz verändert, aber bei den Kindern häufig in seltener Lieblichkeit vorhanden. Auch ihre Lebensgewohnheiten erinnern überall an den eigentlichen Polen. Ihre Tracht, ihre Wohnungen, ihre geselligen Verhältnisse, endlich ihre Unreinlichkeit und Indolenz finden sich nirgends so ähnlich wieder, als bei den niedrigen Schichten des polnischen Volkes. Was insbesondere die beiden letztgenannten Eigenschaften anbetrifft, so möchte es schwer halten, sie übertroffen zu sehen. Der Oberschlesier wäscht sich im Allgemeinen gar nicht, sondern überläßt es der Fürsorge des Himmels, seinen Leib zuweilen durch einen tüchtigen Regenguß von den darauf angehäuften Schmutzkrusten zu befreien. Ungeziefer aller Art, insbesondere Läuse, sind fast stehende Gäste auf seinem Körper. Eben so groß als diese Unreinlichkeit ist die Indolenz der Leute, ihre Abneigung gegen geistige und körperliche Anstrengungen, eine vollkommen souveräne Neigung zum Müßiggang oder vielmehr zum Müßigliegen, die in Verbindung mit einer vollkommen hündischen Unterwürfigkeit einen so widerwärtigen Eindruck auf jeden freien, an Arbeit gewöhnten Menschen hervorbringt, daß man sich eher zum Ekel, als zum Mitleid getrieben fühlt. Die Vergleichung des Oberschlesiers mit dem neapolitanischen Lazaroni hat manches Wahre, so lange man an der Oberfläche der Dinge stehen bleibt, allein sie verliert alles Gewicht, sobald man genauer zusieht.

Die Niederschlesier schreiben diese Arbeitsscheu bald der Entkräftung der Leute in Folge ihrer schlechten Ernährung, bald einem nationalen Hange zum Nichtsthun zu. Das erstere ist zum Theil richtig, allein nicht in dem Maaße und in der Ausschließlichkeit, daß man daraus allein die ganze Erscheinung begreifen könnte. Anderseits würde es ein schmähliches Unrecht sein, welches man der polnischen Nation, dieser so hochherzigen und jeder Aufopferung fähigen Nation zufügen würde, wenn man in ihr den wahren Grund suchen wollte. Mag immerhin der deutsche Fleiß seltener unter den Polen gefunden werden, so darf man doch nicht vergessen, unter welchen Verhältnissen, unter einem wie langen und wie gewaltigen Druck dieses unglückliche Volk geseufzt hat. Betrachten wir diese Verhältnisse einen Augenblick genauer, da sie für unsere spätere Darstellung von Bedeutung sind.

Die polnische Sprache, deren sich der Oberschlesier ausschließlich bedient, ist gewiß nicht eine der geringsten Bedingungen seiner Gesunkenheit gewesen. Seit 700 Jahren von dem Muttervolk abgelöst, hat diese Bevölkerung keinen Theil genommen an der Entwicklung, welche, wenn auch nur in geringerem Maaße, bei jenem zu Stande gekommen ist; sie hat nichts gewonnen von der deutschen Cultur, da ihr jedes Verbindungsglied mit derselben fehlte. Erst in späterer Zeit hat man von den Schulen aus Germanisirungsversuche unternommen, allein die Mittel, welche die Regierung zu diesem Zwecke einschlug, trugen die Garantie ihrer Fruchtlosigkeit in sich. Man schickte deutsche Schulmeister von möglichst beschränktem Wissen in das polnische Land, und überließ es nun dem Lehrer und seinen Schülern, sich gegenseitig ihre Muttersprache beizubringen. Das Resultat davon war gewöhnlich, daß der Lehrer endlich polnisch lernte, nicht aber die Schüler deutsch. Statt daß also die deutsche Sprache sich verbreitete, hat vielmehr die polnische die Oberhand behalten, und man findet inmitten des Landes zahllose Geschlechter mit deutschen Namen und deutscher Physiognomie, die kein deutsches Wort verstehen. Kaum ein Buch, außer dem Gebetbuch, war dem Volk zugänglich, und so ist es denn möglich geworden, daß mehr als eine halbe Million von Menschen hier existiren, denen jedes Bewußtsein der innern Entwicklung des Volkes, jede Spur einer Culturgeschichte abgeht, weil sie schrecklicherweise keine Entwicklung, keine Cultur besitzen.

Ein zweites Hinderniß ist die katholische Hierarchie gewesen. Nirgends, außer in Irland und seiner Zeit in Spanien, hat der katholische Clerus eine absolutere Knechtung des Volkes zu Stande gebracht, als hier; der Geistliche ist der unumschränkte Herr dieses Volkes, das ihm wie eine Schaar Leibeigener zu Gebote steht. Die Geschichte seiner Bekehrung vom Brandwein bietet ein noch glänzenderes Beispiel dieser geistigen Hörigkeit dar, als es Pater Matthew an den Irländern geliefert hat. Die Oberschlesier waren dem Brandweingenuß in der extremsten Weise ergeben. An den Abenden, wo das Volk von städtischen Märkten zurückkehrte, waren die Landstraßen von Betrunkenen, Männern und Weibern, buchstäblich übersäet; das Kind an der

Mutterbrust wurde schon mit Schnaps gefüttert. In einem einzigen Jahre gelang es dem Pater Stephan (Brzozowski), alle diese Säufer mit einem Schlage zu bekehren. Freilich wurden dabei alle Mittel, gesetzliche und ungesetzliche, kirchliche und weltliche in Bewegung gesetzt, Kirchenstrafen und körperliche Züchtigungen wurden ungestraft angewendet, allein die Bekehrung gelang endlich, das Gelübde wurde allgemein abgelegt und gehalten. (Vgl. den Aufsatz des Prof. Kuh in der Med. Vereinszeitung 1848, Nr. 8) Wie groß das Vertrauen auf die Geistlichkeit war, hat auch diese Epidemie in vollem Maaße gezeigt. Viele glaubwürdige Männer haben mich versichert, daß die Leute mit einer gewissen Zuversicht dem Tode entgegengesehen hätten, der sie von einem so elenden Leben befreite und ihnen einen Ersatz in den himmlischen Freuden zusicherte. Wurde jemand krank, so suchte er nicht den Arzt, sondern den Priester; hülfen die heiligen Sacramente nichts, was sollte dann die armselige Arznei wirken? Diesen Zustand der Gemüther wußte die Hierarchie im Anfange der Epidemie wohl zu benutzen und nach der allgemeinen Ansicht in den Kreisen hat der Regierungs-Medicinalrath in Oppeln, Herr Lorinser Alles gethan, was geeignet war, diese Bestrebungen zu fördern. Ob es absichtlich geschehen ist oder ob eine sträfliche Unkenntniß der localen Verhältnisse die Ursache war, läßt sich schwer entscheiden; eines von beiden aber mußte der Fall sein, denn wie konnte man zu einer Zeit, wo jeder Gebildete in den Kreisen dringend und öffentlich nach Aerzten rief, erklären, sie seien nicht nöthig und das Volk wolle sie nicht? (Vgl. den Aufsatz des Prof. K u h in der Wochenschrift für die ges. Heilkunde, 1848, Nr. 10) Von der Regierung geschah fast gar nichts. Statt dessen erschienen die barmherzigen Brüder aus Breslau und Pilchowitz unter ihrem Spiritual Dr. Künzer, die Zeitungen waren ihres Ruhmes voll, und wohin sie kamen, brachten sie ihre Hülfe, ihre Gaben im Namen der Mutter Kirche. So anerkennenswerth der Eifer dieser Männer gewesen ist, so war ihre Wirksamkeit doch eine sehr beschränkte. Zwei von ihnen waren Wundärzte, die übrigen waren von verschiedenen Gewerken, vom Militair etc. in die geistliche Corporation getreten, und vollkommen unfähig, ein ärztliches Urtheil zu haben. Da sie von Dorf zu Dorf zogen, so vergingen oft Wochen, ehe sie wieder an das erste Dorf kamen, oft kehrten sie gar nicht zurück, und ihre Erscheinung war dann die eines heilbringenden Engels gewesen. Von dem Augenblick an, wo das Breslauer Comité, welches die Gaben von ganz Deutschland in Empfang nahm, eine geordnete Thätigkeit in den Kreisen auszuüben begann und seine Delegirten, der Prinz Biron von Kurland und der Professor Kuh selbst in den Kreisen erschienen, als von allen Seiten Aerzte requirirt wurden, Local-Comités sich bilden, sah man sich genöthigt, den geistlichen Instituten seine Hülfe vollkommen zu entziehen; damit hörte die Thätigkeit der geistlichen Brüder mehr und mehr auf und das Vertrauen des Volkes zu den Aerzten wurde immer lebendiger. Jetzt erst schickte auch Herr Lorinser Aerzte, die sich bei ihm gemeldet hatten. Freilich hatte er sich schon vorher auf Umwegen, welche ihn leider davon abhielten, mit dem Herrn Minister Grafen Stolberg, den der König abgesandt hatte, dem Herrn Geh. Rath Barez etc. zusammenzutreffen, selbst in die Kreise begeben, allein als er hier auf einer Versammlung der Aerzte zu Nicolai über die gegen diese Seuche zu ergreifenden Maaßregeln sprach, konnte ihm Prof. Kuh erwiedern, daß das Breslauer Comité diese Maaßregeln alle schon getroffen habe. Als Herr Lorinser dann nach Sohrau kam und ihm der provisorische Magistratsdirigent, Herr von Woisky die Verlegung des Kirchhofs an's Herz legte, der fast in der Stadt gelegen, auf einem Räume von einigen 40 Quadratfuß mehr als 600 zum großen Theil oberflächlich begrabene Leichen enthielt, so erklärte er dieß für unnöthig, zumal da die Geistlichkeit, welche den Kirchhof in solcher Nähe zu behalten wünschen müßte, dawider sein würde. Es sei fern von mir, daß ich einzelne Glieder dieser Geistlichkeit anschuldigen will, einen grausamen und unmenschlichen Gebrauch ihrer geistlichen Gewalt gemacht zu haben, allein es kann niemand abläugnen, daß eine so mächtige Hierarchie, der das Volk so blind gehorcht, das Volk zu einer gewissen geistigen Entwicklung hätte bringen können, wenn sie gewollt hätte. Allein es liegt in dem Interesse der Mutter Kirche, die Völker bigott, dumm und unfrei zu erhalten; Oberschlesien ist nur ein neues Beispiel in der großen Reihe der alten, unter denen Spanien, Mexico und Irland obenan stehen. Die einheimische katholische Geistlichkeit hat in ihrem Eifer für das hungernde und kranke Volk große Opfer, selbst die der körperlichen Aufopferung nicht gescheut, und sich dadurch wesentlich von der evangelischen unterschieden, von der z.B. Hr. Pastor Wolf in Rybnik sich geweigert hat, zu Typhuskranken seiner Gemeinde in Sohrau zu kommen, um ihnen geistlichen Trost zu bringen. Allein alle diese Aufopferung, deren persönliches Verdienst ich gern und rühmend anerkenne, kann die schwere Schuld nicht sühnen, daß man ein großes Volk so tief in Unwissenheit, Aberglauben und Faulheit hat versinken lassen.

Die Nachtheile der Bureaukratie, welche Preußen sonst so tief hat empfinden müssen, sind in Oberschlesien weniger aktiv hervorgetreten; wo sie Schuld an dem Unglück trägt, da ist es mehr eine negative. Es ist ein Fluch des Menschengeschlechtes, daß es durch Gewöhnung auch das Schrecklichste ertragen lernt, daß es an der alltäglichen Schändlichkeit das Schändliche vergißt, und daß es kaum begreifen kann, wenn Einzelne die Vernichtung desselben anstreben. Die gebildete Bevölkerung in jenen Kreisen und mit ihnen die Behörden, deren Bereitwilligkeit und Thätigkeit ich außerdem gern zugestehe, sind durch den täglichen Anblick dieses gesunkenen Volkes so abgestumpft, gegen ihre Leiden so indolent geworden, daß, als nun endlich von allen Seiten Hülfe versprochen und gebracht wurde, die allgemeine Klage entstand, man würde das Volk verwöhnen. Als man denen, die gar nichts, absolut nichts zu essen hatten, 1 Pfd. Mehl für den Tag bewilligte, fürchtete man, sie würden sich verwöhnen! Kann man sich etwas Schrecklicheres denken, als daß sich jemand an Mehl, an bloßem, reinem Mehl verwöhnen wird und daß jemand dieß befürchten kann? Diese Gewöhnung an das Elend, diese Abstumpfung des Gefühls gegen fremdes Leiden sind so allgemein in den Kreisen, daß ich am allerwenigsten die Localbehörden angreifen will, daß sie ihre zum Theil recht ernsthaften und dringenden Berichte nicht noch ernsthafter und dringender gemacht haben. Wenn von Oppeln, von Breslau, von Berlin immer abschlägliche und zurückweisende Antworten einliefen, welcher preußische Beamte würde dadurch nicht endlich zur Ruhe gebracht sein? Das Volk aber hat das Ministerium Bodelschwingh gestürzt, der Oberpräsident v. Wedell hat in feiger und schimpflicher Flucht Breslau verlassen müssen, und wenn die Regierung in Oppeln noch besteht, so hat sie es nur ihrer Unbedeutendheit und der oberschlesischen Indolenz zu verdanken. Der Herr Landrath v. Durant hat aus Rybnik wiederholte Aufforderungen bis direkt an den Minister, welches gegen den Geschäftsgang war (!), gelangen lassen, und die drohende Noth schon im Herbst 1847 bestimmt dargelegt. Was ist darauf erfolgt? Man sagte den schon ein Jahr vorher mit Schulden belasteten Kreisständen, sie sollten doch selber helfen, und in Rybnik begegneten sie auf ihren Geschäftsreisen 2 Deligirte der Regierung von Oppeln, von denen der eine beauftragt war, die Privatwohlthätigkeit zur Abhülfe der Noth aufzustacheln, während der andere die Steuersätze erhöhen sollte. Es war nämlich auf dem ersten vereinigten Landtage beantragt worden, behufs einer gerechteren Vertheilung der Steuern die höheren Sätze der Klassensteuer zu erhöhen und die niederen zu ermäßigen; die Regierung erhielt darauf die Anweisung, wie man mir erzählt, diesem Wunsche nachzukommen, nur mit der Beschränkung, daß die niederen Sätze beibehalten würden. – Wenn demnach von der Verwaltung auch noch in den letzten Zeiten direkte Mißgriffe begangen worden sind, so ist doch der Hauptvorwurf, den sie zu tragen hat, der, daß sie zur rechten Zeit nichts gethan hat und daß sie mit sehr unvollkommenen Mitteln erst eingeschritten ist, als es für Viele zu spät war. Hie und da wurden mir Geschichten von exekutivischer Eintreibung der Steuern erzählt, welche die Jammerscenen von Irland noch hinter sich ließen, allein bei vielfacher Nachfrage ist mir die Ueberzeugung geworden, daß solche Fälle nur ausnahmsweise vorgekommen sind. Am größten war die Noth auf den königlichen Domainen im Rybniker Kreise, und da gerade unsere Gesetzgebung den Dominialbeamten die größte direkte Gewalt gestattet, so mußten sich hier auch die Verhältnisse für die Bewohner am ungünstigsten gestalten. – Gewiß würde es ein sehr schwieriges Unternehmen gewesen sein, ein seit Jahrhunderten vernachlässigtes und von der Hierarchie darnieder gehaltenes Volk aus seiner Versumpfung in die Höhe zu bringen; die Mittel hätten großartige sein müssen, aber der Erfolg würde auch ein sehr befriedigender gewesen sein. Männer, welche die oberschlesische Bevölkerung sehr genau kennen und ihre Bildungsfähigkeit zu beurtheilen verstehen, wie die Herrn Professoren Göppert und Purkinje in Breslau, der Herr Oberbergrath v. Carnall etc. sprechen sich aufs bestimmteste für ihre Culturfähigkeit aus. Da aber die Schulen, die Communikationsmittel, der Ackerbau, die Gewerbsthätigkeit darnieder lagen, so konnte füglich keine von innen herauskommende Entwicklung erwartet werden. Der Reichthum des Landes an Gegenständen des Bergbau's, namentlich an Steinkohlen, Thoneisenstein, Galmei und Gyps ist so bedeutend, daß das Verfahren dieser Produkte oder, wie man sich in Oberschlesien allgemein ausdrückt, die Vekturanz einen großen Theil der Bevölkerung ernährt. Freilich kann der einzelne Fuhrmann bei der Kleinheit und Schwäche der Pferde und der Wagen nur sehr wenig Fracht fortschaffen und der Gewinn ist sehr unbedeutend; nichts destoweniger ernähren sich Viele davon. Wäre es nun nicht die erste Aufgabe der Regierung gewesen, die Wege zu verbessern? Trotz der Dringlichkeit einer solchen Verbesserung ist nichts geschehen, und als ich in Oberschlesien war, bildeten die Wege nur zusammenhängende Moräste. – Die Gewerbthätigkeit in den Städten, besonders die Fabrikation von Linnenwaaren und Tuch war früher ziemlich bedeutend, und in Sohrau allein bestanden 150 Webstühle für Linnen, welche 600 Menschen ernährten. Diese Produkte fanden ihren fast ausschließlichen

Absatz in dem Freistaat Krakau; mit der Einverleibung desselben in das österreichische Territorium hörte plötzlich diese Industrie auf. Gleichzeitig damit wurde eine andere Erwerbsquelle abgeschnitten. Die Seen und Teiche im Plessner und Rybniker Kreise sind außerordentlich fischreich. Von diesen Fischen wurden ungeheure Quantitäten auf der Weichsel nach Warschau geführt, so daß einzelne Besitzer von Fischteichen jährlich bis gegen 3000 Thlr. dafür einnahmen. Als Krakau österreichisch wurde, machte der hohe Zoll, den man auf die Fische legte, diesen Handel unmöglich. – Diese kurzen Andeutungen werden genügen, zu zeigen, wie die Regierung durch die ungeheuerste Vernachlässigung dieses Landes, durch eine gleich saumselige innere und äußere Politik sowohl die geistige als die materielle Hebung des Volkes unmöglich gemacht hat. –

Es bleibt uns endlich noch das Verhältniß der ländlichen Bevölkerung zu den größeren Grundbesitzern zu betrachten, welches sich hauptsächlich in der Robot-Angelegenheit concentrirt. Ich kann mich darüber kurz fassen, da es schon wiederholt und mit großer Wahrheit in den öffentlichen Blättern besprochen worden ist. Mehr, als in irgend einem Theile der östlichen Provinzen Preußens, findet sich in Oberschlesien eine Aristokratie mit ungeheurem Grundbesitz, und mehr als in irgend einem Theile von Preußen überhaupt, hält sich diese Aristokratie fern von ihren Besitzungen auf, dem Beispiel des irischen Adels folgend. In den Hauptstädten (Breslau, Wien, Berlin etc.) oder außerhalb Deutschlands verschwendet ein großer Theil derselben ungeheure Geldsummen, die fort und fort dem Lande entzogen werden. Woher aber soll eine Entwicklung des Wohlstandes in einem Lande kommen, welches immer nur den Ertrag seiner Thätigkeit nach außen abgibt? Ein Theil des Landvolks war schon durch die frühere Gesetzgebung seiner drückendsten Lasten gegen die großen Grundbesitzer enthoben und dieser befindet sich in der That in einer günstigeren materiellen Lage. Allein der größte Theil der ganz ‚kleinen Leute', namentlich die große Zahl der sogenannten Häusler hatte bis vor wenigen Jahren noch alles Mißgeschick der Roboten zu ertragen. Diese armen Leute waren 5, 6 Tage in der Woche verpflichtet, der Grundherrschaft Handdienste zu thun, und kaum blieb ihnen ein Tag übrig, an dem sie ihr kleines Feld, ihr Haus, ihre Familie besorgen konnten. (Vgl. Breslauer Zeitung 1848. Nr. 59. Beil. I.) Was sollten sie an einem Tage in der Woche, an 52 Tagen in einem Jahre Großes erwerben? Was sie in der Woche, in dem Jahr gewannen, reichte nothdürftig aus, die ersten Lebensbedürfnisse der

Woche, des Jahres zu befriedigen. Was soll man aber von einem Volk erwarten, das seit Jahrhunderten in so tiefem Elend um seine Existenz kämpfte, das nie eine Zeit gesehen hat, wo seine Arbeit ihm zu Gute kam, nie die Freude des Besitzes, nie die Genugthuung des eigenen Erwerbes, des Lohns für mühselige Arbeit gekannt hat, das die Frucht seines Schweißes immer nur in den Säckel der Grundherrschaft fallen sah? Es ist ganz natürlich, daß solch ein unglückliches Volk den Gedanken an bleibenden Besitz überhaupt aufgegeben hatte, daß es, nicht für den morgenden Tag, nein, nur für den heutigen zu sorgen gelernt hatte. Nach so vielen Tagen der Arbeit, welche nur für den Wohlstand Anderer geschehen war, was war natürlicher, als daß es da den Tag, den es frei hatte, zum Ausruhen, zum Müßiggang, zum Schlummern auf dem geliebten Ofen benutzte? was natürlicher, als daß es die Arbeit für den Grundherrn, die ihm gar nichts einbrachte, lässig ausführte und nur durch besondere Anregung zu einer energischen Thätigkeit angefeuert werden konnte? Eine solche Anregung bildete namentlich der Schnaps, dem es mit Leidenschaft zugethan war, in dem es eine Quelle des Vergessens, der augenblicklichen freudigen Erhebung fand. Alle Angaben der Einheimischen stimmen darin überein, daß, als mit dem Enthaltsamkeits-Gelübde auch dieses Mittel wegfiel, die Trägheit zunahm und alle Freude aus dem Volk hinschwand. Als nun endlich vor 2 Jahren durch eine neue Gesetzgebung die Ablösung der Handdienste gegen die Abtretung von Acker etc. an die Grundherrschaft herbeigeführt wurde, als dieses getretene und niedergebeugte Volk seit Jahrhunderten, nein seit Anfang seines Erscheinens in der Geschichte den Tag der persönlichen Freiheit über sich angebrochen sah, sollte es da etwa diesen Tag begrüßen, wie der kräftige Mann, der im Vollgefühl seiner Freiheit durch feindliche Gewalt eingekerkert war, die Thüren seines Gefängnisses gesprengt sieht? Was konnte ein Volk, das seine freie Zeit nur dem Müßiggange zu widmen gewohnt war, anders thun, als seine Tage, die nun alle frei waren, alle dem Müßiggange, der Faulheit, der Indolenz widmen? Niemand war da, der als sein Freund, sein Lehrer, sein Vormund es bei den ersten Schritten auf der neuen Bahn unterstützte, unterwies, leitete; niemand, der ihm die Bedeutung der Freiheit, der Selbstständigkeit gezeigt, der es gelehrt hätte, daß Wohlstand und Bildung die Töchter der Arbeit, die Mütter des Wohlseins sind. Früher hatte es im Interesse der Grundherrschaft, die der Hände bedurfte und der die Kraft dieser Hände ein Aequivalent des Kapitals ausmachte, gelegen, die absolute Verarmung und den Hunger von den Trägern dieser Hände abzuhalten; als die Ablösung der Handdienste vollzogen war, lag kein materieller Grund mehr vor, der Verarmung und dem Hunger vorzubeugen. Sorge nur jeder für sich! denn die Verbrüderung der Kraft setzt die Verbrüderung der Interessen voraus! –

Treten wir mit diesen Erfahrungen, mit denen man die von Johannes Ronge, der lange in Oberschlesien gelebt hat, vergleichen mag (Deutscher Zuschauer, 1848. Nr. 10), an die früher aufgeworfene Frage, ob die Unreinlichkeit, die Faulheit und Indolenz der oberschlesischen Bevölkerung als national-polnische Eigenthümlichkeit aufzufassen sind, so können wir dieselbe nur verneinen. Es ist möglich, daß auch bei andern Gliedern dieser unglücklichen Nation die Last der Verhältnisse ähnliche, traurige Resultate hervorgebracht hat; es liegt nicht in meinen Erfahrungen, darüber zu urtheilen. Aber ich halte mich durch eigene Anschauung überzeugt und zu dieser Ueberzeugung berechtigt, daß es den Oberschlesiern weder an Arbeitskraft, noch an Intelligenz fehlen würde, wenn man sich die Mühe nähme, ihre schlummernden Eigenschaften zu wecken. Das Volk, wie es jetzt ist, körperlich und geistig schwach, bedarf einer Anleitung, einer Art von vormundschaftlicher Leitung. Wohlstand, Bildung und Freiheit bedingen sich gegenseitig, und so umgekehrt Hunger, Unwissenheit und Knechtschaft, wie das Struve (im deutschen Zuschauer) sehr richtig hervorgehoben hat. Man zeige diesem Volke durch Beispiel und eigene Erfahrung, wie der Wohlstand aus der Arbeit hervorgeht; man lehre es Bedürfnisse kennen, indem man ihm den Genuß leiblicher und geistiger Güter gewährt; man lasse es theilnehmen an der Kultur, an der großen Bewegung der Völker, und es wird nicht zögern, aus diesem Zustande der Unfreiheit, der Knechtschaft, der Indolenz hervorzutreten und ein neues Beispiel von der Kraft und Erhebung des Menschengeistes zu liefern. Die plötzliche Bekehrung einer so großen Bevölkerung von der ärgsten Völlerei zu der vollkommensten Enthaltsamkeit vom Brandweingenuß hat, wie Kuh sehr schön gesagt hat, gezeigt, ‚daß der ursprüngliche Adel der menschlichen Natur sich nie ganz verläugnet.' Und dennoch war dieser Sieg eine Entbehrung, eine Entäußerung der letzten Quelle des Genusses, welche dem armen Volk noch geblieben war. Welche Garantie bietet ein solcher Sieg der Möglichkeit eines Kampfes um wirkliche Güter, um positive Mittel des Genusses, um die wahren Schätze des Menschengeschlechtes! Welch erhebender Anblick muß es sein, wenn dieses Volk, nachdem es Jahrhunderte hindurch die schwersten Fesseln getragen hat, zum ersten Mal aufsteht, wie ein junger Riese, sein Haupt aufrichtet und die kräftigen Glieder rührt! Gewiß, es ist der Mühe werth, daß ein wohlwollender und umsichtiger Staatsmann die Lösung einer solchen Aufgabe versucht. Die Medicin, als eine sociale Wissenschaft, als die Wissenschaft vom Menschen, hat die Pflicht, solche Aufgaben zu stellen und ihre theoretische Lösung zu versuchen; der Staatsmann, der praktische Anthropolog, hat die Mittel zu ihrer Lösung zu finden. Wir werden späterhin noch einmal darauf zurückkommen. –

Bevor wir nun an die Epidemie selbst gehen, bleiben uns noch einige Bemerkungen über die Wohnungen und die Nahrung der Oberschlesier zu machen.

Was zunächst die Wohnungen anbetrifft, so sind diese auf dem Lande und den Vorstädten überall dem niedrigen Kulturzustande des Volks entsprechend. Es sind ohne Ausnahme Blockhäuser; die Wände aus über einander gelegten Balken, die innen und zuweilen auch außen mit Lehm bestrichen sind, die Dächer aus Stroh gemacht. Schornsteine finden sich fast überall vor; die Fenster sind meist klein und nur zum geringsten Theil zum Eröffnen eingerichtet. Ställe und Scheunen haben nur die Wohlhabenden; meist umfaßt das Haus gleichzeitig Wohnung, Stall und Vorrathsräume. Das Wohnzimmer ist gewöhnlich klein, 6, 8 - 12 Fuß etwa im Geviert, meist 5 - 6 Fuß hoch; der Fußboden aus Lehm gemacht, die Decke aus Brettern mit nach unten vorspringenden Balken. Einen großen Theil des Raums nimmt der Ofen mit seinen vielen Anhängen ein; unter den letzteren ist namentlich ein sogenannter Zigeunerofen, auf dem gekocht wird, und eine platte, aus Backsteinen aufgemauerte Erhöhung, auf der ein Theil der Bewohner seine Feierstunden zubringt und schläft, zu erwähnen. Den besten Platz des übrig bleibenden Raums pflegt, wo der Wohlstand noch so groß ist, eine Kuh oder eine Kuh mit einem Kalbe einzunehmen. Das Uebrige ist mit dem dürftigen Mobiliar, unter dem eine Handmühle besonders zu erwähnen ist, und den meist mit Federkissen versehenen Bettstellen besetzt. Die letzteren genügen indeß fast nie für das Bedürfhiß der Einwohner, deren Zahl für solche Wohnungen 6, 8, 10 - 14 zu betragen pflegt; die übrigen schlafen auf dem Ofen, auf den Ofenbänken oder auf Stroh an der Erde. Der einzige Schmuck dieser Zimmer besteht in einer großen Schaar von Heiligenbildern, welche wohleingerahmt in langer Reihe über den Fenstern zu hängen pflegen. – Man wird aus dieser kurzen Schilderung das Elend und die Nachtheile solcher Wohnungen leicht abnehmen. Die Ausdünstungen so vieler Menschen und des Viehs, die Wasserdämpfe, welche sich in einer während der Wintermonate meist auf 18 - 20° R. gehaltene Temperatur der Luft beimischen, erzeugen jedem, der daran nicht gewöhnt ist, in der kürzesten Zeit Kopfweh. Der Lehm, aus dem der

Fußboden besteht, und mit dem die Wände innen überzogen sind, ist häufig so feucht, daß zahlreiche Pilze darauf wachsen. Ja ich habe Wohnungen gesehen, in welche das schmelzende Schneewasser eingedrungen war und 1' hoch den Boden bedeckte, ohne daß die Bewohner daran dachten, es zu entfernen; sie hatten Bretter darüber gedeckt! Unter dem Hauptbett befindet sich endlich bei vielen eine kellerartige Vertiefung zur Aufbewahrung von Kartoffeln etc., welche das ihrige zur Luftverderbniß beiträgt. [...]

Während so die Häuser der niederen Bevölkerung überall noch dem primitiven Zustand der Blockhäuser entsprechen, so sieht man in den Städten unmittelbar daran gutgebaute steinerne Häuser. Die Zwischenstufen, welche die deutschen Städte charakterisirt, die Verbindung der Balkenlage mit Mauern, das Haus aus Fachwerk fehlt hier ganz, zum Zeichen, wie überhaupt die Bevölkerung diese Zwischenstufe der Cultur, die allmähliche Entwicklung der Bedürfnisse des geselligen Lebens nicht gekannt hat, indem der ärmere Theil immer noch unter derselben steht, während der wohlhabendere, germanisirte oder eingewanderte dieselbe direkt übersprungen hat.

Endlich ist noch die Lage der Wohnungen zu besprechen. Fast überall sind die Dörfer und Städte in Thalniederungen angelegt, wie in der ganzen norddeutschen Ebene und auch anderswo. Den höchsten und günstigsten Punkt nimmt die Kirche ein; nächstdem folgen die Häuser der Wohlhabenden, die eigentliche Stadt oder auf dem Lande die Bauerhöfe; am tiefsten, zuweilen mitten auf der Wiese, liegen die Wohnungen der Häusler, und von den Städten ziehen sich in den Thälern weithin die Vorstädte fort. Bei jeder Ueberschwemmung, bei jeder Vermehrung des Wassers sind diese niedriggelegenen Wohnungen daher am meisten ausgesetzt. – Die Ausdehnung der Dörfer und Vorstädte ist dabei gewöhnlich eine relativ ungeheure; die einzelnen Wohnungen stehen so weit auseinander, daß ein Dorf von 1500 Einwohnern gewöhnlich eine halbe bis eine ganze Meile lang ist. –"

2. Nahrung der Oberschlesier: Kartoffeln, Milch und Sauerkraut – Sauerkraut, Milch und Kartoffeln Sommer 1848

„Ein anderer wesentlicher Punkt ist die Nahrung der Leute. Gewöhnlich heißt es von den Oberschlesiern, und das ist selbst in den Kreisen die gewöhnliche Phrase der Gebildeten, daß sie sich einzig und allein von Kartoffeln genährt hätten. Nach den Erkundigungen, die ich zum Theil bei den Leuten selbst, zum Theil bei erfahrenen Beamten, von denen ich nur den Herrn Landrath v. Hippel in Pless erwähnen will, eingezogen habe, ist das nicht ganz wahr. Allerdings haben die Kartoffeln seit Menschengedenken den Hauptbestandtheil der Nahrung ausgemacht, und die Beschreibungen von der Quantität von Kartoffeln, die der Einzelne zu sich genommen haben soll, grenzen an's Unglaubliche. Allein daneben sind noch zweierlei Dinge zu erwähnen: Milch und Sauerkraut. Bei Vielen ist allerdings die Milch und die daraus gewonnenen Artikel (Butter und Käse) zum Verkauf gebracht worden, allein Viele haben doch auch Milch genossen, Alle haben die Buttermilch und die von der Käsezubereitung übrig gebliebenen Molken gebraucht. Daneben ist Sauerkraut ein sehr gesuchtes Nahrungsmittel gewesen, und ich selbst habe noch in den Zimmern der Wohlhabenden große Fässer, damit angefüllt, vorgefunden. Cerealien sind immer in sehr geringer Menge gebaut worden und eigentliches Brod hat nicht zu den gangbaren Lebensmitteln gehört. Wo man Amylaceen anwendete, da geschah es nur als Zusatz zu andern Dingen oder man machte davon ziemlich schlechte brodartige Gebäcke. Hie und da fand ich in den Häusern allerdings einen Backofen und gutes, obwohl grobes Brod, allein dieß bildete in keiner Weise die Regel. Nach der allgemeinen Angabe bestand die Lieblingsspeise der Oberschlesier in einem Gericht, das aus allen den genannten Substanzen zusammengesetzt war, nämlich aus Sauerkraut, Buttermilch, Kartoffeln und Mehl, genannt Żur (gesprochen *jour*). Fleischgenuß gehörte zu den größten Ausnahmen.

In dem Maaße, als sich nun die Noth ausbreitete und drückender wurde, mußte sich natürlich auch die Ernährung kümmerlicher gestalten. Die Kartoffeln fehlten den Meisten bald, das Mehl gleichfalls; nicht lange, so sahen sich die Armen genöthigt, ihre Kuh zu verkaufen, – kurz, es blieb endlich nur das Kraut übrig. Da indeß der Vorrath an Oleraceen bald ausging, so griff man zu Surrogaten und nahm grünen Klee, Quecken, kranke und faule Kartoffeln etc. Viele verhungerten dabei direkt; viele geriethen in einen Zustand der Atrophie, der erbarmenswürdig war. Endlich schritt die Regierung ein. Ihre Hülfe bestand darin, daß sie Mehl und Salz lieferte, und zwar von dem ersteren im Rybniker Kreise 1 Pfd. für den Tag und die Person, im Plessner 1 1/2 Pfd., da die Ansichten der Behörden und Localcomités über das Quantum verschieden gewesen waren. Was sollten nun die armen Leute mit diesem Mehl machen? Sie hatten weiter nichts, auch kein Geld, um sich etwas dazu zu kaufen. Ganz natürlich fabricirten sie Dinge, welche der bisherigen Richtung ihrer Kochkunst entsprechend waren. Sie machten daher zunächst eine Art Żur, d. h. sie rührten Mehl und Wasser in einem großen Topf zusammen, fügten dazu etwas Sauerteig oder Essig, stellten das Ganze Abends auf den Ofen und genossen es im Laufe des folgenden Tages. Nächstdem bereiteten sie eine Art von Brod (placzki), indem sie einen leicht aufgegangenen Teig in eine platte Form brachten und auf der Ofenplatte äußerlich betrocknen ließen. Weder das eine noch das andere war für unsere Zungen irgendwie genießbar, wie sich jeder leicht wird vorstellen können. Dabei betrug die Zahl der Hülfsbedürftigen, welche voraussichtlich gegen 6 Monate auf diese Weise zu ernähren waren, allein im Rybniker Kreise gegen 20000, d. h. 1/3 der gesammten Bevölkerung! denn es war nicht daran zu denken, daß diese Bevölkerung in sich selbst die Mittel zu ihrem Unterhalt finden sollte. Abgesehen von dem, immerhin doch nur geringen Theil, der im Bergbau und in der Vekturanz eine einigermaßen ausreichende Erwerbsquelle hatte, konnte man nicht erwarten, daß Ackerbau und Viehzucht bis zum nächsten Herbst etwas Erhebliches liefern würden. Ueberall fehlte es an der Aussaat, das Vieh war zum großen Theil verkauft. Aber selbst wenn beides nicht der Fall gewesen wäre, so würde man darauf nur wenig haben rechnen können, da auch diese Culturzweige in dem erbärmlichsten Zustande von der Welt waren. Enthielt doch selbst die Viehzucht noch ein besonderes Moment zum Müßiggang, da jeder sein Vieh selbst hütete und es daher fast eben so viel Hirten, als Stücke Vieh gab. –

    Diese Bemerkungen glaubte ich vorauf schicken zu müssen, um mir späterhin das Verständniß zu sichern. Man wird sich daran überzeugt haben, daß der Zustand der oberschlesischen Bevölkerung so grauenhaft jammervoll ist, daß, wenn man nur wenige Worte darüber sagen wollte, jeder Fremde eine solche Schilderung für übertrieben halten müßte. Man muß aber diesen Zustand kennen, wenn man die vorliegende Epidemie einigermaßen richtig beurtheilen will."

3. Mittel gegen Krankheiten: „Bildung mit ihren Töchtern Freiheit und Wohlstand"
Sommer 1848

„Die bisherigen Mittheilungen werden dem Leser ein, wenn auch nicht ganz vollständiges, so doch ziemlich übersichtliches Bild der Zustände in Oberschlesien gewährt haben. Eine verheerende Epidemie und eine furchtbare Hungersnoth wütheten gleichzeitig unter einer armen, unwissenden und stumpfsinnigen Bevölkerung. In einem Jahre starben im Kreise Pless 10 p.Ct. der Bevölkerung, 6,48 davon an Hunger und Seuchen, 1,3 nach amtlichen Listen geradezu vor Hunger. In 8 Monaten erkrankten im Kreise Rybnik 14,3 p.Ct. der Einwohnerschaft an Typhus, von denen 20,46 p.Ct. starben, und es wurde amtlich festgestellt, daß der dritte Theil der Bevölkerung 6 Monate lang ernährt werden müsse. Beide Kreise zählten schon im Anfange dieses Jahres gegen 3 p.Ct. der Bevölkerung an Waisen. 33 Aerzte, viele Priester und barmherzige Brüder, Hülfeleistende anderer Art erkrankten und nicht wenige von ihnen büßten ihr Leben ein.

Nie hatte man während des 33jährigen Friedens in Deutschland etwas auch nur entfernt Aehnliches erlebt; niemand hätte dergleichen in einem Staate, der so großes Gewicht auf die Vortrefflichkeit seiner Einrichtungen legte, wie Preußen, für möglich gehalten. War es nun aber doch möglich, stehen jetzt unzweifelhaft die großen Reihen von Zahlen da, von denen jede einzelne Noth, grauenvolle Noth ausdrückt, kann man diese Ungeheuern Summen von Elend nicht mehr verläugnen, so darf man auch nicht mehr zögern, alle Consequenzen aus so entsetzlichen Erfahrungen zu ziehen, welche sie zulassen. Ich selbst war mit meinen Consequenzen fertig, als ich von Oberschlesien nach Hause zurückeilte, um Angesichts der neuen französischen Republik bei dem Sturz unseres alten Staatsgebäudes zu helfen, und ich habe später kein Bedenken getragen, jene Consequenzen in der Versammlung der Wahlmänner des 6ten Berliner Wahlbezirkes für die deutsche National-Versammlung darzulegen. Dieselben fassen sich in drei Worten zusammen: volle und unumschränkte Demokratie.

Preußen war stolz auf seine Gesetze und seine Beamten. In der That, was stand nicht Alles gesetzlich fest! Nach dem Gesetz durfte der Proletarier die Mittel fordern, die ihn vor dem Hungertode sicherten; das Gesetz garantirte ihm Arbeit, damit er sich jene Mittel selbst erwerben könne; die Schulen, diese so gepriesenen preußischen Schulen waren da, um ihm die Bildung zu gewähren, welche für seinen Stand nothwendig war; die Sanitätspolizei endlich hatte die schöne Bestimmung, über seine Wohnung, seine Lebensart zu wachen. Und welches Heer wohlgeschulter Beamten stand bereit, diesen Gesetzen Ausdruck zu verschaffen! Wie drängte sich dieses Heer überall in die privaten Verhältnisse ein, wie überwachte es die geheimsten Beziehungen der ‚Unterthanen', um ihr geistiges und materielles Wohlsein vor einer zu großen Steigerung zu bewahren, wie eifrig bevormundete es jede voreilige oder ungestüme Regung des beschränkten Unterthanen-Verstandes. Das Gesetz war da, und das Volk – starb zu Tausenden Hungers und an Seuchen. Das Gesetz half nichts, denn es war nur beschriebenes Papier; die Beamten halfen nichts, denn das Resultat ihrer Thätigkeit war wiederum nur beschriebenes Papier. Der ganze Staat war allmählich ein papierner, ein großes Kartenhaus geworden, und als das Volk daran rührte, fielen die Karten in buntem Gewirr durcheinander.

Wer anders aber, als das Volk selbst, konnte ihm zu seinem geschriebenen und mehr noch zu seinem nicht geschriebenen Recht verhelfen? Die Beamten, wenn sie wirklich den Willen dazu hatten, wurden durch ihre Entfremdung von den Bedürfnissen des Volks und durch die Starrheit ihres Geschäftsformalismus daran gehindert. Sie konnten nur da wirken, wo es überhaupt gar nicht nöthig war zu wirken, und sie durften im Sinne des alten Polizeistaats nur da eingreifen, wo das Interesse des Volkes einen Eingriff abzuwehren gebot. Ihre ganze Thätigkeit war also, soweit sie positiv war, gegen das Volk, sie war negativ, soweit sie für das Volk hätte sein sollen. Waren doch die Beamten nicht von dem Volk für das Volksinteresse, sondern von dem Polizeistaat für das Staatsinteresse eingesetzt.

Wenn demnach die Beamten entweder die Bedrücker des Volkes oder bloße Schreibmaschinen waren, so blieb dem Volk nichts übrig, als sich von ihnen abzuwenden. In dem alten Feudalstaat waren seine nächsten Schützer, seine Pfleger und Vormünder die großen Grundbesitzer, die Aristokratie der Geburt gewesen, allein seitdem der Papierstaat und die junge Geldaristokratie dieses einst patriarchalische Verhältniß zerstört hatten, war der große Grundbesitz von selbst in eine feindliche Stellung gegenüber der großen Klasse der Besitzlosen und der kleinen Besitzer getreten, und das Volk, noch nicht einmal ganz von den Feudallasten befreit, erkannte in der Aristokratie oft genug seine gebornen Gegner. Wohin sollte es sich nun wenden? Die sonst so natürliche Verbindung der besitz- und rechtlosen Arbeitskraft mit der (besitzlosen) Intelligenz konnte es nicht knüpfen, weil die Männer der Intelligenz in Oberschlesien fehlten oder doch mit dem Volk keine lebendige Beziehung unterhalten hatten. In das volle Vertrauen des Volks trat demnach die Hierarchie ein mit allen den nichtswürdigen Grundsätzen der Selbst- und Herrschsucht, welche die absolute Knechtung des Geistes in den Bann der Kirche, die geistige Hörigkeit mit der freiwilligen Entäußerung materieller Güter als Mittel zur Erreichung ihrer Zwecke anerkennen. Die Aussicht auf eine glänzende Versorgung in dem himmlischen Rechtsstaat wurde dem armen Volke dafür durch feierliche Zusagen garantirt.

Die Bureaukratie wollte also dem Volk nicht helfen oder sie konnte es nicht. Die Feudal-Aristokratie gebrauchte ihr Geld, um dem Luxus und der Narrheit des Hofes, der Armee und der großen Städte zu fröhnen. Die Geldaristokratie, welche aus den oberschlesischen Bergwerken so große Summen zog, kannte Oberschlesier nicht als Menschen, sondern nur als Maschinen, oder wie der Kunstausdruck heißt, als ‚Hände'. Die Hierarchie endlich girirte das Elend des Volkes wie eine Anweisung auf den Himmel.

Jedes Volk, dem noch innere Kraft und Freiheitsregung beigewohnt hätte, würde sich erhoben haben und den ganzen Kram von Hierarchie, Bureaukratie und Aristokratie aus seinen Tempeln gejagt haben, um darin nur den heiligen Willen des Volkes herrschen zu lassen. In Oberschlesien war es anders. Seit Jahrhunderten an die äußerste geistige und körperliche Entbehrung gewöhnt, arm und unwissend, wie kaum ein Volk der Welt, knechtisch und unterwürfig, wie sonst kaum ein Mensch, hatten die Oberschlesier alle Thatkraft, alle Selbstbestimmung verloren und dafür Trägheit, Indolenz, ja Indolenz bis zum Tode eingetauscht. In Irland stand das Volk auf mit gewaffneter und ungewaffneter Hand, als sein Elend das äußerste Maaß des Erträglichen überschritten hatte; das Proletariat erschien auf dem Kampfplatz, rebellisch gegen das Gesetz und den Besitz, massenhaft und drohend. In Oberschlesien verhungerte es schweigend: es hatte durch äußere Gewalt die Indolenz erlangt, welche die nordamerikanische Rothhaut durch eine freilich mißleitete, innere und freiwillige Kraftanstrengung sich erringt.

Wie der englische Arbeiter in seiner tiefsten Versunkenheit, in der äußersten Entblößung des Geistes endlich nur noch zwei Quellen des Genusses kennt, den Rausch und den Beischlaf, so hatte auch die oberschlesische Bevölkerung bis vor wenigen Jahren alle Wünsche, alles Streben auf diese beiden Dinge concentrirt. Der Brantweingenuß und die Befriedigung des Geschlechtstriebes waren bei ihnen vollkommen souverän geworden, und so erklärt es sich leicht, daß die Bevölkerung ebenso rapid an Zahl wuchs, als sie an physischer Kraft und an moralischem Gehalt verlor. Es wiederholte sich bei ihr, was von den in England eingewanderten irischen Fabrikarbeitern seit langer Zeit bekannt ist. Nun aber begab sich in Oberschlesien die unerhörte Erscheinung, daß man dem Volk von den beiden Quellen des Genusses, die ihm noch übrig waren, die eine verstopfte, indem man ihm den Brantwein-Genuß kirchlich untersagte. Das Volk duldete und trug auch diesen Schlag schweigend. Die Folge war ebenso seltsam, als psychologisch wichtig. Während man vielleicht hätte glauben sollen, daß jetzt die letzte Quelle materiellen Genusses, die geschlechtliche, um so raffinirter ausgebeutet werden würde, begab sich just das Gegentheil: die Zahl der Geburten nahm dauernd ab. Das Volk war in seiner Weise transcendent geworden, gleich den christlichen Asceten der ersten Jahrhunderte; aber es vernachlässigte die Materie nicht aus geistiger (sittlicher) Erhebung, sondern aus geistiger Versunkenheit. Die Bande, welche den Menschen, dieses Stück Materie, an die Erde fesseln, waren im Bewußtsein des Volkes gelokkert; es war indolent geworden bis zum Tode, ja zum Tode durch Hunger.

Dieses Volk ahnte nicht, daß die geistige und materielle Verarmung, in welche man es hatte versinken lassen, zum großen Theil die Ursachen des Hungers und der Krankheit waren, und daß die ungünstigen Witterungsverhältnisse, welche das Mißraten seiner Erndten und die Erkrankung seiner Körper mitbedingt hatten, eine so schreckliche Noth nicht erzeugt haben würden, wenn es frei, gebildet und wohlhabend gewesen wäre. Denn daran läßt sich jetzt nicht mehr zweifeln, daß eine solche epidemische Verbreitung des Typhus nur unter solchen Lebensverhältnissen, wie sie Armuth und Mangel an Cultur in Oberschlesien gesetzt hatten, möglich war. Man nehme diese Verhältnisse hinweg und ich bin überzeugt, daß der epidemische Typhus nicht wiederkehren würde. Will man aus der Geschichte lernen, so hat sie Beispiele genug dafür. Sehe man nur Aegypten mit seiner Pest an. (Vgl. den Bericht von Prus an die *Acad.de Méd.* in der *Gaz. méd.1846. Mars. Nr.11.* – Hecker Gesch. der neueren Heilkunde pag.103. – Pruner die Krankheiten des Orients pag.87, 418.) Die Pest, welche jetzt in Aegypten ihren eigentlichen Heerd hat, war daselbst unbekannt von der Zeit der letzten Pharaonen an, während der 194 Jahre der persischen Occupation, der 301 Jahre Alexanders und der Ptolomäer und während einer langen Zeit des römischen Besitzes, so lange also, als gute Polizei und ein gewisser Grad von Bildung erhalten wurden. Jetzt liegen immer nur wenige freie Jahre zwischen den Pestjahren und doch hat sich an Aegypten nichts verändert, als die Menschen und der Ausdruck ihrer Thätigkeit. Regelmäßig beginnt die Pest im Winter, wenn die Gewässer des Nils sich verlaufen und Westwinde die Luft nebelig erhalten; sie erlischt mit dem Juni in Unter-, früher schon in Ober-Ägypten, wenn polare Ströme über das Mittelmeer hereinwehen. Hecker's Darstellung dieser Verhältnisse ist vollkommen klassisch. ‚Der regelmäßige Wechsel der Jahreszeiten,' sagt er, ‚besteht, seitdem der Nil sich vom abyssinischen Gebirge in die Ebene herabstürzt, ohne Veränderung. In ihm aber kann die Ursache der Pest nicht allein liegen, weil diese erst im 6ten Jahrhundert seuchenartig aufgetreten ist, und frühere pestartige Volkskrankheiten, von denen die Geschichte Meldung thut, einer ganz anderen Pestform angehören, die schon im 4ten Jahrhundert verschwunden ist. So müssen denn, um die Pest hervorzubringen, andere Einflüsse zur Natur des Landes hinzugekommen sein, und diese sind in der Lebensweise wie in den politischen Verhältnissen der Aegypter zu finden, wie sie sich im 13ten Jahrhundert gestaltet haben. Das heutige Aegypten ist nicht mehr das schöne Land der Pharaonen und Ptolomäer, das seiner Zuträglichkeit und der Gesundheit seiner Bewohner wegen berühmt war. Von habsüchtigen und grausamen Barbaren wird es beherrscht. Sklaverei und thierische Trägheit, welche den Elementen unterliegen, sind an die Stelle einsichtigen Kunstfleißes und ausdauernder Betriebsamkeit getreten, welche einst die Natur zu beherrschen wußten. Mitten in lachenden Fluren und zwischen den Wunderwerken des Altherthums werden ärmliche Städte und Dörfer von einem herabgewürdigten Geschlecht bewohnt, dem seine Zwingherrn kaum die Befriedigung seiner ersten Bedürfnisse vergönnen. Hunger und Blöße sind das Erbtheil der ägyptischen Fellahs, thierische Trägheit ihre Erholung von übermäßigem Frohndienst. Ihre engen Hütten, welche sie mit ihren Hausthieren, den Gefährten ihres Elends theilen, sind von erstickendem Dunste durchzogen, und in der Nähe verbreiten faulende Körper eine entsetzliche Mephitis'. Ich füge noch einige Angaben von Pruner hinzu, um die Analogie der ägyptischen Fellahs mit dem oberschlesischen Landvolk noch zu steigern. ‚Die Grundbestandteile ihrer Nahrung sind Brod aus Waizen ohne Sauerteig in der Form weicher Kuchen oder aus Dura *(Holcus Sorghum)*, außerdem Bohnen in Wasser erweicht und mit sehr wenig Fett oder Oel gekocht. Zwiebel, Rettig, Knoblauch etc. bilden die Würze; etwas süßer oder gesalzener Käse, saure oder süße Milch sind Beigaben aus dem Thierreich. Das gewöhnliche Getränk im Nilthal ist das Wasser des Stromes, trübe wie es fließt. – Im Winter schlafen sie auf

Oefen, welche zum Bereiten des Brodtes etc. mit Kameelmist geheizt werden. – Im Schmutz wetteifern die Einwohner miteinander.'

Die logische Antwort auf die Frage, wie man in Zukunft ähnliche Zustände, wie sie in Oberschlesien vor unsern Augen gestanden haben, vorbeugen könne, ist also sehr leicht und einfach: Bildung mit ihren Töchtern Freiheit und Wohlstand.[39] Weniger leicht und einfach ist aber die faktische Antwort, die Lösung dieses großen socialen Problems. Denn verhehlen wir es uns nicht, wir stehen jetzt unmittelbar an einem Theil der großen Aufgabe, welche unser Jahrhundert in die Geschichte der Menschheit eingeführt hat und welche die Entwicklung der Zukunft in sich trägt. Wir haben so logisch consequent den Standpunkt erreicht, den wir in der Abhandlung ‚über die naturwissenschaftliche Methode' vielfach angedeutet haben; die Medicin hat uns unmerklich in das sociale Gebiet geführt und uns in die Lage gebracht, jetzt selbst an die großen Fragen unserer Zeit zu stoßen. Bedenke man wohl, es handelt sich für uns nicht mehr um die Behandlung dieses oder jenes Typhuskranken durch Arzneimittel und Regulierung der Nahrung, Wohnung und Kleidung; nein, die Cultur von 1 1/2 Millionen unserer Mitbürger, die sich auf der untersten Stufe moralischer und physischer Gesunkenheit befinden, ist unsere Aufgabe geworden.[40]

Bei anderthalb Millionen kann man nicht erst mit Palliativmitteln anfangen; will man etwas, so muß man radical sein. Palliative Mittel sind in solchen Fällen kostbarer als radicale: der Staat würde seine Mittel erschöpfen, um einige Kreise in die Höhe zu bringen, und er würde nicht einmal dafür Gewähr leisten können, daß im Falle neuer Noth seine Mittel ausreichen würden. Es wiederholt sich hier im Kleinen, was wir in Zeiten allgemeiner Noth im Großen sehen: die Erhaltung der Staaten wie der einzelnen Staatsangehörigen ist nur durch eine gemeinsame Anstrengung Aller möglich. Will man daher in Oberschlesien einschreiten, so muß man anfangen, dieses ganze Volk zur Erhebung, zur gemeinschaftlichen Anstrengung aufzustacheln. Bildung, Freiheit und Wohlstand wird ein Volk nie von außen her, gewissermaßen geschenkweise in vollem Maaße erlangen; selbst muß es erarbeiten, was ihm noth thut.

Das Mittel zur Erregung eines so mächtigen geistigen Aufschwunges, daß dieses indolente, abgespannte und ermattete Volk selbst seine Wiedergeburt versuchen könne, das einzige Mittel zur Anfachung eines großen und nachhaltigen Enthusiasmus in demselben sehe ich in der nationalen Reorganisation Oberschlesiens. Die Oberschlesier sind, wie ich gezeigt habe, Polen ihrer Sprache, ihrer Abstammung, ihren Gewohnheiten nach, wenn auch die übrigen Polen ihr Patois verachten und sie selbst ihre Abstammung, ihre Geschichte vergessen haben. Wir sind aber an dem Punkt in dem Leben der Nationen angelangt, wo die große Völkerfamilie der Slaven auf den Schauplatz der Geschichte zu treten berufen und gewillt ist. Ringsum durch die ungeheuren Gauen ihrer Stämme hallt der Ruf des Panslavismus wieder; unbekannte, fast namenlose Geschlechter erheben sich von ihren kaum geographisch gesonderten Sitzen, und die neuen Gedanken nationaler Politik zünden in Geistern, welche die künstlichen Systeme von dem Gleichgewicht der Staaten kalt und unberührt gelassen hatten. Die Zeiten der Territorial-Politik, des National-Proselytismus sind vorüber. Preußen hat während eines Jahrhunderts Zeit genug gehabt, sein Ungeschick im Germanisiren in Oberschlesien praktisch an den Tag zu legen; seine Versuche mit den Primärschulen sind vollkommen gescheitert. Ein Volk giebt seine nationalen Attribute nicht um ein Leichtes hin; Waffengewalt oder überwiegende Vortheile des Friedens allein können es bestimmen, in einer verhältnißmäßig kurzen Zeit die neue Form liebzugewinnen. Diese Vortheile, die Theilnahme an der Culturbewegung eines andern Volks können aber nur einem Volk geboten werden, welches wenigstens die Fähigkeit, in eine solche Culturbewegung einzugehen, schon innerhalb seiner nationalen Schranken erlangt hat; das erste Erforderniß der Denationalisirung ist ein gewisses Maaß nationaler Entwicklung. Preußen hat diesen Grundsatz seiner Zeit nicht erkannt. Jetzt ist es zu spät, daran zu denken, Millionen von Menschen zu einer ihnen fremden Sprache, zu der Sprache der ‚Stummen' *(njemeczki)* zu bekehren, und sollte Preußen oder Deutschland Oberschlesien noch als ein ihm zugehöriges Land festhalten, so kann es zunächst nur den Versuch wagen, deutschen Geist und deutsche Gesittung durch eine in polnischer Sprache geleitete Erziehung in Oberschlesien heimisch zu machen. Es wäre dann seine Aufgabe, polnische Schulen zu errichten und mit verständigen Lehrern zu besetzen, die nicht das Interesse der katholischen Hierarchie, sondern das allgemein menschliche Interesse wahrzunehmen und geltend zu machen verstünden. Daneben würde es die Sorge der Regierung sein müssen, eine Literatur für die Erwachsenen in ihrer Sprache zu fördern, welche sie über ihre Stellung und ihre Bedürfnisse aufzuklären vermöchte. In einer friedlichen Zeit wäre Oberschlesien auf diesem Wege vielleicht in einigen Jahrzehnten zum großen Theil zu germanisiren gewesen, denn es waren keine nationalen Erinnerungen, kein eifersüchtiges Volksbewußtsein zu überwinden; jetzt, wie gesagt, scheint es mir zu spät zu sein. Wie es heißt, hatte Oberschlesien schon auf dem Slavencongreß in Prag an Purkinje seinen Vertreter gefunden, und wenn die slavische Bewegung trotz alles Widerstandes endlich die Dämme, welche das historische Recht und der Eigennutz des Besitzes ihr entgegenbauen, durchbrochen haben wird, so bezweifle ich, daß irgend eine Gewalt das Land südlich vom Stober vor der Ueberflutung wird beschutzen können. Deutschland verliert allerdings daran außer gesegnetem Ackerland prächtige Forsten und wundervolle Bergwerke, also einen Boden voll der größten Reichthümer, allein es wird damit auch eine große Sorge los, und gegen den Willen der Bewohner bloß um seines Vortheils halber darauf zu bestehen, wäre sehr inconsequent für eine Nation, welche den Krieg gegen Dänemark um der deutschen Herzogthümer willen unternommen hat. Ueberdieß kann eine vernünftige auswärtige Politik Deutschland den Mitgenuß jener Schätze in großem Maaße sichern. Wollte man endlich die Frage aufwerfen, ob es diesem vernachlässigten und heruntergekommen Volk zuträglich sein werde, der schützenden und leitenden Hand Deutschlands entbehren zu müssen und als ein Glied in ein ungeordnetes und für lange Unruhen vorbereitetes Staatensystem der Slaven einzutreten, so antworte ich darauf, daß ich für große Uebel nur große Heilmittel kenne. Was Arznei nicht heilt, sagt Hippocrates, heilt das Eisen, und was Eisen nicht heilt, das heilt das Feuer. Ich beklage es tief, wenn über die Völker Feuer und Schwert wüthen muß, um sie zu einer großen sittlichen und menschlichen Erhebung zu bringen, allein die Menschheit ist noch nicht auf dem Punkt der Culturgeschichte angelangt, wo das naturwissenschaftliche Gesetz allein ihre Handlungen bestimmt. So große Indolenz, wie die oberschlesische, erfordert harte Reizmittel und sie kann darnach unmittelbar in glühenden Fanatismus umschlagen. Dann wird es die Aufgabe großer Staatsmänner sein, diese Gluth allmählich zu einer milden, aber dauernden und befruchtenden Wärme herabzustimmen. Welches neue Moment dann durch die slavische Völkerfamilie in das europäische Staatsleben hineingebracht werden wird, läßt sich bis jetzt nur ahnen. Die slavische Emigration hat im Auslande die philosophischen Systeme, die socialistischen Theorien, die naturwissenschaftlichen Gesetze mit Eifer studirt und dazu den eigenthümlichen religiösen Mysticismus ihrer glühenden Natur gebracht. Werden diese Gährungs-Elemente in die ungeheure, binnenländische, ackerbauende Nation der Slaven hineingetragen, so kann es nicht ausbleiben, daß die Blätter der Weltgeschichte sich mit ganz neuen und unerhörten Begebenheiten bedecken werden.

Mögen aber die Würfel fallen, wie sie wollen, mag Oberschlesien einem deutschen oder slavischen Staatensystem zufallen, immer wird es die Aufgabe einer vernünftigen und volksthümlichen Regierung sein, das Volk zu bilden und nicht bloß äußerlich, sondern noch mehr innerlich frei zu machen. Freiheit ohne Bildung bringt Anarchie, Bildung ohne Freiheit Revolution. Volksunterricht auf der breitesten Grundlage, insbesondere durch vernünftige Primär-, Gewerbe- und Ackerbauschulen, durch Volksbücher und volkstümliche Zeitschriften auf der einen Seite; Freiheit in der größten Ausdehnung, insbesondere vollkommene Freiheit des Gemeindelebens auf der andern Seite – sind die ersten Forderungen, welche diesem Volk unverzüglich gewährt werden müssen. Alles Bevormunden und künstliche Schematisiren hilft hier nichts mehr. Allerdings steht es dahin, was mit der jetzigen Generation der Erwachsenen zu machen sein wird, aber gerade deshalb zögere man keinen Augenblick, das heranwachsende Geschlecht möglichst schnell für die Segnungen der Cultur fähig zu machen. Der Tod hat fürchterlich unter den Erwachsenen gewüthet; viele Waisen sind da, vollkommen losgelöst von den Fesseln, welche der Zustand der Familie ihnen angelegt haben würde. Halte man sich also an diese, organisire man die Waisenhäuser, bilde man diese Kinder und entlasse sie später unter die übrige Bevölkerung als Apostel einer neuen Zeit. Ich weiß wohl, daß man das Gegentheil im Sinn gehabt hat, daß man sobald als möglich diese Anstalten wieder auflösen wollte, um der großen Last ledig zu werden, allein ich würde dieß für das größte Unheil erachten, das man begehen könnte. Noch hat man ganz freie Hand, noch kann man mit diesen Kindern Alles ausrichten, was man will, und die Gelegenheit kommt (hoffentlich) so bald nicht wieder. Daher bewahre man vor allen Dingen die Waisenhäuser als Seminarien der Gesittung und Bildung. Will und kann man radical sein, so erziehe man diese Kinder geradezu zu Volksschullehrern für neue und bessere Schulanstalten. Kinder des Volks, aber durch ein tragisches Geschick von der Vergangenheit des Volkes abgelöst, frei und ungehindert in ihrer Bewegung, werden sie mehr, als jeder andere, befähigt sein, der neuen Stellung zu genügen. Die absolute Trennung der Schule von der Kirche, so nothwendig sie überall ist, ist es doch nirgend mehr als in Oberschlesien. Der religiöse Zwang, die krasse Bigotterie, die Richtung auf das Transcendentale sind die natürlichen Feinde der Freiheit und Selbstständigkeit, und in Oberschlesien haben sie Früchte getragen, so herb wie nirgend. Soll die Schule irgend gedeihen, so muß sie ganz und ohne Rückhalt dem Clerus entzogen werden und an die Stelle pfäffischer Ueberlieferung ein freisinniger Unterricht treten, dessen Grundlage die positive Naturanschauung bildet. Lehre man die großen Gesetze der Natur, zeige man ihre ewige Gültigkeit in der Vergangenheit und Gegenwart an der Entwicklungsgeschichte der Weltkörper und der belebten Wesen, insonderheit der Menschheit, und man wird damit jene praktische und obwohl materielle, so doch wahrhaft erhebende und sittlich bildende Anschauung erzeugen, welche allein geeignet ist, die Gesellschaft in ihren privaten, bürgerlichen und staatlichen Beziehungen zu den festen und vernünftigen Principien zu leiten, welche das Wohl Aller durch die Begründung des Wohles jedes Einzelnen möglich machen. Jedermann wird dann einsehen lernen, daß jeder gleiches Recht, aber deßhalb auch gleiche Pflicht hat, und diese naturwissenschaftliche Einsicht wird vollkommen genügen, das dogmatische Flitterwerk zu ersetzen, durch welches man die allgemeinen Grundsätze der Moral, der Humanität, der eigentlichen Philosophie bei dem ungebildeten Theil der Menschen zu unterstützen gesucht hat.

Aus dem Princip der Rechtsgleichheit folgt unmittelbar die Forderung der Selbstregierung in Staat und Gemeinde. Denen, welche immer meinen, man müsse das Volk erst bilden, bis man erkenne, daß es zu einem bestimmten Maaß von Freiheit reif sei, entgegne ich, daß die Geschichte immer das Gegentheil gezeigt hat. Vor der Umwälzung ist das Volk immer unreif erschienen; unmittelbar nach derselben war es immer reif. Gingen aus der Umwälzung künstliche und verschrobene Staatsformen, dialektisch schwierige Rechtsgrundsätze hervor, so war das Volk mit einem Mal wieder unreif. Bringt man aber die einfachen und natürlichen Gesetze, die unmittelbaren Ergebnisse des Studiums der menschlichen Natur, zur Geltung, so wird der gesunde Sinn des Volks sie fassen und schnell handhaben lernen, und nur dann wird es im Stande sein, sich selbst zu helfen. Was soll uns jener abgetretene und erkünstelte Formalismus der constitutionellen Staaten? Hat die belgische, die englische Constitution es gehindert, daß das Volk in Flandern, in Irland und Schottland gleich dem oberschlesischen zu Tausenden durch Hungersnoth und Seuche gefallen ist? In einer freien Demokratie mit allgemeiner Selbstregierung sind solche Ereignisse unmöglich. Die Erde bringt viel mehr Nahrung hervor, als die Menschen verbrauchen; das Interesse der Menschheit erfordert es keinesweges, daß durch eine unsinnige Aufhäufung von Capital und Grundbesitz in den Händen Einzelner die Production in Kanäle abgeleitet wird, welche den Gewinn immer wieder in dieselben Hände zurückfließen lassen. Der Constitutionalismus wird diese Verhältnisse nie brechen, denn da er selbst eine Lüge, entweder eine Concession an das Vorurtheil, oder eine Transaction mit dem (historischen) Unrecht ist, so kann er auch nie wahrhaft die Consequenzen des Princips der allgemeinen Rechtsgleichheit ziehen. Daher beharre ich auf dem Satz, den ich an die Spitze gestellt habe: freie und unumschränkte Demokratie.

Bekommen wir so ein gebildetes und freies Volk, so ist kein Zweifel, daß es allmählich auch ein wohlhabendes werden wird. Wir wollen gar nicht davon reden, daß dasselbe durch eine natürliche und volkstümliche Politik bald dahin kommen wird, den internationalen Verkehr seinem Interesse gemäß zu gestalten und die Executivgewalt zu hindern, durch Unwissenheit oder Vorurtheil, wie sie das preußische Gouvernement nur zu oft gezeigt hat, Maaßregeln auszuführen, welche ganze Industriezweige plötzlich zu Grunde richten. Aber ich will hervorheben, daß ein solches Volk durch ein gerechtes und direktes Besteuerungssystem und durch die Aufhebung aller Vorrechte und speciellen (feudalen etc.) Lasten den ärmeren Klassen die Möglichkeit gewähren wird, seinen Erwerb für sich selbst zu verwerthen und einen Genuß von seiner Arbeit zu erlangen. Die Erleichterung, welche dadurch herbeigeführt wird, muß an und für sich schon ausreichen, um einen gewissen Wohlstand zu begründen. Hat doch die Aufhebung der Robotlasten allein auf dem linken Oder-Ufer genügt, der Bevölkerung innerhalb eines Decenniums über die gefährliche Uebergangsperiode von dem unfreien zu dem (bedingt) freien Zustande hinweg und zu einer mäßigen Wohlhabenheit zu verhelfen; um wie viel mehr wird dieß der Fall sein, wenn eine vollständige Aufhebung der Feudallasten und eine gerechte und mäßige Einkommensteuer dazu kommen.

Ich bin indeß nicht der Meinung, daß diese Maaßregeln allein auf die Länge für eine immer steigende Bevölkerung genügen. Nachhaltigere und sicherere Mittel müssen gefunden werden, um eine größere Regsamkeit der Arbeitskräfte zu entwickeln und zu unterhalten. Ich verlange nicht, daß der Staat als Arbeitgeber die Organisation der Arbeit in die Hand nehmen und damit ein neues Moment der Unfreiheit und Abhängigkeit der Einzelnen begründen sollte, allein ich bin der Ansicht, daß die Gesetzgebung und die Regierung die Verpflichtung haben, vernünftige Einrichtungen einzuleiten, welche den Verkehr erleichtern, durch Vermehrung der Cirkulation des Geldes das Einkommen der Einzelnen steigern und dem Arbeiter nicht bloß Existenz, sondern auch die Möglichkeit, durch Arbeit seine Existenz selbst zu begründen, verbürgen. Eine vernünftige Staatsverfassung muß das Recht des Einzelnen auf eine gesundheitsgemäße Existenz unzweifelhaft feststellen; der Executivgewalt bleibt es überlassen, durch Vereinbarung mit der Association der einzelnen Klassen von Staatsangehörigen von Existenzberechtigten die Mittel und Wege, dieses Recht auch wirksam zu machen, aufzufinden.

Ein sehr naheliegendes und daher selbst von den Behörden des alten Regiments anerkanntes Bedürfniß für die Kreise war der Straßenbau. In einer Gegend, wo ein so reger Verkehr durch das Verfahren der bergmännischen und Ackerbau-Producte stattfindet, sind gute Wege eine Lebensbedingung und ihre Ausführung war um so dringender, als zwei Eisenbahnen und zwei große schiffbare Ströme, die eine bedeutende Ausfuhr sicher stellten, trotz ihrer Nähe zu Zeiten kaum zu erreichen waren. Und nicht bloß Chausseen in den Hauptrichtungen, sondern auch gute Vicinalwege versprachen einen vollkommen rentirenden Ertrag. Waren auf den Bau selbst große Capitalien zu verwenden, so durfte man doch nicht davor zurückschrecken, da man sie nirgends günstiger anlegen konnte. Schon die Beschäftigung zahlreicher Arbeiter bei dem Bau war eine unendliche Hülfe, welche man der Gegend gewährte, denn indem man eine Menge Geld ausgab, so bahnte man damit jene Steigerung der Circulation an, ohne welche ein Volk nicht als ein wohlhabendes bestehen kann.

Die nächste Aufgabe ist die Verbesserung des Ackerbau's, der Gartencultur und der Viehzucht. Allerdings steht es zu erwarten, daß eine Steigerung der Bildung und eine Erleichterung des Verkehrs von selbst eine Verbesserung dieser Culturzweige nach sich ziehen wird, allein zweckmäßig und für die Staatskasse einträglich würde es jedenfalls sein, wenn man diese langsame, allmähliche und freiwillige Entwickelung nicht erst abwartete. Ackerbauschulen sind erst der kommenden Generation nützlich und die große Menge der kleinen Besitzer würde dadurch nur wenig gefördert werden. Diesen kann man nur durch populäre Unterweisung, durch Einführung besserer Nahrungspflanzen und Hausthiere, durch Prämien zur Ermunterung des Fleißes zu Hülfe kommen. Man muß diesem Volk begreiflich machen, daß es bei dem ausschließlichen Kartoffelbau ähnlichen Mißerndten immer ausgesetzt sei und daß nur eine gewisse Abwechselung und Mannichfaltigkeit der Früchte sie vor einem totalen Mißwachs bewahren könne. Der Anbau von Mais, von Hülsenfrüchten, von Gartengewächsen, von Obst in einer größeren Ausdehnung könnte ihnen schon eine viel größere Garantie des Ertrages geben; das Zusammentreten der Gemeinden zur Regulirung des Laufes der Ströme und Bäche, zur Entwässerung der Wiesen und Moore, zur Ueberrieselung etc. konnte ihnen, abgesehen von den hygienischen Vortheilen die Mittel zur Unterhaltung eines größeren Viehstandes gewähren; die Verbesserung der Racen der Hausthiere konnte ohne große Kosten erzielt werden. In gewöhnlichen Zeiten würde die Einführung solcher Neuerungen, zu denen Verbesserungen in den Ackergeräthschaften, Unterweisung in der Lehre eines rationellen und erfahrungsgemäß richtigen Fruchtwechsels hinzukommen konnten, bei der Zähigkeit, mit der das Landvolk überall am Alten hängt, viele Schwierigkeiten gehabt haben, obwohl ich meine, daß sich diese Schwierigkeiten hätten überwinden lassen, wie es z.B. durch die Separation überall geschehen ist. Jetzt, wo das Volk wie eine Tabula rasa daliegt, kann man daran denken, es bildsam zu machen und es zu einer Cultur vorzubereiten, wie die Erfahrungen unserer Zeit sie fordern. Die Beispiele, die ihm jetzt vorliegen, helfen nichts, denn da sie nur von den größeren Grundbesitzern ausgehen, so meinen die kleinen Leute, daß nur große Mittel die Ausführung zulassen; erst dann, wenn unter ihnen selbst einige anfangen, von den neuen Erfahrungen mit Erfolg Gebrauch zu machen, ist auf eine allgemeine Nachahmung zu rechnen. Bleibt endlich auch dann noch, bei einer allgemein vernünftigen Bebauung des Ackers, die Gefahr eines allgemeinen Mißwachses der Nahrungspflanzen übrig, so versteht es sich von selbst, daß die Staatsregierung die Verpflichtung hat, große Vorrathshäuser zu unterhalten, in denen sie einen Theil des Ueberschusses aus gesegneten Jahren aufbewahrt oder sie durch zeitige Zufuhr aus andern Ländern füllt. Die kleine Schweiz, welche nie so viel producirt, als ihr Verbrauch beträgt, kann in dieser Hinsicht das zweckmäßigste Beispiel einer verständigen Staatswirthschaft liefern.

Der Staat muß aber noch mehr thun, ohne dadurch der freien Selbstbestimmung zu nahe zu treten. In einer Gegend, welche so reich an Arbeitskräften ist, (denn die jetzt so geschwächte Kraft der Einzelnen wird sich bald wieder heben lassen), wo die Löhne so gering und durch den Reichthum des Bodens an Kohlen und Metallen eine so unversiegbare Quelle der Thätigkeit gegeben ist, müssen Fabrikanlagen besonders gut rentiren. Es ist aber natürlich, daß Fabriken, welche mit den bestehenden concurriren sollen, nur durch den Staat, durch die Geldaristokratie oder durch Gesellschaften gegründet werden können. Die Ausbeutung ungeschmälert der Geldaristokratie zu überlassen, wäre thöricht, da man gerade dadurch den faulen Fleck immer vergrößert, welcher die sociale Bewegung unserer Tage bedingt. Gesellschaften kleinerer Besitzender sind ganz zweckmäßig, aber es liegt kein Grund vor, diese noch besonders durch Gesetze oder Staatsmittel zu unterstützen. Der Staat als solcher darf gleichfalls nie dauernd Arbeitgeber sein, da dieß allmählich zu einer neuen Despotie, zu einer Knechtung aller Einzelnen in noch härtere Bande, als die bisherigen führen würde. Nothwendig und wünschenswerth ist hauptsächlich die Association der Besitzlosen, damit sie durch diese Association in die Reihe der Genießenden eintreten können, damit die Menschen einmal aufhören, bloße Maschinen Anderer zu sein. Alle Welt weiß, daß das Proletariat unserer Zeit hauptsächlich durch die Einführung und Verbesserung der Maschinen bedingt worden ist, daß in dem Maaße, als der Ackerbau, die Fabrikation, die Schifffahrt und der Straßenverkehr durch die Vervollkommnung der Geräthschaften eine nie geahnte Ausdehnung erlangt haben, die Menschenkraft alle Autonomie verloren hat und als ein Glied, als ein zwar lebendiges, aber todtem Werth äquivalentes Glied in den Maschinenbetrieb eingetreten ist. Die Menschen gelten nur noch als Hände! Soll aber das der Sinn der Maschinen in der Culturgeschichte der Völker sein? Sollen die Triumphe des menschlichen Genie's zu weiter nichts dienen, als das Menschengeschlecht elend zu machen? Gewiß nicht. Unser Jahrhundert beginnt das sociale Zeitalter und der Gegenstand seiner Thätigkeit kann kein anderer sein, als das Maschinenmäßige der menschlichen Beschäftigung, dasjenige was die Menschen am meisten an den Boden, an das Grobstoffliche fesselt und von der feineren Bewegung der Materie abzieht, auf das geringste mögliche Maaß zurückzuführen. Der Mensch soll nur soviel arbeiten, als nothwendig ist, um dem Boden, dem groben Stoff soviel abzuringen, als zur behaglichen Existenz des ganzen Geschlechts nothwendig ist, aber es soll nicht seine besten Kräfte verschleudern, um Capital zu machen. Capital ist Anweisung auf Genuß; wozu aber diese Anweisung in einem Grade steigern, der alle Grenzen überschreitet? Steigere man den Genuß, aber nicht die bloße, todte und kalte Möglichkeit desselben, die außerdem nicht einmal eine im Vergleich zu dem Capital constante, sondern eine unendlich schwankende und unsichere ist. Schon hat die französische Republik diesen Grundsatz in dem Motto der Brüderlichkeit anerkannt, und es scheint, als wolle sie trotz aller Stärke der alten Bourgeoisie sich anschicken, ihm durch die Association auch Verwirklichung zu verschaffen. In der That ist die Association der besitzlosen Arbeit mit dem Capital des Staats oder der Geldaristokratie oder der vielen kleinen Besitzer das einzige Mittel, um den socialen Zustand zu bessern. Capital und Arbeitskraft müssen mindestens gleichberechtigt sein und es darf nicht mehr die lebendige Kraft dem todten Capital unterwürfig sein. Eine Association beider ist aber in der dreifachen angegebenen Weise möglich und kann auf jedem dieser Wege segensreich werden. In jedem Falle muß dann der Arbeiter bethätigt sein an dem Ertrage des Ganzen, und da er außerdem durch die Verminderung der Steuerlast und das größere Maaß von Bildung, welches ihm zufallen muß, in eine glücklichere Lage gebracht wird, so kann er durch eine solche Betheiligung an den großen Unternehmungen der Industrie, durch das Gewicht, welches die Vereinigung der Kraft giebt, bald ein befriedigendes Maaß an Genuß sich verschaffen. Versteht sich der Staat dazu, mit seinem Capital in eine solche Association einzutreten, so darf dieß doch nur unter der Voraussetzung geschehen, daß durch diesen Eintritt der Industrie neue Wege oder neue Räumlichkeiten eröffnet werden; niemals darf der Staat dauernd an Industrie-Unternehmungen sich betheiligen, welche, da sie in unserer Zeit immer auf Concurrenz hinauslaufen, ihn in Gegensatz zu einem Theile der Staatsangehörigen, das Ganze in Opposition zu einem Theil bringen würden. Ist das Geschäft eingeleitet und im Gange, so muß der Staat sich davon zurückziehen und dasselbe entweder der Association der Arbeiter allein, oder in Verbindung mit Geldmännern überlassen. Auf diese Weise vermag die größere Einsicht, welche gute Staatsbeamten durch ihre Detailkenntniß des Landes und seiner Bedürfnisse, sowie durch die größere Leichtigkeit, mit der sie die Intelligenz zu Hülfe ziehen können, besitzen müssen, den Nationalreichthum zu steigern und das Wohlsein der einzelnen Staatsangehörigen zu sichern; auf diese Weise kann man daran denken, einen Zustand anzubahnen, wo die Menschen nicht bloß arbeiten, um sich Nahrung, Kleidung und Wohnung zu verschaffen, sondern wo die Arbeit ihnen zugleich als eine nützliche Muskelanstrengung dient, von der sie sich nur abwenden, um die andere Hälfte des Tages auf die Bildung des Geistes zu verwenden. –

Das sind die radicalen Mittel, welche ich für Oberschlesien als Remedien für die Wiederkehr einer Hungersnoth und einer großen Typhusepidemie vorzuschlagen habe. Mögen die darüber lächeln, welche nicht im Stande sind, sich zu erhabenen Standpunkten in der Culturgeschichte aufzuschwingen; die ernsten und klaren Köpfe, welche ihre Zeit zu erkennen vermögen, werden mir beistimmen. Manche aber, welche anerkennen, daß eine gründliche Heilung nur auf diesem Wege möglich ist, mögen mir einwenden, daß es zu lange dauern würde, ehe man einen solchen Zustand anbahnen könne. Diesen entgegne ich, daß, wenn einmal die jetzige Epidemie vollkommen abgelaufen sein wird, ihre Wiederkehr in kurzer Zeit nicht zu erwarten steht. Davidson (l.c.pag.93) hat mit großer Umsicht gezeigt, daß, weil im Allgemeinen Typhus nur einmal dasselbe Individuum befällt, nach einer gewissen Dauer einer Epidemie alle empfänglichen Körper durchseucht sein müssen und die Epidemie von selbst erlischt. Er erklärt daraus die Erfahrung, daß auch in den großen Städten selbst eine heftige Typhus-Epidemie selten länger als zwei Jahre dauert, und auf dieselbe niemals vor Ablauf mehrerer Jahre eine neue folgt. In großen Städten, deren Bevölkerung sich durch Zuzug neuer Personen von außen her in starker Progression mehrt, kann daher unter günstigen Außenverhältnissen eine Wiederkehr verhältnißmäßig schnell erfolgen; auf dem Lande dagegen, wo alle Zunahme der Bevölkerung nur durch neue Geburten geschieht, ja viele der Erwachsenen sich den Städten zuwenden, wird immer ein verhältnißmäßig langer Zwischenraum zwischen zwei Epidemien liegen. Möge man daher den bevorstehenden Zwischenraum benutzen, um ein schönes und reiches Land, das bisher zur Schande der Regierung von armseligen und verwahrlosten Menschen bewohnt wurde, durch freisinnige und volksthümliche Einrichtungen vor der Wiederkehr solcher Schreckensscenen zu bewahren. –"

IV. Politik

1. Auseinandersetzung mit Bismarck um die Rechte des Parlaments
Rede im Abgeordnetenhaus 28. Januar 1863

Am 18. Oktober 1861 war der einundsechzigjährige Wilhelm I. in Königsberg zum König von Preußen gekrönt worden. Am 28. Oktober desselben Jahres wurde Virchow für den Wahlkreis Saarbrücken–St. Wendel in Ottweiler für das Preußische Abgeordnetenhaus gewählt. Schon 1860 hatte der Kriegsminister v. Roon eine Heeresreform begonnen. Sie sollte pro Jahr 9.500.000 Taler kosten, eine damals ungeheuerliche Summe (ein Viertel des Gesamtbudgets).

Um diese Kosten entbrannte nun der Streit zwischen Regierung und liberaler Opposition. Selbst die Auflösung des Parlamentes und Neuwahlen vom März 1862 brachten nicht die vom König und von v. Roon erhoffte parlamentarische Unterstützung in der Heeresreform, sondern eine Stärkung der liberalen Opposition. Da König und Kriegsminister an ihrem Reformvorhaben festzuhalten beabsichtigten, holten sie sich durch die Ernennung Otto v. Bismarcks zum Ministerpräsidenten am 23.9.1862 kompetente Unterstützung. Er regelte die Sache auf seine Weise: Unkonstitutionelle Herrschaft ohne ein Budgetgesetz. Dies war verfassungswidrig und führte zu jahrelangen Auseinandersetzungen zwischen Regierung und Parlament (in dem die von Virchow, Mommsen, Forckenbeck, Schultze-Delitzsch, Langerhans, Franz Duncker u. a. am 9.6.1861 gegründete „Deutsche Fortschrittspartei" die Mehrheit hatte). Ein zentrales Beispiel für die Auseinandersetzung um die Verfassungsverletzung durch die Regierung bildet unsere Rede im Preußischen Abgeordnetenhaus vom 28. Januar 1863.

Virchow stellt zunächst den Antrag auf Erlaß einer Adresse an den König, in der die Verfassungsverletzung durch die budgetlose Regierung verurteilt und die Wiederherstellung der verfassungsmäßigen Ordnung verlangt wird. Er hält die von einem früheren Kabinettsmitglied vorgeschlagene Lösungsmöglichkeit, eine Entscheidung durch einen parlamentarischen Kampf innerhalb des Hauses zu erreichen, für hoffnungslos, denn das Ministerium habe ja auch bisher noch mit keiner Silbe den Vorwurf entkräftet, ungesetzmäßig in der Etatfrage vorgegangen zu sein. Wenn der Ministerpräsident v. Bismarck nun behaupte, es gegen hier lediglich um einen Gegensatz, der zwischen dem Landesrecht und der Ministerial-Macht ausgefochten werden solle, so antwortet ihm Virchow, „...daß es sich nicht mehr um etwas Anderes handele, als um den Streit der Macht mit dem Recht, aber nicht um den Streit der Macht der Krone, sondern der Macht des Ministeriums gegen das Recht des Landes." Den König habe Bismarck in vollständig verfassungswidriger Weise in den Streit hineingezogen, denn in dem bisherigen Verfahren sei kein einziges Kronrecht berührt worden. Der Minister-Präsident begründe seine ganze Haltung mit dem Satz: „Der Staat muß leben." Aber sei man allein aufgrund einer solchen These dazu gezwungen, Geld zu bewilligen und zu allem Ja zu sagen? Eine solche Auffassung gehöre in uralte Zeiten. Es handele sich nicht darum, aufgrund gegebener Zustände das entsprechende Recht zu schaffen, sondern das *bestehende* Recht durch entsprechendes Handeln zu wahren. Mit dem derzeitigen Ministerium könne nicht verhandelt werden. Zu faulen Kompromissen sei man nicht bereit! Deshalb müsse man sich nun an die Krone direkt wenden. Das gegenwärtige Ministerium entspreche nicht den Wünschen der Mehrheit des Volkes, und die Landesvertretung habe die Pflicht, diese Wünsche zu verfechten, denn sie sei der wirkliche und korrekte Ausdruck der Mehrheit.

Daher müsse die Adresse auch empfangen werden. Das Ministerium dürfe die Weiterleitung nicht verweigern. Man müsse endlich mit dem Ministerium auf einen gemeinsamen Nenner kommen und ihm klarmachen, daß den in der Verfassung festgestellten Rechten auch Pflichten gegenüber stünden. Der Minister-Präsident insbesondere habe merkwürdige Vorstellungen vom parlamentarischen Leben, die er wohl aus England mitgebracht habe. „Er scheint zu glauben, daß das Parlament einfach die Minister beruft, daß das Parlament einfach die Minister absetzt, Alles, wie es eben will, und daß dies die parlamentarische Regierung sei."

In einem kurzen Exkurs, in dem Virchow klarstellt, daß es in der neueren englischen Geschichte solch eine parlamentarische Willkür keineswegs gegeben habe, kommt Virchow wieder auf den eigenen Etat, also das Militärbudget, und die diesbezüglichen Äußerungen des Finanz-Ministers v. Bodelschwingh zurück. Dieser habe – so wohl der allgemeine Eindruck im Land – die nachträgliche Genehmigung des Etats bisher mit dem Artikel 104. begründet, nun aber gerade in seiner Rede betont, daß er sich *nicht* auf diesen Artikel stütze. Aber auf welchen Artikel stütze der Finanz-Minister sich dann, wenn er eine derartige nachträgliche Genehmigung des Etats auf eine verfassungsgemäße Grundlage stellen wolle? Virchow selbst habe in der Verfassung keinen einzigen Artikel gefunden, auf den dieser Fall passe.

Ohnehin gebe es, was den Staatshaushalt betreffe, eine ganz klare Anweisung: „Die Instruction für die Ober-Rechnungskammer, welche bis jetzt die Basis unserer Finanz-Controle ist, ist gegründet auf die Voraussetzung, daß ein Staatshaushalts-Etat da ist. Sie hat ohne gesetzlichen Etat gar keine Grundlage." Wenn der Ministerpräsident nun behaupte, es existiere in diesem Punkt eine Verfassungslücke, die ihn dazu veranlasse, auf altes Recht zurückzugehen, so müsse Virchow ihn darauf hinweisen, daß auch dieses alte Recht, wie es zwischen 1820 und 1848 gegolten habe, zwingend einen existierenden Staatshaushalts-Etat vorgeschrieben habe. Virchow könne die Handlungsweise des Ministeriums daher nur Willkür nennen.

Im folgenden gebe ich den ersten Teil der Rede wieder:

„Meine Herren! Ich hoffe, das hohe Haus wird es nachsichtig aufnehmen, wenn ich von dem Rechte, welches mir Ihre Geschäfts-Ordnung gewährt, Gebrauch mache, nachdem so schwere Angriffe auf die Adresse gefallen, welche ich vorzulegen die Ehre gehabt habe, und nachdem durch die Einrichtung des Herrn Vorsitzenden einer der wahrscheinlich heftigsten Gegner meines Adreß-Entwurfes nach mir sprechen wird. Ich will im Voraus diese Angriffe nicht abzufangen suchen, im Gegentheil, ich will mich bemühen, möglichst in dem Sinne zu sprechen, in dem ich wünschte, daß auch die späteren Redner sprechen möchten, nämlich nicht in dem Sinne, den Gegensatz der verschiedenen Adressen hervorzuheben, und die Vorzüge oder Nachtheile der einen oder anderen zu schildern, sondern möglichst in dem Sinne, eine so große Mehrheit dieses hohen Hauses, wie irgend möglich, auf eine der Adressen zu vereinigen.

Meine Herren! Ich habe bis jetzt vergeblich mich bemüht, die Taktik begreifen zu lernen, welche die früher gouvernementale Partei in dieser, wie auch in anderen Angelegenheiten festgehalten hat. Nachdem sie selbst aus der Regierung getreten war, nachdem sie sich überzeugen mußte, daß das verfassungsmäßige Leben unseres Staates so sehr gefährdet war, da hätte es gerade ihr eigenes Interesse, ihre Stellung im Lande, ihre Vergangenheit erfordert, daß sie den Versuch gemacht hätte, die Opposition zu sammeln und mit ihr gemeinschaftlich den Feind unseres verfassungsmäßigen Lebens zu bekämpfen. Wir Alle, meine Herren, haben gewiß mit freudiger Erhebung die Worte gehört, welche gestern eines der Mitglieder des früheren Cabinets von dieser Stelle gesprochen hat, Worte, welche so vollkommen dem verfassungsmäßigen Sinn dieses Hauses, den Wünschen des Landes, den Anforderungen der Verfassung entsprechen, wie wir es nur irgend erwarten durften. Aber, meine Herren, ich glaube, daß eine patriotische Hingebung mehr verlangt, daß es sich nicht blos darum handelte, uns in Aussicht zu stellen, daß nur bei dem späteren Vorgehen gegen das Ministerium wir auf die Unterstützung dieses einflußreichen Mitgliedes rechnen könnten, sondern daß wir den Wunsch hegen durften, er möchte diejenigen Stellen, welche in unserer Adresse ihm nicht gefielen, bezeichnen, er möchte versuchen, sie zu verbessern, und er möchte, falls ihm das nicht gelänge, wenigstens dem großen Gesammtausdruck dieses Hauses sich anschließen. Er hat uns aufgefordert, die Entscheidung nicht bei der Krone, sondern durch einen parlamentarischen Kampf innerhalb dieses Hauses zu suchen. Diesen Versuch halte ich von vornherein für hoffnungslos; und ich glaube, daß die Haltung des Ministeriums uns gegenüber an diesen zwei Tagen hinreichend dargethan hat, was wir zu erwarten haben.

Sie sagen, meine Herren, es seien die Thatsachen, welche in der Adresse berührt sind, nicht hinreichend bestätigt, nicht hinreichend geprüft, nicht hinreichend erwiesen. Nun, meine Herren, ist denn von irgend einer Seite versucht worden, zu zeigen, daß ein Mißbrauch der Regierungsgewalt nicht stattgefunden hat? hat man insbesondere das Wort genommen, um uns zu zeigen, daß die Bedrückung der Beamten, daß die Angriffe gegen die Presse, daß der Versuch, durch die Ausdehnung der Militair-Gerichtsbarkeit gleichsam über die ganze wehrfähige Mannschaft des Landes den Belagerungszustand zu eröffnen, nicht vorhanden sind? Während einer zweitägigen Debatte hat gerade derjenige Minister, um dessen Ressort es sich so lange gehandelt hat, das Wort nicht genommen. Der Justiz-Minister, der bei einer Verfassungs-Verletzung nach unserer Meinung sehr lebhaft betheiligt sein sollte, hat ebenso wenig in dieser Debatte Veranlassung gefunden, irgend ein Wort für die Verfassungsmäßigkeit der von ihm und seinen Collegen begangenen Handlungen auszusprechen, wie dies in der langen Debatte in der Militairfrage in der vorigen Session geschehen ist, wo die Angriffe der Majorität sich wesentlich darauf stützten, daß die Regierung ungesetzmäßig verfuhr, und wo er nicht eine Silbe über seine Lippen gebracht hat, um die Gesetzlichkeit dieses Verfahrens darzuthun.

(Hört! Hört!)

Meine Herren, eine solche schweigende Haltung des Ministeriums, wo es eben nur erscheint, um seiner verfassungsmäßigen Pflicht, im Hause anwesend zu sein, zu genügen, entspricht nicht der Erwartung, welche man hegen könnte, durch die Discussion in diesem Hause zum Austrag unserer Schwierigkeiten zu kommen.

(Sehr gut!)

Meine Herren, man hat gesagt, der Standpunkt, welchen wir in unserer Adresse einnehmen, sei nicht der der Ehrerbietung, er sei nicht derjenige, welcher dem constitutionellen Wesen unseres Staats entspräche. Der Herr Minister-Präsident hat uns sogar gesagt, es werde in unserm Adreß-Entwurf offen dargelegt, was eigentlich die Majorität des Abgeordnetenhauses wolle; es sei zum ersten Male ganz offen erklärt worden, daß es sich darum handele, ob diese Majorität die Herrschaft im Lande führen solle. Nun, meine Herren, ich dächte, auch das wäre ein Punkt, wo der Herr Justiz-Minister dem Bedenken des Herrn Minister-Präsidenten hätte zu Hülfe kommen können, wo er ihm hätte darthun können, daß es sich wirklich um ganz ernste Verfassungsfragen, die sich auf bestimmte Artikel unserer Verfassung beziehen, und nicht um ganz allgemeine staatsphilosophische Betrachtungen bei uns handelt;

(Hört! Hört!)

er sollte, glaube ich, während der längeren Zeit, während welcher er unsern Verhandlungen beigewohnt hat, wohl ersehen können, daß die Majorität dieses Hauses mit vollem Ernst und aller Gewissenhaftigkeit auf das wirkliche Recht des Landes losgeht, nicht darauf, neue Verfassungstheorien zu erfinden, die vorher nicht bestanden haben.

(Sehr gut!)

Meine Herren, ich kann mir denken, daß Jemand, der, wie der Herr Minister-Präsident, nur während der Anfänge unsers verfassungsmäßigen Lebens einige Sessionen mitgemacht hat, der dann lange in imperialistischen Ländern seine weiteren Studien ausführte,

(Heiterkeit.)

sich nicht auf den Standpunkt erheben kann, daß es sich hier handele, nicht um einen Streit des Abgeordnetenhauses mit der Krone, sondern um einen Streit des Landes mit dem Ministerium, um einen Gegensatz, der zwischen dem Landesrecht und der Ministerial-Macht ausgefochten werden soll.

(Bravo!)

Meine Herren, ich habe schon in der Adreßdebatte des vorigen Jahres hervorgehoben, daß es sich nicht mehr um etwas Anderes handele, als um den Streit der Macht mit dem Recht, aber nicht um den Streit der Macht der Krone, sondern der Macht des Ministeriums gegen das Recht des Landes.

Auch muß ich darin den beredten Ausführungen meines Freundes, des Herrn Abgeordneten für Berlin, beitreten, daß der Herr Minister-Präsident in vollständig verfassungswidriger Weise den Namen Sr. Majestät des Königs, die Krone, unmittelbar in den Streit hineingezogen hat. Kein einziges Kronrecht, wie es in der Verfassung geschrieben steht, ist berührt, sondern es handelt sich nur darum, die Ministerialmacht zu brechen.

Der Satz, von dem der Herr Minister-Präsident ausgegangen ist, den er uns gleichsam als Grundlage seiner staatsphilosophischen Betrachtung entgegengehalten hat, lautet: der Staat muß leben. Daraus folgt nach seiner Ansicht mit einer inneren Nothwendigkeit alles Andere. Nun, meine Herren, darf ich wohl die Frage aufwerfen: ist überhaupt dieser Satz der Satz eines Staatsmannes? Kann man einer Volksvertretung, welche Geld bewilligen soll, mit der Thesis entgegen treten: der Staat muß leben, also müßt Ihr Geld geben? Soll das das ganze Ergebniß unserer verfassungsmäßigen Entwickelung sein, daß die Verfassung, daß die langen Kämpfe um die rechtliche Begründung unseres Finanzwesens endlich an den Punkt ankommen, daß man der Landesvertretung gegenüber sagt: der Staat muß leben, folglich müßt Ihr zu Allem Ja sagen? Meine Herren, ich will diese Fragen nicht fortsetzen, man könnte sonst leicht zu einer Betrachtung kommen, welche die Stellung eines Staatsmannes zu sehr tangirt;

(Heiterkeit.)

ich glaube aber, daß wir die entschiedenste Verwahrung einlegen müssen, daß gegenüber dem geschriebenen und beschworenen Verfassungsrechte derartige Sätze aufgestellt werden, welche hergenommen sind aus einer uralten Zeit, wo vielleicht gegenüber einem ungeordneten ständischen Wesen ein Landesherr diese oder jene Betrachtung damit rechtfertigte, daß er sagte, ‚ich konnte nicht anders, ich mußte so handeln, Ihr müßt Euch fügen.' Wir haben im Laufe der zwei Sessionen, welche hinter uns liegen, es erlebt, daß manche der Herren Minister in das Amt getreten sind, wie ich glaube, mit ähnlichen Vorstellungen, wie der Herr Minister-Präsident. Wir haben gesehen, wie nach einer gewissen Zeit einer nach dem andern die Unhaltbarkeit seiner Stelle eingesehen hat Wir sehen, wie in der That das Ministerium in einem beständigen Flusse ist,
 (Heiterkeit.)
wir sehen, daß es so lebt, wie nach der Ansicht des Herrn Minister-Präsidenten das verfassungsmäßige Leben des Staates sich gestalten sollte, in immer neuen Compromissen fortagirend, gleichsam, als ob es gar nichts Festes im Staate gäbe, gleichsam, als ob gar keine Verfassung existirte, gleichsam, als ob das Recht erst zu machen wäre, als ob wir so vorwärts schreiten, wie der Englische Staat, der bekanntlich keine geschriebene Verfassung hat. Darin liegt ja eben der stricte Gegensatz, der uns gegenüber den Personen der Minister erfüllt, daß wir bei ihnen die Vorstellung hegen müssen, daß wir uns gar nicht mit ihnen verständigen können. Sie verstehen unsere Sprache gar nicht,
 (Heiterkeit.)
sie haben gar keine Vorstellung davon, daß wirklich das geschriebene Verfassungsrecht existirt, daß nicht erst Compromisse zu schließen sind, daß nicht erst das Recht gemacht werden soll, sondern daß es sich nur darum handelt, das bestehende Recht zu wahren. So lange darüber noch gestritten werden muß, so lange man uns entgegentritt da, wo die Verfassung offen spricht, von uns Compromisse fordert, wo man uns nicht etwas bietet, sondern wo man sagt: an Euch ist es jetzt, zu bieten; auf welcher Basis stehen wir da? Welches Mandat vom Volke haben wir, der Regierung Compromisse anzubieten? Welche Art von Anerbieten sollten wir machen, die gerechtfertigt wären auf Grund des uns verfassungsmäßig ertheilten Mandates? Ich sage also, es fehlt uns die erste Voraussetzung einer Verständigung. Einer der Herren, die vor mir sprachen, von dieser Seite des Hauses,
 (auf die polnische Fraktion deutend)

hat bedauert, daß es noch gar keine Preußische Sprache gebe. Ja, meine Herren, es giebt eine Art von Preußischer Sprache,
(Heiterkeit.)
das ist die, die die Herren vom Ministertische gegenwärtig reden; es ist die Sprache, die man in der ganzen Welt nicht versteht,
(Heiterkeit.)
die ganz und gar nicht innerhalb unseres verfassungsmäßigen Rechtes sich bewegt, und worauf wir überhaupt keine Antwort ertheilen können. Darum sage ich eben, wir können mit diesen gegenwärtigen Herrn Ministern, namentlich wenn das Ministerium in der schweigenden Haltung des Herrn Justiz-Ministers verharrt,
(Heiterkeit.)
gar nicht verhandeln, und wenn wir glauben, noch zu einer Verständigung gelangen zu können, so kann es nur über das Ministerium hinaus geschehen, indem wir uns unmittelbar an die Krone selbst wenden. Meine Herren, ich bezweifle ja, wie Sie, nicht, daß es sehr schwer sein wird, unsere Wünsche ohne die Vermittelung eines wohlwollenden Ministeriums bei Sr. Majestät vollständig verständlich zu machen. Die Englische Geschichte hat es in schweren Zeiten gelehrt, wie schwierig es ist, wenn die unmittelbaren Rathgeber der Krone sich dem verfassungsmäßigen Rechte des Landes, den verfassungsmäßigen Vertretern desselben nicht fügen wollen. Aber trotzdem muß dieser Versuch gemacht werden eben weil es meiner Ansicht nach der Versuch der Verständigung ist, den das Land erwartet, und den wir Sr. Majestät dem Könige selber schuldig sind.

Meine Herren! Mit Hülfe dieser Herren Minister, unter ihrer Unterstützung, mit ihrer gnädigen Belobigung entlassen, sind die vielbesprochenen Loyalitäts-Deputationen an dem Hofe Sr. Majestät erschienen. Im Volke hat man sich vielfach gefragt, ob man gegenüber diesem Sturme der Loyalitäts-Adressen einen andern Sturm von Adressen an Se. Majestät erregen solle, um das Gewicht der ersteren zu erdrücken. Es kann ja kein Zweifel sein, daß es ein sehr Leichtes gewesen sein würde, förmliche Prozessionen hervorzurufen,
(Heiterkeit.)
die ganze Stadt Berlin mit Petitionirenden dieser Art zu erfüllen, und zwar nicht mit solchen, wie sie in der Wilhelmstraße costumirt wurden,
(Große Heiterkeit! Hört!)
sondern, meine Herren, mit den allerersten Männern dieses Landes,
(Bravo!)

mit den Trägern der Bildung, mit den Trägern des Capitals, mit den Trägern der Industrie, mit Allem, was dieses Land an gebildeten und wirklich patriotischen Männern besitzt. Aber, meine Herren, man hat sich gesagt, daß diese Processionen wahrscheinlich nicht die Theilnahme der Herren Minister finden würden, daß sie wahrscheinlich vor den Pforten des Königlichen Schlosses zurückgewiesen werden würden, daß es ihnen nicht möglich sein würde, in der Weise das Ohr des Königs zu finden, und man hat schließlich gesagt, dieses Haus, welches unmittelbar hervorgeht aus den Wahlen des Volkes, dieses Haus, welches fast unverändert aus einer Doppelwahl wieder hervorgetreten ist, dieses sei berufen, zu sprechen bei Sr. Majestät. Das seien die gesetzlichen Vertreter, das sei das Organ, durch welches das Land zu Sr. Majestät sprechen werde, durch welches Se. Majestät endlich die Wahrheit erfahren solle. In dieser Hoffnung hat man geschwiegen, in dieser Hoffnung ist man zurückgetreten von ähnlichen Demonstrationen, und ich glaube, die Herren Minister werden uns nur dankbar sein können, daß wir nicht die ärgerlichen Scenen, welche sie vielleicht gegen ihren Willen erzeugt haben, von unserer Seite noch verstärkt haben.

Nun sind wir da, wir stehen da als das redende Organ des Landes, wir treten vor Se. Majestät den König und sprechen das aus, was nach unserer Ueberzeugung nicht blos, nein, meine Herren, was nach der Ueberzeugung der ganzen Welt, die Mehrheit dieses Landes denkt und will. Ja, meine Herren, sie mögen sich sonst auf unpatriotische Aeußerungen über das Ausland berufen; hier wird auch der Herr Abgeordnete für Stargard zugestehen, daß wir wohl hervorheben können, daß in der ganzen Welt nur eine Meinung herrscht, und es ist die, daß dieses gegenwärtige Ministerium, daß diese Loyalitäts-Deputationen nicht der Mehrheit des Volkes entsprochen haben, und daß dieses Haus der wirkliche und correcte Ausdruck der Mehrheit ist.

Ich sage, nachdem wir, die gesetzlich berufenen Vertreter, nunmehr erschienen sind, um diesem Wunsche des Volkes Ausdruck zu geben, so können wir, es auch verlangen, daß unsere Adresse wirklich empfangen werde. Der Herr Minister-Präsident hat uns allerdings erklärt, daß er diesen Rath nicht ertheilen werde, er hat es wenigstens in der Commission mit dürren Worten gesagt; ich wage nicht mit Bestimmtheit zu behaupten, ob er gesagt hat, er würde rathen, sie abzulehnen. Wäre das seine Absicht, dann muß ich sagen, würde ich einen solchen Ausspruch auch wieder als ein unmittelbares Attentat auf die Verfassung betrachten müssen. Ich bedaure, daß auch in diesem Punkte solche Mißverständnisse Platz greifen können, die meiner Meinung nach von einem auch nur mäßig rechtlichen Standpunkte aus doch ganz und gar unmöglich sein sollten. Ich berufe mich auch für diesen Fall auf die schweigende Autorität des Herrn Justiz-Ministers,

(Große Heiterkeit.)

von dem ich hoffe, daß er zugestehen wird, daß der Artikel 81. der Verfassung, indem er besagt, daß jede Kammer für sich das Recht hat, Adressen an den König zu richten, damit auch zugleich feststellt, daß diese Adressen angenommen werden müssen.

Meine Herren! Wenn darüber noch ein Zweifel sein könnte, so würde ja die ganze Verfassung vollständig in der Luft stehen. Was bedeutet denn z. B. eine Bestimmung, wie die im Artikel 32:

‚Das Petitionsrecht steht allen Preußen zu.'

Versteht der Herr Minister-Präsident darunter, daß alle Preußen das Recht haben, Petitionen zu schreiben, daß diejenigen aber, an welche sie gerichtet sind, das Recht haben, sie nicht anzunehmen? Oder, wenn es sich um den Artikel 27. handelt, welcher sagt:

‚Jeder Preuße hat das Recht durch Wort, Schrift, Druck, und bildliche Darstellung seine Meinung frei zu äußern,'

hat er dieses Recht nur, wenn er bei sich zu Hause ist, und hat sein Recht weiter keine Beziehung auf die öffentlichen Angelegenheiten?

(Heiterkeit.)

Ja, es scheint allerdings nach gewissen Polizei-Verordnungen, die wir bei Gelegenheit des Nationalfonds haben erleben müssen, daß auch andere Beamte glauben, es wäre das so eine rein facultative Bestimmung, die man ausüben kann oder auch nicht, je nach Umständen.

Meine Herren! Hier handelt es sich darum, daß mit dem Ministerium endlich einmal auf einen Boden gelangt wird, wo wir uns verstehen lernen, wo wir wissen, was eigentlich das Ministerium noch für Recht hält; ob es glaubt, daß den in der Verfassung festgestellten Rechten gar keine Pflichten gegenüberstehen, ob das blos einseitige Berechtigungen, blos theoretische Betrachtungen sind, oder ob irgend eine practische Pflicht der Regierung dem gegenüber steht

Der Herr Minister-Präsident hat uns gesagt, unsere Adresse drücke unmittelbar aus, daß wir nun die parlamentarische Herrschaft constituiren wollten. Wenn das geschähe, was in unserer Adresse gefordert sei, dann

wäre gleichsam das Abgeordnetenhaus die provisorische Regierung, nach seiner Meinung. Es steht dies ungefähr auf gleicher Linie mit der so viel hervorgetretenen Redensart von dem Parlaments-Heere, welches das Abgeordnetenhaus in Aussicht genommen haben soll.
(Heiterkeit.)

Wie es scheint, hat sich auch der Herr Minister-Präsident dies von manchen Loyalitäts-Deputationen erzählen lassen, und er hat ihnen zugestanden, daß eigentlich so Etwas nach seiner Art hier grassire.
(Heiterkeit.)

Es wird schwer, gewissen Dingen noch ernsthaft entgegen treten zu müssen. Wenn irgend eine in der Begeisterung ausgesprochene Bemerkung eines Mitgliedes dieses Hauses immer dazu Veranlassung geben soll, solche colossalen Verdrehungen der Wahrheit herbeizuführen, gegenüber den offenkundigsten Thatsachen, gegenüber den klarsten Beschlüssen dieses Hauses, derartige Verläumdungen herumzutragen, dann ist eben nicht anders zu helfen, als daß man mit der aller offensten Sprache von der Welt an die entscheidende Stelle tritt, daß man Sr. Majestät offene Erklärungen macht und jeden Zweifel zerstreut.

Der Herr Minister-Präsident, der, wie ich bedaure, nicht so lange in England zugebracht hat, wie in Rußland, scheint, was die Englischen Verhältnisse anlangt in Bezug auf die Position des Parlaments, manche sonderbare Vorstellungen zu hegen. Er scheint zu glauben, daß das Parlament einfach die Minister beruft, daß das Parlament einfach die Minister absetzt, Alles, wie es eben will, und daß dies die parlamentarische Regierung sei. Ich meine, es sitzen hier in diesem Hause hinreichend rechtsverständige Mitglieder, die wohl in den späteren Stadien dieser Debatte noch Gelegenheit haben werden, den Herrn Minister-Präsidenten, falls er darauf zurückkommen sollte, in diesem Punkte besser zu corrigiren, als ich es vermag. Aber ich darf ihm gegenüber wohl hervorheben, daß der von ihm angenommene Fall im ganzen Laufe der neueren Englischen Geschichte nicht vorgekommen ist, daß das Parlament als solches derartige Dinge niemals geleistet hat. Es ist bekannt, daß insbesondere unter Georg III. das Parlament genöthigt war, als es sich zum Theil in ähnlicher Lage befand, wie wir gegenwärtig, unmittelbar über die Minister hinweg Adressen an Se. Majestät zu richten. Es hat damals allerdings wiederholt Adressen an den König gebracht, in denen es um die Entlassung der Minister bat. Georg III. hat dieser Forderung Widerstand geleistet, und zwar mit Erfolg. Ich will das hier in keiner Weise verhehlen, damit man nicht etwa glauben möchte, ich sähe diesen Dingen nicht mit allem Ernste entgegen.

Wenn es am Ende des vorigen Jahrhunderts möglich war, daß ein Englischer König so lange Zeit hindurch dem Parlament widerstand, so kann man glauben, es wäre bei uns ja noch viel eher möglich, daß auf die Dauer ein so unpopulaires Ministerium sich erhalten könne. In dieser Beziehung möchte ich darauf hinweisen, daß unsere Stellung eine etwas geänderte ist, und daß es Georg III. eben nur deshalb gelang, gegen das Parlament sein Ministerium zu erhalten, weil das Parlament selbst ein durchaus unpopulaires war, und weil Georg III. schließlich den fähigsten und populairsten Mann seines Reiches an die Spitze der Verwaltung berief, nicht aber um nun mit absoluter Willkür zu herrschen, sondern doch wohl nur, um vermöge des Ministeriums zu regieren, wo sich dann sehr bald zu seinem Schrecken herausstellte, daß der Minister mächtiger war, als er selbst, und daß die sogenannte persönliche Regierung, die er auf so gewaltsame Weise erzwungen hatte, ihm und seinem Reiche verhältnißmäßig am wenigsten zum Nutzen war. Das ist ja hauptsächlich der Grund gewesen, warum er Amerika eingebüßt hat.

Noch heut zu Tage sehen wir, daß die Mißtrauensvoten des Parlaments keineswegs das Resultat haben, immer das Ministerium zu stürzen, sondern daß es öfter vorkommt, daß die Parlamente sich selber stürzen. Aber jedenfalls ist das wohl ungeleugnet, daß die Sicherheit der Krone, daß die Ehrfurcht, welche jeder Engländer vor der Krone hat, mehr gesichert worden ist, ja daß selbst der persönliche Einfluß der Mitglieder des Königlichen Hauses größer geworden ist in dem Maße, als man sich streng innerhalb verfassungsmäßiger Bahnen bewegt hat.

(Sehr richtig!)

Georg III. war ein tapferer Kämpfer seine Lebtage lang, aber den Grad von Liebe, Ehrfurcht, Anhänglichkeit und schließlich auch von Einfluß, wie Prinz Albert, der nicht König war, hat er sein Lebtag nicht gehabt.

(Sehr richtig!)

Der Herr Minister-Präsident hat uns gestern, ich glaube nicht in der allerglücklichsten Weise, daran erinnert, daß gerade der Geburtstag des einstigen Thronerben sei. Wenn ich ihn recht verstand, so schien er damit andeuten zu wollen, als sei das ein neuer Beweis unserer Respectlosigkeit, unserer geringen Ehrfurcht vor dem Königlichen Hause. Ich möchte gerade an diesem Punkte bemerken, daß es mir ein besonderer Act glücklichen

Zusammenfallens und glücklicher Wahl zu sein scheint, daß wir diesen Tag getroffen haben, wo der dereinstige Thronerbe, der hoffentlich derartige Ministerien nicht mehr erleben wird,
(Heiterkeit.)
sondern der das verfassungsmäßige Leben des Volkes gesichert finden wird, geboren ist. Ich hoffe, daß die Erfahrungen, welche sein Großvater in England gemacht hat, für ihn unvergessen sein sollen.

Wenn ich mich zu beklagen habe, daß wir bei dem Herrn Minister-Präsidenten und Minister der Auswärtigen Angelegenheiten ein so geringes Verständniß unserer inneren Verfassungsfragen haben, so habe ich in der That mit viel größerem Erstaunen gehört, was eben der Herr Finanz-Minister uns entwickelt hat. Bis jetzt hatte man, wie ich glaube, im Lande sich vorgestellt, daß die nachträgliche Genehmigung, welche für den Etat des vergangenen Jahres gefordert werden sollte, eben auf Grund des Artikels 104. gefordert werde. Nun hat er eben – zu meiner höchsten Verwunderung, muß ich sagen – uns mitgetheilt, daß das nicht der Fall ist, daß er sich nicht auf Artikel 104. stützt

Ich habe mich bemüht, irgend einen Artikel der Verfassung zu entdecken, auf den er sich eigentlich stützt, denn irgend etwas muß doch verfassungsmäßiges Recht sein. Wir haben in der Verfassung einen besonderen Titel ‚von den Finanzen.' Darin sollte man meinen, müßte doch irgend etwas enthalten sein, wie eine Angelegenheit der Art behandelt werden sollte. Aber es findet sich kein einziger Artikel, auf den dieser Fall paßt Nun sagt der Herr Finanz-Minister: Es wird Alles corrigirt werden; Ihr ertheilt jetzt die nachträgliche Genehmigung, Decharge braucht Ihr nicht zu ertheilen; die werdet Ihr ertheilen, wenn die Rechnungen durch die Ober-Rechnungskammer gegangen sind.

Nun, meine Herren, die Ober-Rechnungskammer hat eine Instruction, welche man bis jetzt in diesem Hause als eine Art Gesetz betrachtet hat, und von der man angenommen hat, daß sie bis zu dem Augenblick, wo ein besonderes Gesetz über die Ober-Rechnungskammer erscheinen werde, noch Gültigkeit haben solle.

Die Instruction für die Ober-Rechenkammer, welche bis jetzt die Basis unserer Finanz-Controlle ist, ist gegründet auf die Voraussetzung, daß ein Staatshaushalts-Etat da ist. Sie hat ohne gesetzlichen Etat gar keine Grundlage.

Der Herr Minister-Präsident hat uns gestern in seiner geistreichen Weise geschildert, wie er sich die Sache ungefähr zurecht gelegt hat. Er meint, wie man von dem Landrecht auf die Joachimica und von dem Code Napoléon auf die coutumes und ordonnances der Könige von Frankreich zurückgehe, so gehe man bei Lücken der Verfassung auf das alte Recht zurück. Nun, ich möchte in der That im Interesse dieses Hauses dringend bitten, uns einmal auseinanderzusetzen, was nach seiner Ansicht denn eigentlich dies alte Recht ist. Ich kann mir darunter Zweierlei denken. Erstens nämlich gab es eine geregelte Finanz-Verwaltung, welche, so viel ich weiß, ungefähr vom Jahre 1820 bis 1848 galt Diese Finanz-Verwaltung, deren Hauptbasis durch das Gesetz, ich glaube vom 17. Januar 1820, gelegt ist, schrieb unter andern Dingen vor, daß ein Staatshaushalts-Etat existiren müsse, und sie schrieb außerdem noch vor, daß die Feststellung der einzelnen Special-Etats unter der verfassungsmäßigen Einwirkung der General-Controlle regulirt werden solle. Es wurde ferner bestimmt, und das steht ausdrücklich in der Instruction von 1824, daß jedes Jahr im Voraus die Feststellung des Etats gemacht sein muß. Das ist das alte Recht, meiner Ansicht nach. Dieses alte Recht ist durch die Verfassung geändert worden, indem die Landesvertretung zum mitwirkenden Faktor bei der Feststellung berufen worden ist Nun findet der Herr Minister-Präsident eine Lücke. Ja, wenn diese existirt, kann er doch nur auf den früheren gesetzmäßigen Zustand zurückgehen wollen. Dann muß es einen vorher festgestellten Etat geben. Dann muß man also doch im schlimmsten Fall wenigstens innerhalb der Verwaltung selbst einen Etat festgesetzt haben. Aber nun hören wir aus der Thronrede, daß das gar nicht der Fall gewesen ist. Der Etat, welchen man in der vorigen Session vorgelegt hat, ist nicht der, nach dem gewirthschaftet wird, sondern im Gegentheil, man hat es auf andere Weise zu machen gesucht, wie es eben ging, d. h., man hat von Tag zu Tag gelebt, wie es die Verhältnisse mit sich brachten. ‚Der Staat muß leben',

(Heiterkeit.)

und bettelt sich eben von Tage zu Tage fort. Ist da irgend ein Plan vorhanden? ist da irgend etwas von dem, was in dem alten Rechte des Landes galt, daß eine geregelte Finanz-Verwaltung bestehen soll? entspricht das in irgend einer Weise dem weisen und überdachten Plan Friedrich Wilhelm III.?

Aber der Herr Minister-Präsident denkt vielleicht weiter zurück in der Geschichte, nicht gerade unsers großen Vaterlandes, sondern der kleinen Mark, welche ja noch jetzt am Hofstaat Sr. Majestät leider so stark vertreten ist und die traditionelle Vergangenheit mit so großer Lebendigkeit festhält. Er denkt vielleicht noch an die alten ständischen Institutionen, an jene Zeit, wo die Stände es waren, welche die Schulden der Kurfürsten bezahlten durch extraordinaire Contributionen, wo bei jeder besonderen Gelegenheit der Landesherr appelliren mußte an die Mildthätigkeit der kleinen Herren im Lande, um das nöthige Geld zusammen zu bekommen, und wo dann oft für die allerwichtigsten Staats-Actionen die kleinen Herren nicht zu Hause waren.

(Heiterkeit. Sehr wahr!)

Woran er eigentlich gedacht hat, ob an diese ganz alten coutumes oder an die neuen Ordonnanzen, ich weiß es nicht genau; aber so viel muß ich constatiren, daß das, was sein Ministerium gethan hat in den Finanzen, weder dem einen Recht noch dem andern entspricht, sondern daß es die reinste Willkür ist."

(Bravo! Sehr richtig! links.)

2. Virchows Bismarck-Kritik am Beispiel eines unannehmbaren Gesetzentwurfs in bezug auf den außerordentlichen Geldbedarf der Militär- und Marineverwaltung. Der Vorläufer/Anlaß für die Duell-Affaire Bismarck/Virchow Rede im Abgeordnetenhaus 2. Juni 1865

Thema ist ein Gesetzentwurf hinsichtlich des außerordentlichen Geldbedarfs der Militär- und Marineverwaltung. Virchow fungiert als Berichterstatter der XXI. (parlamentarischen) Budget-Kommission zu diesem Thema und lehnt das Gesetz ab. Der Entwurf beinhalte hauptsächlich technische und finanzielle Probleme. Er beachte weniger die politischen Gegebenheiten. Deshalb habe sich auch die Kommission mehr auf das Technische und Finanzielle konzentriert, was ihr jetzt von Bismarck zum Vorwurf gemacht werde. Die Kommission habe allerdings versucht, den technischen Teil so knapp wie möglich zu halten. Kritik sei also in diesem Fall kaum angebracht. Außerdem besitze der technische Aspekt schon eine gewisse Wichtigkeit.

Darüber hinaus betont Virchow, daß die Kommission der Gesetzesvorlage gegenüber große Mäßigung gezeigt habe, obwohl die Vorgehensweise der Regierung eine Zumutung sei; „... die Art, wie die Regierung das, was sie fordert, motivirt, die Art, wie die Regierung fordert, und die Art von Diskussion, welche sie eintreten läßt über diese Vorlage, ist etwas, was in der Geschichte der parlamentarischen und der ständischen Körper wohl kaum jemals vorgekommen sein dürfte."

Virchow wendet sich dann gegen Bismarck, der in dem ganzen Bericht ein Wort der Anerkennung und der Sympathie vermißt. Dieser Vorwurf sei völlig ungerechtfertigt, und Virchow zitiert einige durchaus wohlwollende Stellen des Kommissionsberichtes. In zwar einfacher und nüchterner Weise, aber mit Sympathie habe man erklärt, was man für die Flotte zu tun bereit sei, und auch gesagt, „... in welcher Weise man sogar über dasjenige hinausgehen möchte, was die Regierung gegenwärtig fordert." Aber die Regierung

wolle partout nicht den verfassungsmäßig und finanziell richtigen Weg gehen. Die Mittel sollten immer gerade so bewilligt werden, wie die Regierung es momentan wünsche. So käme natürlich kein Gesetz zustande, „... so nimmt die Regierung die Mittel, wo sie sie findet, so verwaltet sie im Ordinarium und Extraordinarium die Sachen, wie es ihr gerade beliebt."
Im folgenden gebe ich hier große Teile der Rede wieder:

„Ich meine also, der Herr Minister-Präsident hätte eher Grund gehabt, uns zu loben, daß wir diese weise Mäßigung inne gehalten haben, als uns einen Vorwurf zu machen. Aber es scheint, daß der Herr Minister-Präsident bei der Gelegenheit zugleich jene Verachtung, die er eigentlich gegen die Volksvertretung hat, in besonderer Weise hat zu erkennen geben wollen: ‚Ihr versteht ja eigentlich von der Sache doch nichts.' Dabei gebrauchte er allerdings die sehr zarte Bemerkung, daß er auch nichts davon verstände.
(Heiterkeit.)
Meine Herren! Wir kennen ja seine diplomatische Manier! Als die Oesterreicher mit ihm verhandeln wollten über die Zollverträge und ihm das unbequem war, so sagte er: ‚Ich verstehe eigentlich davon nichts; wir müssen erst nach Berlin schreiben und da in Berathung darüber eintreten; es ist nicht meine Angelegenheit.' Ob er sein Urtheil blindlings irgend einem fremden unterwirft, das weiß ich nicht. Ich denke, das wird er in der That seinen Feinden nicht zumuthen, daß sie ihm das zutrauen sollen: Denn ich meine, der Minister-Präsident Preußens hätte eine andere Aufgabe, wenn er sich anders die hohen Zielpunkte Preußens klar machen will, als die, sich blindlings etwa irgend einem Rathe an den Busen zu werfen.
Wir, meine Herren, haben diesen Standpunkt nicht; wir verlangen das Recht der eigenen Prüfung, und die bloße Phrase, daß etwas technisch sei, meine Herren, die kann uns am allerwenigsten schrecken, wenn wir sehen, daß unsere Marine seit so vielen Jahren einfach von Infanterie-Offizieren geleitet und entwickelt wird, von denen doch gewiß nicht behauptet werden kann, daß sie das ganze technische Gebiet dieses Departements in der Weise vollständig übersehen könnten, wie es von einem spezifischen Techniker erwartet werden kann.
(Lebhafte Zustimmung links.)
Meine Herren! Es giebt in allen sogenannten technischen Dingen, wenn Sie die ehrlichen Techniker fragen, eine sehr große Masse von Angelegenheiten, und zwar sind dies namentlich die prinzipiell wichtigen, welche jeder

gebildete Mann, der sich Mühe giebt, in dieselben möglichst vollkommen einzudringen, sich vollständig zu eigen machen kann.

(Wiederholte lebhafte Zustimmung.)

Und das ist die Stellung, welche die Landesvertretung dem Lande gegenüber einnehmen muß, daß sie sich die Pflicht auferlegt, in die prinzipiellen Fragen einzudringen, und daß sie sich daran macht, dieselben mit aller Ehrlichkeit und allem Eifer zu prüfen.

(Lebhaftes Bravo! namentlich links.)

Wenn der Herr Abgeordnete für Neustettin aus dem Berichte nichts weiter herausgelesen hat, als daß die Kommission sich in politischen Leibschmerzen befunden habe, meine Herren, so glaube ich, daß ihm diese Bemerkung in einer Stunde gekommen sei, wo er selbst vielleicht mit der Perversität gesegnet gewesen ist, von der der Herr Abgeordnete für Breslau neulich gesprochen hat.

(Große Heiterkeit.)

Wir, meine Herren (nach der konservativen Fraktion), sind nicht gewohnt, die Politik mit dem Unterleib zu treiben.

(Wiederholte Heiterkeit.)

Wir wissen allerdings, daß die Herren jener Seite (wiederum auf die konservative Fraktion deutend) eine Eigenschaft haben, welche sehr abdominal ist, nämlich die, daß sie ewig wiederkäuen, was vorher und seit langer Zeit in ihren Organen gestanden hat,

(Erneute Heiterkeit und Bravo!)

und daß wir hier auf dieser Tribüne nichts weiter hören, als einen leeren Abklatsch dessen, was seit Monaten schon ihre Presse getrieben hat. Woher diese Presse ihre Rezepte bezieht, das wissen wir ja auch; sie bezieht sie von wenigen Renegaten, die ihre verkehrten Ansichten, die sie gegen ihre eigenen Prinzipien entwickeln, den Herren nachher in den Leib trichtern.

(Große Heiterkeit.)

So liegt die Sache mit den politischen Leibschmerzen. Wir sind gewohnt, meine Herren, mit offenem Kopfe und mit treuem Herzen an die Sache des Vaterlandes heranzugehen und uns vor allen Dingen freizuhalten von allen Rücksichten auf diese oder jene momentanen Umstände, von denen die Herren auf jener Seite nur zu viel bestimmt werden.

Ich hätte wohl gewünscht, die Herren hätten sich die Aufgabe gestellt, bei einer Vorlage über die Marine nicht soviel auf dem Lande mit ihren Gedanken zu verweilen, sondern sich ein wenig mehr an die eigentliche

Sache zu machen, dann würden sie vielleicht gefunden haben, daß die Vorwürfe, welche sie der Kommission machen, ganz und gar unbegründet sind; ja sie würden sich überzeugt haben, daß der Weg, den wir bezeichnen, nichts anderes ist, als derjenige Weg, den, allerdings in einer gewissen Verschleierung, die Regierung selbst in ihrer Vorlage als den richtigen anerkannt und von dem wir dies jetzt mit um so größerer Zuversicht sagen können, als die Herren (der Rechten) durch Einbringung ihres Amendements zeigen, daß sie endlich begreifen, daß daran doch etwas Richtiges sein müsse.

Nun, meine Herren, muß ich aber konstatiren, daß die Kommission gegenüber der Vorlage, welche die Königliche Staats-Regierung gemacht hat, sich die schwere Aufgabe der äußersten Mäßigung hat anthun müssen, weil sie in ihren Berathungen zu der Ueberzeugung kam, daß selten, ja vielleicht niemals, einer Volksvertretung mehr zugemuthet ist, als in dieser Vorlage. Meine Herren, die Art, wie die Regierung das, was sie fordert, motivirt, die Art, wie die Regierung fordert, und die Art von Diskussion, welche sie eintreten läßt über diese Vorlage, ist etwas, was in der Geschichte der parlamentarischen und der ständischen Körper wohl kaum jemals vorgekommen sein dürfte.

(Ruf: Sehr richtig!)

Meine Herren! Wenn wir eine solche Vorlage, wie sie hier liegt, bewilligen könnten, dann würden wir etwas thun, was, wenigstens unserem Gefühle nach, eine despotische Regierung nur den allerservilsten Ständen, der allerservilsten Vertretung zumuthen könnte. Wir meinen, selbst eine Landrathskammer in Preußen würde nicht in der Lage gewesen sein, wenn sie nicht gedrängt würde durch irgend welche äußere Parteiinteressen, sondern wenn sie sich irgendwie fühlte, als Kammer, als Landesvertretung, einem Ministerium ihrer Partei eine solche Anleihe zu bewilligen. Gegenüber dieser schweren Zumuthung, wo auf jedem Schritt die Kommission aus der Vorlage ersehen mußte, daß es sich eigentlich um gar keine ernsthafte, wohlvorbereitete, wohlüberlegte Vorlage handelte, wo sie sich schließlich sagen mußte, daß diese ganze Vorlage nur ein Scheinmanöver sei,

(Ruf: Sehr gut!)

da hat die Kommission sich doch die Mäßigung, ja ich darf wohl sagen ‚die Selbstverleugnung' auferlegt, um der Marine und des Landes willen, daß sie sachlich eingegangen ist in das Einzelne der Vorlage, von der sie doch die Ueberzeugung hatte, daß sie nicht im Sinne hat, was sie eigentlich als Zweck hinstellt.

Nun, meine Herren, sagt uns der Herr Minister-Präsident: dieser Bericht sei nichts anderes als eine indirekte Apologie Hannibal Fischers. Ich habe darauf nichts weiter zu erwidern – weil ich parlamentarisch meiner Meinung nach nichts darauf erwidern kann – als daß der Herr Kriegs-Minister, wenn ihm gegenüber in einer ähnlichen Weise aus dem Hause gesprochen worden wäre, wahrscheinlich sofort aufgefahren wäre und über Verleumdungen geklagt hätte. Ob das der Weg ist, auf dem eine Regierung zu gehen hat, der es wirklich Ernst ist um Erreichung dessen, was sie in ihrer Vorlage verlangt, um sich mit einem an sich ihr entgegenstehenden Abgeordnetenhause zu vereinbaren; ob es der richtige Weg ist, in der Einleitung der Debatte mit einer so schweren Anschuldigung hervorzutreten: das, meine Herren, wollen wir ruhig der Erwägung des Landes überlassen, und ich bin überzeugt, daß auch unsere Marine, die zunächst betheiligt ist bei der Sache, sich doch überzeugen wird, daß es sich hier um die schwerste Umkehr der Wahrheit handelt.

Meine Herren! Der Herr Minister-Präsident meint, nachdem gerade diese Sache so populär sei, nachdem sie so sehr viele Jahre hindurch eine Sache gerade der liberalen Partei gewesen sei, jetzt habe er erwartet, der Bericht werde konstatiren, daß die Regierung noch nicht genug fordere, er werde konstatiren, daß die Regierung noch nicht schnell genug mit der Sache vorgehe; statt alles dessen stehe gar nichts davon darin, gar kein Wort der Anerkennung, der Sympathie. Meine Herren, gegenüber der Behauptung bin ich genöthigt, Ihnen einige Stellen des Berichtes unmittelbar vorzuführen, von denen ich in der That nur annehmen kann, daß der Herr Minister-Präsident sich nicht die Mühe genommen hat, den Bericht ganz zu lesen, indem ich vielleicht voraussetzen darf, daß es ihm genügt hat, den Schluß, so weit er gerade sich um die schwebende Schleswig-Holsteinische Frage bewegt, seiner Prüfung zu unterziehen. Aber, wenn er ihn gelesen hat und sagen kann, es seien keine solche Erklärungen darin, so weiß ich in der That nicht, was ich von seiner Wahrhaftigkeit denken soll. [...]

Das Verfahren, welches die Regierung gegenwärtig einhält, ist genau dasselbe, welches sie in den vergangenen Jahren immer eingehalten hat. Als im Jahre 1862 die Regierung außerordentliche Bewilligungen für die Marinezwecke in Anspruch nahm, da ist aus der Fortschrittspartei heraus ein Amendement gestellt worden, welchem ich selbst meine Unterstützung geliehen habe, welches dahin ging, der Regierung die ganze Summe, welche für den Bau der damals von ihr in Aussicht genommenen Panzerboote gefordert wurde, auf einmal aus dem Staatsschatz zur Disposition zu stellen. Die Regierung verlangte nur eine erste Rate, die aus dem Staatsschatz genommen werden sollte. Wir verlangten, daß ihr gleich die drei Raten bewilligt werden sollten. Die Regierung erklärte einfach, darauf ginge sie nicht ein, und die Folge davon war, daß natürlich das Amendement zurückgezogen wurde, da es sich nicht verlohnte, einen Antrag erst noch anzunehmen, von dem die Regierung schon erklärt hatte, daß sie ihn nicht ausführen werde. Nun hinterher uns zu sagen, ihr seid Schuld daran, daß keine Panzerschiffe da sind, ihr seid Schuld daran, daß erst jetzt die ersten dringendsten Bedürfnisse befriedigt werden, meine Herren, das ist eben eine Unwahrheit. Wir würden bewilligt haben, die Regierung würde zur rechten Zeit das Geld bekommen haben, sie würde Alles haben machen können, was möglicherweise noch für den Dänischen Krieg nützlich gewesen wäre, wenn sie damals bereit gewesen wäre, das Amendement anzunehmen.

(Sehr richtig!)

Die Sache ist also die, die Regierung will immer nicht den Weg, den wir für den verfassungsmäßig richtigen und für den finanziell richtigen halten. Sie verlangt absolut, daß der Weg, den sie gerade bezeichnet, betreten werden solle, und daß die Mittel nicht etwa nach den Gesichtspunkten, die wir für die finanziell und etatsmäßig zweckmäßigen halten, aufgebracht werden, sondern sie sollen so gegeben werden, wie sie es gerade will. Geschieht das nicht, nun, meine Herren, so wissen Sie ja, so kommt kein Etat, so kommt kein Gesetz zu Stande, so nimmt die Regierung die Mittel, wo sie sie findet, so verwaltet sie im Ordinarium und Extraordinarium die Sachen, wie es ihr gerade beliebt. Nun, meine Herren, das ist ja eben der ganze Sinn dieser Vorlage hier, daß die Regierung wo möglich noch ein gesetzliches Votum haben möchte, damit sie eben diese Willkür der Verwaltung für eine Reihe von Jahren vollkommen geschützt erhält.

(Sehr richtig.)

Meine Herren! Die Sache liegt denn doch allmälig so, daß die Regierung nach und nach von den Ersparnissen der vergangenen Jahre mehr und mehr aufzehrt. Die guten Ernten, deren Resultat sie in den gefüllten Schatzkammern gefunden hat, sie beginnen sich allmälig durch den Verbrauch zu vermindern. Diese winterliche Zeit der Budgetlosigkeit – sie mag ja den Herren, die inzwischen an dem warmen Ofen des Ministertisches sitzen, sehr behaglich vorkommen – aber endlich wird doch der Frühling wieder kommen und die Vorräthe werden bis dahin allmälig auf die Neige gegangen sein, daher möchten die Herren womöglich, daß wir ihnen durch eine Anleihe wieder einen kleinen Nachschub leisteten, damit diese Verwaltung wieder etwas länger in das neue Jahr hinein geführt werden könne. Deshalb ist in der Kommission ausgeführt worden, daß die gegenwärtige Gesetzes-Vorlage nichts Anderes sei, als die definitive Auflösung auch der materiellen Pflicht der Regierung, auf die Budgetbewilligung dieses Hauses zurückzukommen. Würden wir die Anleihe bewilligen, ja, meine Herren, dann hätte die Regierung in der That für eine längere Reihe von Jahren wieder gesorgt, sie könnte dann in ihrer Art der Verwaltung ruhig fortfahren, unbesorgt um das, was sich inzwischen ereignet; es sei denn, daß eine große Krise käme. Nun dann sind Sie (nach der Ministerbank weisend) der Meinung, dann können wir nicht umhin, Ihnen doch hinterher das Geld zu bewilligen."

3. Duell-Affaire mit Bismarck – Virchows Richtigstellung des Sachverhalts
Rede im Abgeordnetenhaus 17. Juni 1865

Virchow nimmt Stellung zu einer amtlichen Bekanntmachung der Königlichen Staatsregierung hinsichtlich des Duells zwischen Bismarck und ihm.

Er zitiert zunächst einige Passagen aus der Bekanntmachung, da sie auch für das gesamte Haus von Bedeutung seien. Darin heißt es, Bismarck habe persönliche Genugtuung von Virchow gefordert, da dieser sich in einer seiner Reden soweit vergessen habe, „… einen ehrenkränkenden Zweifel an der Wahrhaftigkeit des Ministerpräsidenten auszusprechen." Der Vorgang zeige, „wieweit die Abgeordneten von der Fortschrittspartei den Mißbrauch der ihnen verliehenen Rechte und Freiheiten zu treiben bedacht sind".

Daraufhin versucht Virchow, den Sachverhalt richtigzustellen und den seiner Meinung nach ungerechtfertigten Vorwurf gegen sich zu widerlegen. Er habe in seiner betreffenden Rede lediglich daran gezweifelt, daß der Minister-Präsident den vorliegenden Kommissionsbericht ganz gelesen habe. Dafür habe Virchow Beweise erbracht, und deshalb sei er auch jetzt noch von der Richtigkeit seiner Behauptung überzeugt.

Auch alle weiteren Punkte der Darstellung seien nicht richtig, und Virchow schildert die Angelegenheit noch einmal aus seiner Sicht. Schon die Bekanntmachung diskreditiere die Fortschrittspartei öffentlich.

Virchow habe diesen Konflikt in aller Stille austragen wollen und nur mit Herrn v. Hennig[41] darüber gesprochen, während das Ministerium nichts Eiligeres zu tun hatte, als die Sache möglichst schnell breitzutreten. Sogar Virchows Familie sei bedroht worden. Wenn nach diesem Vorgang nun der Vorwurf erhoben würde, daß das Abgeordnetenhaus im Begriff sei, „… sich außerhalb alles Gesetzes, außerhalb aller Sitte, außerhalb aller Ehre und persönlichen Verantwortlichkeit zu stellen …", so wehre sich Virchow dagegen.

Im folgenden gebe ich die ganze Rede wieder:

„(vom Platz): Meine Herren! Ich bedauere in dieser letzten Stunde noch eine Angelegenheit vor das Forum dieses Hauses bringen zu müssen, welche ich bis dahin als eine für mich persönliche behandelt hatte, welche aber einen allgemeinen Charakter angenommen hat durch eine amtliche Bekanntmachung der Königlichen Staats-Regierung. Es ist mir heute im Laufe der Sitzung die neueste Nummer der Provinzial-Korrespondenz von 14. Juni d. J. zugegangen, welche die Duell-Angelegenheit zwischen dem Herrn v. Bismarck und mir behandelt, und zwar in einer Weise behandelt, welche das ganze Haus unmittelbar betrifft, wie sie denn in der That auch von vorn herein meiner Auffassung nach eine allgemeine Bedeutung gehabt hat.

Der Herr Präsident wird mir wohl gestatten, das ich zur Begründung diejenigen Passus des Artikels vorlese, welche hier hauptsächlich in Betracht kommen."

Präsident: „Ich glaube, das Haus wird dagegen nichts einwenden können."

Abgeordneter Dr. **Virchow** (fortfahrend): „Es heißt darin:

,Der Schutz, welchen nach der Voraussetzung der Verfassung die Sitte und Zucht des Hauses selbst gewähren mußte, hat sich als nichtig erwiesen, weil die Präsidenten des Hauses ihr Amt großentheils nach den Rücksichten der politischen Partei, zu welcher sie selbst gehören,

(Stimmen links: „Pfui!")

handhaben. – –

Es kann den Mitgliedern der Regierung nicht anstehen, auf die Beleidigungen der Abgeordneten etwa in gleich leidenschaftlichem und verletzendem Tone zu antworten.

Es bleibt daher den Beleidigten schließlich nichts Anderes übrig, als der Versuch, eine Ehrenerklärung oder sonstige Genugthuung, wie sie unter Männern von Ehre hergebracht ist, von dem Beleidiger zu erlangen.

Durch eine der Verhandlungen der vorigen Woche fand sich der Minister-Präsident v. Bismarck in die bedauerliche Nothwendigkeit versetzt, persönliche Genugthuung von dem Abgeordneten Virchow zu fordern. Dieser hatte sich in der Leidenschaft der Rede so weit vergessen, einen ehrenkränkenden Zweifel an der Wahrhaftigkeit des Ministers auszusprechen. Herr v. Bismarck ließ Herrn Virchow deshalb auffordern, im Abgeordnetenhause zu erklären, daß er ihn mit

jener Aeußerung nicht habe beleidigen wollen. Herr Virchow gab zwar zuerst seine Bereitwilligkeit zu einer solchen Erklärung zu erkennen, später aber machte er dieselbe von einer ganz willkürlichen und ungehörigen Bedingung abhängig
(Hört! Hört!)
und zog seine definitive Entschließung unter allerlei Entschuldigungen so lange hin, bis seine Freunde im Abgeordnetenhause laut verkündet hatten, es sei nicht zulässig, einen Abgeordneten wegen seiner Reden anders als im Hause selbst zur Rechenschaft zu ziehen. Danach verweigerte Herr Virchow die von dem Minister-Präsidenten verlangte Ehrenerklärung und ebenso jede andere Genugthuung, wie die Sitte unter Männern von Ehre und Mannesmuth sie erfordert.
Der Vorgang hat insofern eine große Bedeutung, als er zeigt, wieweit die Abgeordneten von der Fortschrittspartei den Mißbrauch der ihnen verliehenen Rechte und Freiheiten zu treiben bedacht sind.
Dahin würde das Privilegium der Redefreiheit führen, wie die Fortschrittspartei es ausdeuten und mißbrauchen will: Das Abgeordnetenhaus würde sich damit völlig außerhalb alles Gesetzes,
(Hört! Hört!)
außerhalb aller Sitte, außerhalb aller Begriffe von Ehre und von persönlicher Verantwortung stellen.
Das kann der Geist und Wille der Verfassung nicht sein, das kann und darf in Preußen nicht als Recht anerkannt werden, wenn nicht das Wohl des Einzelnen, wie des Staates der schrankenlosen Willkür des Parteigeistes preisgegeben werden soll.'
Meine Herren! Ich fühle mich nach dieser in einem amtlichen Blatte erschienenen Erklärung doch verpflichtet, hier im Hause diejenige Erklärung über den Sachverhalt zu geben, die ich mit Rücksicht auf den eigenthümlichen Verlauf, den die Angelegenheit genommen hatte, bis jetzt Anstand genommen habe, auszusprechen.
Im Allgemeinen will ich von vorn herein sagen, daß dasjenige, was die Provinzial-Korrespondenz von mir persönlich in diesem Artikel erklärt, eben so unwahr ist, als was der Abgeordnete für Neustettin neulich hier in diesem Hause ausgesagt hat –
(Hört! Hört!)
und wofür er bis zu diesem Augenblick weder eine Ehrenerklärung, noch irgend etwas Anderes gegeben hat.
(Pfui!)

In Beziehung auf diesen persönlichen Punkt erlaube ich mir also zunächst zu bemerken, daß die Behauptung, welche der Artikel aufstellt, unrichtig ist: ich hätte mich in der Leidenschaft der Rede so weit vergessen, einen ehrenkränkenden Zweifel an der Wahrhaftigkeit des Herrn Minister-Präsidenten auszusprechen. Was ich ausgesprochen habe, ist, daß ich die Ueberzeugung aussprach – und diese habe ich noch heute in diesem Augenblick – daß der Herr Minister-Präsident den Bericht nicht ganz gelesen habe. Für diese Ueberzeugung habe ich bestimmte Thatsachen beigebracht; ich habe namentlich die Thatsache beigebracht, daß der Herr Minister-Präsident ausdrücklich von dem technischen Theile hier im Hause Aussagen gemacht hatte, welche ganz dem Habitus des Berichtes widersprechen. Ich habe nachgewiesen, daß gerade in diesem technischen Theile diejenigen Stellen enthalten seien, welche ich als Gegenbeweis beibrachte, und ich kann daher noch gegenwärtig die Ueberzeugung aussprechen, daß der Herr Minister-Präsident sich wirklich nicht die Mühe genommen hatte, den Bericht vollständig in allen seinen einzelnen Theilen zu lesen. Das war die Meinung, die ich aussprach und womit ich von meinem Standpunkte aus eine Entschuldigung für die unerhörte Behauptung des Herrn Minister-Präsidenten aussprechen wollte, der gesagt hatte, der Bericht sei nichts weiter, als eine indirekte Apologie Hannibal Fischers.

Es ist zweitens unrichtig, daß der Herr Minister-Präsident mich aufgefordert hätte zu erklären, daß ich ihn mit jener Aeußerung nicht habe beleidigen wollen. Vielmehr hat er verlangt, daß ich jene Worte zurücknehmen sollte. Er war nicht damit zufrieden, daß ich eine solche Erklärung abgäbe, sondern er verlangte ausdrücklich Zurücknahme jener Worte.

Es ist ferner unrichtig, wenn gesagt wird, ich hätte zuerst meine Bereitwilligkeit zu einer solchen Erklärung gegeben, später aber dieselbe von einer willkürlichen, ungehörigen Bedingung abhängig gemacht.

Als mir die erste Alternative des Herrn Minister-Präsidenten gestellt wurde – das war am Morgen des 3. Juni, am Tage, nachdem die Verhandlungen hier gepflogen waren – da habe ich dem Abgesandten des Minister-Präsidenten gesagt, daß, nachdem ich nun selbst in der Lage gewesen sei, den stenographischen Bericht zu lesen und meine Worte also auf das Spezielleste zu prüfen, ich der Meinung sei, daß für den Herrn Minister-Präsidenten eine Veranlassung weder zu einem Duelle noch zu einer Erklärung sei. Ich habe mich dann bereit erklärt, dem Herrn Minister-Präsidenten alsbald eine authentische, unkorrigirte, vom Bureau des Hauses beglaubigte Abschrift zuzustellen, um ihm selbst die Gelegenheit zu geben, die Prüfung anzustellen.

Ich habe aber gleichzeitig an demselben Vormittag erklärt, daß ich in Folge einer lange schon vorher eingegangenen Versprechung verpflichtet sei, nach Elberfeld zu reisen, nicht um einen Freund zu besuchen, sondern um einen Kranken zu besuchen, der inzwischen zu meinem größten Leidwesen gestorben ist, wie ich den Herren von jener Seite (rechts) mittheilen muß. Ich habe gleichzeitig gesagt, daß, wenn es sich um irgend eine weitere Verhandlung, um eine Erklärung handelt, ich nicht persönlich diese Verhandlung führen könne, sondern ein Mitglied des Hauses ersuchen werden, dieselbe zu führen. Ich habe also schon an diesem Vormittage mitgetheilt, daß ich am Abend abreisen und daß ich Herrn v. Hennig ersuchen würde, die Verhandlung zu führen.

Nichtsdestoweniger kam der betreffende Herr am Abend unmittelbar vor meiner Abreise noch einmal zu mir, um mir zu sagen, daß der Herr Minister-Präsident auch nach Lesung des Berichtes nicht der Meinung sei, daß ohne irgend Etwas von der Sache loszukommen sei, und nunmehr die bestimmte Forderung stellte, daß die Worte am Schlusse des betreffenden Absatzes zurückgenommen würden. Darauf habe ich erklärt, ich würde mich entschließen können, etwas der Art auszusprechen, wenn mir andererseits von dem Herrn Minister-Präsidenten die Zusicherung ertheilt würde, daß seine Aeußerung, auf welche hin ich doch nur replizirt hatte, nicht die Absicht gehabt habe, beleidigend sein zu sollen für den Berichterstatter oder für die Mitglieder der Kommission.

Nun, meine Herren, diese selbe Auffassung ist während der ganzen Dauer der Verhandlungen festgehalten worden; es ist zu keiner Zeit davon etwas zurückgenommen worden; es ist auch niemals mehr erklärt worden; und wenn es hier in dem amtlichen Artikel heißt, es sei das ‚eine ganz willkürliche und ungehörige Bedingung' gewesen, so muß ich doch konstatiren, daß der Herr Minister-Präsident bis zu einem gewissen Maße sich geneigt gezeigt hat, auf eine solche Erklärung einzugehen, nur daß die Formulirung derselben so gewählt war, daß gerade das darin nicht enthalten war, was wir für unerläßlich nöthig hielten, nämlich die Erklärung, daß er keine persönliche Beleidigung intendirt habe. Das gerade wies er zurück, während er unter einer andern Form auf diese Erklärung einzugehen geneigt war. Ich meine, dadurch ist konstatirt, daß das keine willkürliche, ungehörige Bedingung war. Im Gegentheil, bin ich noch jetzt der Meinung, daß, wenn der Berichterstatter einer Kommission, der doch in seiner Person die Kommission repräsentirt, in dem sie sich gleichsam verkörpert, genöthigt ist, gegen einen solchen Angriff die Kommission zu vertreten, er auch als die Personifikation der Kommission zu betrachten ist.

Wenn es ferner heißt, daß unter allerlei Entschuldigungen die definitive Entschließung so lange hingezogen sei, bis meine Freunde im Abgeordnetenhause verkündet hätten, es sei nicht zulässig, einen Abgeordneten zur Rechenschaft zu ziehen, so habe ich darauf zu bemerken, daß meines Wissens irgend eine Art von Entschuldigung im Laufe der Verhandlung nicht stattgefunden hat.

Was die definitive Entschließung anbetrifft, so hat am Tage, bevor die Verhandlung hier im Hause stattfand, nämlich am Nachmittage des 7. Juni, Herr v. Hennig eine Zusammenkunft mit Herrn v. Keudell gehabt, in der er diejenige Fassung, welche (dem Sinne nach wenigstens) unsererseits für die von dem Herrn Minister-Präsidenten abzugebende Erklärung für nöthig erachtet wurde, mitgetheilt hat und zwar als unsere letzte und definitive Erklärung, und gesagt hat, daß mit ihrer Ablehnung eben die Verhandlungen abgebrochen sein würden. Von diesem Augenblicke an, meine Herren, haben wir zunächst weiter keine Nachrichten gehabt, aber die definitive Entschließung war damals auf diesem Wege dem Herrn Minister-Präsidenten mitgetheilt.

Inzwischen fanden die Verhandlungen hier im Hause statt, und nachdem sie stattgefunden hatten, hatte ich die Ehre, ein Schreiben des Herrn Kriegs-Ministers zu empfangen, worin derselbe bei mir anfragte, ob ich glaubte, daß durch diese Verhandlungen meine Pflicht erledigt sei, in einer oder der anderen Weise, durch Erklärung oder sonstige genügende Satisfaktion dem Herrn Minister-Präsidenten die beleidigte Ehre wieder herzustellen, ob ich also Beides ablehne. Darauf habe ich dem Herrn Kriegs-Minister geantwortet, daß ich allerdings das Duell ablehne, daß ich aber nach wie vor bereit sei, die von dem Herrn Minister-Präsidenten gewünschte Erklärung im Hause zu geben, sobald mir die Zusicherung ertheilt würde, daß der Herr Minister-Präsident seinerseits seinen Aeußerungen über Hannibal Fischer keinen für den Berichterstatter oder die Mitglieder der Kommission beleidigenden Sinn habe unterlegen wollen.

Ich bin sogar soweit gegangen, meine Herren, daß ich erklärt habe, ich verlangte nicht, daß der Herr Minister-Präsident diese Erklärung im Hause abgebe; ich stellte ihm frei, den Wortlaut der Fassung zu bestimmen; es läge mir nur daran, von ihm eine von mir hier im Hause mitzutheilende Erklärung zu haben, dann würde ich bereit sein, meine Erklärung hier im Hause abzugeben.

Ich kann hier nur noch einen Punkt berühren, der für die Beurtheilung der Sache von wesentlicher Erheblichkeit ist, und der mir am allerunangenehmsten in der Sache ist. Durch den vorliegenden Artikel wird dem Lande gegenüber in einer amtlichen Weise ausgesagt, als ob durch mich oder meine Freunde ein Hinausschleppen der Angelegenheit versucht worden sei, um inzwischen erst eine Erklärung des Hauses zu haben. Meine Herren! Dagegen muß ich Folgendes konstatiren. Die erste Mittheilung, welche mir gemacht wurde, erfolgte am Vormittage des 3. Juni, Sonnabends, am Tage, nachdem hier die Verhandlungen über die Marine-Vorlage stattgefunden hatten, wenn ich nicht irre, etwa um 10 Uhr Morgens. Im Laufe dieses selben Sonnabends aber, wenn ich gewissen Nachrichten trauen darf, sogar schon am Freitag, – doch habe ich darüber weniger korrekte Mittheilungen – ist im diplomatischen Korps, und zwar aus dem Ministerium der auswärtigen Angelegenheiten die Mittheilung bekannt gewesen, daß der Herr Minister-Präsident eine Forderung an mich habe ergehen lassen.

(Hört!)

Diese Mittheilung ist bekanntlich schon am Sonntag an öffentliche Blätter mitgetheilt worden, nicht, soviel ich habe erfahren können, unmittelbar auf Veranlassung etwa des Ministeriums der auswärtigen Angelegenheiten, aber allerdings aus diplomatischen Quellen, welche zunächst aus dem Ministerium der auswärtigen Angelegenheiten schöpften. Ich, meine Herren, hatte mit Niemand über die Angelegenheit gesprochen, als mit Herrn v. Hennig. Ich hatte Herrn v. Hennig dringend ersucht, mit Niemand darüber zu sprechen, wie ich denn meinerseits mit Niemand darüber sprechen würde, und Sie können daher mein Erstaunen begreifen, als ich am Dienstag Abend in Elberfeld und an demselben Abend später wieder in Dortmund von einem unbekannten Manne, der mich auf eine photographische Aehnlichkeit hin erkannte, gefragt wurde, wie es sich mit dem Duell verhielte.

(Bewegung.)

Als ich inzwischen hier wieder eintraf, fand ich die ganze Stadt voll von dem Duell. Ob das die ritterliche, kavaliermäßige Art ist, auf die die Herren provoziren, das will ich Ihrem eigenen Urtheil anheimstellen.

(Sehr gut! sehr gut!)

So kam es endlich, meine Herren, daß an dem Donnerstag, wo hier die Verhandlungen im Hause stattfanden, mir schon in der Charité die Nachricht wurde, daß hier das Haus von Polizei umstellt sei, mir ferner auch bekannt wurde, daß auch die Ausgänge der Charité von Polizei umgeben seien. Die ganze Welt wußte diese Angelegenheit, und in meiner eigenen Familie war allmälig durch allerlei Ereignisse eine derartige Bedrängniß entstanden, daß für mich die Notwendigkeit vorlag, endlich einmal ein ganz bestimmtes Ende zu machen. Ich kann in dieser Beziehung nur hervorheben, daß am Mittwoch Abend nach 10 Uhr ein unbekannter Offizier in meinem Hause erschienen war, ein Offizier, von dem sich nachher herausstellte, daß es der Herr Kriegs-Minister gewesen war,

(Hört!)

und daß meine Frau im Laufe des Morgens einen anonymen Brief bekommen hatte, welcher ihr anzeigte, daß das Duell im Laufe des Tages stattfinden würde.

Ich will hier im Voraus etwas bemerken. Wenn etwa von feudaler Seite der Versuch gemacht werden sollte, diesen Brief zu verdächtigen – denn bis jetzt ist jede einzelne Thatsache verdächtigt worden – so bemerke ich, daß im diplomatischen Korps im Laufe des Donnerstags die allerpositivste Nachricht kursirte, daß das Duell zu einer bestimmten Zeit stattfinden würde.

So war der Verlauf der Angelegenheit. Ich bin mir bewußt, daß ich sie von Anfang an mit derjenigen Diskretion behandelt habe, welche eine derartige Angelegenheit, wie ich glaube, unter Ehrenmännern immer erfordert. Ich bin mir ferner bewußt, daß ich von Anfang an die ehrlichste Bereitwilligkeit ausgedrückt habe, die Angelegenheit auf parlamentarischem Wege auszutragen, und daß ich davon ausgegangen bin, daß, wenn es dem Herrn Minister-Präsidenten darum zu thun gewesen wäre, einen allseitig befriedigenden persönlichen Abschluß zu finden, sicherlich Nichts entgegenstand, die milde Forderung, die ich stellte, daß er keine persönliche Beleidigung hätte thun wollen, mir zu Theil werden zu lassen. Ich habe damit den Standpunkt, den ich in dieser Angelegenheit eingenommen habe, zu erkennen gegeben und damit das Bestreben ausgedrückt, daß in parlamentarischer Weise jede persönlich scheinende Beleidigung auf regelmäßige Weise zurückgenommen werde. Aber ich habe nicht so weit gehen können, einseitig eine Aeußerung zurückzunehmen, die nicht einmal beleidigend gemeint war, während von der andern Seite die Absicht zu erkennen gegeben worden war, nicht eben so weit zu gehen.

Wenn nunmehr in amtlichen Blättern dieser Angelegenheit, die gewiß nicht überall kavaliermäßig behandelt worden ist, eine Auslegung gegeben worden ist, als sei das Abgeordnetenhaus im Begriff, sich außerhalb alles Gesetzes, außerhalb aller Sitte, außerhalb aller Ehre und persönlichen Verantwortlichkeit zu stellen, so muß ich wenigstens von mir den Vorwurf zurückweisen, daß ich Etwas dazu beigetragen habe, einen solchen Vorwurf auf dieses Haus herabzuziehen."

(Lebhaftes Bravo.)

4. Gleichberechtigung der verschiedenen Konfessionen – ein Plädoyer für den Humanismus
Rede im Abgeordnetenhaus 12. Dezember 1868

Zu Virchows parlamentarischen Grundanliegen gehörte sein wiederholtes Engagement für Glaubensfreiheit (ohne Leugnung einer göttlichen Macht) und Denkfreiheit.

Wichtig war ihm dabei die Umsetzung dieser Ziele in den Schulen, um selbständige Staatsbürger auszubilden.

In diesem Zusammenhang ist die Rede im Preußischen Abgeordnetenhaus vom 12. Dezember 1868 zu sehen.

Thema war der Etat des Kultus-Ministeriums. Virchow spricht sich für eine Gleichberechtigung der evangelischen, katholischen und jüdischen Konfessionen aus. Er warnt davor, die Grundlage des Staatswesens in einem bestimmten religiösen Gefühl der Menschen zu suchen. Dies sei geradezu verfassungswidrig, wenn man dabei eine Religion bevorzuge und die anderen lediglich toleriere. Dies müsse besonders im Schulwesen beachtet werden. Viel wichtiger als die religiöse Erziehung sei in diesem Bereich „... die Erziehung des Menschen nach menschlichen Prinzipien." Es dürfe keine Jugend herangezogen werden, die sich gegenseitig aufgrund unterschiedlicher Konfessionen ablehne, sondern die sich trotz der gegenseitigen Konfessionen gegenseitig anerkenne und achte. Grundlage allen Staatswesens solle das Bibelwort sein: „liebet euch untereinander." Aufgrund dieses Satzes sei nun die Sklaverei gefallen und die Leibeigenschaft abgeschafft worden.

Virchow fordert aber nicht nur Glaubensfreiheit, sondern auch Denkfreiheit. Zwischen beiden bestehe ein großer Unterschied. Denkfreiheit lasse sich nicht durch religiöse Unterrichtsstoffe vermitteln. Unterricht müsse Entwicklung sein. Das Unterrichts-System von Kultus-Minister v. Mühler basiere auf dem Prinzip der Starrheit, und dies hemme die persönliche freie Entwicklung des Menschen.

Am Beispiel Österreichs führt Virchow vor Augen, wie fatal sich ein solches Unterrichtssystem auswirken könne. Der deutsche Geist hingegen habe „... in ganz Europa am längsten die Fahne der individuellen Entwicklung getragen..." Diese freie Entwicklung des Geistes gehe nun verloren. [...] Die Fortschritts-Partei bemühe sich, die freie Entwicklung und die freie Ausübung der Religion der Bürger zu schützen.

Anschließend kommt Virchow zum wiederholten Male auf die neue „Affentheorie" zu sprechen, die er noch nicht für wissenschaftlich bewiesen erachtet und an der noch gearbeitet werden müsse. Er meint allerdings, daß „... jede von dem Hergebrachten weit abliegende neue Aufstellung ... immer in den Verdacht kommen" werde, „... entweder tendenziös oder albern zu sein." Die „Affentheorie" werde z. Zt. intensiv erforscht, und die Wissenschaft werde nicht eher Ruhe geben, bis die Lösung des Rätsels gefunden sei. Und so müßten eben Dogmen aufgegeben werden. Diesen Teil der Rede gebe ich hier nicht wieder, er ist im Kapitel „Kulturkampf" ausführlich aus anderen Reden belegt.

Der Kultus-Minister sollte sich daher bemühen, sich nicht allzu sehr an Althergebrachtes zu klammern. Dogmen könnten über Nacht zusammenstürzen.

Im folgenden gebe ich ausgewählte Teile der Rede wieder:

„Meine Herren, die Worte, welche der Herr Abgeordnete, der so eben die Tribüne verließ, gesprochen hat, haben uns, wie ich glaube, die fröhliche Aussicht eröffnet, daß er vielleicht mit dem Herrn Kultus-Minister im nächsten Dezember (übers Jahr) auf dem ökumenischen Konzil zusammentreffen wird.

(Heiterkeit. Sehr gut!)

Die Hoffnung auf allgemeine Liebe, auf das Aufhören aller Gegensätze, hat sich in der That in seiner Rede so vollzogen, daß kein treuerer Bundesgenosse für den Herrn Kultus-Minister gefunden werden kann. Und gewiß ist es auch sehr charakteristisch für die Stellung des Herrn Kultus-Ministers, daß das am Meisten emphatische Lob, welches ihm nicht gerade von seinen eigenen Beamten im Hause gezollt worden ist, von Mitgliedern ausgegangen ist, welche wesentlich von dem Standpunkte der katholischen Kirche die Sache aufgefaßt haben.

(Sehr richtig!)

Nun, meine Herren, ich bin gewiß fern davon, den Herren, welche der katholischen Kirche angehören, die volle Freiheit zu bestreiten, von ihrem

Standpunkt aus die Gestaltung unserer öffentlichen Angelegenheiten anzustreben; aber sonderbar muß es doch erscheinen, wenn der Herr Kultus-Minister ausdrücklich für den Preußischen Staat den Charakter des evangelischen Staats in Anspruch nimmt, ja, wenn er zu meinem höchsten Erstaunen sogar davon gesprochen hat, daß man den übrigen Konfessionen gegenüber den Standpunkt der Toleranz annehmen könne, wie da gerade es sich so fügt, daß sein evangelischer Standpunkt mit dem katholischen Standpunkt so nahe zusammenfällt.

(Sehr richtig!)

Man könnte leicht glauben, daß dies doch eigentlich kein ganz evangelischer Standpunkt sei; man sollte folgern, daß dieser Standpunkt wesentlich gravitirt nach derjenigen Seite, welche das starrere Dogma will und welche in dieser Richtung konsequent auf dem alten traditionellen Recht der Kirche besteht, d. h. eben auf der Seite, welche hofft, daß auf dem ökumenischen Konzil die allgemeine Vereinigung der Christenheit wieder zu Stande kommen werde.

Meine Herren, wir, die wir nicht hierher geschickt sind als Vertreter der einzelnen Kirchen, die wir hier nicht zu verhandeln haben, wie auf einem Konzil, wir, meine ich, haben zu allererst immer die Frage zu untersuchen: welches Interesse hat der Staat daran, wie die Gestaltung der kirchlichen Dinge sich mache? Das ist der Standpunkt, nach dem wir unser Benehmen, unsere Voten, unsere Berathungen einzurichten haben. Nun glaube ich allerdings, daß auch der Herr Kultus-Minister die Meinung hat, das, was er intendirt, sei das Beste für den Staat, und es scheint mir, daß er in dieser Beziehung ausgeht von einer Meinung, die auch auf dieser Seite des Hauses (rechts) zu wiederholten Malen ihren Ausdruck gefunden hat, als sei es absolut nothwendig, den Staat auf die Religion zu basiren, die eigentliche Grundlage des Staatswesens in dem religiösen Gefühl der Menschen zu suchen, und von diesem Gesichtspunkte aus, wie man sagt, den christlichen Staat aufzubauen. Nun, meine Herren, wenn sich gegen diesen Gesichtspunkt sonst nichts sagen ließe, so behaupte ich, daß dieser Standpunkt verfassungswidrig ist.

(Sehr wahr!)

Wir haben gar nicht erst eine Untersuchung anzustellen, ob der Staat sich auf den religiösen Standpunkt stellen soll, sondern die Verfassung ist in diesem Punkte ganz kategorisch, indem sie die Parität der Religions-Gesellschaften aufstellt. Mit Recht hat der Herr Kultus-Minister selbst gesagt; was man das Religionswesen nenne, das könne doch nur dasjenige sein, was aus den Glaubenssätzen einer bestimmten Konfession hervorgehe. Mit Recht hat der Herr Abgeordnete Reichensperger vorhin hier dagegen plaidirt, daß es keine allgemeine christliche Lehre gebe, sondern daß diese Lehre sich verschieden gestaltet je nach den Konfessionen. Wie soll man denn also einen Staat, wenn man ihn auf die Basis der Religion stellen will, anders stellen, als auf die Basis der Konfession? Dann hat der Herr Minister Recht, zu sagen, der Staat sei wesentlich ein evangelischer Staat, und er tolerire nur die übrigen Konfessionen. Aber das ist kein Standpunkt der Verfassung. Die Verfassung giebt den Religions-Gesellschaften nicht bloß das Verhältniß tolerirter, sie giebt ihnen das Verhältniß gleichmäßig berechtigter. Sie sagt ausdrücklich, daß der Staat nicht zu fragen habe nach der Konfession.

Nun, meine Herren, kann man meiner Meinung nach nicht mit dem Herrn Abgeordneten Reichensperger so argumentiren, daß man sagt: es ist aber doch in Art. 24 gesagt, daß bei der Einrichtung der öffentlichen Volksschule die konfessionellen Verhältnisse möglichst zu berücksichtigen seien, woraus er herleitet, es sei im Sinne der Verfassung, daß die Volksschule wesentlich auf einer religiösen Basis beruhen solle. In dem Satze, der unmittelbar hinterher steht, befindet sich aber die kategorische Bestimmung: ‚Den Religionsunterricht in der Volksschule leiten die betreffenden Religionsgesellschaften.' Damit ist doch ausdrücklich gesagt, daß, wenn auch die m ö g l i c h e Berücksichtigung der Konfession stattzufinden habe, doch keineswegs die Religion die eigentliche Basis desjenigen Theils des Unterrichts sein soll, für welchen der Staat verantwortlich ist, daß vielmehr die Religion nur Theil desjenigen Unterrichts sein soll, für welchen die Religionsgesellschaft verantwortlich ist.

(Sehr richtig! links.)

Meine Herren, lassen Sie uns doch diese natürliche, logische, vernünftige Basis nicht vollständig wieder aufgeben, uns nicht in ein Religionsgezänk hinein begeben, aus dem wir gar nicht heraus kommen können,

(Sehr richtig! links.)

wenn Sie dabei beharren, die Schule zu basiren unmittelbar auf die Religion. Wenn es sich handelt um Gegenden, um Gemeinden, welche ganz überwiegend einer einzigen Konfession angehören, welche ganz allein nur Schüler einer Konfession aufnehmen, ja, meine Herren, dann wird es sich ganz natürlich machen, daß derartige Streitigkeiten gar nicht hervortreten, so bald man der Gemeinde selbst einen gewissen entscheidenden Einfluß auf die Gestaltung und Leitung der Schule gestattet. Aber in unserm Vaterlande sind doch in den meisten Gemeinden die Verhältnisse so weit gemischt, daß wir jedesmal zu einem gewissen Zwange gelangen, wenn wir das Prinzip der konfessionellen Schule aufrecht erhalten wollen.

Meine Herren, wenn man auf gewissen Seiten so weit gegangen ist, immer von Neuem zu behaupten, die konfessionslose Schule sei die religionslose Schule, so muß ich sagen, ich halte dies in der That für ein absichtliches Mißverstehen gegenüber der ausdrücklichen Bestimmung der Verfassung, welche ganz besonders den staatlichen Theil des Unterrichts und den konfessionellen Theil des Unterrichts unterscheidet, indem sie den Religions-Gesellschaften das Recht vorbehält, den Religionsunterricht in ihrem Sinne zu organisiren. In Beziehung auf die Religion schafft sie ja unmittelbar allen denjenigen Familienvätern Recht, welche wünschen, daß ihre Kinder in einer bestimmten Konfession erzogen werden. Vergeblich wird der Herr Abgeordnete Reichensperger, vergeblich wird der Herr Minister uns zu beweisen versuchen, daß die Basis desjenigen Wissens, zu welchem unsere junge Generation erzogen werden soll, eine nothwendig religiöse, d.h. überirdische sein muß.

(Sehr gut! links.)

Meine Herren, die heutige Europäische Kultur verlangt zunächst die Erziehung des Menschen nach menschlichen Prinzipien und nicht nach göttlichen Prinzipien.

(Oh! rechts. Sehr richtig! links.)

Das verlangt sie, meine Herren.

(Stimmen aus dem Centrum: Nein!)

Ich könnte – und will, um ein Mißverständnis zu beseitigen, gleich bemerken, die menschlichen Prinzipien, von denen ich spreche, das sind diejenigen, welche basiren auf den Gesetzen der menschlichen Natur, und wenn Sie glauben, daß diese Gesetze der menschlichen Natur von Gott abstammen, dann sind auch diese Gesetze des Menschen göttliche Gesetze. Das sind die Gesetze, die wir verstehen, die wir studiren, denen wir nachgehen, nach denen wir die natürliche Entwickelung des Menschen gestalten können. Anders verhält es sich mit den Gesetzen, welche man gewöhnlich göttliche nennt, weil sie Bestandtheile der Dogmen bestimmter Konfessionen sind; von denen sprach ich vorher. Diese Gesetze mögen ein theures Gut des Einzelnen sein; der Familienvater mag also Sorge tragen, daß seinen Kindern diese Güter übertragen werden, die Gemeinden oder Religions-Gesellschaften mögen Alles daran setzen, daß in dieser Richtung Nichts versäumt werde. Aber, meine Herren, das ist nicht die Aufgabe des Staates, eines Staates, der die Parität will. Wie kann er die Erziehung auf dogmatische Vorstellungen basiren wollen, welche die eine Konfession so und die andere anders auffaßt! Der Herr Abgeordnete Reichensperger hat mit einer dialektischen Wendung die Breslauer Verhältnisse zuletzt auf die Juden hingeführt; er hat selbst anerkannt, das seien auch respektable Leute. Ja, meine Herren, diese Leute sind so respektabel, daß die Verfassung sie sogar den Evangelischen und den Katholischen gleich stellt,

(Sehr wahr! links)

und die Juden haben gerade so viel Anspruch darauf, daß ihnen auch Einrichtungen geschaffen werden, entsprechend ihrer besonderen Konfessionalität, wie irgend eine andere Religions-Gesellschaft dieses Staates.

(Abgeordneter Reichensperger: Das haben sie ja auch!)

Ja, sie haben es für ihr Geld; der Herr Abgeordnete kann sich auch seine Schule für sein Geld machen, dazu ist er unzweifelhaft berechtigt.

(Heiterkeit.)

Wenn er sich mit seinen Glaubensgenossen zusammenthut und katholische Lehrer anstellt und katholische Kinder dahin schickt, so wird ihn kein Mensch daran hindern; im Gegentheil, es wird wahrscheinlich von allen Seiten mit großem Vergnügen aufgenommen werden, weil es eine Entlastung sowohl des städtischen, als des Staatsbudgets herbeiführt.

(Heiterkeit.)

Aber, meine Herren, wenn man einmal anerkennt, daß die Juden gerade so berechtigt sind, daß sie gerade so sehr verlangen können, daß ihre Dogmatik dem Unterricht zu Grunde gelegt wird, wohin kommen wir dann zuletzt? Sollen wir denn überall, in jeder größeren Gemeinde, Alles auseinanderschneiden? Sollen wir die natürliche Verbindung der Menschen, welche das Leben, welche die Gesellschaft, welche der Staat selbst geschaffen hat, wieder künstlich trennen, indem wir die Kinder bald in diese, bald in jene Konfessionsschule hineinsetzen? Nein, meine Herren, wenn es richtig ist, daß die Liebe gegenwärtig das Prinzip der Gestaltung des öffentlichen Lebens ist, wie der Herr Abgeordnete Reichensperger gesagt hat, dann lassen Sie uns vor allen Dingen danach streben, diese Liebe auch in die jugendlichen Gemüther zu pflanzen, die jungen Generationen heranzuziehen in gegenseitiger Liebe, in gegenseitiger Anerkennung, und nicht in dem Zerwürfniß der Dogmen!

(Sehr richtig! links.)

Allein, meine Herren, es ist hier, glaube ich, vielfach gesündigt worden gegen den Geist unsrer Zeit. Der Herr Abgeordnete Reichensperger hat in seiner, wie mir scheint, etwas über das Ziel hinausschießenden Opposition gefragt: wo ist denn die allgemeine christliche Grundlage, welche man gegenwärtig der Schule geben wolle? Meine Herren, unsre ganze moderne Bildung, wie sie da ist, ruht meiner Meinung nach auf einem christlichen Grund, – nicht auf dem dogmatischen Grunde, aber auf einem ganz entschiedenen christlichen, sittlichen Grunde. Ich habe niemals Bedenken getragen anzuerkennen, daß das Christentum in der Entwickelung der neuen Zeit eine so entscheidende, so bestimmende, so sehr bis in das Tiefste des Volksleben hineingreifende Wirkung ausgeübt hat, daß gegenwärtig keine Institution, keine Gestaltung, ja ich möchte fast sagen, kein Volk mehr diesen Einwirkungen sich entziehen kann. Auch die moderne Gestaltung des Judenthums ist beeinflußt worden von diesem Geist; auch die gegenwärtigen Gestaltungen der überseeischen Nationen, die allmählich in Verbindung mit uns kommen, werden diesen Geist empfangen und werden ihn weiter tragen. Und, meine Herren, was ist denn dieser Geist? Er beruht in erster Linie auf dem Satz: liebet euch untereinander! Meine Herren, von diesem Satze aus hat sich allmählich das Prinzip der Rechtsgleichheit gestaltet, welches gegenwärtig die Grundlage unseres Staatslebens sein soll;

(Sehr gut!)

von diesem Standpunkte aus ist die Sklaverei gefallen und hat kürzlich in Amerika ihren letzten tödlichen Schlag empfangen; von diesem Standpunkte aus ist die Leibeigenschaft gefallen, und die Befreiung der Individuen macht mit jedem Tage größere Fortschritte. Aber, meine Herren, in dem Maße, als selbst der Staat anerkennen muß, daß die individuelle Entwickelung ihre volle Freiheit haben muß, so weit sie den Staatszweck nicht hindert, müssen Sie doch von diesem selben Standpunkte aus zugestehen, daß wir nicht bloß die Glaubensfreiheit, sondern daß wir auch Denkfreiheit fordern können, und ich bitte, meine Herren, wohl den großen Unterschied festzuhalten, der zwischen Glaubensfreiheit und Denkfreiheit besteht. Der Herr Kultus-Minister hat heute zwei große Angelpunkte der historischen Entwickelung bezeichnet; er hat zu meinem großen Erstaunen den dritten Angelpunkt nicht erwähnt, den großen Angelpunkt der Französischen Revolution, welche unmittelbar das Werk aufgenommen hat, welches die Reformation zu thun übrig ließ.

(Sehr richtig!)

Es ist derjenige Fortschritt, der die moderne Gestaltung des menschlichen Rechts begründet hat, die wir gegenwärtig auch in Deutschland, auch in dem Norddeutschen Bund, auch bei uns sich mehr und mehr entwickeln sehen, und welche eben in der vollkommenen Anerkennung der gleichen persönlichen Berechtigung aller Individuen ihren Ausdruck findet.
(Sehr richtig!)
Meine Herren, dieses Recht basirt in erster Linie hauptsächlich auf die Forderung der Denkfreiheit, und wie wollen Sie vom Standpunkt des dogmatischen Konfessionalismus aus die Denkfreiheit zugestehen? Der Herr Abgeordnete Reichensperger, das will ich zugeben, mag von dieser Art von Freiheit keine vollständige Vorstellung haben.
(Heiterkeit.)
Er macht zuweilen auf dieser Tribüne Gedankensprünge, welche eine gewisse Unfreiheit verrathen.
(Heiterkeit.)
Er hat heute z.B. erst wieder nachzuweisen versucht, daß, nach seiner Meinung, weil in der Verfassung keine Bestimmung darüber steht, wie es mit den Mittel- und höheren Schulen gehalten werden soll, man annehmen könne, es sei gar nicht beabsichtigt gewesen, sie vom Konfessionalismus loszumachen. Nun, meine Herren, das ist doch für einen Juristen, der noch dazu an der Verfassung mitberathen hat, ein Gedankensprung von einer solchen Ausdehnung, daß einem ordentlich schwindelig wird über den Abgrund, über den er hinweggekommen ist.
(Heiterkeit.)
Meine Herren, Denkfreiheit läßt sich unmöglich an Kirchenliedern, unmöglich an konfessionellen Dogmen, unmöglich an irgend einem religiösen Thema herstellen. Es ist nicht möglich, daß Jemand diejenige Form des Denkens, welche die Basis der wirklichen Denkfreiheit ist, d.h. das Denken nach regelmäßigen mechanischen Gesetzen, das Denken mit nothwendiger Reihenfolge des Schließens von der Wirkung auf den Erfolg, lernen kann an religiösem Stoff. Das erwidere ich dem Herrn Kultusminister auf seine Bemerkung, daß gerade der Unterrichtsstoff in der Schule wesentlich aus dem religiösen Gebiete gewählt werden müsse. Nein, meine Herren, das ist gar kein Unterrichtsstoff im eigentlichen Sinne des Wortes;
(Sehr wahr!)

denn Unterricht muß nothwendigerweise Entwicklung sein. Ohne Entwickelung ist gar keine Gestaltung des einzelnen Menschen zu einem selbstständigen Staatsbürger möglich. Mit dem starren Dogmatismus können Sie das nicht schaffen; daran kann Niemand das Denken lernen, was er im Leben gebraucht, was er im Staate gebraucht; das Denken, womit heutzutage die gebildete Welt agirt, setzt voraus die Möglichkeit des Fortschreitens und zwar des eigenen selbstständigen Fortschreitens. Niemand kann aber im Dogmatismus eigene Fortschritte machen. Das ist eben die Negation des Denkens. Der Herr Kultus-Minister basirt also sein ganzes Unterrichtssystem auf ein falsches Prinzip, auf das Prinzip der Starrheit, während wir es basirt haben wollen auf das Prinzip der Entwicklung. Sein Prinzip ist das alte Prinzip des Romanismus, das alte Prinzip der Päpste. Meine Herren, ich darf wohl daran erinnern, ich habe in einer denkwürdigen Zeit, im Jahre 1855 in der Stadt Hannover diesen Gegenstand auf der Naturforscher-Versammlung zum Gegenstande einer Besprechung gemacht. Damals habe ich zu zeigen mich bemüht, daß auf diesem Prinzip der Starrheit, des Mangels an individueller Entwicklung, des Mangels an individueller Freiheit die ganze Krankheit des Oesterreichischen Staats basire und daß die merkwürdige Thatsache, daß die Universität Wien in 500 Jahren keine bedeutenden Menschen hervorgebracht habe, mit Ausnahme der letzten 50 Jahre in der medizinischen Fakultät, nur erklärlich sei durch diesen Mangel jeder individuellen Entwicklung.

(Hört!)

Meine Herren, damals bin ich sehr angegriffen worden von den Anhängern des Herrn Abgeordneten Reichensperger, weil ich zu zeigen versuchte, daß es das romanische Prinzip war, welches in dem Oesterreichischen Wesen steckte, welches Deutschland hemmte und Oesterreich darnieder hielt und jedem weiteren Fortschreiten sich widersetzte.

(Hört!)

Meine Herren, ich glaube, daß die Ereignisse des Jahres 1866 mich gerechtfertigt haben und daß noch mehr mich gerechtfertigt haben die Vorgänge von 1867 und 1868, welche diesen selben Oesterreichischen Staat gezwungen haben, die Ketten des Romanismus zu brechen, sich auf sein eigenes Recht zu stellen und – das kann ich dem Herrn Minister-Präsidenten von neulich noch entgegenhalten unter Anderem – die Schule der geistlichen Aufsicht zu entziehen.

Meine Herren, in diese Konsequenzen kommt man von dem Standpunkt des Herrn Kultus-Ministers aus. – Daher haben nach meiner Meinung diejenigen vollkommen Recht, welche sagen, das Römische Prinzip ist ein antinationales Prinzip, es widerstreitet dem Deutschen Geiste. – Der Deutsche Geist ist es, der in ganz Europa am längsten die Fahne der individuellen Entwicklung getragen hat.
(Bewegung.)
Der deutsche Geist hat sich gerade dadurch am meisten gekennzeichnet, daß er seit Jahrhunderten jederzeit in der vordersten Reihe des Kampfes gestanden hat für die persönliche Freiheit, und namentlich für die Denkfreiheit.
(Bravo!)
Meine Herren, die Reformation fasse ich nicht in dem engen Sinne des Herrn Kultus-Ministers auf, daß es sich bloß darum gehandelt habe, eine neue Form des Dogmatismus herzustellen; die Reformation ist für mich gewesen die Erlösung aus den Fesseln des Romanischen Starrseins und die Befreiung zu dauernder und regelmäßig fortschreitender Entwickelung der Einzelnen.
(Bravo!)
[... S. 297:] Das Christenthum hat seinen bedenklichen, seinen zum Theil gegen die Gesittung feindlichen Charakter, den es im Mittelalter gehabt hat, angenommen durch den Staat.
(Bravo! links.)
Emanzipiren Sie es wieder von diesem Staate, überlassen Sie es wieder der freien Entwickelung der Gemeinde: und ich bin der Ueberzeugung, Niemand wird der Meinung sein, daß diesen Gemeinden etwas geraubt sei; im Gegentheil, meine Herren, wem Sie die Freiheit geben, dem geben Sie immer ein Geschenk. [...]

5. Humanismus, Religion und Schulen
Rede im Abgeordnetenhaus 15. Dezember 1868

In der Rede im Preußischen Abgeordnetenhaus vom 15. Dezember 1868 geht es nochmals um den Etat des Kultus-Ministeriums, diesmal um ein neues Schulgesetz. Im Gegensatz zu Kultus-Minister v. Mühler, der die Not der Lehrer hervorgehoben habe, wolle Virchow mehr von der Not der Schule und der Schüler sprechen, die viel gravierender sei. Die Verwaltung des Kultus-Ministeriums regiere zuviel in die Provinzial-Schulkollegien hinein. Es mache sich zudem dort mehr und mehr ein spezifisch konfessionell-hierarchischer Charakter breit. Gerade in Berlin zeige sich dies deutlich, denn besonders hier habe sich „... in den allerletzten Tagen unter sehr ostensiblen Formen die geistliche Behörde in ihrer aller eigensten Gestalt in die Schule hineinbegeben...".

Vor allem sollten die Fragen der Religion aus den Provinz-Schulkollegien herausgehalten werden. Die gegenwärtige Kirche entferne sich immer weiter vom universellen Standpunkt. Sie werde dadurch engstirnig und allzu dogmatisch. Aber jeder Kampf zwischen Glauben und Wissen werde sich zugunsten des Wissens entscheiden, und die Kirche sollte erkennen, „... daß jede Kirche, welche zur Unzeit sich darauf steift, gegen das positive Wissen ihr Dogma aufrecht zu erhalten, damit mehr sich selbst, als das Wissen gefährdet." Deshalb müsse es eigentlich eine erste Forderung der Kirche sein, allen Provinzial-Schulräten, Regierungs-Schulräten und Theologie-Studenten ein größtmögliches Maß an Wissen zu vermitteln. Wie sollte man sie sonst als Träger der Bildung bezeichnen!?

Die Regierung sollte allerdings dabei die Organisation des Religionsunterrichtes den Kirchen überlassen, um unangenehme Kollisionen zu vermeiden.

Im folgenden gebe ich ausgewählte Teile der Rede wieder:

„[... S. 306-307:] Meine Herren, worin liegt denn der entscheidende, der ganz und gar bestimmende Einfluß, welchen die katholische Kirche im Mittelalter gehabt hat? Er lag darin, daß die katholische Kirche wirklich die Trägerin der universellen Bildung war, daß die gesammte Bildung in der Kirche sich sammelte, und daß die Kirche es verstanden hat, sich zu vereinbaren mit den großen Heiden. Zur Zeit, wo Aristoteles, Plato, Hippokrates und Galen mit in die dogmatische Auffassung der Kirche aufgenommen waren, wo Aristoteles und Galen als Repräsentanten bestimmter Dogmen erschienen, da konnte die Kirche in der That nach allen Richtungen hin dasjenige bieten, was im Augenblick zu bieten war. Aber die gegenwärtige Kirche entfernt sich in jedem Jahre weiter von diesem universellen Standpunkte, und wenn ich mich mit meinem Herrn Kollegen Wantrup *[der Vorredner Ludwig Wantrup (1812-1891), evangelischer konservativer Abgeordneter, Regierungs- und Schulrat in Danzig]* gar nicht verständigen kann, so liegt es in der That darin, daß er eben auf demselben Standpunkt des Pfahlbauwissens, des eingegrenzten Pfahlbauernthums in der Wissenschaft steht.

(Heiterkeit.)

Die Streitpunkte, welche gegenwärtig bestehen, sind ja nicht die Streitpunkte zwischen Glauben und Unglauben –

(Sehr wahr!)

das ist eine Formulirung, die er sich zu seinem Vergnügen zurecht gemacht hat, aber mit der in der That gar nichts anzufangen ist. Der Streit liegt zwischen dem Glauben und dem Wissen;

(Sehr richtig!)

das ist der Standpunkt, und Wissen ist nicht identisch mit Unglauben. Das ist ja eine ganz oberflächliche Auffassung, Unglauben und Wissen zu identifiziren. Es handelt sich darum, daß jeder Mensch das wisse, was die allgemeine Bildung leisten kann. Wenn das Wissen, das positive Wissen sich mit dem Glauben nicht verträgt, so muß der Glaube eine Konzession machen, das ist die erste Forderung. Diese Forderung hat sich historisch überall vollzogen, auch wenn man sie Jahrhunderte lang bestritten hat.

[... S. 307:] Große und bedeutende Glaubenssätze, auf welchen in früheren Zeiten die gesammte dogmatische Anschauung, soweit sie überhaupt einen bestimmten bildlichen Charakter annimmt, beruhte, sind durch das fortschreitende Wissen vernichtet worden, und zwar so sehr vernichtet worden, daß es manchen Leuten nachher so vorkommt, als hätten sie nie existirt. Ja, meine Herren, man muß die Geschichte der menschlichen Geistesbildung in großen Zügen übersehen, um sich das klar zu machen, daß der Kampf zwischen Glauben und Wissen jedesmal entschieden wird

zu Gunsten des Wissens, und daß jede Kirche, welche zur Unzeit sich darauf steift, gegen das positive Wissen ihr Dogma aufrecht zu erhalten, damit mehr sich selbst, als das Wissen gefährdet.
(Sehr wahr!)

[... S. 309-310:] Ich gehöre nicht zu denjenigen, welche gegen die klassischen Studien sprechen, welche wünschen, daß die Gebildeten unserer Nation kein Latein kennten; im Gegentheil, ich habe den Wunsch, sie kennten auch noch Griechisch. Aber ich muß doch sagen, das Erste und das Wichtigste ist für mich nicht das Lateinische und das Griechische, das Erste ist für mich, daß wir dahin kommen, unserer Jugend, und zwar namentlich unserer gelehrten Jugend, das volle Maß des allgemeinen Wissens zu sichern, welches die gegenwärtige Zeit darbietet.
(Sehr richtig!)
Was für eine andere Aufgabe können wir uns denn stellen? Das erscheint, glaube ich, denjenigen, welche in den alten Ideen groß geworden sind, als etwas höchst Absonderliches und Befremdliches. Sie weisen doch immer auf die Griechen hin als auf die Vorbilder! Haben die denn damit angefangen, daß sie Aegyptisch und Indisch gelernt haben? Daß sie geglaubt haben, ihre Schüler würden nur dann bedeutende Leute, wenn sie erst Hieroglyphen studirt hätten? Nein, der Werth der Griechischen Bildung beruht gerade darin, daß sie vollständig aus dem Geiste des Volkes heraus, den Gesammtinhalt der damals vorhandenen Bildung aufgenommen hatte und ihn in den bequemsten und unmittelbarsten Formen wieder darbot. Ich verkenne in keiner Weise den enormen Werth dieser Bildung, und gerade deshalb habe ich eine große Vorliebe für das Griechische sogar in gewisser Weise mehr als für das Lateinische, welches keinesweges so hohe und bedeutende Schätze des Wissens und der Entwickelung darbietet. Aber wenn die Griechen statt die anderen Leute für Barbaren zu halten und aus ihrem eigenen nationalen Geiste heraus die Gestaltung ihres Unterrichts zu machen, in ähnlicher Weise, wie das der Herr Kultus-Minister jetzt in Beziehung auf die klassischen Studien thut, gesagt hätten: O nein, erst müssen die Schüler Aegyptisch durch und durch lernen, da ist die große Quelle des Wissens, – ja, meine Herren, es ist sehr vortrefflich die Verbindung zu erhalten zwischen der ursprünglichen Quelle der menschlichen Bildung und ihrer späteren Entwickelung, es ist gewiß unentbehrlich für die Wissenschaft, aber es ist nicht unentbehrlich für jedes einzelne Individuum. Das

einzelne Individuum soll zunächst das in sich aufnehmen, was seiner Zeit entspricht; das ist das, was es bedarf, das ist das, wozu es eigentlich die Schule besucht, und wenn daher das Bewußtsein in den Provinzial-Schulkollegien nicht lebendig ist, daß in erster Instanz die Summe dieses universellen Wissens der Generalextrakt desselben zugänglich gemacht werden müsse, meine Herren, dann kommen wir immer wieder dahin, daß eine große Zahl von Menschen ins Leben hineintreten mit einem zerstückelten Wissen, mit einem unvollkommen konsolidirten Glauben, und daß sie bei jedem Anstoß, der da kommt, bei jedem Fortschritte, den sie selbst in eigenem Wissen machen, zweifelhaft werden an ihrem Glauben, an ihrem Wissen und schließlich an sich selber. [...]"

V. Kulturkampf

1. Gesetzentwurf über die Vorbildung und Anstellung von Geistlichen – „Kulturkampf" Rede im Abgeordnetenhaus 17. Januar 1873

Bis heute wird Virchow mit dem Begriff des „Kulturkampfes" in Verbindung gebracht. Dabei ist er gar nicht dessen Erfinder. In der Diskussion um das Gesetz zur „Vorbildung und Anstellung von Geistlichen" im Preußischen Abgeordnetenhaus prägte er zwar am 17. Januar 1873 den Begriff „Kulturkampf", wie man ihn von da ab allgemein verstand, aber Virchow glaubte in späteren Jahren selbst – und eine breite Öffentlichkeit tut es bis heute –, er habe das Wort „Kulturkampf" sogar erfunden. Dies ist ein Irrtum. Schon 1840 war in der katholischen „Zeitschrift für Theologie"[42] die Besprechung einer 1839 herausgegebenen Schrift „Die Bedeutung des Kampfes der liberalen katholischen Schweiz mit der römischen Kurie, betrachtet aus einer Gesammt-Uebersicht der Tendenzen des restaurirten Papstthums von Dr. L. Snell, Solothurn 1839. S. VI u. 224" erschienen, in der Snell, soweit ersichtlich, den Begriff erstmals verwendet hat. Das Wort ist also älter. Die Zuordnung zu Virchow zeigt aber die Wirkungsmächtigkeit seiner Reden.

Bei Virchow heißt es:

„[...] Wenn Sie sich, meine Herren, die Vergangenheit der katholischen Kirche vergegenwärtigen, so werden Sie nicht umhin können anzuerkennen, daß wir hier einen konsequent verfolgten Gedanken vor uns haben, der durch Jahrtausende hindurch sich fort und fort entwickelt hat und der endlich unter der besonderen Gestaltung der neuesten politischen Verhältnisse die besondere konkrete Form gewonnen hat, in der er sich zuletzt durch die vatikanischen Beschlüsse uns darstellt. Dieser päpstliche Gedanke, auf dem gegenwärtig die ganze katholische Kirche ruht, ist von seinem Anfange an mit dem deutschen Gedanken in Konflikt getreten. Wenn Sie auf Karl den Großen zurückgehen wollen, meine Herren, so muß ich das bestreiten. Als, wie man behauptet, durch Ueberraschung der Papst dem deutschen König die Kaiserkrone aufsetzte, da lag es noch fern, daß die

Kirchengewalt in der Weise, in der sie sich einige Jahrhunderte später dargestellt hat, mit der Staatsgewalt in einen Konflikt treten könnte. Denn das erkennen wir vollkommen an, [...] daß damals in der That die Kirche die Trägerin der allgemeinen Kultur war; [...]. Wir haben zu allen Zeiten der Kirche die Ehre gegeben, wir haben zugestanden, daß es kein Gebiet menschlichen Denkens gegeben hat, auf dem damals nicht die Kirche wirklich die volle Kultur getragen hat. Da Sie aber so wesentlichen Werth auf diese Thatsachen legen, so will ich es besonders urgiren, daß die Kultur, welche die Kirche damals trug, nicht die spezifisch christliche Kultur von heute war; das war vielmehr die allgemeine humane Kultur. [...] Sie stellen sich an, als ob die alte Kirche, die wirkliche Kulturkirche ihre Stellung durch die dogmatischen Dinge erlangt hätte, die sie getrieben hat. Nein, meine Herren, sie hat ihren Werth dadurch erlangt, daß sie wirklich die Trägerin der ganzen humanen Entwickelung war, nicht als Trägerin der dogmatischen Entwickelung. Nach und nach ist es durch diese Thätigkeit der humanen Kirche, durch die Klöster, durch die Klosterschulen, durch die Geistlichen, die Weltgeistlichen und die Kirchengeistlichen dahin gekommen, daß eine größere Menge von Personen an dem Wissen Theil nahm, daß die Laien als gleichberechtigte Träger der Kultur sich erheben konnten, und meine Herren, von dem Augenblicke an beginnt nicht bloß die Ketzerei, sonder eben auch die einseitig dogmatische Entwickelung der Kirche und des Papstthums. [...]

Das ist aber die historische Entwickelung. So fasse wir die Sache auf, meine Herren, und ich sage Ihnen das nicht bloß, um hier mit einem kleinen Stück Gelehrsamkeit zu glänzen, sondern weil ich die Ueberzeugung habe, es handelt sich hier um einen großen Kulturkampf. Von diesem Standpunkt aus trete ich auch an die Beurtheilung dieses Gesetzes heran. Es ist für mich nicht ein Gesetz von heute auf morgen, sondern es ist ein Gesetz aus der großen Entwickelung der Jahrtausende. Daß es nicht der würdigste Ausdruck dafür ist, darüber will ich nicht streiten, aber ein Ausdruck ist es."

Das oben genannte Gesetz zur „Vorbildung und Anstellung von Geistlichen" wurde schließlich am 11. Mai 1873 verabschiedet und bildete den Auftakt zu den sogenannten „Maigesetzen".

2. „... die Seele noch niemals getroffen"
Ist ein Beweis für die Existenz von Seele und Aberglaube nötig?
Rede im Abgeordnetenhaus 22. Februar 1877

Virchow wird gelegentlich auch heute noch seine angebliche rein materiell-naturwissenschaftlich ausgerichtete Weltanschauung vorgehalten. Dabei geht es ihm eigentlich nur immer wieder um die Durchsetzung eines wahren „Humanismus", auch wenn seine Gegner diesen als „Naturalismus" bezeichnen. Weil das Allgemein-Menschliche, das Humane für Virchow als Leitprinzip kultureller Entwicklung gelten soll, hat für ihn von dieser Warte aus auch die Religion, als ein Ausdruck des Humanen, eine natürliche Existenzberechtigung innerhalb einer Kultur[43].

In einer Rede vor dem Preußischen Abgeordnetenhaus in Berlin am 22. Februar 1877 hat Virchow ausgeführt:

„Sie werden sich erinnern, daß, als das Gesetz vom 11. Mai 1873 erlassen wurde, ich mich vergeblich bemüht habe, nachdem die Prüfung" [gemeint ist: der katholischen Geistlichen, Christian Andree] „hineinkommen sollte, nicht das Hauptgewicht auf die Philosophie zu legen [...], sondern die Naturwissenschaften darin vertreten" [sein sollten, Christian Andree]. „Ich bin seit der Zeit gerade in den katholischen Organen ungemein stark angegriffen worden, und Herr Dr. Brüel[44] hat gestern einen Ausdruck gebraucht, von dem ich die Empfindung hatte, daß er speziell auf einer Geschichte basire, welche alle halbe Jahre einmal durch die katholischen Blätter zirkulirt und mir dann natürlich in der gebührenden Zahl anonymer Exemplare aus den verschiedensten Theilen des Landes zugeht. Darin wird erzählt, daß ich einmal bei Gelegenheit einer Leichenuntersuchung meinen Zuhörern erklärt hätte: ich hätte nun schon vielerlei durch das Sezirmesser entdeckt, aber die Seele hätte ich noch niemals getroffen. Es wird mir dies immer wieder aus scheinbar sonst ganz gut informirten Blättern zugesendet, und Herr Dr. Brüel hat mir gestern mit einer, wie mir schien, naheliegenden Beziehung auf diese Anekdote seinen Zweifel ausgedrückt, ob ich denn die Religion schon mit meinem Sezirmesser entdeckt hätte. Meine Herren, ich hätte wirklich geglaubt, daß derartige Dinge auch in den besseren Organen

der katholischen Presse wohl unterbleiben könnten; mir ein solches Maß von Absurdität zuzutrauen, wie sie in einer solchen Anekdote liegt, das konnte mir wirklich erspart werden. Ich könnte ja über diese Zumuthungen manchen Spaß machen, ich könnte Herrn Brüel sagen, es wäre mir auch noch nicht gelungen, den Aberglauben durch das Sezirmesser zu entdecken,
          (Sehr gut! – Heiterkeit.)
und ich sei nichtsdestoweniger von der Realität des Aberglaubens so sehr überzeugt, daß dieser Mangel eines praktischen, materiellen Beweises von der Existenz des Aberglaubens für mich in der That wegfallen kann.

Also, daß ich mich jemals auf derartigen Wegen betreten lassen sollte, davon, denke ich, könnten Sie mich von vornherein freisprechen. Im übrigen, glaube ich, war ich auch sonst nicht derjenige, an den sich die Adresse zu richten hatte; im Gegentheil, ich habe mit Konsequenz immer den Standpunkt eingehalten, daß ich die Berechtigung jedes einzelnen Menschen auf volle Geltendmachung sei[ner] Religiosität innerhalb des ihm zustehenden Kreises behauptet habe,
          (Zuruf: Kirche!)
– ja, nur nicht der Kirche! Die Kirche ist eben kein Individuum, ich kann auch die Kirche mit meinem Sezirmesser nicht finden. Wenn ich sie historisch verfolge, so komme ich auf eine Reihe von Personen, die mich nichts mehr angehen als preußischen Gesetzgeber, Personen außerhalb der Grenzen dieses Staats, und da ich mich innerhalb der Grenzen dieses Staats zu halten und meine Erörterungen auf die Verhältnisse dieses Staats zu richten habe, so fühle ich keine Veranlassung und keine Verpflichtung in mir, mich mit diesen weit entfernten Verhältnissen zu beschäftigen. Das habe ich mir erlaubt, in Erwiderung auf das gestern Gesagte hinzuzufügen."

Kommen wir zum Schluß und zusammenfassend auf die grundsätzlichen Gedanken Virchows zum Thema.

Nicht das Kirchliche, sondern das Humane steht für Virchow im Vordergrund seiner Überlegungen, seiner Arbeit. Virchow fordert Bildung des Menschen:

„Bildung mit ihren Töchtern Freiheit und Wohlstand" wird bei ihm zur Weiche und Nahtstelle, zum Ausdruck und Katalysator einer Verwirklichung des Humanen in der Lebenswelt. Bildung ist Voraussetzung für „das Wohlsein Aller", sie ist „das Hauptmittel der Demokratie". Fehlt sie, so kommt es beim Einzelnen zur Straffälligkeit, gesamtgesellschaftlich zu Krieg und sozialem Elend. Bildung und Erziehung lassen den Menschen zu sich selbst finden, sie heben den Einzelnen aus der Unfreiheit heraus, führen ihn zur individuellen Selbstbestimmung – dies gilt besonders für Frauen – und zu wirtschaftlicher Unabhängigkeit. Bildung ist auf diese Weise ein wesentlicher Baustein des Humanen. Virchows Engagement gegen die „Überbürdung" der Schüler durch den Schulunterricht legt Zeugnis davon ab, daß er auch hier die Humanität vor das Leistungsprinzip stellt. In den Naturwissenschaften sieht er die Grundlagen des Humanismus. Sie in den Unterrichtskanon der Schulen und Universitäten aufzunehmen, selbst auf Kosten der alten Sprachen – und ohne diese zurücksetzen zu wollen –, ist eine seiner wichtigsten Forderungen.[45]

3. "Die Frage der Religion ... konvertirt in eine Frage der Politik"
Rede im Reichstag 30. November 1881

Der Kulturkampf war ein gesamteuropäisches Phänomen, wurde in Preußen besonders erbittert geführt und erreichte 1878 mit dem Rücktritt des liberalen Kultusministers Adalbert Falk seinen Höhepunkt. Sich noch bis ans Ende der 1880er Jahre hinziehend, beschäftigte er Parlamente und Öffentlichkeit rund 20 Jahre lang. Als guter Demokrat hat Virchow – stets die Form wahrend – mit Bismarck, dem eigentlichen "Kulturkämpfer", über Ziele und Methoden der Kulturkampfpolitik gestritten. Grundsätzliche Fragen des politischen Stils, der Moral und Philosophie erörterte Virchow im Deutschen Reichstage in drei Reden am 30. November 1881.

In seiner zweiten Rede geht es um die Stellung Deutschlands zum Papsttum. Die Erklärung des Reichskanzlers dazu empfindet Virchow als unzureichend. Man sei jetzt an dem Punkt angelangt, "... daß jede Frage der Religion sich zuletzt konvertirt in eine Frage der Politik."

Es finde eine immer weitergehendere Organisation der politischen Parteien nach religiösen und auch hierarchischen Gesichtspunkten statt. Das politische Leben würde durch Religionskämpfe vergiftet. Die religiös durchdrungenen Parteien sollten auch nicht von der Intoleranz der anderen sprechen. Man brauche sich nur in der Geschichte umzusehen, um festzustellen, daß es bis zur Gegenwart kein einziges Land gebe, "... wo nicht seine Kirche von dem Augenblick an, wo sie die Herrschaft hatte, intolerant war."

Virchow wehrt sich damit vehement gegen die Ausführungen des Abgeordneten Dr. Windhorst (Hannover) und auch gegen dessen Bestreben, andere für die Folgen des Kulturkampfes verantwortlich zu machen. Virchow wehrt diesen Vorwurf ab. Er habe damals für die diesbezüglichen Gesetze mitgestimmt, da er der Annahme war, der Reichskanzler würde sie konsequenter umsetzen, als er es dann tat. Virchow sei damals der Ansicht gewesen, "... daß die Regierung die Absicht habe, definitive Verhältnisse zu schaffen, in denen sich alle Religionsbekenntnisse in diesem Reiche friedlich neben einander entwickeln könnten."

Positiv empfindet Virchow die Äußerung Bismarcks, daß mit dem Papst nicht zu verhandeln sei wie mit einer auswärtigen Macht. Damit könne man wohl die üblen Gerüchte diesbezüglich vergessen.

Virchow betont abschließend, daß die Fortschrittspartei den Reichskanzler darin unterstütze, „... daß das Reich nach außen die volle Einheit und die volle Kraft der Einheit zu erkennen gebe."

Alles, was dieses Ziel schwächen könnte, ist Virchow unsympathisch, so auch der Gedanke an eine Vertretung Preußens beim Papst.

Bei Virchow heißt es:

„Man kommt ganz unwillkürlich zu der Rolle eines Säemannes von Unfrieden, Ich habe im Gegentheil geglaubt, durch die Gelegenheit, die ich dem Herrn Reichskanzler bieten wollte, über diese Sache sich auszusprechen, den Frieden im Lande auszubreiten. Meine Herren, wir sind auf dem Punkte angelangt – und das ist vielleicht auch eine Sache, die den Herrn Reichskanzler sehr nahe angeht, – daß alles das, was auf kirchlichem Wege geschieht, bei uns in politische Phrasen übersetzt wird und daß jede Frage der Religion sich zuletzt konvertirt in eine Frage der Politik. Der Herr Reichskanzler hat seine Zeiten gehabt, wo er gerade die Gefahr dieser Situation sehr offen gekennzeichnet hat. Das war eine der größten Anschuldigungen, welche er gegenüber der Bildung des Zentrums als einer politischen Partei erhoben hat. Jetzt, muß ich sagen, scheint seine Erinnerung in dieser Beziehung etwas schwächer geworden zu sein, und zwar gerade in dem Augenblicke, wo die Heißsporne von der protestantischen Seite dazu übergehen, sich mit den Herren vom Zentrum zu verbinden, – der Protestantismus der extremsten Art mit der politischen Partei der römischen Auffassung – wo also offenbar eine Art von kirchlicher Organisation der politischen Parteien auf der Rechten stattfindet. Der Herr Reichensperger hat, wie ich schon erwähnte, gestern ja offen gesagt, es würde künftig wesentlich unter dem Banner des Kreuzes sein, daß die Herren von der vereinigten Rechten einherziehen. Alles, was sich vor diesem Kreuze, was sie gerade tragen, nicht niederwerfen würde, das wäre eben nicht mehr zulässig im deutschen Vaterlande. Da haben wir diese immer weiter gehende Organisation der politischen Parteien nach religiösen Gesichtspunkten, und zwar nicht sowohl nach religiösen, als vielmehr nach hierarchischen.

(Lachen rechts und im Zentrum.)

Es handelt sich nicht um die Religion, sondern es handelt sich um die Hierarchie. Das ist eben die Differenz, die uns trennt. Ja, meine Herren, das können wir allerdings nicht ruhig mit ansehen, denn in dem Augenblicke, wo Sie unser ganzes politisches Leben vergiften mit diesen Religionskämpfen,

(Lachen rechts und im Zentrum)

wo wir keine Debatte mehr führen können, ohne vom Kulturkampfe zu hören, bloß weil es Ihnen gefällt, im politischen Leben sich als kirchliche Partei geltend zu machen, ja, meine Herren, da kommen wir dahin, daß Alles gefährdet wird, was wir überhaupt noch an Kultur aus den vergangenen Jahrhunderten herübergenommen haben!

(Lachen rechts und im Zentrum.)

Ist es nicht in der That komisch, wenn der Herr Abgeordnete Windthorst sich hier auf die Tribüne stellt und uns den Vorwurf der Intoleranz macht? Ja, meine Herren, es ist eine alte Geschichte – ich will die Fabel nicht speziell aufführen –

(Abgeordneter Dr. Windthorst: Warum nicht?)

es ist ja öfter schon vorgekommen, daß sehr unschuldige Aeußerungen aus einem etwas verhüllten, aber innerlich etwas wilden Gemüthe hervorgedrungen sind. Da kehrt sich eben alles um, da machen Sie Toleranz zur Intoleranz und die Intoleranz zur Toleranz, und da glaubt der Herr Abgeordnete Windthorst durch die kühle Bemerkung, daß er gegen die Tiroler Vorgänge gewesen sei, es abwenden zu können, daß seine so viel gepriesene Kirche als die Trägerin der Intoleranz sich noch in der allerneuesten Zeit in Tirol dargestellt hat. Wir brauchen nur die Geschichte der ganzen Vergangenheit bis auf unsere Tage durchzunehmen – es gibt ja kein einziges Land, wo nicht seine Kirche von dem Augenblick an, wo sie die Herrschaft hatte, intolerant war. Wenn wir nun sehen müssen, daß sich von den beiden Seiten her die protestantische und katholische Kirche als die eigentlichen Trägerinnen unserer politischen Bewegung geltend machen, daß sie von der Regierung anerkannt werden, daß die Regierung auch in dieses Horn hineinbläst, ja, dann sieht es aus, als ob wir alle zum Kreuze werden kriechen müssen –

(Rufe im Zentrum: das wäre sehr gut!)

– ja gewiß, das wäre sehr gut; aber wir lieben es nicht, zum Kreuze zu kriechen, wir überlassen das den Herren von jener (rechten) Seite, ihren Nacken krumm zu machen, wir wollen es nicht thun. Darum kämpfen wir eben, darum widersetzen wir uns dieser Entwickelung.

Meine Herren, ich weise es auf das Entschiedenste zurück, wenn Herr Dr. Windthorst und seine Freunde uns verantwortlich machen wollen für die Folgen, welche der Kulturkampf angenommen hat. Als wir diesen Namen in unserem Programm aufgestellt haben, da haben wir ihn aufgestellt, um anzudeuten, daß das nicht ein Krieg im gewöhnlichen Sinne sein sollte, der zur Intoleranz führen könnte, daß dieser Kampf nicht in eine Verfolgung Einzelner auslaufen sollte, sondern in einer größeren Freiheit der Individuen.

(Rufe im Zentrum: Sie haben ja für alle Gesetze gestimmt!)

Ich kann hier nicht die ganze Geschichte des Kulturkampfes entwickeln und bitte um Entschuldigung, daß ich schon so weit auf denselben eingegangen bin; aber ich kann es mir nicht gefallen lassen, daß man mir alles in die Schuhe schiebt, was der Kulturkampf auch für mich Peinliches und Unangenehmes gebracht hat und was ich aufs äußerste gewünscht hätte, vermieden zu sehen.

(Zuruf.)

– Herr Gott! ja; ich habe für alles gestimmt, weil ich geglaubt hatte, der Herr Reichskanzler würde konsequenter sein, als er gewesen ist. Ich habe angenommen, daß er, so gut wie er schließlich zum Zivilstandsgesetz gekommen ist, auch in der Gesetzgebung über Schule und Kirche dahin kommen werde, die wirkliche Befreiung der Schule herbeizuführen und die Kirche in die Stellung zu bringen, welche ihr gebührt, nämlich sich aufzubauen auf der Ueberzeugung der Einzelnen, auf wirklicher Gewissensfreiheit, und danach sich zu gestalten. Nun, meine Herren, das ist fehlgeschlagen. Ich erkenne an, daß ich mich getäuscht habe; es haben sich viele andere Männer auch darin getäuscht, die glaubten, der Reichskanzler würde weiter gehen, als er gegangen ist. Ich will es zugestehen, wenn Sie wollen, ich habe Unrecht gehabt; und hätte ich abgesehen, daß es zu weiter nichts kommen sollte, als zu dieser Situation, so würde ich wahrscheinlich nein gesagt haben. Ich habe aber damals die Ueberzeugung gehabt, daß die Regierung die Absicht habe, definitive Verhältnisse zu schaffen, in denen sich alle Religionsbekenntnisse in diesem Reiche friedlich neben einander entwickeln könnten. Wenn wir nun auf diese Aussicht im Augenblick verzichten müssen, so werden Sie, meine Herren, es uns doch nicht verdenken können, wenn wir auf eine bessere Zukunft hoffen und in dieser Hoffnung allerdings nicht wünschen, daß zu viel präjudizirt werde durch die Schritte der Gegenwart.

Der Herr Reichskanzler hat Eines ausgesprochen, wofür ich ihm in hohem Maße dankbar bin, nämlich, daß mit dem Papste nicht zu verhandeln sei wie mit einer auswärtigen Macht. Daraus schließe ich wenigstens, daß alles hinfällig ist, was man in der letzten Zeit gefabelt hat über eine Unterstützung, die von dieser Seite aus dem Papstthum gegeben werden solle, um wieder eine weltliche Machtstellung zu erlangen; denn ich würde es sonst nicht verstehen, wie die beiden Dinge sich vertragen sollten, daß er das Papstthum nicht als eine auswärtige Macht betrachtet und doch anerkennte, daß ihm eine weltliche Machtstellung gebühre. Von diesem Standpunkt aus, das kann ich nicht leugnen, ist mir der Gedanke einer besonderen Vertretung beim Papste – ich weiß nicht, welche Form sie annimmt – nicht ganz sympathisch. Ich will indessen meine Betrachtungen darüber gern verschieben bis zu dem Augenblicke, wo ich die Ehre haben werde, den Herrn Ministerpräsidenten von Preußen zu sprechen. Nur möchte ich dem Herrn Reichskanzler gegenüber noch Eines betonen: die liberale Seite dieses Hauses war bekanntlich in vielen Punkten der Meinung, daß die gegenwärtige Reichsverfassung die rechtliche Stellung des Kaisers zu sehr beengt, und so war es auch in Bezug auf die diplomatische Vertretung nach außen. Ich kann auch nicht sagen, daß ich es für ein glückliches Beispiel halte, wenn etwa eine diplomatische Vertretung Preußens außerhalb Deutschlands in einer solchen Form inaugurirt würde, daß dadurch irgend ein anderer Staat geneigt wäre, die Nachfolge anzutreten und in noch ausgedehnterer Weise eine diplomatische Vertretung stattfinden zu lassen.

Darin stehen wir dem Herrn Reichskanzler ganz zur Seite, daß wir wünschen, daß das Reich nach außen die volle Einheit und die volle Kraft der Einheit zu erkennen gebe. Alles, was geeignet ist, nach dieser Richtung hin eine Schwächung auch nur anzudeuten, das trifft bei uns von vornherein auf eine gewisse Antipathie. Darum kann ich sagen: schon von diesem Gesichtspunkte aus ist eine Vertretung Preußens beim Papst etwas, was ich nicht gerade mit großer Sympathie empfangen würde. Wenn nun die Sache aber weiter geht, wenn namentlich in der letzten Zeit uns sogar die Aussicht eröffnet worden ist, daß wir den Papst mit der ganzen Kurie in unser eigenes Land bekommen sollen,

(Heiterkeit)
– ja, meine Herren, dann wird die Aussicht allerdings doppelt unheimlich.
(Heiterkeit)
Wenn wir in der That in eine solche Situation kämen und uns bei diesem Mann, der bei uns residirt, noch besonders vertreten lassen würden durch einen Regierungsbeamten, so würde das nach meiner Meinung außerhalb aller derjenigen Bestrebungen liegen, die wir im Interesse des Reichs und der Nation für wünschenswerth halten."

Anschließend setzt sich Virchow mit Bismarcks Behauptung auseinander, dieser sei durch seine Kollegen im Preußischen Ministerium seinerzeit zu Konzessionen bei der Handelsgesetzgebung genötigt worden, denen er nur widerstrebend zugestimmt habe. Virchow entgegnet, auch eine widerstrebende Zustimmung Bismarcks könne diesen nicht von der Verantwortung freisprechen. Virchow geht dann näher auf das Verhältnis zwischen Bismarck und der Fortschrittspartei ein. Die Beziehung sei zwar nie sehr harmonisch gewesen, aber ein Entgegenkommen der Fortschrittspartei „...auf allen Gebieten, auf denen sie im Stande war, dem Reichskanzler bei seinen jeweiligen Operationen zu helfen, hat doch stattgefunden."

Dann geht er auf den Abgeordneten Dr. Reichensperger (Beckum) ein, dessen Ausführungen über einen Professor, der über die *mechanische Entstehung des Gewissens* gesprochen habe, für ihn unverständlich seien. Sollten diese Ausführungen auf ihn (Virchow) gemünzt sein, so lehne er dies entschieden ab. Virchow kommt dabei auf den Kulturkampf zurück und betont eindringlich, „... daß die moderne Kultur nicht mehr eine spezifisch christliche, sondern eine allgemein menschliche Entwickelung genommen hat." Er verdeutlicht den für ihn damit bestehenden Unterschied zwischen „Naturalismus" und „Humanismus": „Wir behaupten, daß auf dem Grunde dieser humanen Entwicklung auch die Religionen vollständig bestehen können, sie müssen nur nicht mit hierarchischen Herrschgelüsten auftreten."

135

VI. Medizin

1. Virchow und seine Trias

„Es gibt wenige Punkte in der speciellen Pathologie, welche allmählich zu einem solchen Grad von Verwirrung gekommen wären, als die Krankheiten des Gefäßsystems; vielleicht keinen einzigen außer der Krasenlehre, wo die Erfahrungsresultate in ein so buntes Gemisch von scheinbar empirisch gewonnenen Ansichten, aprioristischen Speculationen und klinischen Willkürlichkeiten begraben worden wären. Es ist kaum ein halbes Jahrhundert verflossen, seit dem man angefangen hat, die Frage von der Arterien-Entzündung ernsthaft zu discutieren", das schreibt Rudolf Virchow im ersten Band seines „Archiv für pathologische Anatomie und Physiologie und klinische Medicin", der 1847 in Berlin erschien und mit dem er den Grundstein seines bis heute anhaltenden Weltruhmes gelegt hat. Gleich vielen seiner Zeitgenossen beschäftigte sich Virchow in den 1840er Jahren intensiv mit der „Chemie des Blutes". Und indem er die Krasenlehre seines älteren Wiener Kollegen Karl von Rokitansky (die besagt, daß die Mischung der Säfte bei der Fibrinkrasis auf fehlerhafter Zusammensetzung des Faserstoffes im Blut beruhe) als eine humoral-pathologische Irrlehre von den Säften vernichtend kritisierte, hat er gleichzeitig entscheidende neue Entdeckungen zur Pathologie des Blutes gemacht. Auch die heute noch gültigen Definitionen von Thrombose und Embolie wurden von ihm geschaffen. Zwar gab es schon lange vor Virchow (besonders im 17. Jahrhundert) Embolieforschungen und Embolieversuche, aber Virchow mußte, als er sich mit unserem Gegenstand zu beschäftigen begann, zunächst einmal die wenigen naturwissenschaftlich verwertbaren Daten über die Zu- oder Abnahme des Fibrins bei bestimmten Krankheiten erweitern und ergänzen um dann zu beweisen versuchen, daß sie nicht für die Stützung eines weitgehend unwissenschaftlichen – also unbeweisbaren, halb mystischen – „Systems von Krasien" oder „Diskrasien" im Sinne Rokitanskys und anderer Pathologen verwertbar seien, sondern naturwissenschaftlich-empirischen Schlußfolgerungen zu unterliegen hätten, wie alle anderen Gegenstände in der Medizin auch.

Es war also der Anfang einer uns heute selbstverständlichen naturwissenschaftlichen Methode in der Medizin, die wir bei den frühen Thrombose- und Emboliestudien Virchows zu fassen bekommen. Viele dieser Studien sind entweder nur handschriftlich überliefert oder liegen ausschließlich in den selten gewordenen Erstdrucken vor. Etwa 5 Jahre, zwischen 1845 und 1850, hat sich Virchow besonders intensiv mit dem Blut beschäftigt.

Virchow begann seine Forschungen über die „Chemie des Blutes" nicht gezielt mit Studien über Thrombose und Embolie, sondern mit Untersuchungen der sogenannten „Phlebitis" (die Venenentzündung war damals natürlich auch etwas anderes als das, was wir heute darunter verstehen). Zunächst untersuchte er den Verschluß der Pulmonalarterien, und 1845 erschien sein grundlegender Aufsatz „Über den Faserstoff"; 1846 folgte „Über die Verstopfung der Lungenarterie" und etwas später im gleichen Jahr „Über die chemischen Eigenschaften des Faserstoffs". Von nun an folgten viele „weitere Untersuchungen über die Verstopfung der Lungenarterie und ihre Folgen". Den Abschluß seiner Reihe von etwa 10 weiteren Veröffentlichungen bildete – wie könnte es anders sein bei einem allseitig interessierten Pathologen – 1857 eine Arbeit „Zur Geschichte der Thrombose".

Der Verschluß der Zweige der Pulmonalarterien durch Thromben war von seinen Zeitgenossen als lokale Phlebitis interpretiert worden. Durch den Beweis, daß die Thromben in der Lunge nichts mit einer lokalen Phlebitis zu tun hatten, daß sie nicht dort gebildet wurden, sondern Teile anderer Thromben waren, die sich losgerissen hatten und durch den Blutstrom in die Lunge gelangt waren, konnte Virchow seine erste große medizinisch wichtige Entdeckung machen. Er nannte diese von ihm neu entdeckte pathologische Erscheinung „Embolie". In vielen Fällen konnte er den Ort angeben, von dem sich der Thrombus losgerissen hatte. Das geschah besonders häufig, wenn der Thrombus von einem kleineren in ein größeres Gefäß hineinwuchs und anfing, sich zu erweichen. Virchow konnte zeigen, wie die Thromben sich in ihrer Struktur von einem gewöhnlichen Koagulum unterschieden, und indem er ihre Geschichte studierte, zeigte er zugleich entweder ihren Abbau oder ihre Organisation. Die „mechanischen" Symptome variierten zu seiner

Überraschung von plötzlichem Tod zur Dyspnoe bis zu überhaupt nicht wahrnehmbaren Symptomen. Nun untersuchte er die „Chemie" dieser Erscheinungen. Auf seine eigenen chemischen Leistungen und die forcierte Einführung von chemischen Untersuchungsmethoden in die Pathologie ist er selbst stets besonders stolz gewesen. Die „chemischen" Konsequenzen hingen – so fand er – von der Natur der Embolie ab und konnten Atropie des Lungengewebes, Pneumonie, Gangrän oder Infarkt sein.

Virchow führte eine große Reihe von Hundeversuchen durch und erzeugte durch die Einführung von Fibrin, von Koageln, Muskeln, älterem Mark oder von Gummi in die Vena subclavia künstliche Lungenembolien. Zu seiner großen Überraschung passierten die Fremdkörper oder die Thromben, die aus ihnen entstanden waren, das rechte Herz ohne irgendwelche Symptome. Da sein gesamtes Material, mit Ausnahme des Gummis, verunreinigt war, traten bei seinen Tierexperimenten nach den Embolien schlimme Entzündungen und Nekrosen der Lungen auf; während es – von Ausnahmen abgesehen – in den meisten seiner menschlichen Fälle, die blande Embolien hatten, nicht dazu kam. Die grausigen Endpunkte der in Virchows (zum Teil handschriftlich erhaltenen) Krankengeschichten dargestellten septischen Fälle zeigen das ganze Elend der vorantiseptischen chirurgischen Methoden und Versuche.

Virchow schrieb den Tod bei der Lungenembolie dem Stillstand des Koronarkreislaufs zu. Er experimentierte auch mit der Embolie, indem er Luft, Fett, Stärke und Quecksilber injizierte. Nachdem er eine ganze Gruppe der sogenannten „Phlebitis" ausgeschieden hatte, nahm er zunächst das Problem der arteriellen Entzündung in Angriff, einen beliebten Allerleibegriff deutscher und österreichischer Pathologen und führte klinische, autoptische und experimentelle Untersuchungen durch. Er wies nach (und widerlegte damit Rokitansky), daß bei einer arteriellen oder endokardialen Entzündung an der inneren Wand kein Exsudat gebildet würde, sondern daß durch die Verlangsamung des Blutstromes oder durch endoarteriitische Veränderungen der Wand Thromben gebildet würden, die wiederum eine Embolie verursachen könnten. Der totale Verschluß einer kleinen Arterie beruhte gewöhnlich auf einer Embolie.

Virchow zeigte arterielle Embolien im Gehirn, im Auge und an anderen Stellen des Körpers, hauptsächlich in Fällen von Endokarditis.

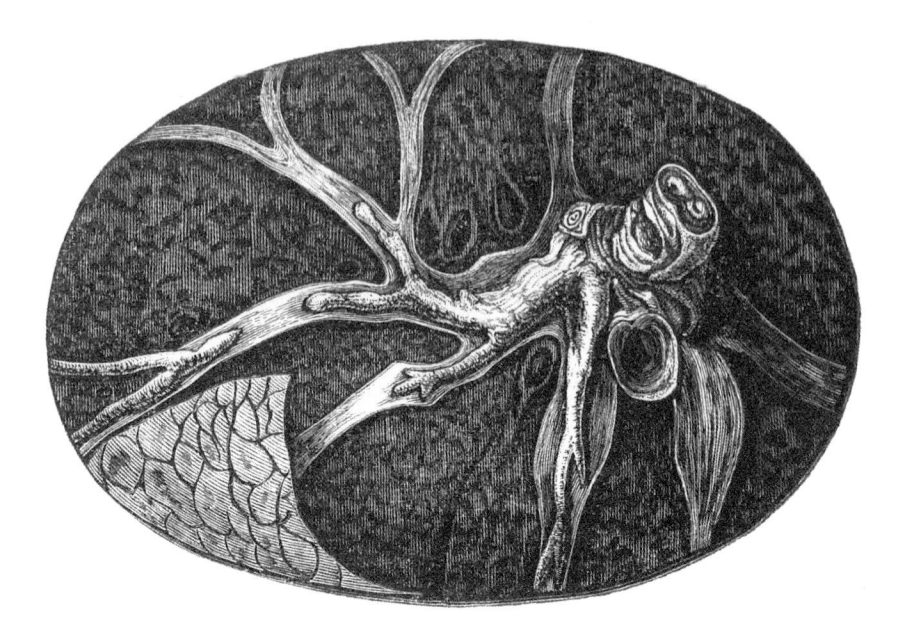

Virchow leugnete das Vorkommen einer Phlebitis oder „Phlogose" (ebenfalls eine Entzündung) der Blutgefäße im allgemeinen nicht, doch glaubte er, daß in den meisten Fällen die primäre Erkrankung nicht die Entzündung, sondern ein mechanisches Ereignis wäre – nämlich die Bildung des Thrombus. Virchow übernahm von Laennec die durchaus mechanische Erklärung der Thrombusbildung, die eine Verlangsamung des Blutstromes als Basis hatte. Nur ein gewisser Prozentsatz der Thrombosen wurde durch eine Infektion des Thrombus zu einer Phlogose. Eine primäre Phlogose mit sekundärer Thrombose erwies sich als sehr selten.

Die Thrombose beruhte für ihn primär auf der Verlangsamung des Blutstromes.

Das, was wir heute unter der sogenannten „Virchow'schen Trias" verstehen, nämlich die Thrombophlebitis der oberflächlichen Venen, die ihre Ursachen in Wandschäden, Verlangsamung der

Blutströmung und erhöhter Gerinnbarkeit bei Infektionen, Traumen, nach Operationen, langem Liegen und Schwangerschaft haben kann, stammt qua Virchow'scher Trias so nicht von Rudolf Virchow, sondern ist eine von späteren Pathologen in Verehrung für Virchow geschaffene bzw. übernommene Bezeichnung für seine einzelnen Entdeckungen.

2. „Wenn eine Frau liebt, so liebt sie in Einem fort, ein Mann thut dazwischen etwas Anderes." Der puerperale Zustand. Das Weib und die Zelle (1847)

Am 11. Januar 1848 hielt Rudolf Virchow in der von seinem späteren Schwiegervater geleiteten, sehr fortschrittlichen „Gesellschaft für Geburtshülfe" zu Berlin einen Vortrag über das Thema „Der puerperale Zustand. Das Weib und die Zelle".

Einleitend weist er darauf hin, daß es nötig sei, zunächst allgemein auf die puerperalen Krankheiten einzugehen und somit etwas weiter auszuholen. Dann sagt der angehende Militärarzt:

„Der vorsichtige Feldherr erforscht vor der Schlacht das Feld; unser Schlachtfeld ist der weibliche Körper im Augenblicke nach der Geburt; versuchen wir daher den Zustand, in dem wir ihn vorfinden, in seinen einzelnen Momenten genauer festzustellen. Dem Beispiel anderer Schriftsteller folgend, werden wir denselben als *puerperalen Zustand* bezeichnen, und die ganze Aufgabe, welche wir zu lösen versuchen werden, wird darin bestehen, die puerperalen Erkrankungen, soweit es möglich ist, aus dem puerperalen Zustand zu entwickeln. Der Gegenstand meines heutigen Vortrages wird die Entwickelungsgeschichte des puerperalen Zustandes bis zur Geburt sein.

Seitdem die Physiologen sich dahin geeinigt haben, dass jede Menstruation mit der Loslösung einer Eizelle und dem Uebergehen derselben in die Geschlechtswege verbunden ist [...], musste natürlich der absolute Unterschied zwischen Schwangerschaft und Menstruation fortfallen. *Die Menstruation ist eine Schwangerschaft im kleinsten Maassstabe:* letztere unterscheidet sich von ihr nur dadurch, dass die Eizelle zu einer weiteren Entwickelung kommt und demgemäss auch eine weitere Veränderung an den Geschlechtswegen nothwendig wird. Jede Schwangerschaft hebt mit einer Menstruation an und das Datum der Embryobildung ist von der letzten, dagewesenen Menstruation an zu rechnen. Jede Menstruation ist der Anfang einer möglichen Schwangerschaft.

Wenn nun der puerperale Zustand die durch die Schwangerschaft und Geburt an dem weiblichen Körper hervorgebrachten Veränderungen umfasst, die Schwangerschaft aber mit einer Menstruation anhebt, so folgt von selbst, dass man, *um den puerperalen Zustand in seiner Entwickelung zu begreifen, bis auf die Menstruation zurückgehen muss*. Ein solches Zurückgehen ist nicht mit Bewusstsein versucht worden, so weit mir bekannt ist[46], weil die selbstgenügsame Art, mit der die pathologische Anatomie in den letzten Jahren auch die genetischen Vorgänge aus sich selbst heraus zu deuten gewagt hat, eine umfassende Berücksichtigung der physiologischen Thatsachen vernachlässigen liess. Es erklärt sich daraus die Zerstückelung und Zusammenhangslosigkeit eines grossen Theils der Weiberkrankheiten, welche in der innigsten Verbindung unter einander stehen. Diesen Gedanken an den einzelnen Beispielen bis zu seinen äussersten Consequenzen zu verfolgen, kann natürlich nicht in meinem Plane liegen; es genügt mir, ihn einer so intelligenten Körperschaft anheim zu geben.

Sobald die Menstruation aufgehört hatte, in der Anschauung der Physiologen eine mehr oder weniger in sich abgegrenzte Entität zu bilden, so bestand auch kein Grund mehr, teleologische Vorstellungen auf sie anzuwenden. Die Menstruation konnte nicht mehr als eine Reinigung des Körpers von schädlichen Stoffen, nicht mehr als ein Vorgang zur Entleerung desjenigen Blutes, welches die Natur eigentlich zur Embryobildung aufgespart hatte, nicht mehr als ein Streben zur periodischen Regeneration der Geschlechtswege angesehen werden. Es genügt vorläufig, zu wissen, dass bei jeder Menstruation eine Eizelle sich von dem Eierstock ablöst und in die Geschlechtswege übergeht, und dass, wenn sie in diesen Wegen dem männlichen Samen begegnet, sie den Anstoss zu einer weiteren Entwickelung erfährt und eine Befruchtung stattfindet. Will man sich vorstellen, dass die Natur oder der Urheber derselben die einzelne Eizelle mit dem weisen Zwecke ablöst, *damit* sie auf dem Platze sei, wenn die Schaar der Samenfäden anrückt; macht es einem Vergnügen oder findet es einer seinen allgemeinen Anschauungen gemäss zu denken, dass dieses Verhältniss von Anfang des Menschengeschlechts her oder seit der Austreibung aus dem Paradiese so angelegt sei, *damit* unser herrliches Geschlecht nicht aus dem zoologischen Systeme verschwinde – nun gut, so möge er es thun; wir sind zufrieden, zu wissen, dass *weil* das Verhältniss einmal da ist, jene Folgen nicht ausbleiben können. Wir müssen aber bei solchen teleologischen Betrachtungen immer an die Erklärung unseres grossen Mauserphilosophen über den Zweck der Flöhe, Läuse und Milben denken, dass sie nämlich da seien, damit man sich kratze und seine Epidermis mausere.

Wenn demnach die physiologische Bedeutung der Menstruation in der Reifung und Loslösung einer Eizelle, für deren weitere Entwickelung die Organe sich vorbereiten, beruht, und wenn die Schwangerschaft in einer weiteren Entwickelung des menstrualen Zustandes besteht, so erhellt leicht, *dass der puerperale Zustand diejenige Reihe von Veränderungen umfasst, welche durch die Beziehungen zwischen dem Weibe und der Eizelle bedingt werden.*

Wenn der Naturforscher dem Gebrauche der Geschichtschreiber und Kanzelredner zu folgen liebte, ungeheuere und in ihrer Art einzige Erscheinungen mit dem hohlen Gepränge schwerer und tönender Worte zu überziehen, so wäre hier der Ort dazu, denn wir sind an eines der grossen Mysterien der thierischen Natur getreten, welche die Stellung des Thieres gegenüber der ganzen übrigen Erscheinungswelt enthalten. Die Frage von der Zellenbildung, die Frage von der Erregung anhaltender gleichartiger Bewegung, endlich die Fragen von der Spontaneität am Nervensystem und an der Seele – das sind die grossen Aufgaben, an denen der Menschengeist seine Kraft misst. Mögen die speculativen Wissenschaften in ihrer Beschränktheit voll Selbstgefühl auf die realistischen herabsehen, nie werden sie auch nur das kleinste Partikelchen dieser Fragen zu ergründen verstehen; wenn sie die Schwierigkeit ihrer empirischen Behandlung überhaupt fassen könnten, so würden sie vor der Grösse derselben zurückschrecken. Die Naturforschung kennt keinerlei Schreckbilder, als ‚den Kerl, der speculirt', und keinerlei Grenzen, als zeitliche und räumliche, und es wird die Zeit kommen, da die Physiologie, welche die Anthropologie als einen Theil in sich fasst, die Grenzen ihres Gebietes weiter und weiter stecken und endlich der Speculation keinen Raum mehr lassen wird. Die Gynäkologie, als eine Abtheilung der Anthropologie, hat ihre grosse Bedeutung über die Zeit des augenblicklichen (mechanischen) Handelns hinaus, ihre Bedeutung für die Geschichte des Menschengeistes eben darin, dass sie an der Ergründung jener grossen Fragen Theil nimmt. Die Beziehung des Mannes und des Weibes zur Eizelle zu erkennen, heisst fast so viel, als alle jene Mysterien lösen. Die Entstehung und Entwickelung der Eizelle im mütterlichen Körper, die Uebertragung körperlicher und geistiger Eigenthümlichkeiten des Vaters durch den Samen auf dieselbe berühren alle Fragen, welche der Menschengeist je über des Menschen Sein aufgeworfen hat.

Ich wünschte nicht, dass man es mir als eine Vermessenheit oder als eine Ungeschicklichkeit auslegte, diese alltäglichen Dinge in einer Gesellschaft praktischer Gynäkologen vorgebracht zu haben. Ich wagte es desshalb, weil ich mich der alten Erfahrung erinnerte, dass man zuweilen an den alltäglichen Wundern das Wunder übersieht. Begegnet es doch selbst Weisen, in der Befriedigung vollbrachten Handelns, wenn es auch nur ein Triumph der Kunstfertigkeit war, über einem relativ kleinen und vergänglichen Verdienst der Hände für eine Zeit lang der grossen und ewigen Errungenschaften zu vergessen, welche unermüdliche Forscher durch mühselige Arbeit erwarben und als die Grundlagen der praktischen Thätigkeit, von Kopf zu Kopf, von Geschlecht zu Geschlecht sorgsam übertragen.

Bis zur Entdeckung des Zusammenhanges zwischen der Menstruation und der Loslösung von Eizellen war es ganz natürlich, dass man nicht sowohl nach der Beziehung zwischen dem Weibe zur Eizelle, des Ganzen zum Theil, der wieder Ganzes werden will, sondern nach der Beziehung des Weibes zur Menstruation fragte, und da hinwiederum an der Menstruation die Periodicität sich als die auffallendste Erscheinung darstellte, so lag es nahe, gerade an sie die Betrachtung anzuknüpfen. Dass eine Beziehung zwischen dem Monde und der Menstruation nicht haltbar sei, war sehr leicht zu erkennen, und so kamen dann die Theorien von einer periodischen Reinigung des Blutes, von einer periodischen Regeneration der Uterinschleimhaut, von einer periodischen Ausscheidung des von der vorsorglichen Natur für einen möglichen Embryo bestimmten Materials. Jetzt zerfällt die früher einfache Frage aber in vier:

1) wie das Ei sich bildet,
2) warum in der grossen Mehrzahl der Fälle beim Menschen gleichzeitig nur eine Eizelle zur Reifung kommt,
3) warum diese Entwickelung periodisch geschieht,
4) in welchem Zusammenhange die Entwickelung der Eizelle mit den übrigen Veränderungen des weiblichen Körpers steht.

Für unseren Zweck ist, genau genommen, nur die letzte Frage von Bedeutung, und wir können uns eines näheren Eingehens auf die übrigen um so mehr enthalten, als der Stand der Wissenschaft noch keine Entscheidung derselben erlaubt. Nur die Frage nach der Periodicität der Eizellen-Reifung werden wir nicht ganz umgehen können.

Betrachten wir die Beziehungen zwischen dem mütterlichen Körper und dem Ei, so entsteht alsbald der Zweifel, ob die Veränderungen an dem mütterlichen Körper die Entwickelung der Eizelle bedingen oder umgekehrt. Im ersteren Falle handelt es sich um primäre periodische Veränderungen in der Organisation des Weibes, im letzteren um selbstständige periodische Entwickelung einzelner Eizellen. Allein wenn man genauer zusieht, so findet man leicht, dass die Frage falsch formulirt ist. Die Eizelle kann nie als etwas für sich Bestehendes, in sich selbst alle Bedingungen seiner Existenz Findendes aufgefasst werden; immer ist sie ein Theil des mütterlichen Körpers und als solcher drückt von vorn herein jede Veränderung an ihr auch eine Veränderung am Mutterkörper aus. Es kann also nur in Frage kommen, ob allgemeine oder örtliche Veränderungen an dem Mutterkörper die Bedingungen der periodischen Entwickelung sind. Mit dieser Frage stehen wir an einem der grössten Abgründe der Medicin, ich meine an der Kluft zwischen Humoral- und Solidarpathologie [die Humoralpathologie ist eine in der griechischen Antike entstandene Lehre, nach der alle Krankheiten auf die fehlerhafte Zusammensetzung des Blutes und anderer Körpersäfte zurückzuführen seien; die Solidarpathologie ist eine später entstandene Lehre, die in den festen Bestandteilen des Körpers die Ursachen der Krankheiten sucht]. Mögen nämlich die Veränderungen allgemeine oder örtliche sein, so führen sie zunächst auf Veränderungen entweder am Nervenapparat, oder in der Ernährung zurück, und da man sich viele Jahrhunderte hindurch gewöhnt hat, statt der Ernährung den Mittelpunkt derselben, das Blut einzusetzen, so scheint es, als müssten wir uns zwischen Blut und Nerv entscheiden."

Im folgenden erörtert Virchow ausführlich die Frage, ob die Veränderungen am mütterlichen Körper während der Entwicklung der Eizelle entweder auf Veränderungen im Blut oder im Nervenapparat zurückzuführen seien. Um seinen Argumentationsgang zu stützen, kommt Virchow auf das bereits zuvor erwähnte *„Mysterium von der Erregung anhaltender gleichartiger Bewegung"* zu sprechen, wobei er als Beispiele für dieses Prinzip „die Einleitung und Unterhaltung der Gährung und Fäulniss durch eine Fermentsubstanz, die Einwirkung des männlichen Samens auf die weibliche Eizelle, die Beziehungen der thierischen Oekonomie zu Contagien [Ansteckungsstoffe] und Miasmen [nach überholter Anschauung außerhalb des Körpers gebildete Ansteckungsstoffe, insbes. giftige Ausdünstungen des Bodens]" nennt. Das Ferment, der männliche Samen, die Contagien und Miasmen könne man mit Liebig als Erreger bezeichnen.

Virchow führt weiter aus:

„Sobald einer dieser Erreger mit erregungsfähiger Substanz zusammenkommt und die Bedingungen für das Zustandekommen und die Unterhaltung der Erregung günstig sind, so leitet sich eine stets gleichartige Bewegung ein, welche erst dann ihr Ende erreicht, wenn alle erregungsfähige Substanz die Bewegung durchgemacht hat oder der Erreger selbst quantitativ erschöpft ist; ohne das ist die Bewegung endlos."

Dieses Prinzip der „gleichartigen Bewegung" überträgt Virchow anschließend auf die Bildung der Eizelle:

„Wenden wir uns nun zur Bildung der Eizelle zurück, so halten wir uns für berechtigt, aufzustellen, dass *von Anfang her sowohl von dem väterlichen, als mütterlichen Körper gleichartige Bewegung übertragen wird, welche dem aus der Eizelle sich entwickelnden Kindeskörper immanent bleibt und nur mit ihm, d. h. mit dem Tode aufhört.* Nachdem die Erregung einmal geschehen ist, muss die Bewegung immer in gleicher Richtung fortgehen, oder, wie man von dem ontologischen Standpunkte auch sagen kann, muss das Erregungsprincip dem Körper inhärent bleiben. Ein solches Erregungsprincip würde dem Enormon der Hippokratiker, der *Stahl*'schen Seele, der Bildungskraft etc. entsprechen. Unsere Zeit, welche trotz des Vorwurfes des Egoismus, der ihr von den Egoisten so gern gemacht wird, mehr und mehr von den Persönlichkeiten abstrahirt, sucht weder eine Bewegungskraft, noch ein Erregungsprincip; es genügt ihr an der Bewegung und Erregung (dem Stoss), so lange als wir für Beides nicht bestimmtere Begriffe einsetzen können. Es fragt sich aber, ob wir durch eine immanente Bewegung Zellenbildung und Nervenerregung erklären dürfen, ob also die beiden grossen Faktoren des thierischen Lebens im entwickelteren Zustande des Individuums, der vegetative und der animale, wie man früher sagte, oder Ernährung und Nerventhätigkeit, wie wir uns ausdrücken, auf einen so allgemeinen und unerklärlichen Vorgang zurückgeführt werden dürfen. Wir glauben diese Frage bejahen zu dürfen und zwar aus Gründen der Analogie."

Hierzu führt Virchow verschiedene Beispiele aus der pathologischen Praxis an, so z. B. die Syphilis, „wo die kleinste Menge erregender Substanz allmälig eine so totale Veränderung der Ernährung hervorbringen kann, dass kaum ein Gewebe davon verschont bleibt, und selbst Neubildungen der verschiedensten Art sich entwickeln". Daneben nennt er aber auch das Krankheitsgebiet der Dyskrasien, zu denen er Krebs, Tuberkulose, Skrophulose, Skorbut und die Zukkerkrankheit zählt, und rundet seine Erläuterungen mit weiteren geeigneten Beispielen aus der Tier- und Pflanzenwelt ab. Seine bis hierhin gemachten umfassenden Vorbemerkungen veranlassen Virchow zu den folgenden Überlegungen, wobei besonders interessant ist, mit welcher Radikalität er formuliert, daß das Wesen der Weiblichkeit im Grunde nur von der Existenz des Eierstocks, sprich: der „Generationsdrüse", abhängig sei:

„Es schien mir nothwendig zu sein, mit einer gewissen Weitläufigkeit diese Gegenstände zu erörtern, um die nachfolgenden Sätze mit einer grösseren Sicherheit und Klarheit vortragen zu können. Ich hoffe wenigstens, jetzt mit einer gewissen Zuversicht und ohne die Anklage der Willkür oder der Leichtfertigkeit fürchten zu dürfen, aussprechen zu können, dass nach *einem immanenten Gesetz gleichartiger Bewegung, welche nur mit dem Aufhören der zu ihrer Aeusserung nothwendigen Bedingungen endet, an dem Eierstock des Weibes Entwickelungsvorgänge der Art geschehen, dass unter vorausgesetzten Veränderungen der Nerventhätigkeit nach und nach zu einer Reihe einzelner Graaf'scher Follikel vermehrtes Ernährungsmaterial geführt wird, und eine periodische Bildung und Reifung von Eizellen geschieht,* wobei freilich nicht zu vergessen ist, dass weder aus jenem Gesetz allein, noch aus den allgemeinen Nervengesetzen die Periodicität zu erklären ist. Wir können nun fernerhin die Frage, ob ursprüngliche Veränderungen an dem weiblichen Körper die Reifung der Eier bedingen, oder umgekehrt, dahin beantworten, dass jedenfalls ein Theil der Veränderungen des Mutterkörpers auf dieselben Ursachen zurückzuführen ist, von denen die Bildung und Reifung der Eier abhängt. Wie könnte man auch daran zweifeln, wenn man die Entwickelungsgeschichte des Weibes überhaupt verfolgt? Sehen wir nicht, wie von vorn herein die ganze Anlage des Weibes mit der Ausbildung des Geschlechtsapparates in geradem Verhältniss sich entwickelt? wie die sexuellen Verschiedenheiten erst mit der Differenzirung der Generationsdrüse, die ursprünglich identisch ist[47], zu Tage treten? Gewiss, dasselbe Entwickelungsgesetz dominirt den ganzen weiblichen Körper und demgemäss auch den Eierstock, und wenn dieses grosse Gesetz gleichartiger, immer fortgehender Bewegung in seinem Einfluss auf die Ernährung und Nerventhätigkeit nicht zu verkennen ist, wie wir zu zeigen gesucht haben, so lässt es sich leicht fassen, dass in denjenigen Zeiträumen, wo die innere Bewegung an dem weiblichen Körper am lebhaftesten geschieht, gleichzeitig die allgemeinen Verhältnisse der Ernährung und Nerventhätigkeit, und die örtlichen der Eierstocksentwickelung ihre Culminationspunkte erreichen. Dabei muss aber besonders berücksichtigt werden, dass die Existenz der Generationsdrüse, des Eier-Stocks, ein nothwendiges Erforderniss für das Zustandekommen jener Bewegung überhaupt ist, dass diese Bewegung gewissermaassen von jener Drüse abhängt. *Das Weib ist eben Weib nur durch seine Generationsdrüse;* alle Eigenthümlichkeiten seines Körpers und Geistes oder seiner Ernährung und Nerventhätigkeit: die süsse Zartheit und Rundung der Glieder bei der eigenthümlichen Ausbildung des Beckens, die Entwickelung der Brüste bei dem Stehenbleiben der Stimmorgane, jener schöne Schmuck des Kopfhaares bei dem kaum merklichen, weichen Flaum der übrigen Haut, und dann wiederum diese Tiefe des Gefühls, diese Wahrheit der unmittelbaren Anschauung, diese Sanftmuth, Hingebung und Treue – kurz, Alles, was wir an dem wahren Weibe Weibliches bewundern und verehren, ist nur eine Dependenz des Eierstocks[48]. Man nehme den Eierstock hinweg, und das Mannweib in seiner hässlichsten Halbheit mit den groben und harten Formen, den starken Knochen, dem Schnurrbart, der rauhen Stimme, der flachen Brust, dem missgünstigen und selbstsüchtigen Gemüth und dem schiefen Urtheil steht vor uns. [...]"

Die folgenden Ausführungen benutzt Virchow hauptsächlich dazu, um darzulegen, „dass ein wesentlicher Unterschied zwischen Menstrualblut und Menstrualflüssigkeit besteht." Was den Zusammenhang der Ei-Entwicklung mit den übrigen Veränderungen des weiblichen Körpers betrifft (vgl. Nr. 4 der auf die Bedeutung der Menstruation gerichteten oben genannten Fragen), so hält Virchow als Zwischenfazit fest, „dass bei der jedesmaligen, periodisch eintretenden Reifung von Eizellen an dem weiblichen Körper eine Reihe von Veränderungen auftritt, zum Theil örtlich, charakterisirt durch einen, den katarrhalischen acuten Schleimhautentzündungen ähnlichen Vorgang an der Schleimhaut der Geschlechtswege, zum Theil allgemein, charakterisirt durch Störungen der Ernährung und Nerventhätigkeit."

Schließlich kommt Virchow, nicht ohne Pathos, auf den Moment zu sprechen, in dem eine Frau sich Kinder wünscht:

„Gehen wir einen Schritt weiter, wie das Weib selbst fortschreitet. Mag es kürzere oder längere Zeit währen, endlich einmal wird der Augenblick kommen, da der Kampf zwischen dem jungfräulichen Stolz und dem geheimen Sehnen, zwischen der äusserlichen Sprödigkeit, welche sich wohl noch die ganze und ungetheilte Persönlichkeit erhalten möchte, und dem jungen, innen sich regenden Leben, zwischen der Schaam und der Wollust seine Endschaft erreicht und die Liebe triumphirend einzieht, jene Frauenliebe, von der die Weiber sagen, dass sie von der Männerliebe verschieden sei. ‚Wenn eine Frau liebt', sagt die Verfasserin von St. Roche [es handelt sich um Henriette von Paalzows bei Max in Breslau 1839 erschienenes dreibändiges Werk „Sainte Roche"], ‚so liebt sie in Einem fort; ein Mann thut dazwischen etwas Anderes.' Wie dem auch sei, die Jungfrau ist es müde, immer nur lebensfähige Zellen, die Möglichkeiten von Generationen producirt zu haben, sie will nun auch wirklich lebende Zellenhaufen, Kinder hervorbringen. Und wiederum leitet sich nun jenes grosse Mysterium an sich endloser, gleichartiger Bewegung ein, oder wie *Friedr. Schlegel* in der Lucinde das ausdrückt: ‚die Wollust wird in der einsamen Umarmung der Liebenden wieder, was sie im grossen Ganzen ist – das heiligste Wunder der Natur, und was für andere etwas ist, dessen sie sich mit Recht schämen müssen, wird für uns wieder, was es an und für sich ist, das reine Feuer der edelsten Lebenskraft.' Und so wird der Träger dieser Kraft, oder wie wir sagen, der Erreger jener Bewegung, der männliche Samen durch unwillkürliche, reflektirte Muskelaktion in die weiblichen Geschlechtswege, welche die reine Feder unseres geistreichen Vicepräsidenten ‚Geschlechtsdarm' genannt hat, eingetrieben; die flimmernden Epithelialzellen der Tubar- und Uterinschleimhaut führen das Ei und die flimmernden Samenfäden zusammen; die Erregung geschieht und die bis dahin nur lebens*fähige* Zelle hat nun wirkliches, selbstständiges Leben. Das zweite Stadium des beginnenden puerperalen Zustandes ist angefangen; der menstruale Zustand ist zur Schwangerschaft fortgeschritten."

Die körperlichen Veränderungen, die ab diesem Zeitpunkt eintreten, unterteilt Virchow in „örtliche Veränderungen des Geschlechtsapparates und allgemeine der Ernährung und Nerventhätigkeit" und beschreibt diese Veränderungen äußerst detailliert unter Rückgriff auf fremde und eigene Untersuchungsergebnisse. Er beendet seinen Vortrag in der Hoffnung, „zeigen zu können, dass die Erkenntniss des puerperalen Zustandes die eigentliche Basis der Lehre von den puerperalen Erkrankungen ist." Vielleicht sei es ihm „aber schon jetzt gelungen, darzuthun, dass zwischen der Physiologie und Pathologie keine eigentliche Grenze ist, und dass der Aufbau der letzteren zu einer pathologischen Physiologie dereinst die Medicin als die einige, grosse Wissenschaft vom Menschen erscheinen lassen muss."

3. Zur Trinkerproblematik (Alkoholabusus)
Rede im Reichstag 6. April 1881

Im Rahmen seiner sozialmedizinischen Bestrebungen setzte Virchow sich auch mit dem Problem des Alkoholismus auseinander. Am Ende des 19. Jahrhunderts hatte man sich zur Unterscheidung von drei Formen des Alkoholismus durchgerungen: 1. die akute Trunkenheit, 2. die chronische Trunksucht, 3. das akute Delirium tremens. Es wurden nun gesetzgeberische Maßnahmen zur Heilung chronisch Alkoholkranker verlangt. Die bereits hier und da bestehenden Trinkerasyle waren nur wenigen zahlungsfähigen Angehörigen bemittelter Klassen vorbehalten. Da Alkoholismus vor allem ein Problem der Masse der Armen war, mußte man für diese eine Lösung suchen. In diesem Sinne sah Virchow in England vorbildliche Einrichtungen. Dort hatte man 1879 einen „Habitual drunkards act" erlassen, der den Eintritt in eine Trinkerheilanstalt auf freiwilliger Basis regelte. Die englischen Erfahrungen spiegeln sich in Virchows Rede im Deutschen Reichstag vom 6. April 1881 wider.

Thema war ein Entwurf der Regierung Bismarck, der Trunkenheit gesetzlich bestrafen sollte. Virchow bezweifelt zunächst, daß die Alkoholproblematik im Lande einen so hohen Grad erreicht habe, daß dies durch ein Gesetz geregelt werden müsse. Die bisherigen Untersuchungen seien unzureichend und würden die Situation verfälschen. Ab wann könne man überhaupt jemanden als Trinker bezeichnen? Wo ziehe man da denn die Grenze? Wie müsse der auf jeden Fall vorhandene Unterschied zwischen „Trinker" und „Säufer" definiert werden? V. geht dann näher auf das Phänomen ein, daß in südlicheren Ländern weniger getrunken werde als in nördlichen. Dies habe seiner Ansicht nach nichts mit Romanismus oder Germanismus zu tun, sondern liege daran, „...daß in den klimatischen Verhältnissen ganz andere Bedingungen für die innere Existenz des Menschen gegeben sind." In den skandinavischen Ländern, bei den Finnen, Lappen und Russen werde dagegen viel mehr als in Deutschland getrunken.

In Deutschland hätten sich nun einmal einige Sitten herausgebildet, die nicht einfach durch ein Gesetz ausgelöscht werden könnten. Man dürfe nicht vom Standpunkt des Moralisten aus an diese Sache herangehen. Um wirklich etwas zu bewirken, müßte man die Steuern für Alkoholika drastisch erhöhen, so daß nur noch wenige Leute sich Alkohol leisten könnten. Dies würde allerdings den Handel mit Spirituosen nahezu lahmlegen. Trotzdem seien die Erfolge einer solchen Gesetzgebung z. B. in England gleich Null gewesen.

Virchow kommt dann auf die Einrichtung von Asylen für Gewohnheitstrinker zu sprechen. Er befürwortet solche Einrichtungen für die vielen wirklich Trunksüchtigen im Lande.

Diese bedeuteten für die Familien eine große Belastung und seien in Asylen dann besser aufgehoben. Hier bestehe allerdings wirklich eine Lücke in der Gesetzgebung, denn Trunksüchtige könnten nicht als „geisteskrank" bezeichnet und aufgrund dessen in eine Anstalt eingeliefert werden, was ja eine Beschränkung des Freiheitsgebrauches mit sich ziehen würde. Dazu sei dann eben doch ein umfassendes Gesetz erforderlich, etwa nach englischem Vorbild. Der von der Regierung jetzt eingebrachte Gesetzesentwurf sei hingegen unzulänglich, da nicht präzise genug. Es heiße in dem Entwurf „..., es müsse ein dem Trunk gewohnheitsmäßig ergebener Mann sein."

Die Frage sei doch aber nun: „...was sind denn eigentlich die Kriterien, an denen man erkennen kann, daß jemand gewohnheitsmäßig dem Trunk ergeben ist."... „Weder die Quantität dessen, was jemand genießt, noch die Qualität desselben, noch die besonderen persönlichen Eigenschaften des Individuums, noch die Häufigkeit, in der das geschieht, sind an und für sich ausreichende Merkmale."

Als Kriterium müsse unbedingt hinzukommen, ob jemand durch seine Trunksucht sich und/oder anderen gefährlich würde oder Schaden zufüge. Die Polizei dürfe nicht einfach jeden Betrunkenen festsetzen.

Anschließend geht Virchow auf die Bestimmungen des Paragraphen 51 des Strafgesetzbuches ein. An dessen Formulierungen hatte Virchow seinerzeit mitgearbeitet. Zur Verteidigung der dortigen Formulierung zitiert Virchow zunächst aus den Motiven. Dann erläutert er, daß Richter gerade in Fällen der Bestrafung der Trunksucht aus Bequemlichkeit oft die Ärzte nicht nur nach der Krankheit befragten, sondern von ihnen eine Beurteilung der Zurechnungsfähigkeit und der Schuldfrage verlangten, um sich selbst das Urteilen leichter zu machen. Solche Beurteilungen seien aber überhaupt nicht Aufgabe der Ärzte. Es müsse strikt verhindert werden, daß ein Richter „...seine Verantwortlichkeit vermindern dürfe dadurch, daß er einen Theil der Fragen, die er sich selbst vorlegen muß, auf andere überträgt." Speziell dieser Gedanke habe im Paragraphen 51 seinen Ausdruck gefunden. Er wurde erforderlich, weil die Praxis bereits in diese Bahnen lief und die übrigen Paragraphen hinsichtlich der Trunksucht zu eng gefaßt und lückenhaft waren. Allerdings müsse man zwei Dinge streng voneinander trennen, erstens, „..., wo nur Trunkenheit vorliegt" und zweitens „wo in der That durch anhaltenden Mißbrauch von Alkohol krankhafte Verhältnisse in dem Körper hervorgebracht worden sind."

Außerdem müsse man unterscheiden, ob sich jemand in diesen Zustand versetzt habe oder versetzt worden sei, und ob dies mit oder ohne Absicht geschah. Diese Kriterien könnten Richter schwer beurteilen. Wie wolle man überhaupt feststellen, ob ein Trunkener zum Zeitpunkt seiner Festsetzung bzw. seiner Tat noch einen freien Willen gehabt habe oder schon so volltrunken war, daß er willenlos gewesen sei? Diese Frage müßte vom Richter von Fall zu Fall ausführlich geprüft werden. Er habe „...durch die verschiedenen Grade der Angetrunkenheit hindurch die Willensthätigkeit des Mannes zu verfolgen und sich ein Urteil zu bilden, ob in dem Augenblick der That der Mann noch so viel Willen übrig hatte, um das nothwendige Urteil fällen zu können."

Virchow wendet sich nicht gegen den Gesetzesentwurf selbst, sondern fordert Verbesserungen, die in genaueren Formulierungen als bisher bestehen sollen, um der Komplexität der Problematik gerecht zu werden. Es käme sonst in der Praxis zu größten Ungerechtigkeiten. Abschließend bemerkt Virchow, daß in Gebieten, in denen der Biergenuß zugenommen und in gleichem Maße der Schnapsgenuß abgenommen habe, die Fälle der Trunksucht merklich zurückgegangen seien. Als Beispiel führt er Ostpreußen an. Wenn man also den Bierkonsum nicht durch Gesetze unterbinde, könne man das Volk vom Schnaps fernhalten.

Im folgenden gebe ich den größten Teil der Rede wieder:

„[... S. 553:] Meine Herren, man kennt es ja, daß gewisse Moralisten außerordentlich tief erregt werden, nachdem etwas vorübergegangen ist, dem sie mit Vergnügen gelauscht haben.
(Heiterkeit.)
Es ist nicht bei dieser Gelegenheit zum ersten mal, wo mir diese Erfahrung entgegentritt, man kann das öfter beobachten. Man hört etwas sehr gern oder sieht es sehr gern, und wenn es vorüber ist, so bekreuzt man sich dreimal und sagt: es war doch entsetzlich.
(Heiterkeit.)
[... S. 554-565:] Nun, meine Herren, muß ich zunächst, da hier mehrfach schon auf das spezielle Gebiet der Medizin zurückgegangen ist, bemerken, daß die erste Prämisse, von der die Redner jener Seite ausgehen und von denen auch der Gesetzentwurf ausgeht, mir nicht vollkommen sicher zu sein scheint, nämlich die Frage, ob in der That das Alkoholwesen einen so hohen Grad erreicht und namentlich, ob es sich in einem so fortschreitenden Wege befunden hat, wie man annimmt. Die Regierungsvorlage selbst hat eine Stelle in den Motiven, wo sie anerkennt, daß eigentlich eine genügende Unterlage für diese Untersuchung nicht vorliegt; sie sagt nur: aber einige Stellen im Land sind doch bekannt geworden, wo es eben sehr schlimm steht, und dafür zitirt sie einen Autor, ohne das Detail anzugeben. Ich war an einer anderen Stelle, wo wir amtlich aufgefordert waren, uns über diese Frage vom Standpunkt der medizinischen Erfahrung aus zu äußern, in der Lage, die vorhandene Statistik in möglichst großer Ausdehnung zu prüfen. Wir haben damals unserer Regierung gegenüber erklärt, daß die vorhandene Statistik absolut unzureichend und unbrauchbar sei, um auch nur eine Seite dieser Frage annähernd zu beurtheilen. Es ist ja selbstverständlich, daß, wenn jemand mit einer gewissen Lebhaftigkeit einen bestimmten Punkt ins Auge gefaßt hat, namentlich einen Punkt, der so sehr in die gewöhnliche Sitte des Landes eingreift, wie das Trinken von alkoholhaltigen Getränken, es ungemein leicht geschieht, daß er dem Alkohol überall begegnet, und – wenn ich mir einmal einen schlechten Ausdruck erlauben darf – auf ihn überall einhackt und alle möglichen Dinge damit in Verbindung bringt. Ich will den Aerzten, welche an der Spitze dieser Alkoholbewegung stehen, durchaus keinen Vorwurf machen, aber ich muß sagen, etwas Fanatismus haben sie alle, etwas sind sie immer ge-

neigt über das Gebiet der wirklichen sachlichen Erfahrung hinaus zu greifen; ja, wenn man ins Auge faßt, was sie zur Begründung vorbringen, so kann man sich meistentheils schon aus ihren Angaben allein überzeugen, daß auch scheinbar sehr bestimmte Zahlen, die sie beibringen, unsicher sind und oft auf ganz willkürlichen Unterlagen beruhen. Die rheinisch-westfälische Gefängnißgesellschaft und namentlich Professor Nasse hatten, indem sie selbst fühlten, wie wenig das vorhandene Material ausreichend ist, an unseren Kultusminister das Ersuchen gerichtet, in den Krankenhäusern eine genaue Statistik aufnehmen zu lassen, um auf diesem Wege wenigstens für gewisse Kategorien von Personen sicher feststellen zu können, wie die Sache sich eigentlich verhalte. Es hat sich aber bei dem Versuch, diesem Wunsche zu genügen, sofort herausgestellt, daß es beinahe unmöglich ist, eine ausreichende Methode zu finden, nach welcher man überhaupt eine solche Statistik ernstlich angreifen kann. Ich will das hier gleich im Voraus konstatiren, weil ein sehr wesentlicher Punkt in den Argumentationen der Regierung die Frage ist, wo fängt der Trinker im technischen Sinne eigentlich an, oder, ich darf mich vielleicht auch des wissenschaftlichen Ausdrucks

(Heiterkeit)

des Herrn Abgeordneten von Schwarze bedienen: wo fängt der Säufer an? Denn, meine Herren, das werden wir uns doch von vornherein zugestehen müssen, in dieser Materie ist ein großer Unterschied zwischen Trinker und Säufer. Ich gehe nicht so weit, wie der Herr Reichskanzler, daß ich im Alkohol ein wirkliches Bedürfniß der niederen Volksklassen anerkenne, daß ich es für eine Art Nothwendigkeit ansehe, ihnen diese Wohltat nicht zu verkümmern; ich bin überzeugt, daß ein bedeutender Rückgang des Alkoholtrinkens in der That möglich wäre, ohne daß die Arbeits- und Leistungsfähigkeit unserer Bevölkerung wesentlich darunter leiden würde, ja, es würde ihr vielleicht nützlich sein.

Indessen, meine Herren, wir wollen auch die Sache nicht rein ethnologisch auffassen, wie Herr Reichensperger, der die Germanen und Romanen einander gegenübergestellt. Ja, wenn jemand die Mäßigkeit eines süditalienischen oder griechischen Arbeiters sieht, namentlich zum ersten male sieht, welche Lasten er bewältigt und wie anhaltend er arbeitet, ohne daß er irgend ein Bedürfniß zeigt, durch Wein oder Schnaps oder sonst etwas nachzuhelfen, so ist das allerdings sehr überraschend, aber, meine Herren, das liegt nicht im Romanismus oder Germanismus, sondern darin, daß in den klimatischen Verhältnissen ganz andere Bedingungen auch für die innere Existenz des Menschen gegeben sind. So kann ich auch wohl sagen: daß man im Norden mehr trinkt, ist nicht bloß germanische Sitte; der Herr Abgeordnete Reichensperger braucht nur ein wenig weiter zu gehen, so wird er finden, daß es noch viel mehr slavische Sitte ist. Ja selbst wenn er sich darauf beschränkte, einen kleinen Exkurs in das russische Budget zu machen, so würde er sehen, mit welchen Quoten der Branntweingenuß zum Wohlergehen unseres großen Nachbarreiches beiträgt. Dasselbe findet sich in demselben Maße bei den Finnen, wie bei den Skandinaviern, und selbst bei den Lappen, also bei allen möglichen ethnologischen Gruppen, die wir im Norden treffen. Etwas mildernd, sollte ich meinen, müßte doch in der That eine solche Betrachtung einwirken. Wir dürfen nicht einfach sagen, wenn etwas im Süden nicht in der Weise stattfindet, wie bei uns, so müssen wir gleich mit der Gesetzgebung hineinfahren.

(Zuruf.)

Ja, Herr Abgeordneter Reichensperger, es ist immer eine wesentliche Differenz. Man muß bei der Gesetzgebung sich nicht einfach auf den Standpunkt des Moralisten stellen, das ist unmöglich. Wir müssen uns in die Verhältnisse unseres Volkes hineindenken, und wir werden anerkennen müssen, daß gewisse Gewohnheiten, die sich allmählich im Laufe der Zeit mit den sich ändernden Sitten umgestalten, unmöglich ohne weiteres durch die Gesetzgebung geändert werden können. Das ist der Punkt, der mich überhaupt bei diesem Gesetz am meisten beunruhigt, daß man sich vorzustellen scheint, man kann ohne weiters durch die Gesetzgebung das ganze sittliche Verhältniß des Volkes ändern. Ja, meine Herren, das werden Sie wieder läugnen, aber eigentlich ist das doch der Gedanke, von dem die Vorlage ausgeht. Diejenigen, welche, wie ich sehr gerne anerkenne, im besten Sinne diese Bewegung inscenirt haben, haben in der That gemeint, wenn der Staat nur seine Gesetze recht streng machte, so wird ohne weiteres die Folge sein, daß die allergrößte Abnahme im Schnapsgenuß eintrete und die allervortrefflichsten Verhältnisse bei uns hergestellt würden.

Nun, meine Herren, hätte ich doch erwartet, daß den verbündeten Regierungen aus dem großen Schatze von Wissen und Erfahrungen, der Ihnen zu Gebote steht, uns nachgewiesen hätten, daß in irgend einem der Länder, deren Gesetzgebungen man uns als Modell vorführt, diejenigen Hoffnungen sich erfüllt haben, welche man an ein derartiges Gesetz geknüpft hatte.

(Sehr gut! links.)

Das, meine ich, hätte der erste Punkt sein sollen, den man uns gegenüber hätte darthun sollen. Man kann ja in der That gesetzlich soweit gehen, daß der Bezug von alkoholhaltigen Getränken beinahe zur Unmöglichkeit wird, wie das z. B. in Norwegen der Fall gewesen ist. Wenn man so hohe Steuern auferlegt, so hohe Erschwerung für die Konzession zum Verkauf von Spiritus und Alkohol vorschreibt, daß nur die allerreichsten Leute sich überhaupt in den Besitz von derartigen Getränken setzen können, dann muß freilich sehr schnell eine sichtbare Wirkung eintreten. Indessen, meine Herren, wenn Sie so weit nicht gehen wollen – und bis jetzt habe ich noch nirgends gehört, daß man die Absicht hätte, derartige, beinahe bis zur Negation des ganzen Handels gehende Verbote eintreten zu lassen – wenn man das nicht will, dann kann ich nur konstatiren, daß auch alle verschiedenen Gesetzgebungen über Trunksucht ohne einen durchgreifenden Erfolg gewesen sind.

Ich habe noch in diesen Tagen, meine Herren, in Beziehung auf England, wo man sich so viel Mühe damit gegeben hat, wo man so weit gegangen ist, daß man den Gewohnheitstrinkern gegenüber die äußersten Erschwerungen der Selbstbestimmung hat zugeben können, mich erkundigt und auch da wieder die Mittheilung erhalten, daß die Erfolge gleich Null sind.

Daher, meine Herren, möchte ich bitten, daß Sie nicht mit zu großen Erwartungen an diese Art von Gesetzgebung herangehen.

Nun will ich – das wird Ihnen vielleicht nach dieser Einleitung unerwartet kommen – eine sehr große Konzession meinerseits aussprechen. Ich halte es in der That für erwünscht, daß dem Gedanken, welchen die Regierung, nach dem Vorgange namentlich der englischen Gesetzgebung, in § 5 zum Ausdruck gebracht hat, nämlich Asyle für Gewohnheitstrinker einzurichten, näher getreten wird. Es giebt in der That – das kann ich auf Grund medizinischer Erfahrungen aussagen, welche mir in großer Fülle zur Verfügung stehen, – es giebt eine Reihe von Personen, die so sehr dieser bösen Leidenschaft zugängig werden, daß sie selbst in langen Pausen, wo sie sich durchaus gut führen, nicht die sittliche Festigkeit gewinnen, um einer neuen Versuchung gelegentlich nicht im excessivsten Maße zu unterliegen, so daß ihr ganzes Leben sich eigentlich zusammensetzt aus periodischen Anfällen von Trunkenheit, ja Besoffenheit, um es deutlich zu sagen, sinnlosester Art, die unterbrochen werden durch oft ziemlich lange Zwischenräume von gutem Leben. In England ist es öffentliches Geheimniß, daß diese Form auch beim weiblichen Geschlecht in einer bedenklichen Weise um sich gegriffen hat. Solche Personen werden sich selbst, ihren Familien und Angehörigen zur größten Last, und, ich gestehe zu, hier kann man nicht sagen: sie sind im engeren Sinne als geisteskrank zu betrachten, obwohl diese Schwäche, diese Widerstandslosigkeit, die sich von Zeit zu Zeit bei ihnen bemerkbar macht, den Eindruck eines krankhaften Verhältnisses hervorbringt. Indessen nach unserer jetzt gebräuchlichen Sprachweise, wie sie auch von der Jurisprudenz akzeptirt ist, können sie doch nicht unter den Begriff eigentlich geisteskranker Personen gebracht werden. Nach dieser Richtung besteht, wie ich glaube, in der That eine Lücke in der Gesetzgebung. Es muß irgend eine Form gefunden werden, wie es möglich ist, derartige Personen in eine Anstalt unterzubringen, damit sie wenigstens gezwungen werden, eine längere Zeit hindurch ein geregeltes Leben zu führen. Dazu gehört aber, daß ihnen eine gewisse Beschränkung des Freiheitsgebrauches auferlegt wird. Das englische Gesetz, welches sich mit dieser Angelegenheit beschäftigt, ist, wie alle englischen Gesetze, ein sehr eingehendes und umfassendes; es ist *Habitual Drunkards-Bill* vom 3. Juli 1879. Dieselbe besteht aus 36 ziemlich weitläufigen Paragraphen, in denen in ausführlichster Weise und mit größter Vorsicht die verschiedenen Gesichtspunkte festgestellt sind, nach denen der einzelne Fall behandelt werden soll. Dem gegenüber, meine Herren, ist in der That die Kürze, welche unser Gesetzentwurf dieser wichtigen Materie zugesteht, so groß, daß ich Herrn Träger, wenn er gerade auf diesen Punkt gekommen wäre, keinen Vorwurf hätte machen können, wenn er das komisch gefunden hätte. Wir finden nichts weiter als im § 1 Absatz 2 die beiläufige Erwähnung, daß, wenn ein Mann, der an öffentlichen Orten in Aergerniß erregender Weise betrunken gefunden worden ist, sich zugleich als gewohnheitsmäßig dem Trunk ergeben erweist, die Möglichkeit gegeben werden soll, ihn der Landespolizeibehörde zu überweisen, die ihn dann in ein Asyl setzen kann und zwar auf ungemessene Zeit. Es steht gar nicht darin, wie lang, ob er nicht etwa sein ganzes Leben lang der Polizeibehörde anheimgegeben sein soll, das sie fortwährend mit ihm operiren kann, wie sie will, daß sie ihn gelegentlich freilassen und dann wieder in das Asyl hineinbringen kann. Darüber ist gar nichts gesagt. – Es heißt nun, es müsse ein dem Trunk gewohnheitsmäßig ergebener Mann sein. Meine Herren, dieser Punkt war es, den auch die rheinisch-westfälische Gefängnißgesellschaft in ihrem Ersuchen wegen Statistik vorbrachte. Wir fragten uns nun: was sind denn eigentlich die Kriterien, an denen man erkennen kann, daß jemand gewohnheitsmäßig dem Trunk ergeben ist. Meine Herren, ich zweifle nicht, daß es in einer so erleuchteten Versammlung Personen geben wird, welche diese Definition einfach geben können, ich muß nur bekennen, daß der medizinische Körper, in dem ich saß und der als höchste wissenschaftliche Instanz in diesem Lande gilt, sich nicht für befähigt erachtete, eine ausreichende Definition darüber zu ertheilen. Weder die Quantität dessen, was jemand genießt, noch die Qualität desselben, noch die besonderen persönlichen Eigenschaften des Individuums, noch die Häufigkeit, in der das geschieht, sind an und für sich ausreichende Merkmale. Wir wissen alle, daß ein großer Theil unserer Arbeiterbevölkerung durch die Bank täglich eine gewisse Quantität von Schnaps trinkt. In gewissem Sinne sind sie alle gewohnheitsmäßige Trinker. Ich bin überzeugt, wenn man z. B. auf einen Bau gehen und die Leute vom Maurer und Zimmermann an bis zum Handlanger herunter vornehmen würde, so könnte jemand von einem strengen Standpunkt aus die ganze Gesellschaft als gewohnheitsmäßige Trinker erklären. Wo ist nun die Grenze, wo der Polizei die Möglichkeit gegeben wird, einen solchen Menschen zu fassen, ihn sein Leben lang unter Observanz zu halten, ihn gelegentlich in ein Asyl zu bringen u. s. w.

In den Motiven ist an einer Stelle allerdings eine Bestimmung enthalten, welche in dieser Rücksicht eine Beschränkung ausspricht; es heißt nämlich:
solche Personen, welche ihre Unmäßigkeit im Genusse geistiger Getränke und ihre Neigung zu Exzessen im Zustande der Trunkenheit, somit ihre Gefährlichkeit an den Tag gelegt haben, –
aber davon steht im Gesetze selbst leider nichts. Daß es voraussetzt, ein gewohnheitsmäßiger Trinker sei ein gefährlicher Mann, ein Mann, der in irgend einer Weise sich selber oder anderen Leuten gefährlich ist, davon ist nirgends etwas gesagt. Man muß doch zugestehen, daß an sich keine große Vorsicht nothwendig ist, um die Forderung aufzustellen, daß nicht etwa ein augenblickliches, zufälliges Ereigniß als Grund der Beurtheilung dienen könnte. Meiner Meinung nach müßte in ausgiebigster Weise, wie das englische Gesetz das versucht hat, Fürsorge getroffen werden, daß nur solche Personen unter das Gesetz fallen, welche es wirklich verdienen. Die Regierung geht in diesen Erörterungen – meine ich – in der That etwas obenhin an die Sache. Ich habe mich nicht einmal überzeugen können, daß selbst die einfachsten statistischen Angaben, welche sie bringt, in der

Form, wie sie hier stehen, ohne weiteres akzeptirt werden können. Der einzige Versuch, uns zu belehren über die Ausdehnung, in der die polizeiliche Festnahme von Trunkenen erfolgt sei, ist in Bezug auf Berlin gemacht, wo wirkliche Zahlen angegeben werden; außerdem ist ein Zitat auf die rheinisch-westphälische Gefängnißgesellschaft gegeben. Nun heißt es, daß im Jahre 1879 in Berlin wegen Trunkenheit 7377 Personen sistirt wurden, von denen 6890 dem männlichen, 487 dem weiblichen Geschlecht angehört hätten. In dieser Beziehung möchte ich verweisen auf das vielfach zitirte Werk des Herrn Baer, in welchem Sie auf Seite 265 die parallele Statistik finden. Da werden Sie sich überzeugen, daß die polizeiliche Rubrik nicht lautet: ‚wegen Trunksucht', sondern ‚wegen Obdachlosigkeit und Trunksucht sind so und so viele arretirt worden'. Die Differenz ist eine so erhebliche, daß wegen Obdachlosigkeit und Trunkenheit z. B. im Jahre 1875: 6000 Männer und 200 Weiber arretirt wurden, aber wegen Trunkenheit nur 341 Männer und 73 Weiber.

(Hört! Hört!)

Meine Herren, das klingt doch etwas anders, als die kolossalen Zahlen, welche die Regierung uns vorführt. Andererseits wollte ich darauf hinweisen, daß auch diejenigen Angaben, welche die rheinisch-westphälische Gefängnißgesellschaft nach demselben Buche gemacht hat, keineswegs horrible Verhältnisse konstatiren. Ich gestehe aber zu, daß sicherlich nicht alle arretirt worden sind, dich sich in Trunkenheit befanden, und daß die Zahlen überhaupt nur ein annäherndes Verhältniß ergeben. Ich darf Sie vielleicht auf das Buch verweisen; Sie werden auch da verhältnißmäßig kleine Zahlen finden. Daher bin ich der Meinung, daß wir in der That die Sache nicht übereilen dürfen. Ich halte es für unmöglich, daß eine Kommission, welche in diesem Augenblick zusammentritt, auf irgend eine Weise das nöthige Material zusammenschaffen könnte, welches nothwendig ist, um ein objektives Urtheil über das Bedürfniß zu fällen und zu übersehen, in welchem Umfang derartige Vorschriften gemacht werden müssen.

Nun möchte ich noch ein paar Bemerkungen machen in Beziehung auf eine Frage, mit der die Regierung sich hauptsächlich beschäftigt hat und die auch der Herr Staatssekretär wesentlich mit zum Gegenstand seiner Erörterungen gemacht hat, nämlich die Bestimmung des Strafgesetzbuchs in § 51. Ich bin persönlich betheiligt bei dieser Angelegenheit, weil ich mitgewirkt habe zu der Wahl gerade der Ausdrücke, welche der betreffende Paragraph enthält. Der Herr Staatssekretär hat schon hervorgehoben, daß es ein Gutachten der wissenschaftlichen Deputation in Preußen war, welches zunächst diese Formulirung vorgeschlagen hat. Ich möchte daher, gerade im Gegensatz zu den Motiven, welche die Aerzte erheblich angreifen, doch ein Paar Worte der Vertheidigung sagen. In den Motiven auf Seite 9 heißt es:

In den wichtigeren Fällen werden zu den Verhandlungen gewöhnlich ärztliche Sachverständige zugezogen. Vielfach sind nun Klagen darüber laut geworden, daß einzelne Aerzte sich gar zu geneigt zeigen, Zweifel anzuregen und zu begründen. Theilweise beruhen solche Gutachten auf übertriebenen Vorstellungen über die in Humanität und Gesittung erzielten Fortschritte; es wird dabei übersehen, daß in zahlreichen Volksschichten die verbrecherischen Triebe durch die Staatsgewalt nur unter Druck gehalten werden und in urwüchsiger Rohheit und Wildheit zum Ausbruch gelangen, wenn der Alkohol die Leidenschaft entfesselt.

Ja, meine Herren, ich denke, auch von dem erhabenen Standpunkt des Reichs aus sollte man doch immer zugestehen, daß man für einzelne Menschen und ihre etwaigen Irrthümer und Fehler niemals die Gesammtheit etwa eines Standes verantwortlich machen darf. Einzelne Irrthümer wird man niemals durch die Gesetzgebung abschneiden können. Hier will ich aber zunächst konstatiren, daß es häufig nicht der Fehler der Aerzte ist, wenn sie veranlaßt werden, über Dinge zu sprechen, welche eigentlich gar nicht in ihr Gebiet gehören, welche gar kein spezifisch technisches Wesen an sich haben, sondern daß es der Richter ist, der, eigentlich nur aus Bequemlichkeit, ihnen derartige Fragen vorlegt. Ich kann ausdrücklich aus einer ziemlich langen Erfahrung nur sagen, daß die Gerichte nicht ganz selten geneigt sind, die Fragen, welche sie an die Aerzte stellen, so zu formuliren, daß damit zugleich das künftige Urtheil des Richters direkt vorbereitet wird, daß also z. B. eine Frage, welche einfach auf Thatsachen gerichtet sein sollte, sofort auf die Zurechnungsfähigkeit oder auf die Schuldfrage gerichtet wird. In dieser Beziehung darf ich erwähnen, daß die wissenschaftliche Deputation für Medizin in Preußen seit Dezennien beschäftigt gewesen ist, eine strenge Grenze zu ziehen zwischen den technischen und den nicht technischen Aufgaben und auch die Gerichte, wo es nöthig war, immer darauf hinzuweisen, wenn die Fragen, welche von ihnen gestellt waren, über das Gebiet der blos technischen Beurtheilung hinausgingen. Wir haben geglaubt, wie die moderne Gesetzgebung eben liegt, daß der Richter nicht seine Verantwortlichkeit vermindern dürfe dadurch, daß er einen Theil der Fragen, die er sich selbst vorlegen muß, auf andere überträgt. Und, meine Herren, dieser selbe Gedanke ist es gewesen, der die Formel eingegeben hat, welche im § 51 ihren Ausdruck gefunden hat. Es ist ja wahrscheinlich den meisten Juristen unter Ihnen noch erinnerlich, welche Schwierigkeiten früher immer gerade bei der Formulirung dieser Verhältnisse stattfanden. Wir in Preußen hatten aus dem Landrecht heraus den berühmten Paragraphen, der in der Anlage auch zitirt ist:

Ein Verbrechen oder Vergehen ist nicht vorhanden, wenn der Thäter zur Zeit der That wahnsinnig oder blödsinnig oder die freie Bestimmung seines Willens durch Gewalt oder Drohungen ausgeschlossen war.

Dieser Paragraph war so eng gegriffen, daß die Definition des Wahnsinns oder des Blödsinns in der Praxis sich allmählich immer weiter ausdehnte, und daß sowohl die Richter wie die Aerzte sich immer mehr berechtigt erachteten, nicht bloß von eigentlich krankhaften Verhältnissen zu sprechen, wenn sie Blödsinn oder Wahnsinn annahmen, sondern auch derartige Zustände, wie Trunkenheit, gewöhnliche Trunkenheit oder Schlaftrunkenheit, unter den Begriff des Wahnsinns zu subsumiren. Ja, das Bedürfniß dazu war in der That so groß, weil an keiner Stelle des Strafgesetzbuchs die Möglichkeit existirte, auf diese einfachen Zustände zurückzugehen, daß der mehrfach zitirte berühmte Lehrer der staatlichen und gerichtlichen Medizin bei uns, Casper, ganz ausdrücklich die Lehre einführte, daß es einen Wahnsinn der Trunkenheit, einen Wahnsinn der Schlaftrunkenheit gebe. Darauf hin wurden die Gutachten gemacht und darauf hin erkannten die Richter. Also, meine Herren, in einer Zeit, wo eigentlich die Rücksicht auf Trunkenheit ganz ausgeschlossen war, – denn das Landrecht hatte gar keine Stelle, durch welche die Trunkenheit Einlaß finden konnte, – führte die Praxis zu der Nothwendigkeit, sich durch eine falsche Interpretation die Möglichkeit zu einer milderen Beurtheilung zu schaffen. Das sollte man doch heutigen Tages nicht ganz übersehen. Es war doch nicht ein Zufall, daß die ganze Rechtsprechung sich gewissermaßen dieses Gebiet usurpirte. Es würde, wie ich glaube, auch sehr bald, wenn man den Versuch machte, eine strengere Gesetzgebung einzuführen, sich wieder eine mildere Praxis bei den Gerichten ergeben, weil man einen Fall *in concreto* unmöglich so schlimm beurtheilen kann, wenn wirklich nachgewiesen wird, daß das Individuum sich im Augenblick der That im Zustande von Willensunfreiheit befand.

Als das neue Strafgesetzbuch zuerst im Norddeutschen Bunde verbreitet wurde und der Justizminister die wissenschaftliche Deputation zu einem Gutachten über diesen Punkt aufforderte, da haben wir geltend gemacht, daß man nothwendigerweise in diesem Paragraphen eine Unterscheidung machen müsse zwischen denjenigen Aufgaben, welche wirklich technisch-medizinisch sind, und denjenigen, welche es nicht sind, und daraus ist eben die Formulirung hervorgegangen, welche jetzt im Strafgesetzbuch steht. Ich muß übrigens bemerken, daß sie nicht in allen ihren Theilen, wie sie hier steht, hervorgegangen ist aus dem Gutachten, welches wir damals erstatteten. Wir hatten damals folgende Fassung vorgeschlagen:

Ein Verbrechen oder Vergehen ist nicht vorhanden, wenn die freie Willensbestimmung des Thäters dadurch, daß er sich zur Zeit der That in einem Zustand von krankhafter Störung der Geistesfähigkeit befand, oder durch Gewalt, oder durch Drohungen, oder durch besondere körperliche Zustände ausgeschlossen war.

Unter diese körperlichen Zustände war nach unserer Meinung die Trunkenheit zu rechnen, bei der für gewöhnlich unserer Meinung nach ein Urtheil des Arztes überhaupt nicht erforderlich war, sondern der Richter aus seiner eigenen Wahrnehmung und nach den Zeugenaussagen entscheiden konnte. Um Mißverständnissen vorzubeugen, will ich übrigens bemerken: man muß – und das hat die Regierung, glaube ich, auch immer im Sinne gehabt – wesentlich von einander trennen die zwei Fälle, wo nur Trunkenheit vorliegt und wo in der That durch anhaltenden Mißbrauch von Alkohol krankhafte Verhältnisse in dem Körper hervorgebracht worden sind. In dem Augenblick, wo letzteres stattfindet, wird sich auch der Richter dem nicht entziehen können, das medizinische Gutachten zuzulassen. Aber wenn auch in anderen gewöhnlichen Fällen die Gerichte heutigen Tages gelegentlich einen Arzt fragen: könnte der Mann in diesem Zustande das und das gethan haben? – ja, dann kann der Arzt in der Regel auch nicht anders urtheilen, wie ein Laie, wie der Richter selber urtheilen könnte, und wenn der Arzt wie ein Laie urtheilt, so wird er auch gelegentlich nach seiner allgemeinen Auffassung von den gesellschaftlichen und sittlichen Verhältnissen sein Votum zitiren und die Regierung darf sich nicht wundern, wenn gelegentlich der eine oder der andere Arzt in einer vielleicht zu milden Weise urtheilt. Ich möchte aber ausdrücklich betonen, daß es mir absolut berechtigt erscheint, wenn eben die Unterscheidung, die wir gewünscht haben, in möglichst strikter Weise durchgeführt wird.

Wenn nun gegenwärtig diesem Paragraphen gegenüber die Regierung einen wesentlichen Fortschritt machen zu können glaubt, indem sie sagt: ‚der soll strafbar sein, der sich in einen bis zur Ausschließung der freien Willensbestimmung gesteigerten Zustand von Trunkenheit versetzt', so muß ich erklären, daß es mir nicht recht erfindlich ist, woran man wird erkennen können, ob er sich versetzt hat, oder ob er versetzt worden ist. Das sind doch nicht zwei Verhältnisse, welche durch einen großen Hiatus von einander getrennt sind, so daß man mit Leichtigkeit sagen könnte: Das, was rechts liegt, ist aktiv, das, was links liegt, passiv. Man braucht sich nur in konkrete Verhältnisse zu versetzen. Stellen Sie sich einen Professor vor, der zu einem Studentenkommers eingeladen wird. Ich will nicht sagen, daß es häufig vorkommt, daß der Professor sich betrinkt, aber, meine Herren, es ist manchmal doch recht schwer, den vielen Anforderungen zu genügen, welche bei einer solchen Gelegenheit von allen Seiten gestellt werden. Wenn man da nachher fragt, falls der Mann sich nicht ganz behaglich befindet: hat der Mann sich versetzt, oder ist der Mann versetzt worden? so glaube ich, werden Sie im Allgemeinen anerkennen, daß es wohl zulässig erscheint, das Mildere anzunehmen. Sie werden anerkennen, daß das eigentlich nicht freiwillig geschehen ist, sondern infolge einer unfreiwilligen Liebenswürdigkeit, die gegenüber strengen Moralisten vielleicht nicht am Platze wäre, von der ich aber glaube, daß die Mehrzahl derjenigen, die hier sind, sich derselben schuldig machen würde. Ich weiß auch für den Richter keinen rechten Anhaltspunkt, wo er die Grenze suchen soll, und zwar um so weniger, als, wenn ich wenigstens das Gesetz richtig verstehe, noch ein weiterer Unterschied gemacht wird zwischen dem einfachen und dem absichtlichen Versetzen, welches in dem letzten Alinea vorgesehen ist. Ja, meine Herren, auch das absichtliche Versetzen wird recht schwer nachzuweisen sein. Aber, ich glaube, damit brauchen wir uns weniger zu beschäftigen; es wird vielleicht gelegentlich der Thäter zugestehen, er habe sich betrunken, um die That zu begehen. Aber ich möchte die Aufmerksamkeit des Hauses auf die Dehnbarkeit dieser Bestimmung von dem aktiven Versetzen richten und auf die nach meiner Auffassung bestehende Unmöglichkeit, diese Aktivität wirklich nachzuweisen.

Ich möchte endlich hervorheben, daß meiner Erfahrung nach es ebensowenig möglich ist, die beiden Zustände der Trunkenheit, welche noch heute der Herr Staatssekretär mit einer solchen wissenschaftlichen Schärfe einander entgegengesetzt hat, in der Praxis zu unterscheiden. Es ist kein Zweifel, daß an sich bei der Wirkung des Alkohols wie aller anregenden Substanzen zunächst ein Stadium der Exaltation eintritt, wie er es genannt hat, und dann ein Stadium der Erschöpfung und Ermüdung bisweilen bis zur Lähmung folgt; es braucht nicht gerade volle Lähmung zu sein, aber es folgt ein Stadium der Ermattung, welches bis zur wirklichen Lähmung gehen kann. Man kann also unzweifelhaft den Zustand der Exaltation und den Zustand der Depression genau unterscheiden, wenn derselbe auf seiner Höhe, resp. auf seiner Niedrigkeit angelangt ist, aber die Grenze zwischen den beiden, wo sie in einander übergehen, ist keineswegs so leicht zu ziehen. Wenn der Herr Staatssekretär glaubt, man würde an einem bestimmten Merkmal sofort erkennen können: wie lange ist überhaupt noch ein Rest von freiem Willen vorhanden, wie lange kann der Betrunkene noch genau überlegen, was er macht und welche Folgen das hat, so wird er in der Praxis sehr bald auf die größten Schwierigkeiten stoßen. In der Praxis macht sich die Sache so, daß die beiden Stadien allmählich in der Weise in einander übergehen, daß ein Symptom nach dem anderen auftritt; die volle Bewußtlosigkeit, die volle Aufhebung des Willenseinflusses tritt nicht in einem Akt auf. Das kommt vielleicht zuweilen vor, aber in der Regel geschieht es allmählich. Es wird daher eine sehr sorgfältige Untersuchung nothwendig sein, wenn der Richter mit Bewußtsein in dem einzelnen Fall sagen will: ich habe die Meinung, der Mann hat noch freien Willen genug gehabt, daß er hätte überlegen können, welches das Ergebniß seiner Handlung sein mußte: Diese Art der Prüfung wird man bei keiner Art der Gesetzgebung dem Richter ersparen können, und ich habe immer die Meinung gehabt, daß er auch jetzt verpflichtet ist, das zu thun. Er ist keineswegs gezwungen, jeden Menschen, weil er angetrunken war, weil er überhaupt Schnaps getrunken hatte, deshalb sofort für straflos zu erklären, sondern er hat durch die verschiedenen Grade der Angetrunkenheit hindurch die Willensthätigkeit des Mannes zu verfolgen und sich ein Urtheil zu bilden, ob in dem Augenblick der That der Mann noch so viel Willen übrig hatte, um das nothwendige Urtheil fällen zu können. Ich will gern zugestehen, daß *in praxi* die Richter nicht immer mit voller Klarheit diesen Punkt im Auge behalten und zuweilen mehr schematisch urtheilen und die Straflosigkeit des angetrunkenen Zustandes zu weit ausdehnen mögen, aber ich kann nicht anerkennen, daß unsere Gesetzgebung dazu verpflichtete oder daß sie dieses auch nur beabsichtigt hätte; daher finde ich auch nicht, daß wir ein so großes Bedürfniß vor uns haben, das Strafgesetzbuch zu ändern. Am allerwenigsten aber bin ich der Meinung, daß es in dem hier vorgeschlagenen Sinne geändert werden kann.

Deshalb, meine Herren, kann ich mich im allgemeinen dahin resumiren, daß ich dem Gesetz im ganzen nicht etwa abgeneigt gegenüber stehe, daß ich es vielmehr für möglich halte, in gewissen Richtungen eine Ergänzung unserer Gesetzgebung in dem Sinne herbeizuführen, um, so viel an uns ist, die Schädlichkeit der höheren Grade der Betrunkenheit zu mäßigen. Aber ich bin der Meinung, daß das Bedürfniß in sehr viel eingehenderer Weise begründet werden müßte, und daß namentlich die sehr einschneidende Bestimmung, welche ich berührt habe und die sich auf die Gewohnheitstrinker bezieht, sowohl was die Definition des Gewohnheitstrinkers, als was die über ihn zu verhängenden polizeilichen Maßregeln betrifft, in ausführlicherer Weise in dem Gesetzentwurf vorgetragen werden müßte; ja, es ist dies eine Materie, von der ich wohl wünschte, daß sie die Regierung, wenn sie sie überhaupt vornimmt, in einem besonderen Gesetz ordnet, und nicht so nebenbei, gemischt mit anderen Materien, wo nachher in der Praxis die größten Ungerechtigkeiten gegen einzelne Personen herbeigeführt werden könnten. Meine Bedenken gegen den Gesetzentwurf stützen sich darauf, daß man in diesem Augenblick, wie ich glaube, von etwas unbestimmten Ideen über die Ausdehnung der Gefahren, welche die Trunksucht herbeigeführt hat, ausgehend, uns zu einer Gesetzgebung zwingen will, die wahrscheinlich in sehr unnöthiger Weise unsere Gefängnisse mit neuen Bewohnern belasten würde. Ich will auf diese Gefängnisse nicht auch noch eingehen wie der Herr Vorredner; – mögen die Gefängnisse auch sehr gut sein, so gönne ich doch niemandem, daß er in dieselben ungerechter Weise eingesperrt wird. Im allgemeinen möchte ich aber glauben, daß es in der That eine viel bessere und sicherere Aussicht ist, mit den Gewohnheiten der Trinker auf ein geringeres Maß herunterzukommen, wenn wir die Entwicklung unseres Volkslebens nur in der Weise fortgehen lassen, wie sie sich in der letzten Zeit vollzogen hat. Es hat schon jetzt in dem Maße, als der Biergenuß sich ausgebreitet hat, in unverkennbarer Weise eine sehr erhebliche Abnahme im Schnapstrinken stattgefunden. Ich kann in dieser Beziehung namentlich hervorheben, daß eine der Provinzen, die gerade in den bisherigen Erörterungen mit in dem Vordergrund gestanden haben, nämlich Ostpreußen, ganz neuerlich in einer wahrscheinlich auch auf der rechten Seite des Hauses nicht anzuzweifelnden Weise ein gutes Zeugniß erlangt hat: auf der Kreissynode in Darkehmen, welche im Jahre 1880 stattgefunden hat, ist von seiten der Geistlichkeit konstatirt worden, daß eine entschiedene Abnahme der Trunksucht im Kreise zu bemerken sei. Meine Herren, jeder von uns, glaube ich, der z. B. die Verhältnisse von Berlin aus den vierziger Jahren mit den Verhaltnissen vergleichen wird, wie sie gegenwärtig bestehen, muß anerkennen, daß im Laufe dieser 40 Jahre eine so ungewöhnliche und auffällige Veränderung in dem Habitus unserer Straßen stattgefunden hat, daß die Zahl der sinnlos Trunkenen auf ein solches Minimum heruntergekommen ist, daß in der That, ich möchte fast sagen, ein Glück dazu gehört, um überhaupt heutzutage in Berlin am Tage einem sinnlos Betrunkenen zu begegnen. Nein, meine Herren, es ist in der That nicht zu leugnen, daß wir uns nicht auf dem Wege befinden, daß die Trunksucht in bedrohlicher Weise zunimmt, sondern ich glaube im Gegentheil, daß sie in gewissem Maße in der Abnahme begriffen ist. Dazu würde ich allerdings wünschen, daß es gelänge, sich in größerer Ausdehnung über die Vorzüge von Schnaps und Bier zu verständigen. Mit Vergnügen konstatire ich dem Herrn Abgeordneten von Maltzahn gegenüber, daß nach dieser Richtung hin sich unsere Erfahrungen annähern. Sie haben neulich aus einem sehr einflußreichen Munde gehört, daß man im Gegentheil wieder Zweifel wegen des Biers aufwirft. In dieser Beziehung möchte ich zum Schluß wenigstens diejenigen Herren, welche sich dafür interessiren und welche diese Materie noch weiter studiren wollen, auf das von der Regierung in sehr eingehender Weise zu den Motiven benutzte Werk des Herrn Baer hinweisen, der in der breitesten Weise darlegt, daß kein besseres Mittel gegen den Branntwein gefunden werden kann als das Bier. Die Gesetzgebung kommt dann erst in zweiter Linie in Betracht. Wenn Sie dafür sorgen, daß das Bier nicht etwa durch neue Erschwerungen dem Volke vorenthalten wird, daß nicht das Volk gewissermaßen auf den Schnaps geworfen wird, so werden Sie damit jedenfalls ein gutes Werk gethan haben."

(Bravo! links.)

4. Tierversuche
Rede im Reichstag 23. Januar 1882

Die Notwendigkeit von Versuchen am lebenden Tier – zur Gewinnung dem Menschen dienender physiologischer Erkenntnisse – ist seit vorchristlicher Zeit (Hippokratiker) immer wieder von den Forschern aller Generationen deutlich gemacht geworden. Mit der raschen Entwicklung naturwissenschaftlicher Erkenntnisse seit der Renaissance häuften sich diese Tierexperimente. Bereits gegen Ende des 18. Jahrhunderts wurde deutliches Unbehagen darüber laut, wobei der nicht in die Forschungsnotwendigkeiten involvierten Öffentlichkeit die Unterscheidung zwischen Tierexperiment und Tierquälerei häufig verborgen blieb. Es kam zur Gründung von Tierschutzvereinen. Dem Schutz der Tiere vor Quälerei diente zuerst in England ein Gesetz von 1822, einige deutsche Staaten folgten 1838. Diese Gesetze wurden aufgehoben durch das Reichsstrafgesetzbuch, das nach 1870 immer wieder erweitert wurde.

In diesen Zusammenhang gehört die folgende Virchow-Rede im Deutschen Reichstag vom 23. Januar 1882. Es ging damals um mehrere Petitionen gegen Tierversuche. Virchow betonte zunächst, der Eindruck sei falsch, daß es in Deutschland üblich sei, „... in der allergräulichsten Weise Thiere zu quälen und diese Quälerei weit über das wissenschaftliche Bedürfnis hinaus fortzusetzen." Es sei reine Erfindung, wenn behauptet würde, daß die Studenten an den Universitäten regelmäßig derartige Experimente durchführten. Könnten die Petenten derartige Machenschaften wirklich nachweisen, so wären die Landesregierungen sicherlich längst dagegen eingeschritten. Die Petitionen richteten sich in erster Linie gegen die Mediziner und gegen höchste Instanzen des Landes wie das Reichsgesundheitsamt.

Virchow geht auf den Problembereich der Entzündungen ein. Dabei könne man unmöglich auf Tierversuche – auch wenn sie schmerzhaft seien – verzichten, und daß die Petenten „... einen solchen Grad von Ueberhebung haben, die Wichtigkeit der experimentirenden Methode in der Medizin überhaupt in Abrede stellen zu wollen, das beweist nur die höchste Ignoranz derer, welche derartige Petitionen machen." In England sei zwar ein Gesetz gegen Tierversuche erlassen worden, aber dies habe nur dazu geführt, daß die dortigen Professoren auf den Kontinent gereist seien, um ihre Experimente an Tieren durchzuführen. Das englische Gesetz sei inzwischen unhaltbar.

Einen Punkt gesteht Virchow zu: „... es ist nicht leicht zu entscheiden, wo liegen hier die Grenzen des moralisch Zulässigen?" Man vergleiche dabei allerdings die Tiere zu sehr mit den Menschen. Außerdem wehrt sich Virchow gegen die Einbeziehung religiöser Erörterungen in diesen komplexen Bereich. Die Kirche selbst habe zu diesem Thema bis jetzt nicht Stellung genommen und sehe offenbar auch keinen Grund dazu. Virchow bittet abschließend, die Petitionen aus den genannten Gründen abzulehnen. Sie seien nicht gerechtfertigt.

Zum Hintergrund der ganzen Diskussion sei noch bemerkt, daß auch manche Ärzte – und dies nicht nur in England – dem Tierexperiment eine lediglich beschränkte Bedeutung zuzuerkennen vermochten und sich damit dem Widerstand weiter Kreise anschlossen. Die Königin von England, Viktoria, war auf seiten der Tierexperimentegegner und verlangte von Lord Lister, dem bedeutendsten englischen Mediziner seiner Zeit, daß er sich gegen die „Vivisektion" ausspracht. Doch gelang es der Royal Commission des englischen Parlaments, nach einer Befragung von 47 hochangesehenen Forschern und Ärzten wenigstens das völlige Verbot der Tierversuche zu verhindern und lediglich die unnötigen Grausamkeiten dabei durch ein Gesetz von 1876 unter Strafe zu stellen.

Im folgenden gebe ich den größten Teil der Rede wieder:

„[... S. 611-613:] Wenn man sich bemüht, aus der ganzen Welt das Schauderhafteste zusammenzubringen, was überhaupt in der Literatur existirt, so wissen Sie wohl, meine Herren, es gibt keine einzige Literatur, die nicht Gelegenheit böte, die allergräßlichsten Dinge daraus zu sammeln. Ich darf wohl darauf verweisen, daß, wenn jemand bemüht wäre, aus theologischen Schriften gräuliche Dinge zu sammeln, dies in einer Weise geschehen kann, daß einem unbefangenen Menschen die Haare zu Berge stehen könnten. Nun, wozu geschieht dies alles? Wesentlich um den Gedanken zu erregen, daß bei uns in Deutschland, nicht bloß in den eigentlichen Versuchsstätten, sondern auch darüber hinaus bei einer großen Masse von Menschen es üblich wäre, in der allergräulichsten Weise Thiere zu quälen und diese Quälerei weit über das wissenschaftliche Bedürfniß hinaus fortzusetzen. Ja, wenn die Petenten in der That derartige Dinge haben beobachten können, dann meine ich, wäre es viel einfacher gewesen, sie hätten in den Petitionen nachgewiesen, daß zum Beispiel, wie Herr von Minnigerode ganz besonders urgirt, die angehenden Studirenden oder beliebige junge Leute in irgend welcher Ausdehnung derartige Experimente veranstalten. Ich leugne dies auf das allerentschiedenste, es ist eine reine Erfindung. Unter unseren Studenten ist gar keine Disposition vorhanden, solche Experimente in irgend welcher Ausdehnung auszuführen. Das ist ganz und gar nicht der Fall. Man kann ja nicht dafür stehen, daß an dieser oder jener Universität – wer kann dies alles übersehen? – sich gelegentlich einer findet, der Experimente macht; aber das ist so, wie schon Herr Dr. Möller sagte: was geschieht nicht alles mit Schießgewehren gelegentlich! – Daß aber unsere Studenten, unsere Mediziner speziell, an irgendeiner mir bekannten Universität und in irgendwelcher nennenswerthen Ausdehnung derartige Experimente ausführen, stelle ich auf das allerpositivste in Abrede.

Es ist auch nicht richtig, wenn man annimmt, daß etwa in großer Ausdehnung derartige Experimente als Unterlage des Unterrichts dienten. In Wirklichkeit beschränkt sich an der Mehrzahl unserer Universitäten diese Art von Unterricht auf denjenigen Zweig, von dem ich allerdings nicht weiß, wie er vorgetragen werden sollte, wenn man derartige Experimente ganz ausschließen wollte, nämlich auf die Physiologie. Wir anderen, obwohl wir genöthigt sind, vielfach auf das Experiment zurückzukehren – ich selbst, der ich Direktor eines pathologischen Instituts bin, muß bekennen, daß bei uns ziemlich häufig Experimente gemacht werden, aber wir sind niemals dazu übergegangen, das Experiment als regelmäßigen Bestandtheil in den Demonstrationsunterricht oder den Unterricht überhaupt einzuführen; wir haben es in der That nur als Mittel der Forschung betrachtet und uns nachher begnügt, das Ergebniß dieser Forschung einfach vorzutragen oder an den Todten das Ergebniß darzulegen. Daher sage ich, es fehlt hier die erste Prämisse, – warum dieses große Aufheben machen? Und deshalb sage ich weiter: die Sache ist tendenziös angelegt und wird tendenziös weiter getrieben, und sie hat nur die Aufgabe, falsche Vorstellungen zu erwecken über diese Methode der Untersuchung überhaupt und über die Rückwirkung, die das auf weite Kreise ausüben soll; ja sie will womöglich die Meinung erwecken, als ob die Aerzte sämmtlich Barbaren werden müssen, weil sie frühzeitig in einer so barbarischen Methode instruirt werden.

Ja, meine Herren, die Petenten sollen einmal kommen und uns nachweisen, daß ein wirklich praktisches Bedürfniß vorliegt für eine derartige Beschränkung, wie sie sie verlangen; sie sollten einmal sagen, wie viel Studenten nachweisbar sich mit grausamen Thierversuchen beschäftigen und wo das stattfindet. Könnten sie das, so hat, glaube ich, jede einzelne deutsche Landesregierung hinreichende Mittel in der Hand, derartigen Ausschreitungen entgegenzutreten. Ich weiß gar nicht, weshalb dazu ein Reichsgesetz inszenirt werden soll. Weshalb gleich mit den rigorosesten Strafen vorgehen, während es sich um die einfache Sache handelt, daß eine Handlung, die an sich schon in der heutigen Gesetzgebung strafbar sein würde, unterdrückt werden soll.

[... S. 613-621:] In diesem uns zugegangenen Flugblatt sind vorweg zwei Mottos an die Spitze gestellt, zuerst eines aus dem Werk von Professor Hermann in Zürich, und dann bin ich speziell zitirt mit einer Rede im preußischen Abgeordnetenhaus vom 18. Januar 1879. Da läßt man mich zum Theil mit groß gedruckten Lettern und noch dazu in Anführungszeichen folgendes sagen:

‚Ich erhebe offen als Vertreter der Wissenschaft den Anspruch, dem Glauben Schranken zu setzen. Wenn erst einmal die Deszendenztheorie als wissenschaftlich richtig nachgewiesen sein wird, dann fällt die Geschichte von Adam und Eva trotz allen Sträubens zusammen. Sie müssen auf den Affen kommen.'

Nun muß man wissen, daß ich diese Rede im Abgeordnetenhause gehalten habe, als es sich darum handelte, daß sich die Herren vom Zentrum darüber beschwerten, daß ein Lehrer in Lippstadt die Deszendenztheorie in der Schule vorgetragen habe. Ich habe bei dieser Gelegenheit daran erinnert, daß ich schon vor Jahren auf der Naturforscherversammlung in München dagegen Einspruch gethan habe, daß man hypothetische Sätze, die vielleicht den einzelnen sehr wahrscheinlich scheinen, die aber nicht direkt nachgewiesen sind, ohne weiteres als Grundlage des Unterrichts in den Schulen benutze, und ich habe dann speziell hervorgehoben, daß ich es billige, wenn der Unterrichtsminister dem betreffenden Lehrer darüber habe eine Monitur zugehen lassen, daß er über das Bedürfniß hinaus die Deszendenzlehre in der Schule vorgetragen habe. Ich habe mich also gewissermaßen auf Seite der Herren des Zentrums in diesem Punkt gestellt und habe nur dagegen protestirt, daß man vorher in der Debatte die These aufgestellt hatte, der Glaube dürfe nicht durch die Wissenschaft beschränkt werden. Dem gegenüber habe ich allerdings, und das habe ich erst neulich hier wiederholt, gesagt, daß der Glaube sich beschränken lassen muß. Ich möchte mir nun erlauben, den Satz im Zusammenhang vorzulesen, wie er wirklich im stenographischen Bericht steht. Ich sagte Folgendes:

Aber, meine Herren, wir haben ja noch kürzlich hier auf der Tribüne wieder bezweifeln hören, ob die wirkliche Wissenschaft den Anspruch erheben dürfe, dem Glauben Schranken zu ziehen. Meine Herren, ich, ein Vertreter der Wissenschaften, ich erhebe diesen Anspruch offen gegen Sie, Sie müssen sich fügen, und ich sage Ihnen, Sie werden sich fügen. Auch der Papst wird sich fügen, und die Kirche wird sich fügen, wie sie sich Magellhan gefügt haben und wie sie sich Galilei gefügt haben. (Sehr richtig! links.)

(Heiterkeit.)

Das, meine Herren, ist die Situation, und wenn einmal positiv nachgewiesen werden sollte, daß die Deszendenz wirklich stattgefunden hat, so wird Ihnen alle Ihre Vorstellung von Adam nichts helfen, (Heiterkeit) die müssen Sie dann aufgeben. (Ruf im Zentrum: auf den Affen kommen!) – Sie werden auf den Affen kommen.

Daraus können Sie ungefähr die Glaubwürdigkeit dieser Zitate ersehen.

(Sehr wahr! links.)

Ich will mich nicht weiter damit beschäftigen und möchte nur ein paar Bemerkungen machen über die sachliche Situation. Es könnte, wenn man die Petitionen liest, so scheinen, als wenn es sich hier in der That nur um einen Angriff auf die bösen Mediziner handle. In dieser Beziehung möchte ich zunächst hervorheben, daß der Angriff sich faktisch gegen die höchsten Instanzen im Reich und in den Einzelstaaten richtet. Unser Reichsgesundheitsamt z. B., welches neulich hier in Bezug auf seine Publikationen ausführlich zur Sprache gebracht ist, hat neulich einen sehr dicken Band publizirt, der in Wirklichkeit weiter nichts enthält, als eine Summe von Beobachtungen, welche sich sämmtlich auf experimentaler Basis bewegen. Es ist ein großer Quartband. Diese Untersuchungen – ich habe neulich schon Gelegenheit genommen, mich darüber auszusprechen – enthalten sehr werthvolles Material und sie bewegen sich sämmtlich auf dem Gebiet derjenigen Aufgaben, welche das Reich und seine Gesetzgebung zunächst angehen, nämlich auf dem Gebiet der ansteckenden Krankheiten, der infektiösen Krankheiten. Sie betreffen namentlich die Frage, wie viel oder wie wenig von diesen infektiösen Krankheiten gewissen Parasiten, kleinen Pilzen, oder irgend einem anderen Umstand zuzuschreiben ist. Erlauben Sie mir eine kleine Betrachtung darüber. Das Erste, was der Gesetzgeber gegenüber diesen Dingen immer diskutirt, ist die Frage der Desinfektion. Damit fängt die praktische Leistung des Staates an. Wenn jemand desinfiziren will, so muß er wissen, was er eigentlich bewirken will. Diese Frage hat sich aber, nachdem man früher glaubte, sie sei sehr einfach, zerlegt in eine Reihe von Unterfragen. Es fragt sich, sind es Parasiten etc.? wie kann man den Parasiten beikommen? wie kann man gewisse chemische Stoffe beseitigen, welche schädlich sind? was ist das wesentliche, wogegen sich die Desinfektionsmittel richten müssen? Die Frage der Desinfektion überhaupt ist so von Neuem zum Gegenstand der Debatte, zum Gegenstand der Experimentation geworden. Es wird kein neues Regulativ über das Desinfektionsverfahren von irgend einem deutschen Staat erlassen werden können, wenn es sich nicht stützt auf die Resultate solcher Untersuchungen, welche ohne Thierversuche meines Erachtens nicht zum Abschluß gebracht werden können. Wenn die Herren Petenten mit kühler Miene sagen, man könnte Alles auf andere Weise erfahren, von Reisenden und Missionaren, und ich weiß nicht wer sonst – man kann zuletzt auf die Schäfer zurückgehen –, die würden das Alles zu sagen wissen, so wird man niemals dahin kommen, eine wirklich brauchbare Gesetzgebung zu erhalten. Aber, meine Herren, in dem Augenblick, wo das Reichsgesundheitsamt ein großes Buch publizirt, welches in der That die Vorstudien für die Gesetzgebung enthalten soll, und welches ganz und gar auf experimenteller Methode basirt, kommt man hierher und wirft die Frage auf, ist das nicht überhaupt eine ganz verwerfliche Methode?

Nun, meine Herren, wir haben in Preußen im Augenblick eine Frage, die amtlich schon seit längerer Zeit auf dem Wege der Experimentation verfolgt wird, eine Experimentation, für welche sowohl das preußische Kultusministerium, als das preußische landwirthschaftliche Ministerium speziell verantwortlich sind. Es ist nämlich die Frage aufgeworfen worden, ob eine gewisse Krankheit, die hauptsächlich beim Rindvieh vorkommt, die Perlsucht, möglicherweise die Tuberkulose, die Skrofulose, ja die Schwindsucht beim Menschen hervorrufe, ob nicht möglicherweise durch den Genuß der Milch von solche Kühen bei Kindern Schwindsucht bedingt werden könne, ob nicht vielleicht überhaupt die Schwindsucht zum größeren Theil beim Menschen durch den Genuß perlsüchtiger Produkte hervorgebracht werde. Sowohl der preußische Kultusminister, wie der preußische landwirthschaftliche Minister waren auf Gutachten der betreffenden Instanzen der Meinung, daß diese Frage eine so wichtige sei, daß dafür Staatsmittel ausgeworfen werden müßten, und daß man der Sache auf dem Wege der Experimentation näher treten müsse. Es hat sich herausgestellt, daß diese Experimentation viel schwieriger ist, als man erwartete; sie hat so viele Komplikationen ergeben – ich bin selbst betheiligt bei der Leitung derselben, und ich muß sagen, ich sehe noch gar nicht ab, daß wir uns dem Schluß nähern. Nichtsdestoweniger weiß ich in der That nicht, wie jemand dazu kommen sollte, zu sagen: da ihr noch nichts hervorgebracht habt, als Widersprüche, so müßt ihr nun aufhören. Die Herren Petenten finden, sowie Widersprüche eintreten, dann sei das ein Beweis, daß die Methode nichts taugt. Ja, meine Herren, diese Widersprüche führen eben erst dahin, die eigentliche Tiefe der Frage aufzuklären; dadurch kommt man eigentlich erst dahin, die neuen Fragen korrekter zu stellen, der Sache weiter auf den Grund zu gehen. Je mehr Widersprüche erscheinen, um so mehr zeigt sich, daß die Frage überhaupt nicht so einfach ist, wie man sie sich vorgestellt hatte, und daß sie eben zerlegt werden muß in eine ganze Summe von Unter- und Voruntersuchungen. Meine Herren, ich denke, Sie werden doch anerkennen, wo es sich darum handelt, die Frage zu untersuchen, ob eine Krankheit, an der durchschnittlich vielleicht nahezu 1/3 der Menschen in größeren Städten und in dichter bevölkerten Gegenden sterben, durch eine bestimmte Art von Nahrung hervorgebracht werde, – daß es da nicht darauf ankommen kann, ob eine gewisse Zahl von Thieren dabei zu Schaden kommen, und ob denselben etwas besonders Unangenehmes zugefügt wird.

Wir haben eine zweite Reihe von Fragen, die glücklicherweise etwas weiter gebracht sind, das sind die Fragen über den Milzbrand. Ja, was hat man vom Milzbrand eigentlich gewußt, ehe man angefangen hat, ihn im Wege der experimentirenden Methode genauer zu untersuchen! Und jetzt sind wir mit dem Milzbrand glücklicherweise so weit vorgerückt, daß wir keine andere ansteckende Krankheit überhaupt mehr haben, bei der man so genau unterrichtet ist über die Details der Erscheinungen und der Ursachen. Wir werden auf diesem Weg auch dahin kommen, die Mittel zur Abwehr und zur Beseitigung dieser Krankheit in einer viel sorgfältigeren und genaueren Weise formuliren und damit der Gesetzgebung brauchbares Material bieten zu können, als das früher der Fall war.

Die ganze Reihe von Erfahrungen, die wir gegenwärtig mit ziemlicher Sicherheit beherrschen in Bezug auf die Uebertragung lebender thierischer Parasiten, namentlich die ganze Frage von dem Zusammenhang der Bandwürmer mit den verschiedenen Arten von Finnen und Blasenwürmern, die Lehre von den Trichinen ist ergründet worden auf dem Wege der Experimentation. Jeder wesentliche Schritt in dieser Frage ist durch Thierversuche gelöst worden, und was namentlich in der Lehre von den Blasenwürmern noch zu thun ist, das wird sicherlich auch nicht anders gelöst werden, als indem man die Experimente fortsetzt. Darauf basiren nachher die praktischen Arbeiten, die wir unternehmen müssen, um die Menschheit zu schützen. Und was kann es denn schaden, wenn ich z. B. ein Kaninchen nehme – es ist allerdings sehr ungewöhnlich, daß man einem Kaninchen Fleisch zu fressen gibt, aber in diesem Falle trifft es eben zu, daß der Hund keine Trichinen bekommt, daß er also für diesen Zweck nicht zu benutzen ist. Wir nehmen also das Kaninchen; wir sehen dann, indem wir ihm auf schmerzhafte Weise von Zeit zu Zeit ein Stückchen Fleisch aus dem Körper herausnehmen: wandern jetzt die Trichinen ein? unter welchen Umständen wandern sie ein? was zeigt sich dabei? welche Erscheinungen bedingen sie? wie heilen sie? in welcher Weise geschieht das alles? Wir ermitteln also den ganzen Prozeß. Ja, meine Herren, früher hätte man gesagt: das sind lauter gleichgiltige Dinge, ihr könnt die Trichinen doch nicht heilen, ihr müßt es der Natur überlassen. Aber man hat gelernt, daß man sich gegen Trichinen schützen kann, und wir sind endlich auch dahin gekommen, daß man in den größeren Städten die Einrichtungen hat, um praktische Dinge zu leisten.

Meine Herren, ich will mich auf diese Fälle kurz beschränken; ich würde Ihnen ein endloses Register aufmachen können. Ich will nur noch auf den einen Punkt zurückkommen, den der Bericht aufweist, und den der Herr Berichterstatter auch schon erwähnt hat: das ist die Frage, unter welchen Umständen bei einem Menschen überhaupt eine Entzündung entstehen kann. Wir alle sind doch in jedem Augenblick dieser Gefahr ausgesetzt, jeder einzelne Mensch kann einmal eine Entzündung bekommen;

man hat also ein Interesse daran, positiv zu wissen, unter welchen Umständen eine Entzündung zu Stande kommt. Die Untersuchung nimmt dann ganz besondere Formen an. So ist die Frage aufgetaucht: sind nicht auch die kleinen Bestien oder die kleinen Pilze, wie man sie gewöhnlich nennt, schuld daran? Sollen wir das alles am Menschen untersuchen? Das würde eine endlose und wahrscheinlich über Generationen noch nicht absehbare Untersuchung erfordern. Wollen wir zu einem praktischen Ziele kommen, dann bleibt nichts übrig, als: wir müssen die Thiere quälen, wir müssen sie nehmen und bei ihnen unter den verschiedenartigsten Umständen Entzündung erregende Einwirkungen stattfinden lassen, zum Theil recht schlimme, wenn es sich z. B. um die Frage handelt, ob im Innern des Knochens Entzündungen nur unter Zutritt von Bakterien entstehen können. Das sind sehr schmerzhafte Eingriffe, aber sie müssen gemacht werden, wenn man überhaupt diese Fragen bis zu einem praktischen Endergebniß bringen will. Hat man es dahin gebracht, dann wird sich schon ein nutzbringender Effekt auch für die Menschheit ergeben. Daß die Herren Petenten einen solchen Grad von Ueberhebung haben, die Wichtigkeit der experimentirenden Methode in der Medizin überhaupt in Abrede stellen zu wollen, das beweist nur die höchste Ignoranz derer, welche derartige Petitionen machen.

Zu meiner Unterstützung darf ich mich wohl auch meinerseits berufen auf die Vorgänge auf dem letzten großen internationalen Kongreß der Aerzte in London. Bei diesem Kongreß, wo ich selbst die Ehre hatte, als Berichterstatter über diese Frage zu fungiren, war in der That die ganze zivilisirte Welt mit den Hauptvertretern des ärztlichen Standes versammelt. Nun, meine Herren, werden Sie sich doch nicht der Vorstellung hingeben, die hier und da in den Petitionen hervortritt, daß die Aerzte, namentlich die Professoren, aus reinem Pläsir diese Dinge trieben, daß es gewissermaßen eine Leidenschaft für sie ist, die Befriedigung eines gewissen rohen Triebes ihres Herzens, wenn sie Thiere quälten. Die Aerzte, welche in London zusammen gekommen waren, mehr als 2000., haben ohne Widerspruch entschieden, daß die Wissenschaft der experimentirenden Methode nicht entbehren kann. Wenn man sich aber darauf berufen hat, daß in einem Augenblick der Uebereilung das englische Parlament einen Schritt gethan hat, der die Fortschritte der Medizin in England auf das Tiefste gefährdet, so kann ich erwähnen, daß einer der hervorragendsten Männer, welche England im Augenblick besitzt, Sir John Lubbock, schon im gegenwärtigen Parlament den Versuch gemacht hat, derjenigen Resolution, die der internationale Kongreß gefaßt hat, Ausdruck zu geben und von jenem Gesetz wieder zurückzuweichen. In der That, wenn dieses Gesetz bestehen bliebe, würde auch nach Auffassung der englischen Aerzte ein großer und fast der wichtigste Abschnitt der Untersuchungen künftighin in England nicht mehr gemacht werden können; es würde dann zur Regel werden, daß, was jetzt schon geschieht, die englischen Forscher von Zeit zu Zeit nach dem Kontinent kommen müssen, um da Experimente zu machen. So geschieht es in der That im Augenblick.

Nun möchte ich auch Herrn von Kleist sagen, daß die große Anerkennung, die er mit Recht den englischen Chirurgen zollt, einigermaßen vielleicht dadurch bei ihm eine Milderung seiner Auffassung erfahren wird, wenn ich ihm sage, daß gerade die englischen Chirurgen immer auch die englischen Physiologen waren. Sie wissen, in England ist die Medizin durch die eigenthümliche Entwickelung des Landes wesentlich anders gestaltet wie bei uns. Man hat in England zwei Hauptklassen der Aerzte, die surgeons und die physicians. Die surgeons, die auf ganz anderem Wege ihre Bildung machen wie die physicians, sind zu allen Zeiten auch die Träger der Physiologie gewesen, und das ist ja begreiflich; indem sie ihre operative Methode auch für den Zweck wissenschaftlicher Forschung verwendeten, so kamen sie natürlich ein Ende weiter als die bloßen physicians, welche diese Gewohnheit nicht hatten und die operativen Methoden weniger gut kannten. Daß aber die englische Chirurgie während des letzten Jahrhunderts einen so großen Vorsprung gehabt hat, das hängt wiederum damit zusammen, daß diese Chirurgen experimentirten und sich fortwährend in Verbindung mit der fortschreitenden Kenntniß über das Wesen des Lebens und der vitalen Prozesse erhielten. Das würde unmöglich gewesen sein, wenn nicht gerade diese eigenthümliche Kombination bestanden hätte.

Gegenwärtig, meine Herren, wo sich allmählich die Gegensätze zwischen den verschiedenen einzelnen Richtungen in der Medizin ausgeglichen haben, wo sich alle die verschiedenen Spezialdisziplinen: die Chirurgie wie die Medizin, die Geburtshilfe wie die Augenheilkunde, auf eine gemeinsame Basis der Anschauung stellen, und damit auch die Schulen allmählich ihre Gegensätze verlieren, jetzt sind wir um so mehr in der Nothwendigkeit, auch die einheitliche Methode der Anschauungen einigermaßen zu sichern dadurch, daß wenigstens die Hauptphänomene des Lebens einmal dem jungen Mediziner selbst vor Augen geführt werde.

Nun will ich gestehen – und ich bin gern bereit, mit den Herren von der Rechten diesen Punkt eingehend zu erörtern –: es ist nicht leicht zu entscheiden, wo liegen hier die Grenzen des moralisch Zulässigen? In dieser Beziehung möchte ich zunächst hervorheben, daß meiner Meinung nach in den Anführungen der Gegner etwas leichtfertig die Thiere nach der Analogie der Menschen behandelt werden und die Thierquälerei nach Analogie der Menschenquälerei. Nun ist es aber sonderbar genug – ich habe auch in London gerade diesen Punkt urgirt –: niemand von allen diesen lebhaften Petenten trägt irgend ein Bedenken, ein Thier zu tödten; tödten kann man, soviel man will; aufessen kann man auch alles. Also das, was bei Menschen am schlimmsten ist, die Menschenfresserei, der Mord u. s. w., das ist bei den Thieren gestattet. Ja, meine Herren, man muß schon ein sehr ausgemachter Vegetarianer sein, um so weit zu gehen, dies als eine unmoralische Handlung auszulegen; wir wissen, es gibt fanatische Vegetarianer, die so weit gekommen sind, daß sie den Mord der Thiere und die Thierfresserei auch als Handlungen der höchsten Immoralität hinstellen. Aber nun muß ich doch sagen: wenn man beim Menschen die Tödtung als das schwerste Verbrechen und die Quälerei als ein relativ sehr mäßiges bestraft,

(oho! rechts)

– im Gegensatz zur Tödtung, meine Herren, – so kommen Sie und machen aus der bloßen Schmerzerzeugung, die Sie mit dem liebenswürdigen Worte ‚Thierfolter' belegen, ein so großes Verbrechen, daß Sie das als die Spitze des ganzen codex criminalis für den Thierschutz hinstellen. Ja, meine Herren, ich glaube nicht, daß Sie hier auf einem richtigen Wege sind. Diejenigen, welche, wie Herr von Minnigerode, nicht Materialist genug sind, um die Deszendenz voll zu akzeptieren und ihre Verwandtschaft mit den Thieren in ähnlicher Weise, wie Rothäute in Amerika es traditionell thun, festzuhalten, die können in der That mit demselben Recht, wie sie ihren menschlichen Brüdern gegenüber die Moralität konstruiren, sie auch auf die Thiere übertragen. Aber das thun sie nicht, sie übertragen sie in anderer Weise; sie stellen die Quälereien obenan und erklären den Mord für straflos. Tödten kann man, essen kann man, das geht Alles, aber man muß dem Thiere nicht den kleinsten Schmerz bereiten, das ist ihnen eine entsetzliche Sache. Meine Herren, bei genauer Erwägung ergibt sich doch, daß vom Standpunkt derer, welche Fleisch essen und den Fleischgenuß für kein Verbrechen erachten, die Thierquälerei nur verurtheilt werden kann in Beziehung auf den Einfluß, den diese auf die Menschen ausübt. Wir haben deshalb mit Recht in unserem Strafgesetzbuch die Beschränkung, daß jemand, der das Thier quält, damit ein öffentliches Aergerniß erregen muß. Er kann nicht für jede Quälerei bestraft werden, sondern es muß eben ein öffentliches Aergerniß sein, es muß Anderen gegenüber als ein für ihr Gefühl störendes Element erscheinen. In derselben Weise, das will ich gern zugestehen, gibt es auch Grenzen, welche der wissenschaftlichen Experimentation gezogen werden müssen und welche die Sitte ziehen wird. Es läßt sich im voraus in der That schwer entscheiden, wie weit die Nothwendigkeit der Experimentation künftig bestehen bleiben wird. Wie weit wir mit unserer experimentellen Forschung kommen werden, das weiß ich nicht. Sie wird sich vielleicht in Zukunft auf eine gewisse Reihe von Kardinalexperimenten zurückbringen lassen.

Aber daß die Regierung nun in diesem Augenblick direkt einschreiten sollte, das ist etwas, wofür ich kein Bedürfniß ersehe. Ich glaube, die Regierung kann ruhig warten, bis in der That ein öffentliches Aergerniß erregt wird und bis sich ergibt, daß im Interesse dieser öffentlichen Moral eine Repression erforderlich ist.

Das muß ich ganz entschieden in Abrede stellen, daß in diese Frage religiöse Erörterungen hineingezogen werden, wie das vielfach geschehen ist. Ich darf in dieser Beziehung vielleicht nebenbei bemerken, daß ich die Ehre hatte, auf dem Londoner Kongreß neben dem Kardinal Manning zu sitzen, und da ich eben diesen Vortrag zu halten hatte, so erlaubte ich mir, die Frage unmittelbar an ihn zu richten, wie er die Sache auffasse. Er sagte mir darauf, die Kirche habe dazu nicht Stellung genommen, und es gäbe seines Wissens kein Dogma, welches in dieser Frage entscheiden könne.

Noch weniger, glaube ich liegt ein solches Bedürfniß für unsere protestantischen ‚theuren Freunde' vor,

(Heiterkeit)

sich mit der Sache in so aufregender Weise zu beschäftigen. Ich möchte bitten, daß wir sie ganz objektiv behandeln und daß wir gegenwärtig, wo nach meiner Auffassung mindestens ein äußeres Bedürfniß nicht vorliegt, uns entschließen, darüber zur Tagesordnung überzugehen.

Ich kann Ihnen nebenbei sagen, meine Herren, daß die Wissenschaft und ihre Vertreter ihrerseits manche gute Mittel besitzen, um die schlechte Experimentation zurückzuweisen. Wenn eine der Petitionen ein Zitat meines Kollegen Dubois etwas ins Lächerliche gezogen hat, der die Verachtung der eigentlichen Vertreter der experimentirenden Methode denen in Aussicht gestellt hat, welche diese Methode zu schlechten Zwecken gebrauchen, so möchte ich doch glauben, daß diese Verachtung ein recht wirksames Mittel ist, um derartige Bestrebungen zurückzudrängen.

Meine Herren, lassen Sie sich nicht verführen durch diejenigen, welche mit einer gewissen Absichtlichkeit aus allen möglichen Schriften antipathische Aeußerungen zusammenbringen. Ich will in dieser Beziehung nur noch das eine hinzufügen, was Herrn von Kleist-Retzow vielleicht interessiren wird, daß der verstorbene Hyrtl das Unglück hatte, unmittelbar über dem Hundestall des Professor Brücke in Wien zu wohnen. Seine Amtswohnung lag so unglücklich, daß die Hunde des Professor Brücke, die keine rechte Amtswohnung hatten, die beiläufig in einem improvisirten Stall untergebracht waren, gerade unter seinem Fenster sich befanden, und er jahrelang nicht ruhig schlafen konnte. Alle Bemühungen, die er machte, sich die Hunde aus der Nähe zu schaffen, waren fruchtlos, und das Resultat dieser langen Nächte sehen Sie in der herben Aeußerung vor sich, die Herr von Kleist-Retzow schon vorher vorgelesen hat.

(Heiterkeit. Hört, hört! rechts.)

Ja, meine Herren, Sie wissen ja, daß auch andere große Männer, die schlaflose Nächte haben, in diesen Nächten allerlei Böses ausbrüten, warum nicht auch ein unglücklicher Anatom? Daß die Hunde geheult haben, war übrigens kein Zeichen, daß sie Schmerz empfanden. Denn wenn man eine Anzahl von Hunden, die sich gegenseitig nicht kennen, in eine gewisse Nähe an einander bringt, so haben sie die Gewohnheit, auch ohne Schmerz zahlreiche Töne von sich zu geben,

(Heiterkeit)

und es ist namentlich Nachts recht schwierig, sie zur Ruhe zu bringen. Also lassen Sie sich heute nicht durch diesen schlaflosen Anatom bestimmen, sondern stimmen Sie so, wie es im Interesse objektiver Wissenschaft liegt. Weisen Sie diese Petitionen von der Schwelle des Hauses zurück."

(Bravo!)

5. Kurpfuscherei
Das Verhältnis von Naturheilern zu wissenschaftlich ausgebildeten Ärzten
Rede im Reichstag 15. März 1892

In der zweiten Hälfte des 19. Jahrhunderts war der Siegeszug einer naturwissenschaftlich geprägten Medizin nicht mehr aufzuhalten. Virchow hatte daran einen entscheidenden Anteil. Das Ergebnis war aber auch eine Aufsplitterung der Medizin in viele Spezialfächer. Hier lag die Gefahr auf seiten des spezialisierten Arztes, das Gesamt des Patienten zu übersehen. Eine kostspielige (als ungesund im weitesten Sinn empfundene) „Pharmakophilie" kam hinzu. Hier setzten die „Naturheiler" an. Fast jeder von ihnen glaubte, er sei im ausschließlichen Besitz einer alleinhelfenden Heilmethode. Ohne wissenschaftliche Ausbildung und Grundlage wollten die Naturheiler z. B. allein mit Wasser oder Pflanzensäften, der ausschließlichen Gabe von Eisen, Spezialernährung, Verwerfung der Schutzimpfungen, in jedem Fall aber der Ablehnung von pharmakologischen Präparaten die Patienten heilen. Und ließen sich gut honorieren. Ihre größten Erfolge hatten sie bei leichten Krankheitsfällen. Entsprechende Erfolge machten sie beliebt. Bei schweren Krankheiten konnten sie wenig ausrichten. Im Gegenteil. Sie schadeten immer dann, wenn rettende Operationen und stark eingreifende therapeutische Maßnahmen auf diese Weise verzögert oder verhindert wurden.

Hier setzte Virchow an. Er wollte eine gesetzliche Regelung des Verhältnisses von wissenschaftlich ausgebildeten Ärzten und den die (damals neue) Gewerbefreiheit ausnutzenden Naturheilern erreichen. In diesem Sinne beantragte er am 19. November 1891 im Deutschen Reichstag, daß die ärztliche Versorgung nur durch approbierte Ärzte ausgeführt werden dürfe. Die einzige Ausnahme sollten Notfälle bilden. Dann dürften auch technisch ausgebildete, aber noch nicht geprüfte Personen Hilfe leisten. Um seinen Standpunkt zu erläutern, hielt Virchow im Anschluß an diesen Antrag am 20. und 21. November 1891 gleich drei Reichstagsreden (vgl. Christian Andree (Hrsg. u. Bearb.): Rudolf Virchow, Sämtliche Werke Bd. 37, Abt. II: Politik: Politische Tätigkeit im Preußischen Abgeordnetenhaus 14. Mai 1888 bis 16. März 1901 (letzte gehaltene Rede). Politische Tätigkeit im Deutschen Reichstag. Sämtliche Reden 28. Juni 1878 bis 21. April 1893 sowie dazugehörige Dokumente, Berlin, Wien, New York, Blackwell 2003, S. 723-733).

Am 20.11.1891 setzte sich Virchow speziell mit dem seit der griechischen und römischen Antike virulenten Problem der Kurpfuscherei auseinander. Zuvor war im Reichstag der Entwurf über die Abänderung des Gesetzes vom 15. Juni 1888 betreffend die Krankenversicherung von Arbeitern eingebracht worden.

Virchow lehnte dort die Zulässigkeit der *ärztlichen* Behandlung durch Nichtärzte ab. Es sei zwar im Interesse des Patienten, ihm eine größtmögliche Wahlmöglichkeit für einen Arzt zu geben. Den sogenannten „Naturärzten" gehe es aber lediglich darum, möglichst viele Kunden zu bekommen. Dafür sollte es keine Unterstützung von seiten der Kassen geben. Das Vertrauen der Patienten zu „Naturärzten" sei völlig subjektiv und nicht wissenschaftlich objektiv. Das Gesetz regele dagegen ganz genau, wer sich „Arzt" nennen dürfe und wer nicht. Durch die Verabschiedung der gegenwärtigen Gesetzgebung habe man auf die bis dahin bestandenen „Pfuschereigesetze" verzichten können. Wenn nun in diesem Entwurf erklärt werde, „... Arzt kann auch ein Nichtarzt sein, und es kann zugelassen werden, daß an Stellen, wo das Gesetz einen Arzt verlangt, ein Nichtarzt gerufen werde, – führen Sie eine direkte Protektion der Pfuscherei ein."

Virchow gesteht zu, daß in gewissen Sonderfällen Nichtärzte hinzugezogen werden könnten. Diese müßten allerdings gute medizinische Kenntnisse und praktische Erfahrungen vorweisen können. Die Gewerbeordnung dürfe nicht geändert werden durch willkürliche Interpretationen einzelner Kassenvorstände.

Das Problem einer gesetzlichen Regelung des Verhältnisses von wissenschaftlich ausgebildeten Ärzten zu nicht wissenschaftlich ausgebildeten Naturheilern, gleichgültig welchen Geschlechts, schien Virchow so wichtig, daß er das Thema ein halbes Jahr später in einer Rede im Reichstag erneut aufgriff.

Am 15. März 1892 besprach er einen Gesetzentwurf zur Krankenversicherung der Arbeiter. Dabei betonte er, wie wichtig es zwar sei, daß Patienten Vertrauen zu ihren Ärzten hätten, daß eine Heilung aber auch ohne dieses Vertrauen möglich sei. Die Ausführungen eines anderen Abgeordneten [des Chemikers und Schriftstellers Emanuel Wurm] zu diesem Punkt seien unrealistisch, genauso wie dessen Erklärungen zum Status der Naturärzte.

Virchow sagt: „Das Zusammenraffen von einer gewissen Reihe praktischer Erfahrungen" sei allein noch keine Wissenschaft. Dies praktiziere im Grunde jeder Landwirt. Was ist denn eine Wissenschaft der Naturheilkunde?

Es wäre ein Verlust, wenn „... es durch Ihre und Anderer Thätigkeit geschähe, daß die ärztliche Position, die gegenwärtig bei uns gewonnen ist, verloren ginge."

In der Rede heißt es:

„Meine Herren, es wird mir etwas sauer, in diesem Augenblick zu sprechen, nachdem die in der That erstaunlichen Ausführungen des Herrn Wurm mein Ohr getroffen haben. Herr Wurm geht von einer These aus, welche auf freier Erfindung beruht, nämlich darauf, daß jemand nicht geheilt werden könne, wenn er kein Vertrauen zu dem Arzt und zu dem Mittel hat. Dies ist, muß ich sagen, eine so willkürliche Erfindung, wie sie nur je gemacht worden ist. Wir haben nicht bestritten, daß es eine wichtige Sache ist, daß der Kranke Vertrauen zu dem Arzt habe, und daß man ihn nicht unnöthigerweise zwinge, einen Arzt zu nehmen, gegen den er direktes Mißtrauen hat. Aber zu glauben, eine Krankheit könne nicht geheilt werden, weil der Betreffende kein Vertrauen zu dem Arzt und dem Mittel hat, das ist in der That, Herr Kollege, eine sehr freie Erfindung.

Ich muß überhaupt sagen: Ihr ganzer Vortrag hatte etwas mystisches an sich.

(Heiterkeit.)

Sie haben sich allerlei willkürliche Vorstellungen gemacht von diesem und jenem, unter anderem von der Naturheilkunde und der Wissenschaft, die, wie ich meine, in diesem Raum nicht bestehen können. Wenn das Wissenschaft ist, was die Naturärzte sich ausgedacht haben, so würde es etwas schwer sein, zu definiren, was man noch Wissenschaft nennen sollte. Dies Zusammenraffen von einer gewissen Reihe praktischer Erfahrungen, meine Herren, das ist dasselbe, was ein Landwirth macht, wenn er seine homöopathische Apotheke nimmt und seine Schafe und Schweine damit behandelt und nachher zu den Menschen kommt; er hat dasselbe Maß von Wissenschaft, dasselbe Maß von Erfahrung wie die Naturärzte, und die Menschen haben auch ebenso viel Vertrauen zu ihm wie zu einem wirklichen Arzt.

(Heiterkeit.)

Das kann ich Ihnen versichern: die Gutsbesitzer da draußen im Osten kuriren mit ebenso viel Vertrauen wie manchmal die Naturärzte in Sachsen; und wenn sich da erst Sozialdemokraten entwickeln, so werden sie auch deduziren, daß man auf Grund einer homöopathischen Hausapotheke tief gelehrt werden kann.

(Zurufe.)

– Es fällt Ihnen nicht ein, Herr Bebel? Es wird schon kommen. Wenn sie erst Anhänger finden werden auf den Gütern der ostpreußischen Junker, so werden Sie wahrscheinlich auch da homöopathische Hausapotheken als die höchste Quelle ärztlicher Wissenschaft anerkennen. Meine Herren, diese Art der Wissenschaft! – da müßte doch erst dargethan werden, was Sie, eine Wissenschaft der Naturheilkunde nennen. Ich würde in die größte Verlegenheit gerathen, wenn ich sagen sollte, was unter der Wissenschaft zu verstehen sei. Wissenschaft ist doch etwas anderes als Routine, und ich denke, so viel Respekt sollten die Herren vor der Wissenschaft auch haben. Wenigstens in der früheren Generation der Sozialdemokraten existirte wirklich etwas, was man Respekt vor der Wissenschaft nennen konnte; man hat mir das persönlich aus Ihren Reihen heraus ausgedrückt. [...]

Sie wollen, daß der Name ‚Arzt' nicht genauer definirt wird, sondern daß man die unbestimmte Möglichkeit bestehen läßt, die sich jetzt praktisch herausgestellt hat, – das, finde ich, ist ein illoyales Verfahren, das ist ein Verfahren, welches sich mit der Würde unserer Gesetzgebung nicht verträgt. Wenn Sie einen großen Stand im deutschen Vaterland, den Sie doch nicht für einen so niedrigen halten sollten, wie Sie sich anstellen, derjenigen Rechte berauben wollen, die ihm ausdrücklich durch Reichsgesetz zugewiesen worden sind, dann müssen Sie es besser motiviren, als Sie es jetzt thun. Sie können sich ja natürlich darauf berufen, wie bei jeder menschlichen Einrichtung, daß es Personen giebt in diesem Stande, die nicht mit voller Würde und voller Pflichttreue die Aufgaben lösen, welche ihnen zugewiesen sind. Ich will nicht für jeden einzelnen Arzt eintreten;

aber das muß ich doch sagen: ich würde es für einen großen Verlust halten, wenn es durch Ihre und Anderer Thätigkeit geschähe, daß die ärztliche Position, die gegenwärtig bei uns gewonnen worden ist, verloren ginge. Ja, meine Herren, sehen Sie doch einmal Amerika an! [...]

Sie haben da Naturärzte, die in allen Kreisen vorhanden sind, auch Leute, die sich mit dem Namen deutscher Aerzte ausstatten, um sich die Praxis zu erleichtern. Diesem Zustande gegenüber hat sich, und zwar nirgend mit einer größeren Intensität, die Anerkennung der deutschen Medizin geltend gemacht. Der deutsche Doktor hat nirgend einen besseren Klang, als in Amerika; und wenn jemand auch nur einen legalen Titel als deutscher Arzt mitbringt, nur einen Titel, so gilt er drüben schon als ein großes Thier gegenüber allen Naturärzten [...] u. s. w.

(Zwischenruf bei den Sozialdemokraten.)

– Vor Ihnen versinkt natürlich die ganze Menschheit zu einem bodenlosen Sumpf von Unthieren, die alle nichts taugen.

Darüber läßt sich nicht reden. In dem Staatswesen, welches wir bis jetzt haben, hat sich mehr und mehr das Bedürfniß herausgestellt nach der Existenz eines regelmäßig gebildeten und anerkannten ärztlichen Standes. Ja, während noch bis vor wenigen Jahren es den Aerzten in Amerika überlassen war, sich selbst ihr Recht zu schaffen, so hat man jetzt schon in mehreren Staaten der Union begonnen, Staatsexamina einzuführen. Damit ist in Amerika nicht gesagt, daß ein staatlich geprüfter Arzt die nicht geprüften ausschließen kann; aber man hat doch erkannt, daß es nöthig sei, zu wissen, welches die zuverlässigsten Leute sind, an die man sich halten kann in all den Fällen, wo es wesentlich ist, insbesondere wo ein Gutachten ertheilt werden soll. Und da wollen Sie diese Leute ...

(Zwischenruf bei den Sozialdemokraten.)

– Das fällt Ihnen nicht ein? Warum fällt Ihnen das nicht ein? Das sollte Ihnen doch einfallen!

(Heiterkeit. Zwischenrufe.)

– Wie? Sind Chirurgen keine Aerzte in Ihren Augen? Die deutsche Chirurgie, die so große Revolutionen hervorgebracht hat in dem Heilverfahren, die den Menschen Wohlthaten erwiesen hat, wie nie zuvor! Wer hat sie so groß gemacht? Das waren doch nicht die Naturärzte? Jetzt thun Sie so, als ob die Medizin lauter dummes Zeug erfunden habe, und bloß die Naturärzte es seien, die alles wissen. Ich will Ihnen wünschen, daß Sie nicht persönlich in die Lage kommen, das erfahren zu müssen. Ich könnte Ihnen wohl Beispiele beibringen, wo gerade auf diesem Gebiet Naturärzte die größten Schäden herbeigeführt haben, die schließlich zu gerichtlichen Verhandlungen geführt haben.

Also, meine Herren, lassen Sie uns diese Debatte nicht weiter führen, als nöthig ist. Wenn Sie Protest erheben gegen die demüthige Behandlung der Naturärzte, so kann ich meinerseits vielleicht mit etwas größerem Anspruch auf Berechtigung Protest erheben gegen die Art, wie Sie die deutsche Medizin, die in der That eine Ehrenstellung einnimmt, herabsetzen und herabwürdigen, bloß weil es Ihnen darum zu thun ist, hier und da ein paar Personen in den Vordergrund zu bringen, von denen sonst niemand reden würde. [...]"

VII. Anthropologie, Ethnologie und Urgeschichte

1. Wie der Mensch wächst – eine Erinnerung

„Die Revolutionen des menschlichen Geistes sind langsam, wie die Perioden des Völkerlebens. Sie gleichen dem Phänomen der Vegetation, das die Pflanze wachsen läßt, ohne daß das Auge imstande wäre, ihr Wachsen zu bemessen, während es erfolgt.'

Mit diesen Worten beginnt Lamartine seine Geschichte der Revolution von 1848, und so viel sich auch gegen sie sagen läßt, so fallen mir diese Worte doch immer von Neuem ein, weil sie mir lebhaft den Eindruck zurückrufen, den sie auf mich machten, als ich zuerst das Buch in die Hand nahm. Es war an einem schwülen Sommertage im Jahre der Ungnade 1849, als die Reaction schon erhobenen Hauptes einherschritt, als schon mancher brave Mann flüchtig und auch ich aus dem Hause, das mir lange heimisch geworden, vertrieben war. Mein neues bescheidenes Fenster ging auf einen Garten, darin weißstämmige Birken träumerisch ihre langen Locken dem leisen Kosen der Luft überließen, und ich sah nichts von dem Treiben und Leiden der Menschen, die aus der Zeit des Träumens so arg aufgerüttelt waren und sich nicht beruhigen wollten. Denn auf den schnell erwachten Frühling ihrer Hoffnungen war ein heißer Sommer gefolgt, und als das Blut bis in das innerste Herz erregt war, war ein arger Frost eingefallen, und jetzt, wo die ganze Natur zu neuer Frucht sich entwickelte, da sollten nur die Menschen ihr Sehnen in das Winterkleid des Entbehrens hüllen?

Das Völkerleben hat wohl seine Jahreszeiten, aber es hat ein anderes Jahr, als das, was für die Pflanze gilt. Weder Sonne noch Mond sind sein Maaßstab; weder Wärme noch Feuchtigkeit bestimmen seine Wechsel. Die Zweige an diesem Baume sind die Geschlechter der Menschenkinder. Eine Generation um die andere wächst hervor und entfaltet ihre Thätigkeit, und dann stirbt sie wieder ab, die eine ohne rechte Blüthe und Frucht, die andere, kräftigere, nachdem sie reichen Samen ausgestreut hat. Wie lang ist das für die vorwärts drängende Ungeduld der Jugend, wie kurz für das rückwärts blickende Auge des Alters – und der Geschichte!

Ihr Bäume, ihr empfindet das nicht, seitdem die Dryaden aus euch gewichen sind. Noch immer dringt in der ersten Frühlingswärme der Saft in eure Stämme herauf; eine ungeduldige Knospe drängt sich wohl vorschnell aus der harten Rinde zum Sonnenlicht hervor, um schnellem Nachtfrost zur Beute zu fallen, aber ihr fühlet es nicht: nur das Auge des Menschen bewacht die zarte Knospe, nur sein Gemüth betrauert die arme Todte. Denn ob er es sich auch nicht in jedem Augenblicke gesteht, in seinem Mitleid zittert leise die Erinnerung, daß in allem Leben etwas Gemeinsames ist, daß auch er ist wie die Pflanze, erst voller Saft und Wachsthumsdrang, dann hinfällig, gebrechlich und welkend.

Seine Sache ist es, ob er in solchen Gedanken Niedergeschlagenheit oder Trost, Verzagen oder Muth suchen soll. Denn er kann mit dem Trappisten über die blumige Au schreiten und in jeder Blüthe das *Memento mori* (Todesgedanken) lesen. Aber er mag auch mit dem Glauben eines Heiligen rufen: 'Sehet die Lilien auf dem Felde an,' und jedes grüne Blatt kann ihm himmlische Hoffnungen erregen. Es sind unsere Gedanken, die wir in die Sachen hineintragen; unsere Worte, die wir aus ihnen wieder zurücklesen. Für den sinnenden Menschen ist die ganze Welt nur ein großer Wald, aus dem sein eigenes Echo zurückschallt.

Der Beobachter ist nicht so gut daran. Wenn er die Sachen, die außer ihm sind, in seine Gedanken aufnimmt, so soll er sie nehmen, wie sie sind; er soll sich an sie hingeben und doch sich selbst nicht verlieren. Er und die Sachen sollen zweierlei bleiben, das Ich und das Andere. Wie das ungemüthlich ist! Da wird Rübezahl vom Gebirge und der Gnom aus seiner Erzhöhle vertrieben, da singt der Vogel sein menschliches Lied und die Pflanze lacht und weint nicht mehr. Die ganze Natur wird sich fremd; ein tiefes Gefühl der Entzweiung lagert sich zwischen alles Einzelne.

So ungefähr denkt sich Mancher den Zustand eines Naturforschers. Sind da nicht die Pflanzen besser daran, die nicht denken und ihr innerlichstes Leben in langsamer, dem Auge kaum darstellbarer Verwandlung durchmachen, wie die Sonne, die Luft, der Boden es gerade mit sich bringen; im Sommer zur Frucht, im Winter zu neuem Blätterschmuck sich vorbereitend? Sind nicht die Menschen glücklicher, die da leben wie die Pflanzen, sinnend und vertrauensvoll, bis der Herbst ihre Blätter fallen läßt, oder der Sturm sie niederreißt, oder die Art des Gewaltigen sie fällt? Wenn wirklich die Revolutionen den Phänomenen der Vegetation gleichen, warum dieß unruhige Sorgen, dieß geschäftige Drängen der Einzelnen, wie der Völker?

Das und manchmal Anderes ging mir durch den Kopf, während ich in die Kronen der Birken schaute und dem stillen Spiel ihrer Blätter folgte. Aber es war nur eine Zeit lang, dann wandten sich meine Gedanken dem Gegenstande zu, der unter dem Wachsen der Revolution und der Reaction meine eigentliche Sorge gewesen war; ich gedachte der inneren Vorgänge des Wachsthums und der allmäligen Umwandlungen, welche der Leib des Menschen im Laufe der Zeit erfährt, – jener langen Geschichte von Entwickelungen, welche auch das geistige Leben bestimmen und deren Kenntniß uns wieder zu dem Begriffe der Einheit des Lebens, der Zusammengehörigkeit alles Lebendigen zurückführt. Ich fand einen Trost darin, daß denn doch diese Zusammengehörigkeit nicht bloß darin beruht, daß, wie die Chemiker ermittelt haben, die Pflanzen Sauerstoff und die Thiere Kohlensäure ausathmen und sich so gegenseitig die ihnen zusagenden Luftarten zubereiten, oder daß die Thiere die Pflanzen fressen und diese wieder von den Ueberresten der Thiere leben. Meine Untersuchungen lehrten mich vielmehr, daß auch in unserm Leben und Wachsen etwas von dem Leben und Wachsen der Pflanzen ist, daß die alte Lehre von dem 'Vegetiren' des Menschen ihren guten Sinn hat und daß sich durch die ganze organische Natur eine ununterbrochene Kette immer höherer und vollkommenerer Entwickelungen auf derselben Grundlage erkennen läßt.

Das menschliche Leben fängt sehr pflanzlich an. Mit langen, vielknospigen Wurzeln befestigt sich die junge Frucht in dem mütterlichen Boden, aus dem sie ihre Nahrung aufsaugt, um sie durch einen langen und dünnen Stiel in ihr Inneres zu leiten. Knospe um Knospe, Organ um Organ wächst heran, – doch ich vergesse, daß ich die eleusinischen Geheimnisse der Physiologie berühre, welche die heutige Sitte, wie die alte, nur den Eingeweihten zu kennen gestattet, da der prüde Gang unserer Erziehung es nicht zuläßt, daß der eigentliche menschliche Kern alles irdischen Wissens dem Streben der Lernenden erschlossen werde.

Sei es also – betrachten wir das Kind mit seinen zarten Gliedmaßen, wie es gebrechlich und hülflos das Licht erblickt hat und nun zu täglich steigender Größe, Sicherheit und Selbständigkeit erwächst. Wie wächst es denn eigentlich? Es mag nicht sehr poetisch klingen, wenn man sagt, es wachse durch die zunehmende Größe seiner Knochen, und mancher möchte sich vielleicht scheu abwenden, wenn die Sache sofort einen so anatomistischen Charakter annimmt. Aber man zürnt doch auch dem Bildhauer nicht, wenn er die Verhältnisse des Leibes, den er formen soll, zuerst anatomisch feststellt, wenn er den Zollstock in die Hand nimmt und die Länge und Breite einzelner Knochen zu messen anfängt. Das sieht sich auch sehr prosaisch an, und doch wächst aus diesem Messen, aus dieser durch den Zollstock gewonnenen Erkenntniß endlich das künstlerische Bild hervor, das unsere Sinne ergreift und fesselt. Die 'himmlische' Wohlgestalt kann ohne das irdische Verhältniß der Theile, ohne die anatomische Proportion nicht bestehen, und die Zahlen des Zollstockes geben diese Proportion, wie die Kürze und Länge der Sylben das Versmaaß des Dichters. Wer kann etwas dafür, daß auch der entzückende Vers, in seine Theile zerlegt, in seiner Entstehung belauscht, etwas sehr Mechanisches hat, und daß ohne die Einsicht oder doch wenigstens ohne die Empfindung dieses Mechanismus das ganze und volle Verständniß desselben nicht erschlossen ist?

Ein ausgebildeter Mensch besitzt, wenn man die Zähne hinzurechnet, beinahe 250 Knochen, jeden einzeln genommen mit seiner besondern, ihm eigenthümlichen Gestalt und seinen besonderen Maaßverhältnissen. Manches Jahr geht darüber hin, bis sie alle ausgewachsen sind, die einen früher, die anderen später. Denn es giebt manche, die schon bei der Geburt fast ihre ganze spätere Größe erreicht haben, andere, die von der Geburt an noch 15 oder 20 Jahre lang fortwachsen und auch hier wieder die einen stärker, die anderen schwächer. Nicht alle Theile des Skeletts wachsen daher in gleichem Verhältnisse und das ist der wichtigste Grund dafür, daß der erwachsene Mensch nicht wie ein vergrößertes Kind aussieht, sondern seine besondere Eigenthümlichkeit hat, die in jedem Alter wieder etwas anders wird. Erfahrene Bildhauer, wie der alte Berliner Kunstdirector Schadow, haben daher ihren Zollstock häufig an demselben Menschen versucht, ihn durch Jahrzehnte hindurch immer wieder von Neuem gemessen, und so die Grundlagen für einen Codex des Naturrechts in der Plastik gelegt, der leider noch immer des weiteren Ausbaus harrt. Und daß nicht bloß die Künstler, die in dem harten Stein arbeiten, solcher Gesetzbücher bedürfen, das haben Albrecht Dürer und Winkelmann schon vor langer Zeit dargethan.

Aber das bloße Messen giebt noch immer keine volle Einsicht in das Wachsthum der Knochen. Man erfährt dadurch wohl, um wie viel jeder einzelne Knochen wächst und wie viel er zu dem Gesammt-Wachsthume des Körpers beiträgt, man gewinnt manche Anschauung von seiner Bedeutung für die Gestaltung des Leibes, aber der menschliche Geist läßt sich damit nicht befriedigen; man möchte doch auch wissen, wie das Wachsen denn nun eigentlich zugeht. Diese Art der Neu- oder der Wißbegierde war zwar bei unseren Vorfahren etwas in Mißcredit gekommen, und noch heut zu Tage gilt es für einen Spott, von jemand zu sagen, er höre das Gras wachsen. Aber es giebt doch schon manchen Naturforscher, der, wenn auch nicht das Gras, so doch Pflanzen wirklich hat wachsen sehen; das Mikroskop hat das Geheimniß enthüllt und man kann ehrlich davon erzählen, wie die Pflanze es macht, daß sie höher und höher vom Boden heraufwächst. (Fig. 1).

Und das ist eben das Schöne in der neueren Naturforschung, daß sie endlich die Uebereinstimmung ergründet hat, die in dieser Beziehung zwischen Pflanze und Thier, den Menschen eingeschlossen, besteht. Nirgend aber ist die Uebereinstimmung augenfälliger als gerade bei dem Knochenwachsthum.

Freilich könnte jemand, der sehr feine Unterschiede macht, dagegen erinnern, daß der Knochen als solcher eigentlich nicht wächst. Denn in der That, was einmal Knochen geworden ist, das hat seine Entwickelung hinter sich; wirklich wachsen kann nur das, woraus der Knochen gebildet wird, und das ist, wenigstens wo es sich um Längenzunahme handelt, der Knorpel. Die meisten Knochen sind ursprünglich Knorpel. In der Mitte dieser Knorpel entsteht durch eine eigenthümliche Umbildung der erste Knochenkern, der sich nach und nach durch immer weiter fortschreitende Umbildung von Knorpel vergrößert, indem an den ältesten Kern immer neue Knochenlagen angelagert werden. Gleichzeitig aber wächst der Knorpel aus sich selbst immer stärker und erzeugt in gewissen Richtungen immer neue Theile, welche später verknöchern können.

Aber gerade in diesem Punkte gleicht der Knochen ganz dem Stamme eines Baumes. Die großen Anhäufungen von hartem Kernholz, welche die Mitte des Stammes einnehmen, sind gleichfalls fertige, abgeschlossene Gebilde, aus denen nichts mehr wird. Sie wachsen nicht, sie erhalten und verdichten sich nur. Aber im Umfange des Stammes, an der Rinde oder dicht unter derselben, da liegt eine Schicht, welche immer neue Keime hervorbringt und immer neue Holzlagen ansetzt, welche oft noch thätig und lebendig ist, wenn innen schon längst das Holz morsch und faul geworden ist. Das ist gewissermaßen der Knorpel des Baumes. Unscheinbar, wie so vieles Edle, wird er bei Seite geworfen, wenn der Stamm, der daraus geworden ist, benutzt werden soll. Aber wenn die Noth kommt, so denkt

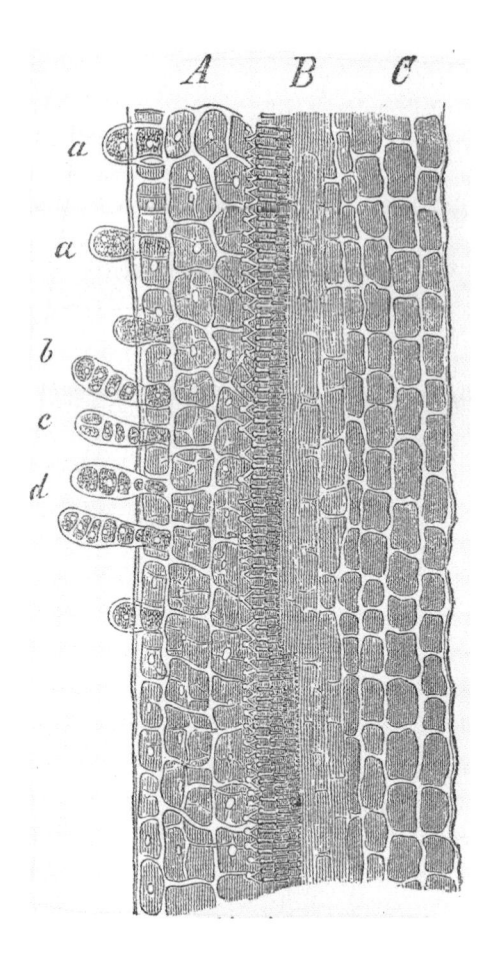

Fig. 1.
Ein 250 mal vergrößerter Durchschnitt aus einer der jüngsten Blattknospen eines Fliederstrauches. Bei A die wachsende Rindenschicht, aus welcher kleine Blatthaare (a. b, c, d) hervorwachsen; diese werden immer länger, indem die in ihnen enthaltenen Zellen sich durch Theilung vermehren. Bei B die Spiralgefäße, bei C die Holzzellen, welche nicht mehr wachsen.

doch mancher mehr an die Rinde, als an den holzigen Kern. In der Rinde stecken die edelsten und wirksamsten Stoffe, die der Baum, die Pflanze hervorbringen; in ihr sind die heilkräftigen, die gewürzigen, die erregenden Stoffe, in ihr findet der Gewerbsmann die Mittel, seine Kunst des Färbens und Gerbens zu üben.

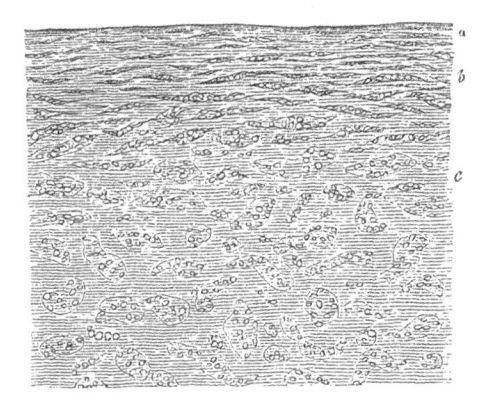

Fig. 2.
Ein 50 mal vergrößertes Scheibchen aus einem wachsenden Knorpel vom Menschen. Bei a die ursprünglich einfache Beschaffenheit, bei b beginnendes Wachsthum, durch Zellentheilung bedingt, bei c fortschreitendes Wachsthum.

Der Knorpel hat nicht so viele Eigenschaften; seine bescheidene Aufgabe beschränkt sich darauf, sich selbst zu erhalten und wenn die Zeit gekommen ist, neue Theile knorpeliger Art hervorwachsen zu lassen, die Knochen werden sollen. Manchmal muß er lange auf diese Zeit warten. Jahrzehnte gehen darüber hin, ehe die Reihe an ihn kommt, aber dann hängt auch das ganze Geschick der Knochenzunahme davon ab, daß der nöthige Knorpel vorhanden ist. Haben Krankheiten ihn zerstört, oder ist er durch sie zurückgehalten worden, dann verkrüppelt der Mensch, und keine Rinde von den kräftigsten Heilpflanzen kann ihm einen Ersatz dafür liefern.

Schneidet man sich ein kleines Stückchen Knorpel ab, so dünn, wie das feinste Papierblättchen, und so groß wie ein o, und bringt man dieses Scheibchen unter die Vergrößerungslinse des Mikroskopes, so sieht man darin Hunderte von kleinen Gebilden, wie sie auch in der Rinde des Baumes sich finden, natürlich nicht ganz und gar ebenso, aber doch in allen wesentlichen Zügen damit übereinstimmend. Diese kleinen Gebilde hat man Zellen genannt und in ihnen sind die eigentlich thätigen Elemente des Körpers endlich der Betrachtung offen dargelegt worden. Kleine Bläschen, aus eiweißartigen Stoffen zusammengesetzt, zeigen sie doch in sich wieder eine Mannichfaltigkeit von Theilen: einen Kern und eine äußere Haut und einen besonderen Inhalt, jedes für sich einen kleinen Leib, eine Art Sonderwesen darstellend (Fig. 3. u. 4).

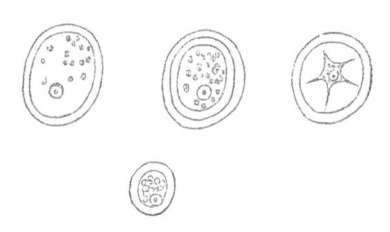

Fig. 3.
300 mal vergrößerte, einzelne Knorpelzellen vom Menschen in verschiedenen Zuständen.

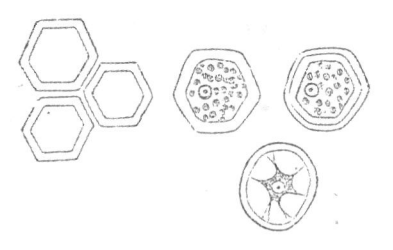

Fig. 4.
300 mal vergrößerte, einzelne Zellen aus der Rinde eines Kartoffelknollens.

Sie sind es, die eigentlich wachsen und sich vermehren, die den Menschen lang machen. Wo zuerst nur eine Knorpelzelle war, da finden sich später zwei und mehrere und endlich sehr viele (Fig. 5). Denn die erste theilt sich in zwei, der ursprünglich einfachen ähnliche; diese zwei in wieder je zwei und so fort. An die Stelle des einen kleinsten Gebildes treten allmählich ganze Gruppen von 30, 40 und mehr Zellen, welche jede für sich wachsen, jede für sich größer werden, als die erste Zelle, aus der sie entstanden sind. Ein Knorpelstück, das ursprünglich 100 Zellen enthielt, kann also später 3–4000 enthalten, und wenn eine jede 4mal so groß ist, als die erste, so wird der Flächenraum, der von ihnen eingenommen ist, 120–160mal größer sein, als der frühere.

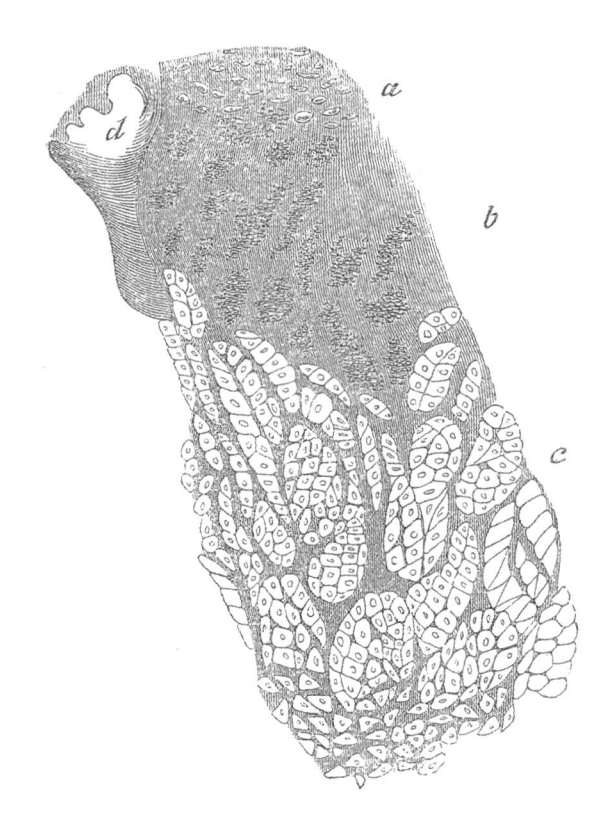

Fig. 5.
Ein 150 mal vergrößerter Durchschnitt aus einem wachsenden Gelenkknorpel am Menschen. Bei a einfache Zellen, bei b haufenweise Vermehrung derselben durch Theilung, bei c weitere Vermehrung und Vergrößerung derselben, bei d ein Blutgefäß-Durchschnitt.

Der Mensch hat demnach allen Grund, seine Zellen zu pflegen, auf daß sie in der Lage sind, zur rechten Zeit ihre Pflicht thun zu können. Mancher mag der Warnung nicht achten, denn er mag denken, die Länge sei nicht die wahre Größe des Menschen, und was ihm am Knochen abgehe, das könne er durch andere Eigenschaften ergänzen. War nicht auch David klein und hat nicht auch Klein-Roland den großen Riesen erschlagen? Nun ja, es handelt sich nicht darum, daß jeder ein ungeschlachter und ungefügiger Riese werde, aber wohl darum, daß er kein Krüppel werde, auch an keinem einzelnen seiner Theile. Denn Mancher wird lang genug und doch fehlt es ihm hier und da recht empfindlich.

Da sind z. B. an dem menschlichen Leibe drei Theile, die nennt man Kopf und Brust und Becken. Die sind von Knochen umschlossen und ob sie weit oder eng sind, das hängt davon ab, ob die Knochen, die sie umschließen, lang oder kurz, weit oder eng gewachsen sind. Ich will nicht von allen den Leiden und Gefahren sprechen, die eine Frau läuft, wenn sie ein zu enges Becken hat, denn das fällt wieder in das Gebiet der eleusinischen Dinge. Aber darüber kann man wohl sprechen, daß es eine wichtige Sache ist, ob einer einen umfangreichen Brustkorb hat oder nicht. Wie viele gehen elendiglich an unheilbarer Schwindsucht zu Grunde, deren Lungen nicht zu der richtigen Ausbildung gelangen! und welch' ein Segen ist es, wenn man mit ‚voller Brust' aufjauchzen kann, auf luftiger Bergeshöh', wo der mit enger Brust nur keuchend und seufzend anlangt! Es ist schwer, ein frisches Herz zu haben, wenn die Knorpel und Knochen, die es umschließen, nicht sind, wie sie sein sollen. Wenn sie auch sehr still sind und die Dichter ihrer nicht gedenken, sie sind doch bei aller Lust auch dabei und wenigstens der sorgsame Naturforscher, der treue Arzt darf ihrer nicht vergessen.

Der menschliche Geist, der ja auch im kranken Leibe oft so frisch und gesund, in schwachem Körper so stark ist, er ist doch wenigstens nicht an Knochen gebunden? Weit gefehlt! Aus dem Geiste wird nichts, wenn das Gehirn nicht seinen rechten Schick hat, und das Gehirn hat sein engumgrenztes Haus, das fest zusammengefügt ist aus vielen Knochen, um es vor aller Unbill zu bewahren. So fest ist es, daß es noch lange zusammenhält, wenn Geist und Gehirn längst von ihm geschwunden sind. Mancher Schädel bleicht über der Erde, an den der Fuß des Wanderers achtlos stößt, unbekümmert um das edle Werk, das er einst in sich getragen; mancher andere empfängt im Heiligenschreine die ungemessene Anbetung der Gläubigen, die des todten Gebeines vergessen über dem trauernden Gedanken an das Leben, das einst von ihm ausgegangen. So ist der Mensch! Was er draußen auf dem Kirchhofe unter die Füße tritt, das faßt er drinnen in der Kirche in Gold und Edelstein.

Und doch ist ein Schädel zu allen Zeiten ein Gegenstand, der Betrachtung eines jeden Denkenden würdig. Mag er für den einen die Warnung tragen, des Todes zu gedenken, so ruft er dem andern lange Geschichten von reichem und ereignißvollem Leben in die Erinnerung. Mit dem Schädel in der Hand wird der Naturforscher zum Geschichtsschreiber des Menschengeschlechts für jene Zeiträume, da noch keine Geschichte war, als die, welche von Mund zu Mund sich forttrug, und von der endlich das letzte Wort verflogen ist, wie der Wind, der über das Land geht. Damals, als Völker unser Land bewohnten, deren Namen keine Sage meldet, wenn sie überhaupt einen Namen hatten, damals fügten sich Knochen zu Knochen, wie jetzt; Zelle um Zelle wuchs heran und half den Knochen größer machen, und wie eine um die andere sich in das Gewölbe des Schädels einfügte, so erweiterte es sich zu der Decke des Gehirns, wie jetzt. Die alten Schädel erzählen es uns immer noch, ob das Volk eine stattliche Entwickelung des Gehirns erlangte, ob es in die Reihe der Culturvölker gezählt werden darf, ob es für eine Geschichte des menschlichen Geistes eine Bedeutung gehabt haben mag, oder ob es eben nur war, nur bestand, um anderen Culturvölkern als ein Fußschemel ihres Aufsteigens zu dienen. Der Gegensatz vom Schädel auf dem Kirchhofe und vom Schädel im Heiligenschrein kehrt hier, nur in mehr berechtigter Form, wieder.

Ich bin kein Phrenolog und ich halte von den Spitzfindigkeiten der Phrenologie nichts. Vergeblich habe ich die Schädel des heiligen Kilian und seiner irischen Genossen, der fränkischen Märtyrer, betrachtet, um daran das Organ der Heiligkeit zu entdecken. Auch bin ich nicht so ein abstracter Gläubiger, daß ich mir vorzustellen vermöchte, ein Mensch mit schlecht entwickeltem Schädel könne ein ausgezeichneter Mensch sein. Die Schwingen des Geistes mögen weit ausgebreitet sein und schrankenlos über die Welt hineilen, und doch ist in jeder Zeit, so lange der Geist, uns erkennbar, arbeitet, ein Raum da, in dem er arbeitet. Wir fühlen es selbst, wir greifen nach unserm Kopfe, wenn es nicht mehr recht gehen will, wir stützen ihn, wenn er zu schwer ist von der Last der Gedanken, wir richten ihn stolzer empor, wenn etwas Großes in ihm geschehen ist. Es ist doch ein recht innerliches Leben, das des Geistes!

Aber ist es mehr innerlich, als das des Knorpels, des Knochens, des Baumes, von dem man doch gesagt hat, sein Wesen sei das Innerliche? Auch das Gehirn wächst, wie jene anderen Theile wachsen; auch ihm ist ein gewisses Maaß von Zellen zugetheilt, die sich vermehren, groß werden und thätig sind, und ohne die das Gehirn nichts vermag, selbst nicht einmal zu denken. Oder ist das zu viel gesagt? ist das nicht verderblicher Materialismus? Ich denke nicht. Es ist, so scheint es mir, das, was ich sagte, nur der Ausdruck dessen, was jeder an sich selbst wahrnimmt, was Alle stillschweigend voraussetzen, und was sie nur zu nennen vergessen, wenn sie sich dem ‚Spiele' ihrer Gedanken arglos und böswillig überlassen. Wir denken im Kopfe, und darum wird ein schöner Kopf zu allen Zeiten eine gute Empfehlung bleiben für den, der ihn trägt. Ist es denn eine bloße Manier, daß die Bildhauer noch immer an den Köpfen der altgriechischen Meister studiren? und ist es eine reine Täuschung der Naturforscher, wenn sie schreiben, daß die alten Griechen so prächtige Menschen gewesen sind, weil sie so vortreffliche Köpfe gehabt haben? O gewiß nicht!

Wenn die Pflanze sich kräftig entwickelt, so geht von ihr ein mächtiger Wohlgeruch aus, den die wachsende Oberfläche aushaucht. Der Wald, das Feld, die Wiese haben ihren Wohlgeruch, den der Mensch mit Entzücken athmet, auch wenn keine im engern Sinne wohlriechende Blume ihren Duft hinzumischt. So auch wird das Gehirn kräftig, wenn die Knorpel und Knochen des Schädelgewölbes sich zur rechten Zeit ausweiten durch Wachsthum an ihren Rändern, und nachher gehen Gedanken hervor, gleich einem mächtigen Wohlgeruch, vielen zur Lust und Freude. Und das mag man, wenn man auch kein Phrenolog ist, doch einem Schädel ansehen, Jahrtausende nach der Zeit, da er stolz getragen ward auf wohlgewachsenem Körper, und manches leere Blatt aus der Geschichte des Menschengeschlechts mag noch beschrieben werden, wenn aus dem treuen Schooß der Erde mehr und mehr von den Köpfen der Vorfahren hervorgegraben werden. Ja gewiß, ‚die Revolutionen des menschlichen Geistes sind langsam', sehr langsam, und wir mögen es von den Knochen, von den Bäumen lernen, welche Zeiträume dazu gehören, um ein spätes Geschlecht in den Besitz von all der Vorarbeit zu setzen, in deren Vollgenuß wir – oft wie gedankenlos! – dahinschwelgen. Denn nicht bloß das Völkerleben, sondern auch unser Einzelleben gleicht der ‚Vegetation, welche die Pflanze wachsen läßt.' Der Historiker begnügt sich damit, die Beschränktheit des menschlichen Auges anzuklagen, daß es nicht im Stande sei, das Wachsen selbst zu bemessen, während es erfolgt. Der Naturforscher kennt diese Beschränktheit nicht; er beobachtet die kleine Zelle, wie sie geschäftig Stoff um Stoff an sich zieht, um zu wachsen und sich zu vermehren in ungemessener Reihenfolge der Geschlechter. Er verfolgt das Wachsthum, von Zelle zu Zelle, mit den leiblichen Augen; er erkennt den vorwärtsschreitenden Gang von dem Einfachen zu dem Vielfachen, mit dem geistigen Auge rückwärts schauend von dem bunten Wechsel der vollendeten Erscheinung zu dem ursprünglich einfachen Werden der ersten Anlage. So sondert sich für ihn aus dem zufälligen Durcheinander der Gegenwart das immer einfachere Gesetz, das auch der Vergangenheit und der noch dunklen Zukunft gilt, gleich bedeutend in dem feinsten Geschehen der letzten individuellen Formbestandtheile, wie in dem großen Gange der Weltgeschichte.

Darum, ihr Träumer, gehet zu der Natur und lernt die Bedingungen, die Vorgänge eures Lebens begreifen!"

2. Der Aul Uolla-Koban im Lande der Osseten (Nordkaukasus)

Im prähistorischen Lebenswerk Rudolf Virchows waren es zunächst Altertümer seiner pommerschen Heimat, die ihn zu Forschungen auf diesem Wissenschaftsgebiet anregten. Die älteste von Virchow nachzuweisende prähistorische Ausgrabung fand im Sommer 1865 statt, bei der er am Ausfluß des Plöne-Sees bei Lübtow im Pyritzer Weizacker einen Pfahlbau entdeckte. U. a. diesen Fund machte Virchow zum Thema zweier Vorträge über Hünengräber und Pfahlbauten, die er am 14. und 18. Dezember desselben Jahres im Saal des Berliner Handwerkervereins hielt und bald darauf in der „Sammlung gemeinverständlicher wissenschaftlicher Vorträge" veröffentlichte (Berlin, Lüderitz 1866). Sowohl Gegenstand als auch Ort und Form der Vorträge waren bemerkenswert. Virchow sprach über einen neuen Forschungsgegenstand vor einfachen Handwerkern. (Dieses liegt wieder auf der Linie seiner sozialen Bestrebungen von 1848, deren Ziel es war, dem einfachen Volke vor allem Bildung und demokratisches Bewußtsein zu vermitteln.) In den Vorträgen behandelte er zunächst grundlegende Tatsachen, indem er die Geschichte der bisherigen Forschungen über diese prähistorischen Gegenstände erläuterte, stellte dann seine Ansichten und die anderer vor und forderte zum Schluß auf, mitzuhelfen beim weiteren Sammeln und Erforschen der Zeugen der ältesten Vergangenheit der Heimat und der Völker.

Wie bei der immensen Schaffenskraft Virchows nicht weiter verwunderlich, dehnte sich sein Aktionsradius, was das urgeschichtliche Forschungsfeld betrifft, bald auf fast alle Provinzen Deutschlands und der Nachbarländer aus, so daß die Zahl seiner prähistorischen Schriften von Jahr zu Jahr in immer steigendem Maße zunahm und schließlich über die Anzahl 1800 hinausging[49].

Außerhalb Europas sind hier jedoch noch drei weitere große prähistorische Arbeitsgebiete zu erwähnen, auf denen Virchow besondere Bedeutung erlangte: Troja, die ägyptische Steinzeit und der Kaukasus.

Der im folgenden abgedruckte Abschnitt „Der Aul Uolla-Koban" ist speziell Virchows Ausgrabungen im Kaukasus, dieser landschaftlich so beeindruckenden 1.100 km langen Bergregion zwischen Kaspischem und Schwarzem Meer, gewidmet und stellt die Einleitung zu einem kostbarem Tafelwerk dar, das Virchow 1883 in Berlin unter dem Titel „Das Gräberfeld von Koban im Lande der Osseten, Kaukasus. Eine vergleichend-archäologische Studie" veröffentlichte. In diesem Buch faßte Virchow die Untersuchungsergebnisse seiner 1881 unternommenen Kaukasus-Reise zusammen und prägte darin u. a. den Begriff der „Koban-Kultur". Dieser bezeichnet eine spätbronze- sowie eisenzeitliche Kultur im nördlichen Hochgebirgskaukasus und leitet sich von Gräberfeldern beim Aul Koban her. Der Aul Koban liegt in der seit 1991 russischen Republik Nordossetien-Alanien. Sie grenzt im Westen an Kabardino-Balkarien, im Osten an Inguschetien und im Süden an Georgien. Die Hauptstadt ist Wladikawkas. Die folgende Textpassage, die stellenweise wie ein lebendig geschriebenes Reisetagebuch wirkt, fasziniert den Leser durch die erzählerische Kraft Virchows und spiegelt einmal mehr seine vielfältigen Interessensgebiete und Fähigkeiten.

Der Aul Uolla-Koban im Lande der Osseten (Nordkaukasus)

„Ziemlich in der Mitte der gewaltigen Centralkette des Kaukasus, dieses mächtigen Querriegels, der von Meer zu Meer herüberreichend, zu allen Zeiten eine Völkerscheide gewesen sein muss, erhebt sich bis zu einer Höhe von über 5000 m der Schneekoloss des Kasbek (Mqinwari). Aus seinen Gletschern entströmen nach allen Seiten Gebirgsbäche, welche sich bald zu kleinen Flüssen vereinigen, die schliesslich alle, mehrere erst in der nordkaukasischen Ebene, dem Terek zuströmen. Bevor sie die Ebene erreichen, durchbrechen sie die beiden Längsketten der Vorberge, welche weithin dieselbe begrenzen. Zwischen diesen Vorketten liegen versteckt zahlreiche kleinere und grössere Thäler, bis zu verschiedener Höhe gefüllt mit alten Moränen und Gletscherlehm, den Zeugen einer ausgedehnten Vergletscherung in glacialer Zeit.

Solch' ein verstecktes Thal ist auch das von Koban. Es liegt nördlich vom Kasbek zwischen der ersten und zweiten Vorkette in einer von WSW nach ONO gehenden Richtung, der Länge nach durchströmt von dem Gisaldon, der hier den Localnamen des Kobandon führt. Er kommt von dem Schneegebirge herab, fliesst bei Dargaws vorbei und durchbricht gegenüber dem Aul Koban in einer tiefen Schlucht die zweite d. h. innere Vorkette. Dann durchströmt er das Thal von Koban, an dessen rechter Seite er sich hält, und nimmt am Ende desselben einen anderen, weiter östlich vom Kasbek entsprungenen Gebirgsfluss, den Genaldon auf. Gleich darauf folgt sein Durchbruch durch die erste Vorkette, hier die Fotschchus-Berge genannt; dann ergiesst er sich in genau nördlicher Richtung in die Ebene und erreicht alsbald das ossetische Dorf Gisel, von welchem er den Namen trägt.

Dies ist auch der gewöhnliche Weg, auf dem die Bewohner zur Ebene herabsteigen, in welcher ein grosser Theil ihrer Aecker liegt, natürlich auch umgekehrt der Weg, welchen Besucher zu verfolgen haben, um zu ihnen zu gelangen. Freilich ist der Name Weg einigermassen euphemistisch. Nicht nur, dass man immer und immer wieder, wohl an hundert Mal, das Wasser zu kreuzen hat, – Brücken giebt es hier nirgends, – sondern in dem engsten Theile der Schlucht, wo die Berge von beiden Seiten her nahe an einander treten, bildet der Fluss selbst den Weg. Wir benutzten denselben, als wir am 15. September 1881 von Wladikawkas über Gisel nach Koban ritten.

Auf dem Rückwege schlugen wir einen anderen Weg ein, der vom Genaldon schnell aufwärts in ein prachtvolles, hinter der ersten Vorkette gelegenes Hochthal führt, welches die gerade Fortsetzung des Koban-Thales in der Luftlinie nach Osten darstellt, aber viel höher liegt. Von da gelangt man nahe bei der Poststation Balta in das Thal des Terek und auf die grosse grusinische Militärstrasse hinab. Dieser Uebergang ist für Lasten jedoch kaum brauchbar.

So wenig diese Wege unseren Vorstellungen von Wegen entsprechen, so sind sie doch in früherer Zeit sicher viel benutzt worden, denn sie setzen sich thalaufwärts über Koban hinaus fort und führen zu Pässen, welche wenigstens in besserer Jahreszeit den Uebergang über den Schneekamm der Centralkette gestatten. Einer dieser Pässe führt in das Thal des oberen Terek, das weite Trusso-Thal, südlich vom Kasbek, in welches von Alters her die Hauptstrasse von Süden her, vom Passe des Kreuzberges (Guda) herabsteigt. So konnte denn auch das Koban-Thal ein Theil dieses Weges sein, und er mochte vielfach benutzt werden, da die Darjal-Schlucht weiter abwärts am Terek sehr schwer passirbar war und gelegentlich durch die Schuttmassen des gewaltigen Dewdorak-Gletschers gesperrt wird.

Gerade da, wo der Gisaldon die Schlucht in der zweiten (inneren) Vorkette verlässt, hatten die Häupter des ossetischen Stammes der Tagauren[50] auf einem vorspringenden Felsen ihr festes Haus errichtet. An der engsten Stelle der Schlucht, am Fusse des Felsens, ragt noch jetzt ein hoher Wartthurm empor, bequem zur Vertheidigung, aber auch als Zollstation und als Ausfallspunkt, um Vorüberziehende zu plündern. Auch die Feste, in welcher die Edlen wohnten, ist noch als stattliche Ruine auf einem etwas höheren Felsvorsprung vorhanden. Sie ist aus grossen, ganz roh behauenen Bruchsteinen ohne Mörtel erbaut; nur am Thor und dem äusseren Bastion daneben ist, wahrscheinlich in späterer Zeit, etwas sorgfältiger mit Mörtel gebaut, auch sind hier die Fenster und das Thor mit einer Art von Schwiebbogen, an den ersteren aus Kalkstein, jedoch auch nicht glattem, versehen. Das Schloss hat eine herrliche Lage auf einem abgestürzten Theil des Felsens, gerade an der Ecke zwischen dem Gisaldon und einem kleinen Bache, der durch eine tiefe Felsspalte von Südwesten ihm zufliesst. Nur ein schmaler, gewundener Pfad führt zu dem Thore, dem einzigen überhaupt zugänglichen Theile des Schlosses.

Auch hat der Feind dasselbe nicht gebrochen. Als die russische Herrschaft sich unwiderstehlich über den Kaukasus ausbreitete und die grusinische Strasse ausgebaut wurde, mag es schon recht stille in dem Thal geworden sein. Nur noch bis gegen das Jahr 1830 wurde der Zoll erhoben. Seitdem verarmte der Aldar (Eldár) auf dem Schlosse. Noch der vorige wohnte auf demselben und sein Sohn, mein sehr liebenswürdiger Wirth Chabosch Khanukoff wurde daselbst geboren. Aber die Unterhaltung des grossen Gebäudes, das überdies wohl wenig wohnlich gewesen sein mag, und die ganze Wirthschaft wurde zu kostspielig, und so entschloss der Aldar sich, in dem Aul jenseits der Schlucht sich ein einfacheres Haus zu bauen. In diesem wurden wir aufgenommen und genossen ein Paar Tage die liebenswürdigste Gastfreundschaft.

Der Platz für das Haus ist prächtig gewählt. Wenn wir Morgens aus der Thür des Kunak traten, so schauten wir gerade nach Süden in die Schlucht von Dargaws hinein, über welche weit im Hintergrunde die Schneespitzen des westlichen Ausläufers des Kasbek, des Timaraichoch, herüberschauten (vgl. das Bild auf S. 204). Unmittelbar vor uns erhoben sich die sanfter abfallenden zweiten Vorberge, links mit herrlichem Buchenwald, etwas weiter hinauf mit Eichen, rechts mit Nadelholz bedeckt, dazwischen und darüber Lichtungen mit Weideflächen.

Gegen Westen schliesst das Thal sehr bald ab mit einem niedrigeren Querrücken, auf dem links der heilige Baum (tban atsilah), der Wohnsitz des guten und des bösen Geistes, mächtig emporragt, während rechts die Mogillen[51] des Vaters und des Grossvaters unseres Wirthes aufgerichtet sind. Unter diesem Hügel, auf einer mächtigen Lössterrasse, welche beiderseits durch tiefe Einschnitte mit kleineren Bächen flankirt ist, beginnen die Häuser des Dorfes, welches in ziemlich grosser Ausdehnung, noch unter dem Hause des Aldar vorüber, eine Strecke bergabwärts zieht.

Blickt man gegen Osten das Thal hinab, so sieht man rechts den Waldabhang neben dem Silberfaden des Flusses und dicht an demselben, auf seinem linken Ufer, den Weg, der zur Ebene hinabführt. Von der linken Seite her schieben sich gegen denselben immer neue Vorsprünge der Lössterrasse heran, von einander getrennt durch tiefe Wasserfurchen. Auf einer derselben liegen die Gebäude des Meierhofes Unter-Koban, der Besitzung eines Vetters unseres Wirthes. Sonst ist, mit Ausnahme eines noch zu besprechenden Vorsprunges mit Gräbern, die ganze linke Seite kahl; sie hat überwiegend Ackerfelder und Weiden.

Nur das letzte Stück des Weges, welcher nach Ober-Koban (Uollá Kobán) heraufsteigt, erhebt sich in langen Windungen ziemlich schnell. Der Aul hat daher eine beherrschende Lage. Trotzdem ist die absolute Höhe nicht beträchtlich. Mein Aneroid hatte um 10 Uhr Morgens in Wladikawkas 70, 7 ½ Uhr Abends in Uolla Koban 66,5 gezeigt. Da ich am folgenden Morgen (16. September 7 ½ Uhr) 66,1 und am zweiten Mittag (17. September 1 Uhr) 66,2 ablas, so kann die Differenz von 3,5 wohl als zutreffend erachtet werden. Da nun Wladikawkas eine absolute Höhe von 678,2 m hat[52], so wird man die Höhe von Koban etwa auf 717,2 m veranschlagen dürfen[53]. Trotz dieser Höhe und der Nähe des Eisgebirges ist das Klima verhältnissmässig milde. Im Garten unseres Wirthes standen sehr kräftige Obstbäume, von denen er uns wundervolle Aepfel und Mirabellen darbot. Die Felder hatten Weizen, Gerste, Hafer (mit schwarzen Hülsen) getragen, mit deren Ausdrusch man eben beschäftigt war; selbst etwas Welschkorn wurde gebaut. Nur die Enge des Thales und die geringe Oberfläche des ackerbaren Landes zwingt die Leute, bis zur Ebene hinabzusteigen, um sich ihren Bedarf an Lebensmitteln zu sichern. Im Uebrigen ist es ein zum dauerhaften Aufenthalt recht zweckmässig gewählter Platz und man begreift, dass er vielleicht schon seit Jahrtausenden von einer ansässigen Bevölkerung eingenommen ist. Die Weiden gewähren den Hausthieren, namentlich den Pferden, Kühen, Büffeln, Fettschwanzschafen und Ziegen, gute Weide, und die Jagd im Gebirge wird als reich und mannichfaltig geschildert. So vereinigt sich Alles, um dieses Gebirgsversteck wohnlich zu machen. In der That ist Koban ein recht grosser Aul und die Bewohner machen einen kräftigen und gesunden Eindruck.

Am wenigsten spiegelt das Haus den Grad des Wohlstandes der Familie wieder, obwohl seit dem Anfange dieses Jahrhunderts, wo Klaproth[54] Ossetien besuchte, manche Fortschritte gemacht sind. Schon der Bau als solcher hat mehr das Gepräge eines Nothbaues, als einer dauerhaften Ansiedelung. In der Regel bildet das niedrige Haus ein langes und wenig tiefes Rechteck, dessen Eingangsthür dem Gehöft oder dem Hofraum zugewendet ist, während nach der Strasse nicht einmal Fensteröffnungen vorhanden sind. Vor dem Hause zieht sich eine offene ‚Säulenhalle' hin. Obwohl die ‚Säulen' vielfach aus dünnen Holzständern bestehen, so ist dies doch die eigentliche Glanzseite des Hauses. Hier ist die Eingangsthür, hierhin sehen die kleinen, nur aus einem Rahmen und dem eingesetzten Glase bestehenden Fenster, hier ist die Wand weiss getüncht, und wenn die ganze Familie unter der Halle vereinigt ist, sei es zur Arbeit, sei es zur Unterhaltung, so gewährt das an sich bescheidene Zusammensein das Bild behaglicher Zufriedenheit. Tritt man in das Haus ein, so schwindet der grössere Theil dieses Eindruckes. Ein ziemlich düsteres, längliches Zimmer nimmt den grösseren Theil des Hausraumes ein; ausser ihm giebt es nur einzelne kleine Kämmerchen zur Aufbewahrung von Vorräthen. Die Wände sind aus Bruchsteinen ohne Mörtel aufgeführt und nur innen mit Lehm bekleidet; aussen treten die Steine, mit Ausnahme der erwähnten Vorderwand, ganz nackt hervor. Auch der Fussboden ist aus Lehm unordentlich hergestellt. In der Mitte ist gleichfalls aus Lehm eine Art von Wanne aufgebaut, in welcher das Feuer angemacht wird. Darüber hängt der eiserne Kesselhaken herab und in der Decke zeigt sich eine kleine Rauchöffnung, indess ist sie so wenig genügend, dass sich beim Anzünden des Feuers der ganze Raum mit Rauch füllt. Daher glänzt die Decke von angesetztem Russ. An der Hinterwand des Zimmers steht eine niedrige Holzbank für die Männer, die gegenüber stehende Wand ist fast ganz leer, hier hocken die Weiber. Grössere Tische und Stühle giebt es nicht; hier und da sah ich ganz kleine dreibeinige Tische. Von Wirthschaftsgeräth ist wenig vorhanden: ausser einigem Thongerät, das in Wladikawkas gekauft wird, erblickt man fast nur hölzerne Sachen, namentlich zahlreiche kleinere und grössere

Holzschalen. Das Sonderbarste war mir ein grosses Fass von 78 cm Durchmesser, welches aus einem ausgehöhlten Lindenstamm hergestellt war; es diente zur Bierbereitung.

Die Decke des Zimmers besteht aus einem Holzgeflecht mit Lehmbewurf. Darüber sind mehrere ganz lose und keineswegs schliessende Holzdächer in der Art errichtet, dass unregelmässig gespaltene Planken oder schmale lange Sparren spitzwinklig gegen einander gestellt werden. Auf diese Weise entsteht über dem Haus eine grössere Zahl (5 und mehr) kleiner Querdächer, zwischen welchen Holzrinnen zum Auffangen des Regenwassers angebracht sind.

Die Bevölkerung des Auls ist, so viel ich sehen konnte, durchweg brünett. Die Haare sind entweder schwarz oder dunkelbraun, die Iris braun, jedoch öfters lichtbraun oder auch blaugrau. In dem Aul Gisel, der schon in der Ebene liegt, sah ich unter den Kindern ein paar blonde und eines mit hellblauen Augen, dagegen ist mir in dieser Gegend kein einziger blonder Erwachsener vorgekommen[55]. Die Schädelform ist im Mittel brachycephal. Der Längenbreitenindex der von mir gemessenen lebenden Kobaner betrug im Mittel 81,3, der aller Osseten zusammengenommen 81,0.

Der grössere Theil der jetzigen Bevölkerung ist, wenigstens äusserlich, zur russischen Kirche übergetreten; nur der Aldar mit seiner Familie und wenigen anderen Leuten ist dem mahomedanischen Glauben treu geblieben. Jedoch dürfte auch die Bekehrung zum Islam nicht in ferne Zeiten zurückreichen; vorher waren wahrscheinlich diese ossetischen Stämme heidnisch[56], wie denn noch jetzt viel Heidenthum bei ihnen zurückgeblieben ist. Die Annahme, dass schon in älterer Zeit das Volk einmal christianisirt gewesen sei, stützt sich auf die Angabe, dass die grusinische Königin Thamar (1171–98) den westlichen Kaukasus und somit auch die Osseten zum Christenthum gebracht habe, und auf die Thatsache, dass sich noch jetzt alte Kirchen (Dsuar, von dem grusinischen Worte Dswari, Kreuz) an verschiedenen Orten im Gebirge finden[57]. Jedenfalls heisst es in einer an die Kaiserin Elisabeth gerichteten Vorstellung grusinischer und russischer Geistlichen vom Jahre 1742: ‚Die Ossetiner, ein an Gold und Silber reiches Volk, welches das kaukasische Gebirge bewohnt, bekannte sich sonst zum Christenthum, ist aber seit dieser Zeit wieder in das Heidenthum verfallen[58]'.

Die Tracht der Osseten hat gegenwärtig wenig an sich, wodurch sie sich von der tscherkessischen unterscheidet. Die Männer tragen auf der Reise und bei schlechtem Wetter, wie es fast im ganzen Kaukasus üblich ist, die

Burka (Uelag Nimet), einen dicken Regenmantel aus Ziegenhaar, auf dem Kopfe eine konische Mütze aus Schaaffell; das gewöhnliche Oberkleid (Tzuka) ist ein kaftanartiger Rock aus schwarzem Wollenstoff, der um den Leib durch einen mehr oder weniger verzierten Ledergürtel gehalten wird und jederseits an der Brust mit einer Reihe von Patronenhülsen benäht ist. An dem Gürtel hängt eine Reihe von Waffen und Geräthen, welche zum Kampf und zur Jagd dienen, vor allem der nie fehlende Kinschal (Kama), ein langes, zweischneidiges, sehr spitziges Dolchmesser mit kurzem Griff, das in einer Lederscheide getragen wird. Griff und Scheide sind häufig mit niellirtem Silber geschmückt. Wenn sie den Aul verlassen, so wird mindestens eine Flinte umgehängt, auch wohl Pistolen und ein Säbel (Schaschka, nach Klaproth Achsar oder Ksargard) mitgenommen. Die Füsse werden in Schuhe oder Stiefeln aus Thierfellen gesteckt. Eigentliche Schmuckgegenstände habe ich an den Männern nicht bemerkt. Die gewöhnliche Frauentracht erscheint ziemlich einfach, bei feierlichen Gelegenheiten werden Seidenstoffe mit silbernen Tressen und eine Reihe von Röcken und Hemden übereinander getragen. Das Oberkleid wird durch einen Gürtel zusammengehalten, der mit getriebenem Silberblech besetzt ist. An dem Brusttheil des Unterkleide befinden sich silberne Schnüre und grosse Knöpfe aus Silber."

3. Heinrich Schliemann – der problematische Freund
Die Entstehungsgeschichte von Virchows dreiteiliger Veröffentlichung „Erinnerungen an Schliemann" in der Zeitschrift „Die Gartenlaube"
„Erinnerungen an Schliemann"

Im folgenden soll als Beispiel für zahlreiche unbekannte Aspekte des Einsatzes von Virchow für seinen Freund Heinrich Schliemann ein bisher unbekannter Briefwechsel Virchows mit dem Verleger und Herausgeber Adolf Kröner[59] beleuchtet werden.

Es geht darin u. a. um die Entstehungsgeschichte von Virchows dreiteiliger Veröffentlichung „Erinnerungen an Schliemann" in Kröners Zeitschrift „Die Gartenlaube" (1891) und das Bemühen dieser „Familienzeitschrift", zeitgenössische Konflikte nicht aufzuwühlen, um den stromlinienförmigen Erzählstil der „Gartenlaube" nicht zu gefährden und ein verkaufsförderndes heiles Familienidyll zu pflegen.

Uns sind fünf Briefe Kröners an Virchow, ein eigenhändiger (vermutlich frühester) Manuskriptentwurf Virchows, ein Korrekturexemplar des dritten Artikels „Erinnerungen an Schliemann" sowie schließlich die drei abgedruckten Artikel selbst erhalten geblieben. Ich fasse das Ganze hier chronologisch zusammen, um den Leser an der oft komplizierten Entstehungs- und Veröffentlichungsgeschichte Virchowscher Publikationen teilhaben zu lassen. Danach folgt ein vollständiger Abdruck der drei Artikel aus der „Gartenlaube".

Hier zunächst die zusammenfassende Übersicht:

1. Brief Kröners vom 9.1.1891 aus Stuttgart:
Kröner bedankt sich für die Zusendung des Manuskriptes von Virchows erstem Artikel[60] sowie „für das freundliche Versprechen, diesem ersten noch zwei weitere folgen zu lassen". Er wünscht sich, daß zwischen dem ersten und den folgenden Artikeln keine zu lange Pause für den Leser entstehe möge, und schlägt vor, den zweiten Artikel in Nr. 5 oder 6, den dritten in

Nr. 7 oder 8 erscheinen zu lassen, falls es dem vielbeschäftigten Virchow möglich sei, die Manuskripte *rechtzeitig* zu liefern.

2. Brief Kröners vom 25.2.1891 aus Stuttgart:
Kröner dankt für die Zusendung des zweiten Artikels[61], mahnt aber freundlich eine rechtzeitigere Zusendung des dritten Artikels an, damit nicht wieder eine so lange Pause entstehe. Darüber hinaus spricht Kröner vertragsrechtliche Punkte an und bietet Virchow ein für die Zeit sehr hohes Honorar.

3. Brief Kröners vom 10.3.1891 aus Stuttgart:
Kröner dankt für den Empfang des dritten Artikels[62] und drückt seine Hoffnung auf weitere Veröffentlichungen Virchows in der „Gartenlaube" aus.

Was den Inhalt von Virchows drittem Artikel betreffe, so habe Kröner eine Stelle darin „persönlich berührt", da er zugleich Herausgeber der „Gartenlaube" und Verleger der Münchener, früher Augsburger „Allgemeinen Zeitung" sei. Kröner meint damit einen Abschnitt in Virchows Manuskriptentwurf, in welchem letzterer einen Teil aus einem von Schliemann an ihn gerichteten Brief aus Athen vom 26.1.1879 wörtlich wiedergibt (Darin heißt es: „Unter dem 26 Januar 1879 schrieb mir Schlieman[n]/von Athen aus: ‚Nicht ich habe Deutschland, sondern Deutsch-/land hat mir den Rücken gekehrt. Stets sandte ich früher meine/Berichte an die Augsburger Allgemeine Zeitung. Als aber Deutsch-/land die Ausgrabungen in Olympia anfing[63], wurden meine Arti-/kel abgewiesen, nur noch Schmähschriften gegen mich angenom[m]en,/ja selbst meine Antworten auf letztere refusirt. Da ich aber/französisch u englisch vollkom[m]en so gut schreibe, als deutsch, so/wagte ich es, dan[n] u wan[n] der Revue Archéologique zu berichten/u regelmäßig den The Times zu schreiben, u hatte die grenzenlose/Freude, zu sehen, daß meine Artikel in letzteren stets Aufnahme/fanden, sowohl in England, als in Amerika mit dem größten Enthu-/siasmus gelesen, in vielen Zeitschriften u Zeitungen reproducirt/wurden; ja man drang mir förmlich eine ansehnliche Remu-/neration für meine

Berichte auf. Diesen meinen Briefen an The Times/allein verdanke ich es auch, daß die Londoner u die New Yorker/Ausgabe meines Mykenae[64] zu vielen Tausenden von Exemplaren/verkauft ist. Ich habe daher jedenfalls dadurch gewon[n]en, daß mich mein/Vaterland auf eine so schimpfliche Weise verstieß.'"[65])

Mit äußerster Vorsicht im sprachlichen Ausdruck bittet Kröner Virchow, „die Stelle gegen die deutsche Presse mildern und die namentliche Hervorhebung der [seiner] ‚Allgemeinen Zeitung' streichen zu wollen", denn er als Herausgeber der „Gartenlaube" geriete in eine „eigenthümliche Lage", wenn er „einen solchen Vorwurf gegen die im eignen Verlag erscheinende ‚Allgemeine Zeitung' verbreiten würde". Das Verhalten der „Allgemeinen Zeitung" gegen Schliemann im Jahre 1879 sei zwar bedauerlich gewesen, jedoch müsse man in Erwägung ziehen, „daß die Redaktion sich zu jener Zeit in völliger Übereinstimmung befand mit den Anschauungen und Äußerungen erster deutscher Gelehrten und nicht aus Gehässigkeit gegen Schliemann, sondern aus sachlichen Erwägungen den Arbeiten eines Mannes ihre Spalten verschloß, gegen dessen wissenschaftliche Autorität die Fachgelehrten schwere Bedenken geltend machten. Schliemann hätte andrerseits, wenn die ‚Augsburger Allgemeine Zeitung' sich ihm gegenüber ablehnend verhielt, an andere große deutsche Zeitungen sich wenden können, ehe er sich für die ausländische Presse entschied".

4. Wie aus dem in der Kröner-Korrespondenz enthaltenen Korrekturexemplar des dritten Artikels deutlich wird, ist Virchow Kröners Wunsch nachgekommen und strich die Passage über den Vorwurf Schliemanns gegen die „Allgemeine Zeitung". Der sprachlich abgemilderte Text Virchows heißt jetzt: „Im Anfang des Jahres 1879 beklagte sich Schliemann in einem Briefe an mich darüber, daß seine Berichte, die er wie seither an eine große deutsche Zeitung gesandt hatte, plötzlich keine Aufnahmen mehr fanden. Ob er noch weitere Versuche mit deutschen Blättern machte, geht aus seinem Briefe nicht hervor; da er aber ebenso gut englisch und französisch schrieb wie deutsch, so wandte er

213

sich an die französische Zeitschrift ‚Revue archéologique" und an die Times in London, in welchen beiden seine Artikel anstandslos zum Abdruck gebracht wurden".
Nebenbei sei hier angemerkt, daß dieses Korrekturexemplar noch viele – zum Teil haarsträubende – Fehler enthält, die wohl auf die Schwierigkeiten im Verlag beim Lesen von Virchows handschriftschriftlichem Manuskript zurückzuführen sind. Diese Fehler wurden aber für den letztendlichen Abdruck in der „Gartenlaube" durch Virchow noch korrigiert. Als beliebige Beispiele dieser Fehler seien hier folgende unfreiwillig komische Falschlesungen genannt: „'Atriten'-Schritt" statt „'Atriden'-Schädel", „Poterklos" statt „Patroklos". Virchow hat sich in der ganzen Angelegenheit also erhebliche Mühe gemacht.

5. Brief Kröners vom 13.3.1891 aus Stuttgart:
   Kröner bedankt sich für das „freundl. Entgegenkommen" Virchows und ist glücklich, dessen Vorschläge annehmen zu können, „die betr. ‚speziellen Hinweise oder Auszüge aus den Schliemann'schen Briefen' aus dem Artikel ganz zu entfernen". Der weitere Verlauf dieses Briefes wirft ein ungünstiges Licht auf Schliemann, da dieser laut Kröner seinerzeit einen Bestechungsversuch gegenüber Dr. Otto Braun[66], damals mit Schliemann in Kontakt stehender Redakteur der „Allgemeinen Zeitung", unternommen haben soll[67]. Um diese Geschichte nicht weiter aufzuwühlen, empfehle sich ohnehin eine Entfernung derjenigen Stelle in Virchows Manuskript, wo die „Allgemeine Zeitung" erwähnt wird.

6. Brief Kröners vom 16.4.1891 aus Stuttgart:
   Kröner benachrichtigt Virchow, daß der dritte Artikel erst in Nr. 18 der „Gartenlaube" am 30.4.1891 erscheinen werde.

7. In der gedruckten Fassung des dritten Teils von Virchows „Erinnerungen an Schliemann" (Nr. 18 der „Gartenlaube") ist der Abschnitt, welcher Schliemanns Schwierigkeiten mit einer „großen deutschen Zeitung" und das Entgegenkommen der ausländischen Presse thematisiert, schließlich ganz entfernt.

Virchows (ursprünglich dreiteilige) Veröffentlichung „Erinnerungen an Schliemann" stammt aus der Zeitschrift „Gartenlaube" (1891):

„Erinnerungen an Schliemann.
Von **Rudolf Virchow**.

Die nachstehenden Erinnerungen an Schliemann waren schon geplant, als er noch am Leben war. Als ich ihm den Wunsch des Herausgebers dieser Blätter mittheilte, empfing ich umgehend die Aufforderung, den Plan zu verwirklichen. Jetzt, wo schon das Grab die entseelte Hülle birgt, wo noch alle meine Gedanken von dem schweren Verlust erfüllt sind, den wir erlitten haben, jetzt möge man mir verzeihen, wenn ich zunächst von den Vorgängen spreche, welche seinen Tod herbeigeführt haben.

Es war im letzten Frühjahr auf einer Reise durch den Ida, die wir zusammen während der griechischen Osterwoche unternahmen, daß eine Schwerhörigkeit, welche sich schon seit Jahren bemerkbar gemacht hatte, ziemlich schnell und fast zur Taubheit sich steigerte. Schliemann erzählte mir, daß er sich schon im Jahre 1864 während einer Reise um die Welt in Java einer schweren Operation auf einem Ohre unterzogen hatte. Seit dieser Zeit war er niemals ganz frei von leichteren Störungen gewesen und auch schon vor unserem Aufbruche zum Ida war eine nicht unerhebliche Zunahme der Schwerhörigkeit eingetreten. Indeß machte er daraus keinen Gegenstand der Klage. Am 13. April erstiegen wir den einen Gipfel des Ida, den Sarikis (1800 m). Wir waren bei einer Lufttemperatur von 17,5° C. am Fuße des Berges angelangt, trafen aber oben einen gewaltigen Sturm aus Südwest, der eine Erniedrigung der Temperatur auf 5,5° C. und zuweilen etwas Regen mit sich brachte. Die Gewalt des Sturmes war so stark, daß wir nicht aufrecht stehen konnten und daß die Regentropfen, die uns in das Gesicht geschleudert wurden, wie kleine Steine wirkten. Halb erstarrt traten wir den Rückweg an. Spät abends langten wir wieder in unserem Nachtquartier, Evjiler, an. Am nächsten Tage ritten wir über den östlichen Paß, um die Südseite des Gebirges zu besuchen. Unser Führer brachte uns auf einen schmalen Saumpfad, der hoch über der Thalsohle längs eines schroff abfallenden Hanges hinführte. Unsere Karawane, die 6 Berittene und 2 Packpferde zählte, zog sich in einer langen Linie am Gebirge fort. Hier war es, wo die Schwerhörigkeit Schliemanns sich zum ersten Male zu einer solchen Höhe steigerte, daß es mir fast unmöglich wurde, mich ihm durch Zuruf verständlich zu machen. Er begann dann auch, über Schmerzen im Ohr zu klagen. Ziemlich spät abends kamen wir in Zeitünlü an. Am nächsten Morgen untersuchte ich sein Ohr und fand eine so starke Anschwellung, daß der Gehörgang vollkommen verschlossen erschien. Leider hatte ich mein chirurgisches Besteck nicht bei mir, so daß eine genauere Untersuchung nicht möglich war; wir begnügten uns daher mit einer Reinigung des Gehörganges und warmen Einspritzungen, die in der That Linderung brachten. Erst am 18. April trafen wir wieder in Hissarlik ein. Hier ergab sich, daß die Anschwellung ihrer Hauptsache nach aus einer knochenharten Auftreibung bestand, und daß auch in dem andern Ohr, wo noch eine Narbe von der früheren Operation erkennbar war, eine ähnliche Auftreibung saß.

Es konnte kein Zweifel darüber sein, daß es sich um wirkliche Knochenauftreibungen, sogenannte Exostosen, handelte. Zufälligerweise habe ich die Exostosen des äußeren Gehörganges früher einmal in einer besonderen Abhandlung, die in den Sitzungsberichten unserer Akademie der Wissenschaften erschienen ist, ausführlich behandelt, und zwar bei Gelegenheit einer Beobachtung über die Schädel der alten Peruaner. Während Exostosen dieser Art in Europa seltene Vorkommnisse sind, fanden sie sich bei der altperuanischen Bevölkerung in einer auffälligen Häufigkeit, so daß man sogar die Frage aufgeworfen hat, ob eine aristokratische Klasse, die von den Spaniern den Namen Orejones erhalten hat, nicht etwa die bevorzugten Träger dieser Anomalie geliefert habe. Ich habe damals nachzuweisen gesucht, daß diese Art der Exostosen eine besondere Entwickelungskrankheit darstelle, vergleichbar gewissen Exostosen der langen Knochen der Extremitäten, welche genauer bekannt sind, und daß sie in ihren Anfängen bis auf frühe Zeiten des Lebens zurückreichen. Der besondere Sitz der Exostosen im Ohr Schliemanns, ihr symmetrisches Vorkommen auf beiden Seiten, das nachgewiesene Vorhandensein wenigstens der einen im Jahre 1864 ließen nach meiner Meinung keinen Zweifel darüber, daß es sich auch bei ihm um einen alten Zustand handelte, der nur dadurch verschlimmert war, daß sich ein neuer Katarrh hinzugesellt hatte, dessen Absonderung den sonst noch wegsamen Theil des Kanals verlegt hatte. Ich konnte Schliemann nicht verhehlen, daß eine Beseitigung der Exostosen nur auf dem Wege einer schweren Operation möglich sei; ich rieth daher, unter Anwendung geeigneter Mittel das Zurückgehen des Katarrhs abzuwarten und sich der Operation nur im Nothfalle zu unterwerfen.

Nach meiner Abreise am 21. April trat die Ungeduld des damals ganz einsamen Forschers in ihr Recht. Er war gewohnt, sobald er die Umstände überlegt hatte, einen schnellen Entschluß zu fassen und ihn unweigerlich durchzuführen. Selbst in kleinen Dingen war er im höchsten Maße ungeduldig, was freilich nicht hinderte, daß er, wo es nöthig war, in großen Dingen die äußerste Geduld entwickelte. Die festgesetzte Zeit der Ruhepause, des Essens, der Arbeit mußte auf die Minute pünktlich eingehalten werden. Irgend eine Frage, die ihn beschäftigte, mußte so schnell als möglich zur Beantwortung gebracht werden; auf einen Brief erwartete er umgehend Antwort. So geschah es auch diesmal. Ich war kaum in Konstantinopel angekommen, so berichtete er auch schon wieder über die Fortdauer der Schwerhörigkeit und verlangte den Nachweis eines Ohrenarztes. Eben war ich in Berlin zurück, so kam auch schon die Meldung, daß er in Konstantinopel gewesen sei und daß der Ohrenarzt sich zur Vornahme der Operation bereit erklärt habe. Meine Warnung hatte aber doch die Wirkung gehabt, daß Schliemann vorläufig die Operation vertagte. Dafür verlangte er aber den Namen des besten Ohrenarztes in Deutschland.

Er hielt dann noch in der Troas aus bis zum Schlusse seiner Ausgrabungen im Anfange des August und weilte darauf in Athen bis zum November, wo er nach langer Trennung Frau und Kinder wiedersah. Dann aber hielt es ihn nicht länger. Schon unter dem 12. November schrieb er mir von Halle: ‚Hoch lebe Asklepios![68] Die Operation erklärt Professor Schwartze für ausführbar und will sie morgen früh gleichzeitig auf beiden Ohren vornehmen.' So geschah es denn auch, und als er am 13. Dezember abends in Berlin eintraf, brachte er mir zwei Schachteln mit den bekannten elfenbeinartigen Knochenmassen mit, die aus seinen Gehörgängen ausgemeißelt waren.

Wie ein Held hatte er sich der schweren Operation, für welche es nothwendig geworden war, die eine Ohrmuschel ganz abzutrennen, unterworfen. Er litt danach an so heftigen Schmerzen im linken Ohr, daß er die Frage aufwarf: ‚Wie soll ich dabei Troja ausgraben?' Auch das Sprechen erregte ihm große Schmerzen. Aber die Ohrmuschel wuchs schnell wieder an und am 6. Dezember berichtete er: ‚Zu meiner größten Freude geht's seit gestern abend besser und habe ich zum ersten Male schlafen können. Heute keine Schmerzen und hoffe ich daher bald reisen zu können. Heute habe ich sogar einmal ausgehen können; es war eine große Wohlthat.' In der That wurde ihm gestattet, am 12. Dezember abzureisen.

Er kam über Leipzig, wo er mit seinem Verleger, Herrn Brockhaus, sich beraten hatte, nach Berlin. Leider hatte seine Schwerhörigkeit wieder zugenommen. Er hatte Jodoformpulver in großer Menge in den Gehörgang eingeblasen und es zeigte sich, daß eine trockene Masse, von der nur ein kleiner Theil sich ohne Schwierigkeit entfernen ließ, den hinteren Theil des Gehörgangs verstopfte. Da er schon am Mittage des 14. Dezember nach Paris abreisen wollte, so rieth ich ihm, sich vorläufig mit milden, erweichenden Mitteln zu begnügen. Sein Zustand war im übrigen anscheinend ganz zufriedenstellend. Er hatte keine nennenswerthen Schmerzen, kein Fieber. Wir besuchten zusammen zu Fuß seine Sammlung im Museum für Völkerkunde, deren Neuaufstellung seinen höchsten Beifall fand. Dann aß er noch bei mir mit Appetit Frühstück, war heiter, theilnehmend und aufmerksam wie nur je in seinen besten Tagen, und als wir uns trennten, rief er mir noch zu: ‚Unsere nächste Reise geht nach den Canaren.' Dieser Gedanke hatte ihn schon seit einigen Monaten beschäftigt.

Dann kam noch ein letzter Brief aus Paris. Er war im Grand Hôtel, in dem wir während der Ausstellung im Herbst 1889 zusammen genußreiche Tage verlebt hatten, am 17. Dezember geschrieben. Schliemann berichtete, daß er einen Ohrenarzt aufgesucht und daß dieser ihm aus der Tiefe des Ohres außer Jodoform eine ‚Masse' von Knochen herausgeholt habe. Aber er höre auf dem rechten Ohr und hoffe, das linke werde sich auch erholen. Am Abend desselben Tages gedachte er nach Neapel abzureisen, um dort, wie er mir schon in Berlin gesagt hatte, die neuen Erwerbungen der Museen, insbesondere die letzten Ausgrabungen von Pompeji, zu mustern.

Seitdem habe ich von ihm direkt nichts gehört. Die erste Nachricht kam am 27. Dezember früh durch eine telegraphische Depesche über London, sie meldete seinen am 26. erfolgten Tod. Nachher haben die Zeitungen und Privatbriefe Einzelheiten gebracht, welche den plötzlichen Verlust noch schmerzlicher machen. Nach diesen Nachrichten scheint kein Zweifel darüber zu bestehen, daß von dem kranken Ohr aus ein entzündlicher Prozeß nach innen auf das Gehirn, vielleicht auch auf einen der großen Blutleiter in der hintern Schädelgrube, sich ausgebreitet hat. Jedenfalls war der Knochen in weiterer Ausdehnung erkrankt, wie sich bei einer am 25. vorgenommenen Anbohrung des Warzenfortsatzes zeigte. Möglicherweise ist schon die Pariser Angabe so zu deuten, daß sich in dem Knochen ein cariöser Prozeß entwickelt hatte. Und so müssen wir uns in das Unvermeidliche mit, ach wie schmerzlicher, Ergebung fügen und es noch als einen Trost ansehen, daß ein schneller Tod den Mann vor dem schlimmeren Uebel einer langwierigen Umnachtung des Geistes bewahrt hat.

Heinrich Schliemann.
Nach einer Photographie von N. Raschkow jun., Hofphotograph in Breslau.

Die große Theilnahme, welche Schliemanns Hinscheiden im ganzen Vaterlande gefunden hat, mag es entschuldigen, wenn ich in solcher Ausführlichkeit den letzten Leidensweg des Freundes dargelegt habe. Er selbst hat in seinem ‚Ilios' in eingehender Weise seine Entwickelungsgeschichte und seine Lebensschicksale geschildert; so soll auch der Schluß seines reichen Lebens der allgemeinen Kenntniß nicht entzogen sein. Mir persönlich lag es um so mehr nahe, den Beginn der Katastrophe mit unserer Ida-Besteigung zu besprechen, als diese Reise für mich die letzte Gelegenheit geboten hat, die ungewöhnliche Leistungsfähigkeit des seltenen Mannes zu sehen.

Schliemann war als junger Mensch von zarter Gesundheit. Er hat eine zeitlang Blut gehustet und war damals so von Kräften gekommen, daß wohlmeinende Gönner ihn bestimmten, auf ein Schiff zu gehen, um nach Venezuela zu fahren und dort in einem milderen Klima seine Gesundheit wiederzugewinnen. Bis in sein Alter liebte er die Wärme, und der Gedanke an die Tropen begeisterte ihn. Mit welchen Hoffnungen mochte er damals das Schiff betreten! Aber, wie er zu sagen pflegte, ‚die Götter' wollten es anders. Das Schiff scheiterte beim Texel und er war einer der wenigen Schiffbrüchigen, welche gerettet wurden. Damit begann seine schwere Lehrzeit in Amsterdam, welche die Grundlage seiner glänzenden kaufmännischen Laufbahn geworden ist. Und trotz aller Entbehrung kräftigte sich dabei sein Körper; meines Wissens hat er später nie wieder an der Lunge gelitten.

Wohl hat er zu wiederholten Malen gefährliche Anfälle von kaltem Fieber gehabt, die ihn wiederholt an den Rand des Grabes brachten. Eine solche Erkrankung brach nach seiner Weltumsegelung in Amerika aus. Ein anderes Mal faßte ihn die Malaria in der Troas, als er seine Ausgrabungen bis tief in den Sommer hinein fortsetzte. In einem beklagenswerthen Zustande traf er damals zu einer Generalversammlung der Deutschen anthropologischen Gesellschaft in Frankfurt a. M. ein. Eine Stunde, bevor er einen Vortrag halten sollte, war er noch im Schüttelfrost; dann aber verschwand er plötzlich und erschien nach einiger Zeit, scheinbar wohl, wieder. Er hatte in aller Eile ein kaltes Douchebad genommen! So gewaltsam pflegte er seine Behandlung selbst in Angriff zu nehmen.

In der That hatte er seinen Körper auf eine wunderbare Weise abgehärtet. In Athen war er gewohnt, jeden Morgen nach dem Piräus zu reiten und ein Seebad zu nehmen, Winter und Sommer. Aber auch anderswo zog ihn in erster Linie die See an. Er badete unter den ungünstigsten Verhältnissen. Eines Tages waren wir auf einer gemeinsamen Reise durch die Troas nach Assos gekommen. Der Berg, auf dem die berühmte Feste erbaut war, ist ein alter Vulkan, die Küste vor ihm weit und breit mit gewaltigen Steinblöcken durchsetzt. Trotzdem mußten wir baden. Aber es war ein gefährliches Unternehmen, wir konnten leicht die Beine brechen, und trotzdem war keine Aussicht, daß wir in freies Wasser gelangen würden. Da zeigte er mir, wie man es machen müsse; er legte sich mit der Brust voran auf die Steine und schob sich so allmählich vor, bis der Körper wenigstens von Wasser bedeckt war. Das geschah aber erst einige Hundert Schritte von der Küste. Mehrere Stunden später, gegen Mitternacht, bestiegen wir eine kleine Felucke, um zu Wasser längs der ganzen trojanischen Küste nach dem Hellespont zurückzufahren. Unsere Fahrt begann bei gänzlich conträrem Wind und der Kapitän (Reis) mußte zwischen der Insel Mytilene und dem Festlande hin und her kreuzen. Alles wurde seekrank, ich selbst befand mich recht unwohl, nur Schliemann lag ganz still neben mir im Kielraum. Als der Morgen aufging und wir mit einer günstigen Brise längs der Küste von Alexandria Troas hinsausten, erhob er sich endlich und zeigte, wie er auf der rechten Seite ganz durchnäßt war. Er hatte im Kielwasser gelegen, hatte mich aber nicht stören wollen! Schon am Vormittage ankerten wir am Karanli Limani, einer Bucht des Hellespont, und das erste Verlangen, das Schliemann stellte, war wieder ein Bad. Ich erfüllte seinen Wunsch, ihm Gesellschaft zu leisten, und ich muß gestehen, daß es ein Labsal war, in die krystallhelle Fluth des tiefen Beckens zu tauchen. Kaum waren wir aber wieder bekleidet, so erwachte auch die Unruhe. Waren wir doch fast 8 Tage von Hissarlik abwesend gewesen und die Ausgrabungen waren inzwischen fortgesetzt worden! Was konnte da alles geschehen sein! Schliemann setzte sich in eine so eilige Bewegung, daß ich anfangs nicht Schritt halten konnte. Dann aber nahm ich alle Kraft zusammen und überholte ihn. Es wurde fast ein Dauerlauf, in dem wir nicht eher aufhörten, als bis wir wieder auf dem Burgberge standen.

Von diesen Tagen an datirt eigentlich die persönliche, ich möchte fast sagen, die körperliche Werthschätzung, in der mich Schliemann hielt. Wir hatten in den Tagen vor Assos Ritte gemacht, bei denen wir bis 14 Stunden lang im Sattel gewesen waren. Da sagte er mir eines Tages: ‚Das hätte ich Ihnen nicht zugetraut. Sie sind der erste deutsche Professor, der so etwas hier geleistet hat.' Und als ich in diesem Frühjahr wieder bei ihm in Hissarlik war, kam er auf unseren Dauerspaziergang von Karanli Limani zurück und gestand ein, daß es ihm sehr schwer geworden sei, mit mir Schritt zu halten. Ich weiß nicht, ob jemals ein so nahes Freundschaftsverhältniß zwischen ihm und mir entstanden wäre, wenn ich ihm nicht auch durch körperliche Leistung einigermaßen imponirt hätte. Er nahm seine Leistungsfähigkeit als Maßstab der Vergleichung für andere; wer ihm nicht gleichkommen konnte, der erschien ihm auch minderwerthig. Das war die Folge der selbstbewußten Kraft, welche er in unaufhörlicher Uebung erworben hatte. Die Uebung derselben war ihm so sehr Bedürfniß geworden, daß er nach starker geistiger Anstrengung jedesmal in einem forcierten Ritt oder in einem Schwimmbad Erholung suchte.

Die letzten Jahre brachten freilich sichtbare Zeichen der Abnahme seiner Körperkraft. Seine Hand zitterte leicht und seine Haltung wurde etwas mehr gebeugt. Aber er verlor nicht die Herrschaft über seine Muskeln; es ist ein Irrthum, wenn man erzählt hat, er sei schließlich ein schwacher Mann geworden. Als wir von der letzten Ida-Reise zurückgekehrt waren, sagte er mir: ‚Ich glaube nicht, daß ich noch einmal den Sarikis besteigen werde.' Es war ihm sauer geworden, aber er hatte es doch geleistet, und was ich betonen möchte, seine Lunge und sein Herz hatten sich gut gehalten. An ihm konnte man erkennen, was der Mensch durch gute Gymnastik aus einem ursprünglich schwachen Körper machen kann. Hätte die tückische Krankheit, die ganz lokaler Natur war, ihn nicht dahingerafft, so würde er sicher noch manches Jahr in froher Arbeit die Welt mit neuen Entdeckungen überrascht haben.

All sein Streben war dahin gerichtet, mit dem März, eine neue, wie er dachte, die letzte Campagne auf Hissarlik zu eröffnen. Seit Jahr und Tag war alles daraufhin geordnet. Jetzt ist der Ort, von wo er so ruhmvoll ‚die Wissenschaft des Spatens' verbreitet hat, vereinsamt. Wird sich ein Nachfolger finden, der die unterbrochene Arbeit aufnimmt und zu Ende führt? Wird dies geschehen in dem Geiste treuer, hingebender Forschung, die der Verstorbene in immer reinerer Form entwickelt hatte, in der Gesinnung einer treuen Nachfolge, in der Begeisterung eines klassisch geschulten Geistes? – – //

Eine der wunderbarsten Erscheinungen an dem reich beanlagten Manne war sicherlich die ausgedehnte Beherrschung, ich möchte fast sagen: zahlloser Sprachen. Es gab kaum eine europäische Sprache, die Schliemann nicht sprechen, lesen und schreiben konnte. Als ich ihn genauer kennenlernte – er war damals in einem Alter von etwa 56 Jahren – verstand er von den germanischen Sprachen außer Deutsch Holländisch, Englisch, Dänisch und Schwedisch, von den romanischen Lateinisch, Französisch, Italienisch, Spanisch und Portugiesisch, von den slavischen Russisch und Polnisch, von den hellenischen Alt- und Neugriechisch, von den orientalischen Arabisch, Türkisch und Hebräisch, letztere beide allerdings nur unvollkommen. Nichts war gewöhnlicher, als daß er unmittelbar hintereinander mit 5 oder 6 Personen, die verschiedenen Nationalitäten angehörten, sich in ihrer Muttersprache unterhielt. Ich war mit ihm in Paris und London, in Griechenland, Kleinasien und Aegypten: überall war er bereit, ausgedehnte Vorträge in der Landessprache zu halten. Die Nothwendigkeit eines Dolmetschers trat, soweit meine Erfahrung reicht, nur im Verkehr mit Türken und Kopten hervor; sonst genügte er nicht mit bloß unserem Bedürfniß nach Verständigung mit den Eingeborenen, sondern er war in der Lage, auch allen den Fremden zu antworten, welche sich in großer Zahl an ihn herandrängten, angezogen durch den Ruhm seines Namens und gefesselt durch die Mannigfaltigkeit der Kenntnisse und Erfahrungen, die er in die Unterhaltung brachte.

Sicherlich besaß er ein Talent für Sprachen, aber er selbst wollte nicht viel davon wissen. Ihm lag mehr daran, zu zeigen, wie er die vielen Sprachen gelernt habe, um aus seinem Beispiele abzuleiten, wie man überhaupt Sprachen lernen müsse. In der Selbstbiographie, die er seinem Werke ‚Ilios' vorgesetzt hat, spricht er sich darüber ausführlich aus, und es dürfte gerade jetzt, wo die Frage der Reform des höheren Schulunterrichts in den Vordergrund der öffentlichen Aufmerksamkeit getreten ist, doppelt gerechtfertigt sein, auf seine Darstellung hinzuweisen. Ihm war es viel mehr darum zu thun, die Güte seiner Methode zu rühmen, als mit seinen Anlagen zu prunken. Es war dieselbe Stimmung, die ihn zu der These führte, daß sein Gedächtniß eigentlich schlecht gewesen sei, daß er es aber durch systematische Uebung zu der Sicherheit und dem Umfange entwickelt habe, wodurch er später alle Welt in Erstaunen setzte. Man darf wohl sagen, daß er seine Anlagen unterschätzte, aber man kann ihm zugestehen, daß er als Autodidakt durch Methode und eisernen Fleiß die verschiedensten Sprachen bemeisterte und sich einen Reichthum von stets bereiten Worten sammelte, der ihn befähigte, in allen Lagen des Lebens schnell und bequem sich zu verständigen.

Es ist bekannt, mit welcher Leichtigkeit Kinder schon in den ersten Jahren des Lebens zwei und mehrere Sprachen verstehen und gebrauchen lernen, ohne eigentliche Lehre, nur durch Uebung. Schliemann war als Kind nicht in der Lage, mehr zu lernen als ein wenig Lateinisch, und er behauptet, daß er dieses sehr bald vergessen habe, als die Entsetzung seines Vaters von dem Pastorat die Familie in große Noth gesturzt und ihn selbst gezwungen hatte, Kaufmannslehrling zu werden und auf jeden weiteren Fortschritt im Wissen zu verzichten. Darüber verging ein Jahr nach dem andern. Er war 19 Jahre alt, als er nach Holland kam und hier zuerst in den täglichen Gebrauch einer fremden Sprache eingeführt wurde. Das Holländische haftete darum so fest in seinem Gedächtniß, daß er noch bis in seine letzten Jahre immer nur in dieser Sprache zählte. Wenn auf Hissarlik die Stunde der Lohnzahlung kam und die griechischen und türkischen Arbeiter hereintraten, so zählte ihnen Schliemann auf Holländisch ihre Beträge vor.

Damals in Amsterdam begann Schliemann inmitten der niedersten Beschäftigungen, zuerst als Laufbursche, dann als Buchhalter, seine sprachenbemeisternde Laufbahn. Er lernte sehr bald Englisch, und dann in kaum 5 Jahren Französisch, Spanisch, Italienisch, Portugiesisch und Russisch. Wie er es machte, ist in dem genannten Werke ‚Ilios' zu interessant von ihm beschrieben, als daß ich es mir versagen könnte, hier ausdrücklich darauf aufmerksam zu machen. Als besonders zeitgemäß will ich erwähnen, daß er stets damit begann, ein gutes Buch auswendig zu lernen, und daß er dann sofort versuchte, kleinere Aufsätze in der fremden Sprache zu schreiben und aufzusagen. Von Grammatik wollte er, abgesehen von der Deklination und Konjugation, nicht viel wissen; er zog die Praxis vor und machte es unbewußt ebenso wie die kleinen Kinder. Dabei ist es für das Verständniß seines Vorgehens nicht unwichtig, zu wissen, in wie praktischer Weise er sich über die Erlernung der Vokabeln hinweghalf. So benutzte er den ‚Telemach' von Fénelon, der ihm als Lesebuch für das Erlernen des Französischen gedient hatte, in einer russischen Uebersetzung für das Selbsterlernen der russischen Sprache. Seiner Erzählung nach ist es ihm sogar gelungen, durch zweimaliges, genauestes Durchlesen der neugriechischen Uebersetzung von ‚Paul und Virginie', dessen französischen Text er Wort für Wort wußte, ohne Lexikon den Sinn der griechischen Worte herauszubringen und dabei Neugriechisch zu lernen. Das brachte er als 34jähriger Mann zuwege.

Der Eifer, den er bei diesen doch immer nur vorbereitenden Arbeiten entwickelte, würde unverständlich sein, wenn man nicht in Betracht zöge, daß er stets genau vorbedachte, zu welchem Zwecke er die neue Sprache erlernen wollte. In Amsterdam, inmitten des großen Weltverkehrs, dessen Fäden auch in seinem Handlungshause für jeden der Angestellten bemerkbar waren, wurde er sich bewußt, daß die Beherrschung einer fremden Sprache ein starkes Hilfsmittel in dem Kampfe ums Dasein ist. Nicht ohne geheime Freude nahm er, wie er mir öfters erzählt hat, wahr, daß das große Haus B. H. Schröder, in dem er eine untergeordnete Stellung einnahm, umfangreiche Geschäfte, namentlich in Indigo, nach Rußland machte, daß aber kein einziger der Leiter oder Angestellten in Holland auch nur einen russischen Brief lesen konnte. Er schloß daraus, daß sein Prinzipal einen Beamten, der Russisch verstehe, zur Kontrolle der Agenten in Rußland und zur Einleitung direkter Geschäfte mit großem Vorteil werde verwenden können, und sofort machte er sich ans Werk. Seine Spekulation bewährte sich vollständig: als er seine Kenntniß des Russischen nachwies, erhielt er sofort eine bessere Anstellung und sehr bald eine Agentur in St. Petersburg. Aus dieser wußte er dann allmählich ein selbständiges Geschäft zu machen, was ihm um so leichter wurde, als das Vertrauen des Amsterdamer Hauses in seine Redlichkeit und Geschicklichkeit ihm erhalten blieb. Enge persönliche Beziehungen zu dem neuen Chef des Hauses, Baron Henry Schröder in London, haben, wie ich von diesem selbst weiß, bis zu dem Tode Schliemanns fortbestanden. So wurde die sprachliche Schulung die eigentliche Grundlage für die ganze äußere Lebensstellung des Mannes: sie brachte ihm Millionen und damit die Mittel für seine späteren Arbeiten auf ganz neuen Gebieten, Arbeiten von einem Umfange, wie sie kein Privatmann in neuerer Zeit ausgeführt hat, und ohne daß er jemals die materielle Unterstützung einer Regierung gesucht oder erhalten hat.

Vieles von seinen Erzählungen über das Erlernen der Sprachen klingt uns geschulten Leuten, die wir nach einem neunjährigen gelehrten Kursus auf einem Gymnasium keine einzige fremde Sprache wirklich beherrschen, unglaublich, und doch wüßte ich keinen Grund, an der Wahrheit seiner Angaben zu zweifeln. Möge es mir gestattet sein, ein Beispiel dafür anzuführen.

Als wir im Frühjahr 1888 gemeinschaftlich eine Nilreise machten, setzte er nicht nur mich, sondern noch weit mehr die Eingeborenen in Erstaunen durch seine Kenntniß des Arabischen. Es wird eine der anziehendsten Erinnerungen für mich bleiben, mir die Abende zurückzurufen, die wir damals in Nubien verbrachten. Wir waren am 3. März in einem nubischen Dorfe des linken Nilufers angelangt, um die in der Nähe befindlichen gigantischen Felsentempel des großen Ramses genauer zu studieren. Es war gerade damals der Aufstand der Derwische ausgebrochen, der das ganze rechte Ufer des oberen Nils unsicher machte; unser Schiff war zwei Tage vorher von den Aufständischen beschossen worden, und nur das Zusammentreffen mehrerer glücklicher Umstände hatte uns wohlbehalten aus dem Bereiche der Angreifer entschlüpfen lassen. Die Schiffahrt auf dem Flusse hatte fast ganz aufgehört und wir waren eine Woche lang völlig abgeschnitten, da es eigentliche Landwege in jener Gegend nicht giebt. Die muselmännischen Bewohner von Ballanye – so heißt das Dorf – hatten uns freundlich aufgenommen und jeder Tag brachte uns in engere Beziehungen zu ihnen. Es war bald bekannt, daß ich ein Arzt sei, und meine Praxis mehrte sich schnell. Von Schliemann aber erkannten sie sehr bald, daß er ein gelehrter Kenner des Arabischen sei. In ganz Ballanye gab es nur eine Person, die Arabisch lesen konnte, den Imam. Schliemann aber las nicht bloß, er schrieb auch. Ihm zuzusehen, wie die arabischen Schriftzüge aus seiner Hand entstanden, war ein Schauspiel von dem höchsten Interesse für die Leute, und als gegen Ende der Woche, die wir in Ballanye zubrachten, endlich eine Botschaft durch Bewaffnete von Wadi Halfa zu uns durchdrang und Schliemann einen arabischen Antwortbrief vor aller Augen verfaßte, da betrachteten sie ihn wie einen Wundermann. Seine höchsten Triumphe feierte er jedoch abends, wenn die Nacht plötzlich niedersank und die Sterne über uns zu glänzen begannen, fern über dem Horizont das Kreuz des Südens erschien und außer dem leisen Rauschen des gewaltigen Stromes kein Geräusch mehr hörbar blieb. Dann kamen die Nachbarn herbei und Schliemann recitirte ihnen Abschnitte des Korans.

Das Haus des alten Schechs, der uns gastlich aufgenommen hatte, lag hart am Rande der Wüste, die dort in schnellem Vorrücken begriffen ist. Der Sand drängt mit jedem Jahre weiter gegen den Nil vor. Noch zieht sich ein schmaler Streifen fruchtbaren Ackerlandes, damals gerade mit reifendem Weizen bestanden, längs des Ufers hin, nach dem Lande zu begrenzt von einer mehrfachen Reihe von Dattelpalmen, deren üppiger Aufschlag die Güte des unterliegenden Bodens erkennen läßt. Aber schon berührt der Wüstensand den Fuß dieser Palmen. Dann folgt ein freier Platz vor dem etwas zurückgelegenen, ziemlich weitläufigen Hause, dessen Vordertheil uns eingeräumt war. Dieser Platz ist eigentlich schon Wüste, obwohl auf ihm zwei jener herrlichen Lebbachbäume stehen, deren prächtiger Wuchs in Cairo den ankommenden Fremden überrascht.

Unter dem gewaltigen Blätterdache eines dieser Bäume vollzogen sich alle feierlichen Handlungen. Hier waren wir bei unserer Ankunft von sämmtlichen männlichen Mitgliedern der Familie empfangen und bewirthet worden. Und hier hielt Schliemann jeden Abend nach unserem Nachtmahl eine Art von Gebetstunde ab.

Eine große Laterne, unsern Stalllaternen ähnlich, ein moderner Einfuhrartikel, wurde in den Sand gestellt, Schliemann setzte sich davor auf eine kleine Holzbank, die Nubier hockten auf der Erde und bildeten einen großen Kreis um die Laterne. Innen blieb ein freier Raum, um den sich bald die Käfer sammelten, die in geschäftiger Eile dem ungewohnten Licht zustrebten und mit ihren Hinterleibern sonderbare Zeichnungen in den Sand einschnitten. Alles lauschte in stiller Erwartung dem Beginne des Vortrags.

Dann begann Schliemann aus dem Gedächtniß eine Sure des Korans zu recitiren; seine anfangs dumpfe Stimme hob sich mehr und mehr, und wenn er dann in der ihm eigenen ekstatischen Weise die Schlußworte sprach, so neigten alle ihr Haupt und berührten mit der Stirn die Erde. Nach einiger Zeit pflegte Schliemann dann noch eine zweite Sure vorzutragen, und so reich war sein Gedächtniß, daß er fast jeden Abend neue Abschnitte zu geben imstande war. In feierlicher Stimmung schieden dann unsere braunen Freunde; niemals wurde der Ernst des Vorganges durch eine unziemliche Bemerkung oder auch nur Miene unterbrochen.

Wie aber war Schliemann zu einer Kenntniß des Korans gekommen, die weit über das Maß des Wissens unseres Imam hinausging? Im Jahre 1858, als er 36 Jahre als war, kam er zum ersten Male nach Aegypten und plante in Gemeinschaft mit Professor Wedl von Wien eine Nilreise. Damals verstand er kein Wort Arabisch. Er übertrug daher die Zurüstung der Dahabieh, auf welcher die Reise gemacht werden sollte, einem deutschen Kaufmann in Cairo. Als derselbe aber seine Rechnung brachte, gewann Schliemann aus allerlei Anzeichen die Ueberzeugung, daß er schwer betrogen worden sei. Das veranlaßte ihn, Arabisch zu lernen. Mit gewohntem Eifer machte er sich an die Arbeit und schon während der Fahrt, die bis zu dem zweiten Katarakte ausgedehnt wurde, kam er soweit, daß er sich über die nöthigen Bedürfnisse und die gewöhnlichen Verhältnisse ohne Dolmetscher verständigen konnte. Aber auch nach seiner Heimkehr setzte er diese Studien fort. Nach seiner Methode machte er sich daran, größere Abschnitte arabischer Schriften auswendig zu lernen. Dazu wählte er das heilige Buch der Mohammedaner. So begann seine genaue Bekanntschaft mit dem Koran, die uns von so großem Nutzen werden sollte. Es ist gewiß bezeichnend, daß noch die letzte Zerstreuung, die er sich auf seinem Krankenlager gönnte, in der Lektüre einer neuen Ausgabe des arabischen Textes von ‚Tausend und einer Nacht' bestand, die ihm sein Verleger, Herr Brockhaus, besorgt hatte.

Wie er den Koran recitirte, so trug er den Homer vor. Auch die altgriechische Sprache, die von der neugriechischen so große Verschiedenheiten darbietet, hatte er erst in reifen Jahren, 1856, zu erlernen begonnen, aber sie hatte ihn sofort mit einem solchen Enthusiasmus erfüllt, daß er zwei Jahre lang fast ausschließlich Homer und die anderen klassischen Schriftsteller las. Die Ilias und die Odyssee wurden ihm so geläufig, daß jedesmal, wenn die Rede auf eine Begebenheit der homerischen Epen oder auch nur auf ein zweifelhaftes oder wichtiges Wort kam, er die betreffende Stelle sogleich oder nach kurzem Besinnen im Zusammenhange wiederzugeben vermochte. Und wie gern that er es! Wie hob sich seine Stimme, gleich der eines begeisterten Sängers, um dem Hörer in ausdrucksvoller Weise nicht nur die Bedeutung, sondern auch die Schönheit der Verse nahe zu bringen! Er hatte einen trefflichen Konkurrenten: das war seine Frau Sophia. Oft genug nahm sie den Faden der Dichtung da auf, wo er endete, und ihre Begeisterung klang nicht minder vernehmlich aus der Wärme ihres Vortrages hervor.

Sonderbarerweise gab es einen verborgenen Gelehrten in der Troas, der dieser Zuverlässigkeit der homerischen Erinnerung wenigstens nahe kam. Wir besuchten ihn noch im vergangenen Frühjahr in seinem ärmlichen Zimmer in Neochori (Yanikiöi), einem kleinen griechischen Städtchen am Südende des Sigeion, wo er eine Art von Privatschule hält. Für Schliemann war derselbe eine solche Merkwürdigkeit, daß er den Kaiser von Brasilien, Dom Pedro, der die Troas aufgesucht hatte, zu ihm führte. Der Mann gehört zu jener Klasse von ‚Stillen im Lande', die, ohne jeden näher liegenden politischen Zweck, die Tradition der Griechen in der Zerstreuung lebendig erhalten, ohne welche Tradition schwerlich ein so langer Widerstand gegen die herrschende Rasse möglich gewesen wäre. Aber freilich fehlt ihm auch jedes Feuer der Begeisterung für die alten Dichter, welches erst der deutsche Mann aus dem kalten Norden zu einer solchen Gluth neu zu entfachen vermochte.

Für manche, auch streng philosophisch geschulte Männer ist diese Begeisterung unverständlich, ja anstößig geblieben. Man kann zugestehen, daß Schliemann im Verfolg derselben gelegentlich sonderbare Konsequenzen zog. Es war z. B. eine Art von Schrulle für ihn geworden, alle Personen seiner Umgebung mit homerischen Namen zu belegen. Die ganze Dienerschaft erhielt alterthümliche Bezeichnungen und wurde so gerufen. Ich erinnere mich noch lebhaft der Schwierigkeiten, die es mir machte, einen seiner Aufträge auszuführen. Im Jahre 1879, als ich ihn nach meiner ersten trojanischen Reise verlassen hatte, wünschte er, daß ich ihm für seine Kinder eine deutsche Erzieherin besorgen solle. Ich fand endlich eine junge Dame, welche seinen Anforderungen zu entsprechen schien, und sie war auch sehr geneigt, nach Athen zu gehen. Aber sie sollte den Namen Ikawi (Hekabe, neugriechisch ausgesprochen, lateinisch Hecuba) erhalten. Die ganze Verhandlung drohte zu scheitern, bis endlich der Rufname Wrisiis (Briseis) vereinbart wurde.

Diese Neigung kann um so weniger verständlich erscheinen, als irgend eine nähere Beziehung der Eigenschaften zwischen den klassischen Persönlichkeiten und ihren umgetauften modernen Namensvettern gar nicht verlangt wurde. Unsere Köchin auf Hissarlik hieß Hippodamia, der Diener Pelops. Ihre Nachfolger im letzten Frühjahr wurden Kreusa und Telamon gerufen. Indeß, ich habe mich allmählich daran gewöhnt, weil ich sah, daß die Griechen überall gewohnt sind, den Ihrigen hochklingende alte Namen beizulegen. Der Mann aus Kalifatli, der mir 1879 gewöhnlich ein Reitpferd stellte, hieß Agamemnon und der Sohn unseres Faktotums, des nachher im Skamander ertrunkenen Nicola, führte den Namen Hektor. Es verhält sich mit diesen Namen nicht anders, als mit den bei uns gebräuchlichen Namen aus der heiligen Schrift, die ja auch nicht den Anspruch machen, eine körperliche oder geistige Aehnlichkeit der Träger dieser Namen mit den Männern und Frauen des alten und neuen Testamentes auszudrücken. Sie besagen nichts weiter, als daß die Namen sich einer besonderen Werthschätzung erfreuen, gelegentlich auch noch mehr, daß sie als solche geheiligt sind.

Für Schliemann gab es Zeiten, wo er sich ganz von der Gegenwart abwandte und ausschließlich im Alterthum lebte. Da fand er nach den zerreibenden Arbeiten, nach den Aufregungen der Gegenwart Kraft und Gleichmuth wieder. Darum liebte er die langen Seereisen, welche ihm stets Gelegenheit gaben, sich in das Studium alter Schriftsteller zu versenken. Den größten Genuß gewährte ihm seine zweite ägyptische Reise im Winter 1886–87. Erschöpft von größeren literarischen Arbeiten, hatte er sich nach Cairo begeben. Hier miethete er für sich allein eine eigene Dahabieh, ein großes Segelschiff, das mit Küche und Proviant wohl versehen wurde. Er ging damit bis nach Assuan; dann nahm er jenseit des ersten Katarakts ein neues Schiff und fuhr bis Wadi Halfa. Eine solche Fahrt, wobei die Richtung und Stärke des Windes allein entscheidend sind für die Zeitdauer, da auch die Thalfahrt durch widrigen Wind oft Tage lang gehindert wird, dauert mehrere Monate. Schliemanns einzige Gesellschaft waren die mitgebrachten Bücher. Außer einigen früheren Reisebeschreibungen, unter denen er die von Prokesch besonders liebte, waren es vorzugsweise die alten atheniensischen Dramatiker, deren Herrlichkeit sich ihm bei der Vertiefung in das Einzelne mehr und mehr erschloß; sie ließen ihn jede Störung der Reise gleichmüthig ertragen. Noch in den letzten stillen Tagen, die ich mit ihm im letzten Frühjahr in Hissarlik verlebte, tauchten die Erinnerungen an besonders eindrucksvolle Stellen dieser Dichtungen massenhaft hervor und er wurde nicht müde, die Einzelheiten zu besprechen und den Sinn der Stellen zu erläutern. Jene Nilfahrt hatte ihn so erfrischt, daß er nicht eher nachließ, als bis ich ihm das Versprechen gab, mit ihm zusammen noch einmal den Vater der Ströme hinaufzufahren. Es geschah im Winter 1887–1888, und da erschien er jeden Morgen, den Herodot oder Strabon in der Hand, und wir musterten das Land und die alten Trümmerstätten, ob und in wie weit sie den Erzählungen des ersten Historikers und den Schilderungen des gelehrten Geographen entsprachen. Nachrichten aus Europa erreichten uns wochenlang nicht. Den Tod des Kaisers Wilhelm meldete uns erst der Gouverneur von Wadi Halfa, und die ergreifenden Nachrichten über die Vorgänge in Deutschland erfuhren wir erst bei unserer Rückkehr nach Cairo. In der Abgeschlossenheit unseres Lebens blieb uns nur die unvergleichliche Ruhe dieser fernen Gegenden, von denen die aufständische Bewegung in Nubien und die verhältnißmäßig späte Zeit des Jahres fast alle fremden Besucher zurückhielt.

Unter solchen Verhältnissen versenkt sich der Geist unwillkürlich in die volle Hingabe an das Vorliegende, und wenn dieses, wie in Aegypten, überall von den Resten ältester Vergangenheit durchsetzt ist, so gewöhnt man sich täglich mehr, von den Vorgängen der Welt draußen abzusehen und sich nur mit der Natur und der Geschichte des Landes zu beschäftigen.

Niemand wird die Eigenthümlichkeiten Schliemanns begreifen, der sich nicht vorzustellen vermag, wie häufig bei ihm solche Perioden der Zurückgezogenheit und der Vertiefung in weit zurückgelegene Zeiten wiederkehrten und mit welcher Ausdauer und Sorgfalt er sie auszunutzen verstand. Auch die gewaltigen Ausgrabungen, die er mit den größten Opfern an Zeit, Mühe und Geld unternahm und die eine völlige Umgestaltung der Anschauungen von der Vorgeschichte Griechenlands herbeigeführt haben, werden nur verständlich, wenn man erkennt, daß alle seine Pläne auf anhaltender und höchst eingehender Durchforschung der alten Schriftsteller beruhten, und daß er Entschlossenheit und Wagemuth genug besaß, um aus den viel bezweifelten Angaben der uns erhaltenen Werke sich eine eigene, selbständige Ueberzeugung von den Verhältnissen längst vergangener Geschlechter zu bilden und danach zu handeln, unbekümmert darum, ob die Zeitgenossen seine Pläne für thöricht und phantastisch erklärten. Es war kein Zufall, daß er aus der großen Masse möglicher Probleme sich eine beschränkte Zahl heraussuchte und daß gerade diese die wunderbarsten Ergebnisse lieferten. Ilios, Mykenae, Tiryns, Orchomenos, – das waren die Goldplätze, welche schon in den homerischen Dichtungen in den Vordergrund der Betrachtung gestellt waren, wenngleich nicht alle in gleicher Helligkeit. Schliemann war im voraus überzeugt, daß nur der besondere Gang der Darstellung die anderen Plätze neben Ilios in den Schatten zurücktreten ließ. Für ihn waren sie genügend bezeichnet, um ihn zu bestimmen, seinen Spaten gerade da anzusetzen.

Welcher Triumph, als er zuerst in Mykenae in glänzendster Weise die Richtigkeit der alten Schilderungen darlegte, und welche nachhaltige Wirkung für die gesammte Entwicklungsgeschichte des künstlerischen und geschichtlichen Vorlebens der hellenischen Stämme! Nicht gleich schnell vollzog sich die Aufdeckung der verschütteten Ueberreste in Tiryns und Orchomenos. Wiederholt nahm er das Werk in Angriff; kein Mißerfolg erschütterte ihn in der Zähigkeit der felsenfesten Ueberzeugung, daß hier Großes zu finden sei. Und er fand es endlich, unterstützt von dem Scharfsinn und dem feinen Verständniß der alten Architektur, welche der Helfer in allen späteren Unternehmungen, Wilhelm Dörpfeld, in seinen Dienst stellte. Die Zeit wird kommen, wo diese Errungenschaften in die Gesammtanschauung aller Gebildeten übergehen werden, ja man darf sagen, Schliemann ist nicht gestorben ohne das tröstliche Gefühl, daß die Aufgabe seines Lebens in der Hauptsache gethan und anerkannt ist.

Für uns Zurückbleibende aber mag es eine Mahnung sein, das, was wir planen, so musterhaft vorzubereiten, wie er es stets gethan hat. Welche lange Zeit der mühseligsten Vorbereitung hat dieser Mann durchgemacht, um sich zunächst nur die Mittel und dann das geistige Handwerkszeug zu beschaffen, die dazu gehörten, so großen Zielen nachzustreben! Er hat manche Wege vergeblich durchmessen, manche Arbeit umsonst gethan, aber stets hat er den Hauptweg wiedergefunden, der seinem prophetischen Geiste vorgeschwebt hatte.

Und dann, welches Vorbild hat er uns gegeben in der sorgsamen Durcharbeitung des Gewonnenen! Wenn eine Campagne des Grabens und Suchens vorüber war, dann setzte er sich für lange Zeit nieder, um aus seinen Tagebüchern und aus der fast unübersehbaren Fülle seiner Funde ein zusammenfassendes Bild zu gestalten und der Welt Rechenschaft zu geben von seinem Thun und von den Schlußfolgerungen, die er aus seinen Entdeckungen ableitete. Monate und wieder Monate unermüdlicher und immer wieder an den Thatsachen und Gegenständen geprüfter Niederschreibung waren erforderlich, um jene umfangreichen Bände zusammenzustellen, welche jetzt die Bibliotheken füllen.[69] Und jeder neue Band erschien in verbesserter Gestalt, jede neue Ausgabe erhob sich freier über das anfängliche Gewirre der Meinungen. So wuchs auch die Anerkennung.

Selten hat es größere Schwierigkeiten gemacht, daß ein Autodidakt sich zu einer solchen Sicherheit im Urtheil entwickelt, daß er so sehr die Zustimmung der Fachgelehrten, man darf wohl sagen, sich erzwungen hat. Schliemann war ein vorsichtiger Forscher, aber auch ein entschlossener Kämpfer; er wußte es, daß in einer Periode, wo die Presse einen so großen Einfluß auf das allgemeine Urtheil ausübt, dicke Bücher allein das Publikum, das ihnen oft ganz fern bleibt, nicht überzeugen. Seine Sprachgewandtheit befähigte ihn, auch der periodischen Presse stets mundgerechte Berichte zu liefern. In erster Linie war es meist die englische, welche ihm von Anfang an hilfreich gewesen war und welcher er sich daher mit Vorliebe zuwendete. Gleicherweise waren auch seine ersten großen Bücher in englischer Sprache abgefaßt. Er schrieb diese Bücher größtentheils direkt in der fremden Sprache. Aber er unterwarf sie der Prüfung von Sachverständigen, ehe er sie herausgab. Manches seiner Blätter ist auch durch meine

Hand gegangen. Das große Buch ‚Ilios' hat mir in allen seinen Theilen vorgelegen, ehe es das Licht der Welt erblickte. Einen ganzen Sommer hindurch erschien von London her ein Revisionsbogen nach dem andern, und ich bin immer noch von Dank erfüllt, wenn ich daran zurückdenke, wie ernsthaft Schliemann jede meiner Bemerkungen, auch die sprachlichen, aufnahm und wie ausführlich er mir in zweifelhaften Fällen seine Gegengründe entwickelte.

In Deutschland hat man es als einen Mangel empfunden, daß die deutschen Ausgaben theils erst nachträglich, theils in weniger glänzender Ausstattung erschienen. Für die letzte Zeit hat sich das Verhältniß thatsächlich geändert. Aber für die frühere Zeit sollte man nicht vergessen, daß das Band zwischen Schliemann und dem Vaterlande stark gelockert war, zunächst durch seine langjährige Abwesenheit und durch die ganze Gestaltung seines geschäftlichen Wirkens, für welches ihm Deutschland keinen Anhalt gewährte, dann aber auch durch die unwillkürliche Anpassung an das Fremde. Als ich ihn zum ersten Male in Hissarlik besuchte, war ihm das Verständniß zahlreicher deutscher Wörter, ja die Erinnerung an ihr Dasein ganz abhanden gekommen. Nicht selten sagte er mir überrascht: ‚Das Wort habe ich seit 30 Jahren nicht gehört.' Vorzugsweise galt das von Provinzialismen, die in seiner Heimath so zahlreich sind. Als Pommer kannte ich nicht wenige dieser Worte: jedesmal, wenn ich, sei es absichtlich, sei es unabsichtlich, ein solches aussprach, weckte es in ihm Gedanken seiner Jugend, und dann hoben sich aus der Dämmerung seines Gedächtnisses nach und nach lichte Gestalten der Heimath empor. Es waren das jene Tage, wo auch das Gefühl für das Vaterland wieder in seinem Herzen erstarkte. In dem Maße, als die Sprache seines Volkes ihm wieder näher trat, wuchs auch die Sehnsucht des Wiedersehens, und es dauerte nicht lange Zeit, da kam er mit Weib und Kind und setzte sich still in sein altes Ankershagen, um in dem vollen Gefühl der Heimath zu schwelgen und – daselbst ein neues Buch zu vollenden. //

Es war im Beginn des Jahres 1879, als ich mich entschloß, den dringenden Einladungen Schliemanns zu einem Besuche der Troas nachzugeben. Er lockte mich vorzugsweise mit der Aussicht auf eine umfassende Untersuchung der Heroengräber, die er auszuführen gedachte und zu der er meine Mitwirkung verlangte. Im Jahre 1877, als er seine denkwürdigen Ausgrabungen in Mykenä veranstaltete, hatte ich einer ähnlichen Einladung nicht nachkommen können, und er warf mir seitdem vor, daß nur meine

Abwesenheit den beklagenswerthen Umstand verschuldet habe, daß auch nicht ein einziger der ‚Atriden'-Schädel unversehrt und in einer für wissenschaftliche Bestimmungen brauchbaren Gestalt erhalten worden war. Diese Anklage lastete in der That schwer auf mir. Wie hätte ich nun widerstehen können, wo die seit dem Alterthum berühmten Grabhügel des Achilleus und des Patroklos und so mancher anderen Helden geoffnet werden sollten!

Aber es war noch ein anderer sehr wichtiger Grund vorhanden. Gerade damals hatte sich die Opposition gegen Schliemann unter den älteren und fast noch mehr unter den jüngeren Fachgelehrten, namentlich unter den Archäologen und Philologen, zu einer Art von Hochfluth gesteigert. Man sprach in Deutschland mit einer wachsenden Geringschätzung von dem ‚Autodidakten', der sich anmaßte, eine Frage entscheiden zu wollen, an welcher die Schulweisheit von Jahrtausenden sich ohne Erfolg abgemüht hatte. Die ganze Unternehmung erschien so hoffnungslos, daß bedeutende Philologen die Existenz sowohl Homers, als Trojas in Zweifel zogen und daß sie es für Aberwitz erklärten, nach Ueberresten von Troja zu suchen.

Nahezu von allen Seiten preisgegeben, appelirte Schliemann an meine Hilfe. ‚Ich habe nie daran gezweifelt,' schrieb er, ‚daß Sie mich verstanden und würdigten; auch gab mir Ihr Diplom, wofür ich Ihnen ewig dankbar bin, einen eklatanten Beweis davon.' Er meinte hier das Diplom als Ehrenmitglied, welches ihm die Deutsche anthropologische Gesellschaft 1877 ertheilt hatte. Aber dieses Diplom hatte auf die öffentliche Meinung in Deutschland keinen entscheidenden Einfluß ausgeübt. Sollte ich nicht den Versuch machen, durch genauere Kenntnißnahme an Ort und Stelle ein eigenes Urtheil zu gewinnen, um nachher in der Heimath ein unparteiisches Zeugniß abzulegen? Wenn ich auch mein Zeugniß nicht so hoch veranschlagen konnte, wie es Schliemann in seiner enthusiastischen Weise that, indem er schrieb: ‚Ihre Anwesenheit in Troja ist eine Nothwendigkeit für die Wissenschaft und für mich von allerhöchstem Interesse', so durfte ich doch erwarten, daß meine Berichte eine gerechtere Beurtheilung des wackeren Mannes herbeiführen würden. Und vor allem durfte ich als sicher annehmen, daß meine persönliche Theilnahme an seinen Arbeiten seine Meinung von der parteiischen Stellungnahme der deutschen Gelehrten einigermaßen mildern werde.

Das war im Februar. Ich verweilte dann bei ihm in der Troas bis gegen Ende April. Im Herbst desselben Jahres sagte ich ihm zu, mit ihm in London zusammenzutreffen, wo er mir seine trojanische Sammlung, die im South Kensington Museum aufgestellt war, selbst zeigen und erläutern wollte. Ich kann es mir nicht versagen, aus einem seiner Briefe, den ich kurz vor dieser Reise erhielt, eine Stelle wiederzugeben. Es heißt darin (Boulogne sur Mer, 9. September 1879): ‚Sie haben mich wieder mit Deutschland ausgesöhnt, infolgedessen letzteres in meinem Testament, welches ich heute umschrieb, ansehnlich bedacht ist. Außer Virchow wäre niemand dazu imstande gewesen.'

Und doch hatte ich nichts gethan, als was jeder andere Kritiker auch hätte thun können und thun müssen. Niemals hatte ich ihm eine Rede gehalten über seine Pflicht, des Vaterlandes zu gedenken, und niemals hatte ich ihn aufgefordert, seine trojanische Sammlung aus England fortzunehmen und nach Deutschland zu bringen. Nur wenn ihm selber solche Gedanken kamen und er sie mir gegenüber, meist nur in der Form einer Ueberlegung, äußerte, fand er begreiflicherweise bei mir freudigen Widerhall. Und ich durfte dem um so offener Ausdruck geben, als es mir nicht unbekannt war, daß Frau Schliemann seit langer Zeit in diesem Sinne auf ihren Mann eingewirkt hatte.

Unser Aufenthalt in der Troas war von vornherein so eingerichtet, daß jedem Theilnehmer in der kleinen Gesellschaft die größte Freiheit für seine Studien gelassen war. Außer mir und dem türkischen Bevollmächtigten war nur noch Mr. E. Burnouf, der frühere Direktor der französischen archäologischen Schule in Athen, daselbst anwesend. Wir beide waren an demselben Tage, obwohl von ganz verschiedenen Seiten kommend, in den Dardanellen gelandet. Schliemann hatte uns mit den Worten empfangen: ‚Nun richten Sie sich ganz nach Belieben ein; bei mir ist Republik.' Das war sein voller Ernst, und so konnte denn jeder seine besondere Aufgabe verfolgen. Mr. Burnouf trieb seine astronomischen und geodätischen Studien, zeichnete Situationspläne und ermittelte die Anordnung der alten Bauten. Ich machte meine naturwissenschaftlichen Untersuchungen über die Geologie der Troas und speciell über die Entstehung der ‚troischen Ebene', über die Flußläufe und Quellen, über Menschen, Thiere und Pflanzen. Nur bei den Ausgrabungen und bei dem Nachtmahl trafen wir sämmtlich zusammen. Aber Schliemann überholte uns bei weitem durch die Ausdauer seiner Leistungen. Wenn wir beide morgens um 7 Uhr aus unserer Holzkammer traten, hatte Schliemann schon ein gutes Stück seines Tagewerks hinter sich. Vor dem Aufgang der Sonne war er nach dem etwa ¾ Stunden entfernten Hellespont geritten, um sein tägliches Seebad zu nehmen; nach der Rückkehr hatte er gefrühstückt, den Aufruf der Arbeiter überwacht, die Anordnungen für die Ausgrabungen des Tages getroffen, und wenn wir den Berg heranstiegen, fanden wir ihn auf einem der beherrschenden Punkte, wie er nach allen Seiten beobachtete und durch neue Befehle den Gang der Arbeiten bestimmte. Dann zerstreuten wir uns, wie es jedem paßte; jeder aß zu der ihm gefälligen Zeit, und nur an Tagen, wo, gewöhnlich nachmittags, irgend ein entfernterer Punkt in Untersuchung genommen werden sollte, vereinigten wir uns zu einem gemeinschaftlichen Ritt.

Nur ein Verhältniß gab es, wo Schliemann sich zeitweise von der Beaufsichtigung seiner Arbeiter loslöste, und gerade das ist für die Beurtheilung des Mannes von besonderer Bedeutung. Es dauerte nicht lange, da war es in der ganzen vorderen Troas bekannt, daß auf Hissarlik ein ‚großer Hakim' (Arzt) weile. Schliemann selbst hatte nicht wenig dazu beigetragen, diese Kunde zu verbreiten. In der Sorge für Kranke war er unermüdlich. In gewöhnlichen Zeiten kurirte er selbst, soweit seine Mittel reichten und soweit seine Erfahrung ihm gewisse Anhaltspunkte bot, aber, da ich nun da war, führte er die Kranken zu mir und diente mir als Dolmetscher und als Heilgehilfe. Alle Tage wurden es der Kranken mehr, aber niemals versagte er seine Dienste. Selbst auf unseren kleinen Reisen legte er seiner sonst so schwer zu beruhigenden Ungeduld Zügel an, und es wird mir stets unvergeßlich bleiben, wie er selbst ganz spät, wenn wir von einem längeren Ritt heimkehrten, noch mit mir in die Hütten der benachbarten Dörfer eintrat und mir geduldig das Licht hielt, bis ich meine Untersuchung beendet und die nöthigsten Anordnungen getroffen hatte. Gab es doch fast auf 10 Stunden in die Runde keinen eigentlichen Arzt, an den wir die Armen hätten weisen können! Und auf die griechischen Priester, die sonst in Nothfällen angerufen wurden, hatte Schliemann einen großen und gerechten Zorn, denn sie hielten noch fest an der überkommenen Gewohnheit des steten Blutlassens, welches für Menschen, die durch die Einwirkung der Malaria und durch häufiges und strenges Fasten blutarm geworden waren, doppelt gefährlich ist.

Diesem tief menschlichen Mitgefühl stand bei Schliemann ein auffälliger Mangel in der Auffassung der Natur gegenüber. Niemals in seiner langen Lehrzeit war er mit einem der vielen Zweige der Naturwissenschaft in nähere Berührung getreten. Sein Auge war daher für die feinere Beobachtung der Naturprodukte nicht geschärft, und er war sehr geneigt, auf Grund oberflächlicher Merkmale Angaben zu machen, welche vor einer wissenschaftlichen Bestimmung nicht standhielten.

So hatte er die Bausteine in den Mauern der alten Ansiedelungen als ‚Muschelkalk' bezeichnet, ganz unbekümmert darum, daß weit und breit in der Gegend jenes Gestein nicht ansteht, welches die Geologen so nennen. Allerdings sind diese Steine voll von Muscheln, aber sie gehören der Tertiärformation an, einer viel jüngeren Bildung, aus welcher die benachbarten Höhenzüge bestehen. Ganz besonders trat aber seine Gleichgültigkeit gegen die Natur in botanischen Dingen hervor. Beide Male, wo ich ihn in der Troas besuchte, traf ich die erste Frühjahrszeit. Ein Baum, ein Strauch nach dem andern entfaltete seinen Blätterschmuck; auf Bergen und in der Ebene, ja in den Wasserläufen und Sümpfen trieben Blüthen hervor; in entzückender Mannigfaltigkeit bedeckte sich die ganze Pflanzenwelt mit immer neuem, zum Theil in den schönsten Farben strahlendem Schmuck. Wenn unser Ritt uns in neue Gebiete führte, so stießen wir auch wieder auf neue Blumen, und da die Schnelligkeit unserer Bewegungen es mir unmöglich machte, jedesmal abzusteigen, so mußte den Fußgängern unserer Begleitung häufig Auftrag gegeben werden, bestimmte Blumen zu pflücken. Schliemann übermittelte willig meine Aufträge, aber so schwer wurde es mir, ihm selbst klar zu machen, welche Blumen ich haben wollte, daß ich häufig genug andere erhielt, als ich bezeichnet hatte. Schließlich wurden unsere Leute so sehr gewöhnt an diese Thätigkeit, daß sie freiwillig sammelten und mir ihre Erwerbungen überbrachten. Ich erinnere mich immer noch mit Rührung, wie im Anfange unserer Idareise eines Tages in den syenitischen Vorbergen unser Faktotum, der treffliche Nicola, mit seinem schwerbeladenen Klepper einen abschüssigen Fels hinaufsprengte und mir mit triumphirendem Blick eine große rothe Blume herabbrachte: es war freilich nur eine Distel, aber ich steckte sie doch mit freudigem Dank an meine Mütze.

Es machte nicht wenig Mühe, alle diese Pflanzen in erträglichem Erhaltungszustande nach Hause zu bringen, und noch mehr, sie in ordnungsmäßiger Weise einzulegen und zu trocknen. Ich verbrauchte nicht selten einen größeren Theil der Nacht zu dieser Arbeit, und die Wächter, die unsere Hütten umwandelten, waren sehr erstaunt, noch so spät Licht in meinem kleinen Fenster zu sehen. Durch sie erfuhr auch Schliemann davon, und so sehr er mir abrieth, die Nacht zur Hilfe zu nehmen, so begann er doch, mehr und mehr Werth zu legen auf die Erforschung der damals noch recht wenig bekannten Flora des Landes. Er wünschte eine Uebersicht derselben in die neue Ausgabe von ‚Ilios' aufzunehmen, und als er später mit der Abfassung dieses Werkes beschäftigt war, drängte er unaufhörlich, die Liste zu erhalten. Ich theilte ihm mit, daß dies nicht so leicht sei und daß Professor Ascherson, dem ich nach meiner Rückkehr das gesammelte Herbarium übergeben hatte, Zeit brauche zu den Bestimmungen, zumal da sich schon ein paar neue Arten darin gefunden hätten. Aber selbst die Anzeige, daß eine dieser Arten seinen, eine andere meinen Namen tragen sollte, mäßigte seine Ungeduld nicht. Im Gegentheil, unter dem 29. Oktober 1879 schrieb er mir: ‚Die beiden unbekannten Pflanzen müssen natürlich nach Ihnen, dem gelehrten Forscher, benannt werden. Sie nach jemand zu benennen, der nichts damit zu thun hatte und nichts davon versteht, würde eine Parodie sein, deren Sie nicht fähig sind.' Indeß hinderte diese Erwägung Herrn Ascherson nicht, eine *Fritillaria Schliemanni* aufzustellen und für mich den *Astragalus Virchowii* auszuwählen.

Die *Frittillaria* war gut zu bestimmen, denn ich traf sie in voller Blüthe. Dagegen sah es mit dem *Astragalus* schlimm genug aus. Es war ganz im Anfange meines ersten Besuches in der Troas, auf einem Ritt zum Grabe des Achilleus, als ich ein üppig treibendes Exemplar davon am Nordende des Vorgebirges Sigeion fand; aber noch war keine Blüthe getrieben. Vergeblich suchte ich nach einem zweiten Exemplar. Auch alle späteren Aufträge blieben erfolglos; selbst als geschulte Botaniker die Troas durchstreiften, die besonders darauf aufmerksam gemacht waren, gelang es ihnen nicht, die Lücke auszufüllen. Erst im vorigen Frühling, als wir eines Tages längs des Sigeion gegen Neochori ritten, stieß ich plötzlich unter dem Dimitri Tepe auf eine Anzahl blühender Exemplare dieser großen schönen Papilionacee. Aber so wenig erfaßte das Auge meines Freundes die Eigenthümlichkeiten der Pflanze, daß er später wiederholt bei ihr vorüberritt, ohne sie wiederzuerkennen.

Bei Pflanzen ließ ihn sogar seine sonst so lebendige Jugenderinnerung im Stich. Eines Tages kamen wir nach Ghiekli, einem Dorfe an der Küste des ägäischen Meeres, gegenüber von Tenedos. Ein Mann kam tief betrübt herbei und erbat Hilfe für seine schwer erkrankte Frau. Seine Sorge war so groß, daß er alle Bedenken des Orientalen überwand und uns an das Krankenbett der Frau führte. Aber wir waren fast ohne Arzneimittel, und als ich den Mann fragte, ob eine Apotheke erreichbar sei, erklärte er, dazu müsse er auf einem Boote nach Tenedos hinüberfahren oder nach den Dardanellen gehen. Wir entschieden nach einiger Ueberlegung für die Fahrt nach Tenedos, aber ich rieth, in der Zwischenzeit Umschläge mit Chamillenthee zu machen. Schliemann erinnerte sich, den Namen gehört zu haben, aber er war höchlich erstaunt, als ich ihm mittheilte, daß wir kurz vor dem Dorfe über ein Feld geritten seien, das ganz mit blühenden wilden Chamillen bestanden war. Auch der Eingeborene hatte keine Ahnung von dem Namen der Pflanze, die ich ihm zeigte, und noch weniger von ihrem Werthe als Hausmittel.

Dieser Mangel an botanischem Verständniß ließ sich bei Schliemann natürlich in der Eile nicht beseitigen. Aber als er zwei Jahre später zum ersten Male den Gipfel des Ida erstieg, da brachte er von oben herab die köstlichen Blumen, die schon Homer im 14. Gesange der Ilias nennt: ‚Lotos mit thauiger Blum' und Krokos sammt Hyakinthos.' Freilich that er es nicht der Blumen, sondern nur der homerischen Stelle wegen. Denn gerade unter dem Gipfel des Ida, tief versteckt, liegt eine lauschige Thalmulde, ganz wie geschaffen für eine heimliche Brautnacht. Als wir im letzten Frühjahr dort waren, sah sie wie ein Blumengarten aus, so dicht standen Krokus und Corydalis und blaue Hyazinthen (Scillen).

Die Reise von 1881, wo er ganz allein war, zeigte überhaupt in überraschender Weise, mit welcher Schnelligkeit Schliemann auch naturwissenschaftliche Aufgaben erfaßte und sich die genaueren Methoden zu eigen zu machen wußte. Er bestimmte auf derselben mit größter Sorgfalt die Höhen der Berge, maß die Temperatur der Quellen und führte ein genaues meteorologisches Tagebuch. Jede Begegnung mit einem Naturforscher steigerte sein Verständniß, nicht in bloß mechanischer Weise, sondern in sachlicher Einsicht. Denn er wurde nicht müde, die Unterhaltung bis auf den Grund der Dinge fortzuführen. Seine lange Gewöhnung an Rechnen machte ihn besonders befähigt, alles das zu erfassen, was auf Zahlen zurückzuführen war. Daher imponirte ihm vor allem die Astronomie und er trug sich lange mit dem Gedanken, seinen Sohn Agamemnon, der damals noch ein zartes Kind war, zum Astronomen ausbilden zu lassen. In gleichem Sinne legte er auch das größte Gewicht auf genaueste Kenntniß der Geschichtszahlen, ohne welche ihm die Geschichte selbst gänzlich unverständlich erschien.

Es war ein sonderbares Geschick, daß es gerade ihm, dem Zahlenmann, beschieden war, alle seine großen Entdeckungen in so ferne Zeiten verfolgen zu müssen, wo die Geschichtszahlen aufhören. Schon sein erster Anfang auf Hissarlik führte ihn sehr schnell in eine Tiefe der Ausgrabungen, wo nur noch die Prähistorie zu sprechen hat. Da giebt es keine Münze mehr! Schliemann hat mit ebensoviel Geschick als Glück eine schöne seltene Sammlung von Münzen aus der klassischen Zeit zusammengebracht. Auch die oberflächlichen Schichten von Hissarlik, mehr noch die benachbarten Felder und Hänge von Neu-Ilion sind voll von hellenischen, römischen und byzantinischen Münzen. Aber gegen die Tiefe hin hört das bald auf. In den oberen Schichten giebt es auch noch Inschriften, besonders griechische, zum Theil recht lange. In den prähistorischen Lagen trifft man nur noch auf Fundstücke aus Thon, besonders Wirtel in reichster Fülle, auf denen häufig sonderbare Einritzungen sind, die wie Schriftzüge aussehen, aber nur einzelne kühne Forscher glauben, darin lesbare Zeichen erkannt zu haben. Selbst wenn man ihre Deutungen anerkennt, kommt man damit nicht weiter, als daß man diese Stücke mit anderen aus benachbarten Gegenden der Mittelmeerländer, z. B. solchen aus Cypern, zusammenstellen kann, aber Geschichtszahlen folgen daraus nicht. Wo in der Geschichte Jahre genannt werden, da ist man in der Prähistorie auf Jahrhunderte, zuweilen auf Jahrtausende angewiesen.

Schliemann hat sich nach und nach in diese Nothwendigkeit gefunden. Aber es war eine sehr harte Aufgabe für ihn, zu deren Ueberwindung er Jahre gebraucht hat. Galt es doch, auf den Gedanken zu verzichten, daß diese Ueberreste der homerischen Stadt dem Ilios von Priamos und Hektor angehört haben. Freilich nicht in dem Sinne, wie manche angenommen haben, daß nun erst recht die Ansicht bewiesen sei, auch die Grundlage der Dichtung beruhe auf freier Erfindung, und es sei niemals in diesem Lande ein Krieg abendländischer und morgenländischer Völker geführt worden, der mit der Zerstörung einer Königsburg und der Vernichtung des Herrschergeschlechts sein Ende gefunden. Im Gegentheil – und das ist das Bedeutende in den Entdeckungen Schliemanns – es wurden die Trümmer einer uralten Burg aufgedeckt, welche durch Brand zerstört sein muß und welche nach ihrer Anlage und der Bedeutung der darin gefundenen Gegenstände nur einem reichen und mächtigen Herrscher als Sitz gedient haben kann. Auf den Trümmern dieser Burg haben spätere, allem Anschein nach fremdartige Ansiedler Gebäude errichtet, und auch diese Gebäude sind wieder zerstört und zum Theil verbrannt, und auf und aus ihrem Schutt haben neue Bewohner ihre Wohnungen hergestellt. Das sind die über einander folgenden Schichten, welche Schliemann etwas zu volltönig ‚Städte' genannt hat. Ungeheure Schutt- und Trümmerlagen bezeugen die Thatsache, daß gerade dieser Platz schon in vorgeschichtlicher Zeit als ein besonders fester und gewiß auch berühmter gegolten hat, um welchen sich ein reicherer Schatz von Sagen sammelte, als um irgend einen anderen Platz der Troas. Gewiß ist es bedeutungsvoll, daß bis jetzt in der ganzen Troas auch nicht ein einziger anderer Platz entdeckt worden ist, der seiner ursprünglichen Anlage nach oder seiner immer erneuten Besiedelung wegen auch nur entfernt mit dem Trümmerhügel Hissarlik verglichen werden kann.

Hier ist nachher auch in historischer Zeit fortgebaut worden. Hier treffen wir die aus Quadern errichteten Mauern der makedonischen Zeit, hier sind in weiter Ausdehnung, selbst über den Burgberg hinaus, die Felder mit den Trümmern der römischen Kolonie Neu-Ilion bedeckt, hier wurden zweifellose Ueberreste der Byzantiner ausgegraben. Mit dem Zerfall der oströmischen Herrschaft hörte auch die Bebauung des Hügels auf. Nur noch nomadisierende Hirten weideten auf demselben ihre Heerden. Damit schwand die Continuität der Sage, aber glücklicherweise auch der Anreiz zur Nachgrabung und Zerstörung des noch Vorhandenen. Erst der ‚Traum' eines mecklenburgischen Knaben, in früher Zeit angeregt durch die Erzählungen eines Vaters von gelehrter Bildung und durch ein an sich werthloses Bildwerk, sollte sich in einer tiefgehenden Untersuchung verwirklichen, welche der gereifte Mann nach einem langen und arbeitsvollen Leben mit den großen, darin erworbenen Mitteln unternommen und fast ganz zu Ende geführt hat.

Zu der Zeit, wo Homer lebte oder, falls er nicht gelebt haben sollte, wo die mit seinem Namen bezeichneten Dichtungen entstanden, konnte nach diesen thatsächlichen Feststellungen nichts mehr von der alten Burg sichtbar sein. Sie war schon damals nicht nur bis auf die Grundmauern zerstört, sondern auch von einer Reihe späterer Ansiedlungen überbaut, ungefähr so, wie die alten ägyptischen Tempel bis auf unser Jahrhundert großentheils mit den elenden Lehmdörfern koptischer Ansiedler bedeckt waren, deren Schutt nach und nach die Hallen und Kapellen gefüllt und jeden Tempel in einen großen Schuttberg, heutigen Tages 'Kom' genannt, verwandelt hatte. Es ist nur der große Unterschied, daß in Aegypten noch neue prächtige Tempel aufgeführt wurden, als an die Stelle der alten Pharaonen ein makedonisches Herrschergeschlecht und schließlich römische Kaiser getreten waren, also zu einer Zeit, als in der Troas nur noch ein unscheinbarer Hügel vorhanden war. Wer will es entscheiden, ob die verschüttete Burg im tiefsten Grund dieses Hügels den Namen Ilios getragen hat, und ob der Herrscher und seine Angehörigen von ihren Zeitgenossen so genannt wurden, wie die Dichtung sie nennt? Das sind an sich müßige Fragen, wenngleich sich auch über diese Namen manches sagen läßt.

Die homerische Dichtung beschäftigt sich aber nicht bloß mit Ilios und seinen Bewohnern. Sie schildert die ganze Umgebung, vorzugsweise die benachbarte Ebene mit ihren Flüssen und Dörfern, die Küste des Hellespont und die Umrahmung mit Bergzügen. Da ist zweifellos das Schlachtfeld, auf welchem Achäer und Troer in immer erneuten Kämpfen aufeinander stießen. Die ‚Ilias' beschreibt aber auch in unerreichter Naturtreue das größere Bild, das man von der Höhe von Hissarlik überschaut: das weite Meer mit seinen Inseln Tenedos, Lemnos und vor allem die hochragende Felsmasse von Samothrake, und gegen Süden das bergige Mittelland der Troas, abgeschlossen durch die ferne Gebirgskette des Ida. Noch heute zeigt der Himmel über diesen Fernpunkten jene wechselnden Gestaltungen des Gewölkes, sein plötzliches Entstehen, sein Fortschreiten, die Gewitterbildung, – lauter Erscheinungen, in denen der Glaube des Volkes das Walten der Gottheit zu erkennen meint. Kaum dürfte ein zweiter Ort innerhalb des Bereiches altgriechischer Anschauung vorhanden sein, der mehr geeignet wäre, durch die Großartigkeit des Naturbildes als Unterlage für die Annahme einer persönlichen Anwesenheit und Mitwirkung der Götter zu dienen. Daraus begreift sich die künstlerisch vollendete Verbindung göttlicher und menschlicher Thaten, welche die ‚Ilias' bietet, und welche während der ganzen klassischen Zeit in Griechenland und Rom den Inhalt der mythologischen Vorstellungen, der poetischen und künstlerischen Schöpfungen, der Götter- und Heroensagen bestimmt hat.

Dieses Gesammtbild der troischen Landschaft war es, welches durch die Jahrtausende hindurch, als jede Spur des alten Ilios verschwunden zu sein schien, den Glauben erhielt, daß die Burg in dieser Gegend oder gar an dieser Stelle gelegen haben müsse. Als der Glaube an Zeus und Poseidon, an Here und Athene verblaßte, erhielt sich doch in unveränderter Form die Gestalt der Berge und Hügel, welche einst als ihre Sitze oder wenigstens zeitweiligen Standplätze verzeichnet waren. Der Glaube an Ilios, an Priamos und sein Haus, an die Helden der Achäer überdauerte den Glauben an die Götter. Aber heute müssen wir den Kritikern zugestehen, daß dieselbe Dichtung, welche die Landschaft malt, wie sie noch heute ist, an die Stelle der wirklichen Burg und der vorgeschichtlichen Helden poetische Gestaltungen gesetzt hat, für welche die Ausgrabungen nur unvollständige Beweise, oft genug sogar Gegenbeweise geliefert haben.

Die Helden der Dichtung kämpfen vielfach zu Roß oder zu Wagen. Aber in den Trümmern der prähistorischen Stadt haben sich keine Wagenreste gefunden und unter der Unmasse von Thierknochen nur vereinzelte Gebeine von Pferden. Kein Schwert ist zu Tage gekommen, dagegen neben einzelnen Bronzen zahlreiche Waffen von Stein, deren in dem Gedichte mit keinem Worte gedacht wird. Unverkennbar schildert uns der Dichter Krieger seiner Zeit, wo das Eisen zu allgemeinem Gebrauche gekommen war; er hatte keine Ahnung davon, wie die Ausrüstung des Kriegers der Urzeit beschaffen war. Mit derselben Naivetät überträgt er die Sitten und Gewohnheiten seiner Zeitgenossen auf jene alten Geschlechter, welche seit vielen Jahrhunderten begraben waren. Mit dem gleichen Rechte könnte ein Dichter unserer Zeit die Krieger Karls des Großen mit Hinterladern bewaffnen und ihnen Kanonen zur Verfügung stellen. Homer beschreibt eben seine Zeitgenossen und nicht das troische Urvolk. Wo die Grenzen der Erfindung oder der Uebertragung liegen, das ist also selbst hier eher zu Ungunsten des Dichters zu entscheiden. Leider hat auch die Untersuchung der Heroengräber in der Troas, auf welche Schliemann so große Hoffnungen gesetzt hatte, fast nur negative Ergebnisse geliefert. Nur im Hanai Tepe wurden zahlreiche Skelette zu Tage gefördert, aber auch da nichts von solchen Waffen und Geräthen, wie sie die ‚Ilias' voraussetzt.

Im Hausbau sind die Menschen verhältnißmäßig konservativ, und daher ließe sich eher annehmen, daß die Schilderung der Häuser auch noch zugetroffen haben könnte, als sie selbst nicht mehr vorhanden waren. In der That habe ich nachgewiesen, daß die architektonischen Gewohnheiten der vorgeschichtlichen Zeit sich noch heutigen Tages in allen Theilen der Troas nachweisen lassen: ein Unterbau aus Bruchsteinen, ein Oberbau aus Lehmziegeln, drüber Holzbauten. Diese Anordnung ist in den alten ‚Städten' von Hissarlik, abgesehen von den Holzbauten, ganz deutlich. In der ‚Ilias' finde ich keine Andeutung davon, aber auch keine bestimmte Angabe gegentheiliger Einrichtungen. Daher steht unmittelbar nichts entgegen, die Trümmer der ‚zweiten Stadt' mit Schliemann auf die Burg der Sage zu beziehen.

Der Versuch, die untergegangenen Gebäude des alten Schutthügels aus der Reihe menschlicher Wohnungen zu streichen und den ganzen Hügel als eine gewaltige Anhäufung von Gräbern mit Leichenbrand, als eine ‚Feuernekropole' zu erweisen, ist nach meiner Ueberzeugung nicht gelungen. Er beruhte ursprünglich auf mißverständlichen Bezeichnungen und Deutungen, welche Schliemann seinen Funden in der ersten Zeit seiner Ausgrabungen, als er noch wenig erfahren in archäologischen Untersuchungen war, gegeben hatte. Er selbst hat seine damaligen Auffassungen als irrthümliche zurückgenommen, und ich kann versichern, daß mir bei zweimaliger, wochenlanger Anwesenheit auf Hissarlik nichts vorgekommen ist, was darauf hingedeutet hätte, daß in den prähistorischen Zeiten auf dem Hügel Leichenverbrennungen stattgefunden hätten oder Gräber in auch nur mäßiger Zahl angelegt worden wären. Die prähistorischen Schichten stammen von menschlichen Wohnungen und sind endgültige Beweise dafür, daß hier Ansiedlungen vorhanden waren. Man mag über die Bedeutung einzelner Gebäude streiten, z. B. ob sie Paläste oder Tempel waren, aber das ändert nichts an dem Gesammtcharakter der Anlage.

Schliemann hat die trojanischen Ausgrabungen wiederholt unterbrochen, um an anderen Plätzen, welche die homerische Dichtung aus der Zahl der damals bewohnten Hauptorte hervorhebt, Untersuchungen zu veranstalten. Das waren vorzugsweise Mykenä, Tiryns und Orchomenos, jene beiden im Peloponnes, in der Nähe von Argos, dieses in Böotien. Er hat dieselben mit noch größerer Uneigennützigkeit ausgeführt, denn er hat seine dortigen Funde ohne Entschädigung der griechischen Regierung überantwortet. Schon in Mykenä war ihm das Glück sehr hold: er fand die alten Königsgräber, die Pausanias beschrieben hat, deren Existenz aber von den späteren Gelehrten bis auf die neueste Zeit bestritten wurde. Ganz besonders lehrreich war die Ausgrabung von Tiryns. Nicht nur ist diese uralte Burg in ihrer ganzen Ausdehnung von ihm aufgedeckt worden, so daß über ihre Anlage kein Zweifel bestehen kann, sondern es ist auch durch die Betheiligung eines ausgezeichneten Architekten und Archäologen, des Herrn Dörpfeld, ermöglicht worden, jeden Schritt durch sichere Pläne und Grundrisse festzulegen. So sind an Stellen, an welche die ältesten Sagen des Peloponnes anknüpfen, wo Pelops, Herakles, die Atriden zu Hause waren, untrügliche Zeugnisse von der Anwesenheit solcher Geschlechter geliefert, welche in die früheste griechische Geschichte hineinragen, wenngleich ihnen noch ein gutes Stück prähistorischen, zum Theil sogar ausländischen Gepräges anhaftet.

Jedesmal aber ist Schliemann von diesen Untersuchungen wieder nach Hissarlik zurückgekehrt, nicht um Homers willen, dessen epigonischen Charakter er voll würdigen gelernt hatte, sondern um des Umstandes willen, daß die prähistorischen ‚Städte' von Hissarlik nach ganz objektiven Merkmalen älter sein müssen als Tiryns und namentlich als Mykenä. Und darum zog es ihn auch jetzt wieder dahin. Alles war vorbereitet, um am 1. März dieses Jahres eine neue, wie er hoffte, die letzte Campagne der Ausgrabungen daselbst zu eröffnen. Der Tod hat ihn ereilt, ehe er auch nur sein schönes Haus in Athen, sein Weib und seine Kinder wieder erreichen konnte.

Vielleicht wird sein Gedanke wieder aufgenommen werden. Aber, wenn dies auch nicht geschehen sollte, so ist das Hauptwerk auch in Hissarlik gethan. Auf lange, vielleicht auf immer werden seine Funde die sichere Grundlage bilden für jede Erörterung über Zeiten der griechischen Entwicklung, welche bisher nur der sagenhaften Ueberlieferung angehört haben. Und darum wird der Name unsres Landsmannes nicht nur jedem Griechen heilig bleiben, sondern auch im Gedächtniß jedes Gebildeten unter den Förderern des Wissens über das Altherthum einen hervorragenden Platz einnehmen."

VIII. Der Irrsinn von Antisemitismus und Fremdenfeindlichkeit

1. Ein jüdischer Freund: Theodor Goldstücker

„Es sind jetzt gerade 30 Jahre, seit ich die Bekanntschaft von Theodor Goldstücker machte. Er selbst hat mir den Tag später in die Erinnerung gerufen. Im April 1848 war in einem der Häuser der Friedrichstraße in Berlin eine größere Zahl von Männern zusammengetreten, um einen politischen Club zu bilden. „Wissen Sie", sagte Goldstücker später, „warum Sie allein meine Aufmerksamkeit erregten? Sie und ich waren die einzigen in der Versammlung, welche nicht gesprochen haben."

So beschreibt Rudolf Virchow seine erste Begegnung mit einem Mann, dessen Biographie und Persönlichkeit nach wie vor zu weiten Teilen im Dunkel liegen. Theodor Goldstücker lebte zu dem Zeitpunkt schon nicht mehr. In dem hier erstmals vorgelegten Briefwechsel ist die tiefe persönliche Beziehung zwischen Virchow und Goldstücker, deren Grundstock in den wenigen Monaten ihres unmittelbaren Kontakts gelegt wurde, in ihrem Wachsen, ihren Problemen und ihren Veränderungen dokumentiert. Überliefert sind uns 201 Briefe, die in dem Zeitraum vom 12. August 1848 bis zum 19. September 1869 geschrieben wurden. Sie beschäftigen sich mit allen Bereichen menschlichen Lebens: mit der Familie, der Politik, dem Beruf, Kontakten und Netzwerken und nicht zuletzt auch mit den eigenen Befindlichkeiten und den Gefühlen, die man für einander hegte.

Es soll hier einleitend versucht werden, sich Theodor Goldstücker anhand dieses Briefwechsels, über seine eigenen Veröffentlichungen, mit Hilfe von Zeugnissen seiner Verwandten, Freunde und Bekannten sowie auch einiger über ihn verfügbarer Dokumente zu nähern. Ein Portrait oder eine Photographie von ihm, das eigentlich dazugehört, will man einen Menschen vorstellen, kann ich leider nicht vorlegen. Seine Nachlaßpapiere sind in alle Winde verstreut. Wie dies geschah, habe ich auf den S. 11–13 in Bd. 61 der Virchow-Gesamtausgabe beschrieben. Beispielsweise wurden auf

247

einer Auktion (580) bei J.A. Stargardt, Marburg, im Mai 1967 zweiundneunzig an Goldstücker gerichtete Briefe versteigert.

Theodor Goldstücker wurde am 19. Januar 1821 in Königsberg in Preußen geboren, also im selben Jahr wie der neun Monate jüngere Virchow. Er wuchs als Kind wohlhabender jüdischer Eltern auf, sein Vater war Kaufmann. Von seiner gefühlvollen und hochsensiblen Mutter empfing er – auch dies hat er mit Virchow gemein – die ganze Liebe, derer seine empfängliche Natur bedurfte. Goldstücker litt unter einer angeborenen Behinderung in Gestalt eines „lahmen Beines", die ihn zum ständigen Tragen eines Stützapparates zwang. Man hat ihn sich wohl als eine unscheinbare Person vorzustellen, klein, schmächtig, sogar zart; Virchow spricht von seinem „marmornen Gesicht". Zeit seines kurzen Lebens war er anfällig und kränklich.

Sein Vater starb im Jahr 1831, als der Sohn gerade zehn Jahre alt war. Drei Jahre später heiratete seine Mutter ein zweites Mal. Theodors Stiefvater M.W. Tobias, ebenfalls Kaufmann, verstand es, das harmonische und liebevolle Familienleben fortzuführen. Ein zweites Kind wurde geboren, Wilhelm Tobias. Zu diesem Stiefbruder hatte Goldstücker ein sehr enges und liebevolles Verhältnis, das zeit seines Lebens fortdauerte. Hierüber wird auch der Briefwechsel mit Virchow einigen Aufschluß geben. Tobias veröffentlichte fast dreißig Jahre nach dem Tod Goldstückers ein Buch, das eine Begegnung zwischen dem Historiker und Diplomaten Theodor von Bernhardi (1803–1887) und Goldstücker zum Anlaß hat und einige sehr persönliche Details über seinen Stiefbruder enthält. Tobias erwähnt seine Verwandtschaft mit Goldstücker darin mit keinem Wort. Er erwähnt lediglich, daß er „seine Kenntniss von Goldstücker's Eigenart einer persönlich nahen Beziehung von lebenslanger Dauer" verdanke.

Nach dem Besuch des Altstädtischen Gymnasiums seiner Vaterstadt in den Jahren von 1829–1836 immatrikulierte Goldstücker sich am Michaelistag, dem 29. September, 1836, also mit nur fünfzehn Jahren, an der Königsberger Universität, um dort Klassische Philologie, Geschichte, Philosophie und Sanskrit zu studieren. Sein Professor für Sanskrit, Peter van Bohlen (1796–1840), übte neben seinem Lehrer in Philosophie, Karl Rosenkranz (1805–1879), bestimmenden Einfluß auf den begabten jungen Mann aus.

Seit dem Sommersemester 1838 setzte Goldstücker seine Studien in Bonn fort, wo er unter anderem bei August Wilhelm von Schlegel (1767–1845), dem Begründer der altindischen Philologie, Vorlesungen über Literatur, insbesondere auch die indische, hörte.

Im Jahr 1840 kehrte er nach Königsberg zurück, wo er am 2. Juli, gerade 19 Jahre alt, promoviert wurde. Im Frühling 1842 erschien aus Goldstückers Feder eine deutsche Übersetzung des Dramas „Prabodha Chandrodaya oder die Geburt des Begriffs", einer Art mittelalterlichen Mysterienspiels von Krishna-Miçra, – allerdings ohne daß Goldstücker als Verfasser in der Ausgabe genannt würde. Der Herausgeber, sein Königsberger Philosophieprofessor und Freund Rosenkranz, beschreibt in seinem Vorwort zu der Ausgabe kurz die Umstände, unter denen das Buch zustande kam: „Das Drama Prabodha-Chandrodaya hatte schon seit Jahren meine größte Aufmerksamkeit erregt. ... Ich konnte aber mein Interesse nur unvollkommen befriedigen, da die Englische 1812 in Calcutta gedruckte Uebersetzung Taylors's auf dem Continent nur in Weniger Besitz ist, die von Rhode gemachten Auszüge und Uebersetzungen aber, an welche auch v. Bohlen im zweiten Theil seines alten Indiens sich hielt, wenig genügen. Daß Brockhaus das Original des Sanskrit herausgab, half mir nicht, da ich kein Sanskrit verstehe. Ein junger Freund, der sich diesem Studium ausschließlich gewidmet hat, jedoch nicht blos mit philologischem, sondern auch philosophischem Sinne, hörte mich mehrfach den dringenden Wunsch nach einer genaueren Kenntniß des Drama's aussprechen. Er überraschte mich im vorigen Frühjahr mit einer Deutschen Uebersetzung desselben, die er mir zum Privatgebrauch schenkte. Ich mußte diese Bestimmung dankbar ehren, glaubte aber doch, daß eine Veröffentlichung der Uebersetzung vielen Anderen, sowohl Literaten, als Philosophen und Theologen, nicht weniger angenehm und nützlich sein würde, als mir der Besitz des Manuscripts. Es gelang mir endlich, die schüchternen Bedenklichkeiten meines Freundes zu beseitigen. Er überließ mir die Veröffentlichung und machte nur das Geheimniß seines Namens zu Bedingung. – Diese Veröffentlichung ist nun mein einziges Verdienst bei der Sache, denn durch eine hinzugefügte Einleitung und schätzbare Erläuterungen hat der Uebersetzer eine Zuthat von meiner Seite völlig überflüssig gemacht..."

Sein Name sollte ungenannt bleiben. Diese große Bescheidenheit, um nicht zu sagen Scheu des gut Zwanzigjährigen ist nicht seiner Jugend geschuldet, sondern wurzelt in seiner Persönlichkeitsstruktur. Sie wird uns auf seinem weiteren Lebensweg noch oft begegnen.

Aus diesen Zeilen spricht ein ausgeprägter Glaube sowohl an die authentische Aussagekraft und Frische des Textes als auch an ein entsprechendes geschmackliches Gespür der Leserschaft, die es dem Kommentator leicht macht, seine eigene Person ganz in den Hintergrund treten zu lassen. Dieses Zurücknehmen seiner selbst vor der Größe des Gegenstandes, dem seine Beschäftigung gilt, diese Uneitelkeit des ganz an die Sache Hingegebenen gehören ebenfalls zum Kern der Goldstückerschen Persönlichkeit wie der Virchows.

Ein wesentliches Ereignis in der Lebenschronologie Goldstückers habe ich zunächst übergangen, um ihn vor dem Leser erst ein wenig Kontur gewinnen zu lassen. Am 2. Juli 1841, also auf den Tag genau ein Jahr nach seiner Promotion, hatte Goldstücker direkt an König Friedrich Wilhelm IV. von Preußen das Gesuch gerichtet, sich an der Königsberger Albertina-Universität habilitieren zu dürfen. Dies war ihm als Jude in Preußen nach der Gesetzeslage nicht gestattet. Aller Wahrscheinlichkeit nach, insbesondere vor dem Hintergrund seiner großen Bescheidenheit, hat ihn zumindest Rosenkranz dazu ermutigt und gedrängt. Im Nachlaß Goldstückers fand sich ein Brief, den Rosenkranz als Dekan der philosophischen Fakultät an seinen jungen Freund gerichtet hatte. Der Brief ist in sehr formell-offiziellem Ton gehalten. Rosenkranz führt darin aus, daß die Fakultät gegen die fachlichen Fähigkeiten Goldstückers nicht „die geringste Einwendung zu machen hat", sondern sich im Gegenteil über eine Erlaubnis von höchster Stelle, daß Goldstücker sich an der Fakultät zum Privatdozenten habilitieren dürfe, nur freuen würde.

Goldstücker sollte dieses Empfehlungsschreiben wohl seinem Gesuch an den König beifügen, deshalb der offizielle Ton. Hat er Rosenkranz – auch – aus Dankbarkeit für diese Verwendung seine Übersetzung des „Prabodha Chandrodaya" geschenkt? Gut anderthalb Monate später erhielt Goldstücker ein Schreiben aus dem

Königlichen-Universitäts-Kuratorium: „Im Auftrage des Herrn Ministers der Geistlichen, Unterrichts- und Medizinal-Angelegenheiten Eichhorn Exzellenz habe ich Euer Wohlgeboren auf Ihre an des Königs Majestät gerichtete und von Allerhöchstdemselben an des Herrn Ministers Exzellenz ohne Allerhöchste Berücksichtigung remittirte Immediat-Vorstellung vom 2ten Juli d. J. zu eröffnen, dass so lange Ew. Wohlgeboren sich noch zur jüdischen Religion bekennen, auf Grund der Allerhöchsten Ordre vom 4ten December 1822[70] nicht zur Habilitation als Privat-Dozent bei der hiesigen philosophischen Fakultät zugelassen werden können.
    Königsberg den 25ten August 1841
    Königliches-Universitäts-Kuratorium
                                    Im höhern Auftrage
                                            Reusch. ..."
Abgesehen davon, daß Goldstücker wegen seines Direktgesuchs einen Rüffel erhielt und ihm deutlich gesagt wurde, daß weder der König persönlich seine Bitte auch nur berücksichtigt noch zumindest der Minister für wert befunden habe, sie selbst zu beantworten, war seine wissenschaftliche Karriere in Preußen damit zu Ende, ehe sie wirklich begonnen hatte. Sein Stiefbruder vermutet, „das Fehlschlagen der Hoffnung, gleich Anderen berücksichtigt zu werden, möchte mehr dazu angethan sein, um den Zwanzigjährigen über das dermalige Wesen des ‚Staates Friedrichs des Grossen' aufzuklären, als um persönlich niederdrückend auf ihn zu wirken". Diese Auffassung teile ich nicht. Tobias versucht hier, die persönliche Betroffenheit seines Stiefbruders auf Kosten von Goldstückers späterer revolutionärer Gesinnung wegzudiskutieren. Es scheint mir undenkbar, daß der junge, hoffnungsvolle Mann nicht enttäuscht gewesen sein soll, als ihm klar wurde, daß ihm eine wissenschaftliche Laufbahn zumindest in Preußen verschlossen sein sollte – und dies wegen seines religiösen Bekenntnisses[71].
    Goldstückers Freund Rosenkranz übersandte am 7. August 1842 ein Exemplar des „Prabodha Chandrodaya" an Geheimrat Johannes Schulze (1786–1869), einen Gymnasiallehrer und politischen Beamten in Koblenz und Berlin, der in enger Verbindung zu Hegel und dessen Schülern stand. Er war Mitherausgeber der Werke Hegels. Schulze, dessen „Liebe zu Literatur" Rosenkranz das „interes-

sante Büchlein" empfiehlt, kannte Goldstücker bereits und wußte auch von der Habilitationsverweigerung. Rosenkranz kündigte Goldstückers Abreise nach Paris an und sprach sein Bedauern darüber aus: „Je mehr die Juden solche Erfahrungen [sc. die Verweigerung der Habilitation] machen werden und je höher sich in ihnen das an sich ehrenwerte Gefühl steigern wird, nicht um den Preis ihres Glaubens solche Konzessionen zu erkaufen, um so mehr werden sie alles daransetzen, *sich eigene Universitäten zu gründen*. Wenn eine exklusive Christlichkeit den schönsten Weg, die Juden zu christianisieren, die mildeste Behandlung, die Zumutung der Humanität als auch bei den Juden *sich von selbst verstehend*, zu verlassen droht, so werden auch die Juden immer enragierter werden. Wenn wir bedenken, welche Kluft zwischen Katholizismus und Protestantismus befestigt ist, so scheint es mir unbedenklich, da wir Katholiken zum Lehramt als Privatdozenten zulassen, auch den Juden dies zu gestatten. Nur von der Verwaltung der Universitätsangelegenheiten müßten sie ausgeschlossen bleiben, nach dem allgemeinen Gesetz bei uns, daß Juden über Christen keine polizeiliche und richterliche Gewalt haben dürfen."

Es bleibt festzuhalten, daß Goldstücker trotz dieser Erfahrung und obwohl ihm in grausamer Doppelung der Ereignisse später noch einmal etwas Ähnliches passieren sollte, seinen jüdischen Glauben zeitlebens nicht aufgab.

Einige Monate nach dem Erscheinen seines „Prabodha Chandrodaya" übersiedelte Goldstücker nach Paris und verbrachte dort drei Jahre, unterbrochen nur von einem kurzen Aufenthalt in London. Er war auf einen Brotberuf nicht angewiesen, denn ihm stand von Hause aus zwar kein großes, aber ein zunächst auskömmliches Vermögen zur Verfügung. In Paris traf er auf Eugène Burnouf (1801–1852), Professor für Sanskrit am Collège de France, der um sich einen Kreis von Studenten geschart hatte. Auch Goldstücker gehörte neben Jules Barthélemy Saint Hilaire (1805–1895), dem berühmten Aristoteles-Übersetzer und zeitweiligen französischen Außenminister, und anderen bald dazu[72]. Zwischen Burnouf und ihm entwickelte sich eine Freundschaft, die zu einem lebhaften Briefwechsel führte. Burnouf bereitete seine Abhandlung „Introduction à l'histoire du Bouddhisme indien" vor, die 1845 erscheinen sollte.

An Goldstücker hatte er einen kompetenten Gesprächs- und Briefpartner über manche Feinheit des Sanskrit und der hinduistischen Philosophie.

F. Max Müller streicht heraus, wie überaus interessiert und fleißig Goldstücker sich dem Sanskrit-Studium gewidmet habe. Sicherlich habe er Burnouf viel verdankt – manch anderer jedoch noch mehr [...].

Goldstücker nutzte die Zeit außerdem, um sich aus den in Paris lagernden Handschriften und der zugehörigen Kommentarliteratur mit Material für mehrere von ihm geplante wissenschaftliche Projekte auszustatten. Er wollte unter anderem den „Mahabharata", das umfangreiche Heldenepos, mit seinen zahllosen Göttersagen, Tierfabeln und Lehrgedichten eine unerschöpfliche Quelle der klassischen Sanskritdichtung, neu und kritisch edieren. Seine Beschäftigung galt außerdem den vedischen Schriften und allgemein den Feinheiten der Sanskrit-Grammatik. Rosenkranz berichtete in einem Brief vom 2. April 1844 an den Publizisten und Historiker Karl August Varnhagen von Ense (1785–1858)[73], daß Goldstücker zusammen mit den französischen Publizisten Iché und Avril den „Riesenplan" gefaßt habe, eine Annäherung der Philosophie Deutschlands und Frankreichs in sogenannten „Annales philosophiques de l'Allemagne & de la France" herbeizuführen. Diese sollten „absolut versöhnend, über allen Parteistreit erhaben, Arbeiten der verschiedensten Richtungen aufnehmen".

Die „Geldkräfte", so Rosenkranz, seien „bedeutend". Das Projekt wurde jedoch nie verwirklicht.

Nach seiner Rückkehr aus Paris im Oktober 1845 ließ Goldstücker sich zunächst in Königsberg nieder, zog dann aber im Herbst 1847 nach Berlin. Bereits in Paris hatte er Alexander von Humboldt (1769–1859) kennengelernt und intensiv bei ihm verkehrt. Dieser Kontakt erneuerte sich in Berlin[74].

Tobias berichtet, Goldstücker sei während seiner Berliner Zeit mit der romantischen Dichterin, Sozial- und Frauenrechtlerin Bettina von Arnim (1785–1859) befreundet gewesen, die ihm nahegelegt habe, durch ihre Vermittlung in persönliche Beziehung zu Friedrich Wilhelm IV. zu treten. Schon in Paris, so Tobias, habe Goldstücker diese Möglichkeit über Alexander von Humboldt gehabt.

„Er hat es selbst später gestanden, was ihn damals bewogen hatte, die vielleicht als Versuchung empfundene Gelegenheit nicht wahrzunehmen, sondern ihre Wahrnehmung direct abzulehnen: der noch nicht Dreissigjährige fürchtete den Einfluss der Persönlichkeit des Königs; denn gerade der bestrickenden Macht persönlicher Liebenswürdigkeit konnte er am Allerschwersten widerstehen, und dass Friedrich Wilhelm IV. eine solche Magie sehr leicht üben konnte, war ihm wohlbekannt."

Die Berliner Jahre bedeuteten für Goldstücker zunächst ein erfülltes Gelehrtenleben in intensiver privater Lehrtätigkeit und regem Austausch mit der gelehrten Welt, deren allseitige Hochachtung er genoß, sowie Freunden und Bekannten aus allen Bereichen des öffentlichen Lebens. Er versammelte einen Kreis von Schülern um sich, die er mit seiner Begeisterung für das Sanskrit und das Land der Veden ansteckte. Er arbeitete an der bereits in Paris geplanten Edition des „Mahabharata" und an einer Übersetzung des „Sushruta".

Daneben war Goldstücker auch politisch aktiv, wie die meisten der führenden Intellektuellen im damaligen Berlin. Er schrieb für die von dem philosophischen Schriftsteller und Politiker Arnold Ruge (1803–1880) und anderen von April bis November 1848 redigierte Zeitschrift „Die Reform" seit August 1848 Beiträge. Im April 1848 nahm Goldstücker, wie ich der einleitend zitierten Äußerung Virchows entnehme, an der Gründungsversammlung eines demokratischen Bürgerklubs teil, den Virchow leitete.

Rosenkranz berichtet in einem Brief an seinen engen Freund Alexander Jung (1799–1884), einen Königsberger Schriftsteller, am 2. Dezember 1848:

„Die politischen Interessen spreche ich besonders mit *Goldstücker* durch, der leider den Fehler französischer Präokkupationen hat, sonst aber ein edler, zu jeder Aufopferung bereiter Mann ist, dessen Hauptidee darin besteht, daß der Mensch sich vom *Schicksal* befreien müsse. In meiner Krankheit hat mich Goldstücker wie ein Bruder gepflegt und beweist mir überhaupt die freundschaftlichste Hingebung. Nur über zwei Punkte geraten wir stets in unlösbare Streitigkeiten, einmal darüber, daß er mich stets überzeugen will, *ich müßte das Ministerium übernehmen*; und sodann darüber, daß ich die konstitutionelle Monarchie für eine *höhere Staatsform* als die Republik halte. Dieser letzte Streit, der nun schon oft und heftig unter uns gefochten ist, wird von ihm sehr konsequent aus dem *moralischen* Gesichtspunkt geführt, daß die Unverantwortlichkeit des Fürsten den Staat in eine Unsittlichkeit ausmünden lasse, weil jeder Mensch seine Handlungen selbst rechtfertigen müsse; auch hält er es für ein sittliches Unrecht, welches den Prinzen angetan werde, daß sie schon durch die Geburt, also durch die *Natur* zu einer Funktion bestimmt würden, statt durch ihre Geschichte, Bildung, Tätigkeit (wie ein Präsident) sich die Herrscherstellung zu erringen. Sein Grundgedanke schimmert überall durch, daß die Freiheit kein Schicksal dulden dürfe. Freiheit sei nur im Freien.

Übrigens erkennt Goldstücker für die Preußen die *Notwendigkeit der Monarchie* an und stellt die Republik, wie so viele, nur als sein *Ideal* hin."

F. Max Müller beschreibt in seinen Memoiren eine polizeiliche Vernehmung, die er, schon in England ansässig, während eines kürzeren Aufenthaltes in Berlin im Jahr 1848 völlig unerwartet über sich ergehen lassen mußte: „Es gab auch eine ganz naheliegende Erklärung für das seltsame Verfahren. Ich war fast täglich mit einem jungen, mir befreundeten Sanskritforscher, einem Dr. Goldstücker, zusammen gesehen worden, der in politische Intrigen verwickelt war und lange scharf beobachtet worden war. Nun hielt man mich augenscheinlich für einen englischen Spion; England galt damals als Mittelpunkt aller politischen Verschwörungen."

Welcher Art diese „politischen Intriguen" gewesen sein sollen, berichtet F. Max Müller nicht. Tobias schreibt, ihm sei nichts derartiges bekannt, doch war er zum einen zu dieser Zeit noch ein Schuljunge in Königsberg und kann nicht aus eigener Anschauung berichten. Zum anderen unterliegt seine Darstellung der zeitgenössischen Tendenz um 1900, als man geneigt war, die Schärfe der gesellschaftlichen Auseinandersetzungen in den Jahren 1848/49 zu leugnen[75]. An den „politischen Intriguen" Goldstückers war wohl doch etwas Wahres, denn dieser wurde immerhin mit Schreiben vom 19. Januar 1849 aus Berlin ausgewiesen42, eine harte Maßnahme, die nicht einmal dem Barrikadenkämpfer Virchow widerfuhr. Oder meinte die preußische Regierung, mit Juden härter verfahren zu dürfen als mit anderen Bürgern? Als Goldstücker die ihm gesetzte Frist zum Verlassen der Stadt nicht einhielt, wurde er kurzzeitig sogar verhaftet

In einem Brief an Theodor von Schön vom 5. Januar 1849 konstatiert Rosenkranz die „große Geschäftigkeit" Goldstückers in politischen Dingen und schreibt:

„Ich sehe ihn jetzt auch selten und kann auch politisch nicht mehr mit ihm zusammengehen. Er hat sich mit anderen zusammengetan, ein volksthümliches Wahlkomitee zu bilden, d.h. der Form nach auf dem Boden des gesetzlichen Buchstabens, gegen die oktroyierte Charte die entschiedenste Opposition zu machen. Er wandte alle Redekunst an, mich mit an die Spitze zu bringen; ich habe standfest abgelehnt. Es sind Fehler gemacht von oben und von unten; die Verfassung ist nun aber einmal da; ist ziemlich so gut als dergleichen überhaupt sein kann, was nur die abstrakten Konturen für die Fülle des konkreten Lebens zeichnet; und so muß man, nach meiner Meinung, zwar allen Fleiß auf ihre Revision wenden, nicht aber alles wieder in Frage stellen. Prof. Hotho und Varnhagen, die er auch werben wollte, lehnten ebenfalls ab.

Seitdem ist Dr. Goldstücker mit Sitzungen des Komitees, mit Abfassung von Proklamationen, mit Studium der Verfassung und des Finanzetats usw. beschäftigt. Teuerster, verehrtester Herr und Freund, ich fürchte, man *düpiert* ihn. Man bringt ihm die Meinung bei, als sei er der *Schöpfer* dieser Agitation, während er nur das *Werkzeug* ist. Man schmeichelt ihm, seine Tätigkeit und – sein *Geld* zu benutzen. Er macht bis dato die Auslagen für Schreib-, Druck- und Portogebühren, schießt Reisegelder vor usw.: sehr angenehm das für die Herren Demokraten.

Der Verein hat eine doppelte Seele. Die eine ist der schlaue *Rodbertus*[76], der gern Minister werden möchte, die andere Dr. *Virchow*, den ich jetzt für einen feinen, radikalen Republikaner halte. Dieser letztere besonders beherrscht den Dr. Goldstücker völlig. Angeborenes Judentum, angelebtes Franzosentum und die Ungebundenheit der Lebensstellung vollenden Goldstückers Absturz. Wie bedaure ich ihn! Er würde tausendmal gescheiter tun, Sanskrit zu studieren, als mit Rodbertus Wahlintrigen zu spinnen. Ich hasse alle solche Parteiwühlerei."

Aus der politischen Aktivität hatte sich wie gesagt die erste Bekanntschaft Virchows und Goldstückers ergeben. Goldstücker fühlte sich durch die politischen Ereignisse eher bedrückt, er ist kein hochgestimmter „Achtundvierziger". In der Korrespondenz spielt die Politik immer eine wesentliche Rolle, jedoch gibt es zwischen ihnen noch weit mehr Themen als nur politische. Dies zeigt bereits der erste erhaltene Brief, den Goldstücker im August 1848 an Virchow richtet. Darin geht es um eine Verabredung zum Mittagessen mit Rosenkranz, um ein „literarisches Geschenk", das Virchow Goldstücker gemacht hatte, und um eine dem Brief beigelegte auszugsweise Übersetzung des Sushruta. Während der zwei Monate, die die Ausweisung Goldstückers dauert, explodiert dann die Korrespondenz. Es werden 79 Briefe gewechselt, davon weit mehr von Goldstücker an Virchow als umgekehrt. Diese Verteilung sollte sich zunächst lange erhalten, in der späteren Zeit der Korrespondenz dann umkehren.

Am 22.1.1849 wurde Goldstücker polizeilich ausgewiesen. In der Potsdamer Verbannung geht es ihm körperlich schlecht. Er ist außerdem heftigen Stimmungstiefs ausgesetzt, die Virchow glättend ins Humorvolle wenden möchte. Aber Goldstücker befindet sich in einer echten Krise und beharrt auf seiner Befindlichkeit.

Auch Rosenkranz bleibt Goldstückers schlechte Stimmung nicht verborgen. An Theodor von Schön schreibt er am 5. Februar 1849: „Dr. Goldstücker sitzt ausgewrangelt in Potsdam und scheint nach einem Brief, den ich heute von ihm bekam, sich immer mehr zu vergrollen. Wär' er nicht persönlich ein so nobler, trefflicher Mensch, wüßt' ich nicht, wie ernst er es mit der Sittlichkeit nimmt, so könnt' ich zuweilen, mittels der Kombination mancher Data, auf Vorstellungen von ihm kommen, die ihr Ende erst in Paris und Warschau finden dürften. Doch sind das nur Anwandlungen meiner Phantasie, wenn ich für seine Zukunft bangen werde, namentlich für den Mißbrauch, den schlaue Parteihäupter mit seinem Geld, seinem Talent und Eifer treiben könnten! Meinen Vorwürfen, meinen Ermahnungen ist er, seit er ausgewiesen worden, völlig unzugänglich."

Goldstücker bewohnt zunächst einige Zimmer in einem Potsdamer Gasthof, fühlt sich dort aber nicht wohl und bezieht nach kurzer Zeit eine Privatwohnung. Seine Eingaben, die Ausweisung aufzuheben, bleiben zunächst erfolglos. Virchow seinerseits beneidet ihn um die Möglichkeit, konzentriert und ungestört arbeiten zu können, etwa am Mahabharata und Sushruta.

Goldstücker äußert sich Virchow gegenüber schon in dieser ersten Zeit ihrer Korrespondenz mit rückhaltloser Offenheit über seine Seelenlage und seine Gefühle für ihn, die zunehmend mehr als nur freundschaftlich anmuten. Er vermißt Virchow schmerzlich, fiebert seinen Briefen entgegen und bittet ihn immer wieder um einen Besuch in Potsdam. Virchow verspricht mehrmals zu kommen, versetzt dann aber den Freund, der sich noch am selben Abend bitter beklagt. Virchow versucht wieder, diese Gefühlswut seines „jantterigen" Freundes zu dämpfen. Goldstücker aber bleibt „vorläufig noch immer Ihr ärgerlich liebender G.", so daß die Korrespondenz für Virchow zeitweise etwas quälend Zwanghaftes bekommt und er sich beständig genötigt sieht, sich vor dem fordernden Goldstücker zu rechtfertigen, „wie ein Schulbube, der seine Lektion vergessen hat".

Schließlich kommt es zum Austausch klärender Worte. Goldstücker schwelgt in seinen Gefühlen und bezichtigt Virchow: „... so ist doch Ihr Herz zu sehr von Marmor, als daß es natürlichen Regungen eine andere Haltung, als die des berechnenden Verstandes schenken will." Bei aller Vorsicht, die die zeitliche Distanz, die gesellschaftlichen Unterschiede und die zeitbedingten Differenzen im sprachlichen Ausdruck und im Umgang mit den eigenen Gefühlen gebieten, wird der Leser mir doch darin zustimmen müssen: Goldstücker hat Virchow geliebt.

Virchow geht auf diesen Ausbruch nonchalant erst am Ende seines Antwortbriefes ein, nachdem er zuvor andere Dinge erörtert hat. Er bezeichnet Goldstückers Gefühle in aller Deutlichkeit als etwas für ihn „Unnatürliches, Widernatürliches". Goldstücker ist am Boden zerstört, beharrt auf einem Mißverständnis, pocht auf ihre „Freundschaft".

Trotz solcher Ausbrüche von Goldstückers „vulcanischer Natur" bleibt übrigens die Anrede in fast zwei Dritteln der Briefe beim „Sie", erst im August 1851 spricht Virchow, zu diesem Zeitpunkt schon mit Rose verheiratet, den „liebsten Freund" zum ersten Mal mit „Du" an. Goldstücker hatte ihm schon mehrere Jahre zuvor gestanden: „mein lieber, theurer Freund, mein guter Rudolph, wie ich Sie im Herzen nenne."

Interessant ist auch die große sprachliche Bandbreite Goldstückers in der Anrede Virchows: „mein theurer Freund" (Brief Nr. 29), „mein schweigsamer Freund" (Brief Nr. 31), „mein guter Virchow" (Brief Nr. 40), „mein lieber Virchow" (Brief Nr. 52), „mein lieber, guter Freund" (Brief Nr. 80), „mein theurer, lieber Freund" (Brief Nr. 73); „mein herzlich geliebter Freund" (Brief Nr. 89), „mein lieber, geliebter Freund" (Brief Nr. 98), „mein Herzensfreund" (Brief Nr. 103), um nur einige zu nennen. Virchow dagegen beschränkt sich lange Zeit zumeist auf ein nüchternes „lieber Goldstücker", oft fehlt eine Anrede ganz, erst später wird „mein lieber Theodor" zu seiner Standardformulierung.

Virchow versteht es beschwichtigend, die aus dem Ruder laufende Beziehung wieder in geordnetere Bahnen zu lenken, und charakterisiert den Freund gleichzeitig in seinen Stärken und Schwächen: Goldstücker sei „wie das Feuer", das für sein Brennen Material brauche und dieses dabei zerstöre. Virchow kommt sich vor wie derartiges Brennmaterial, er fühlt sich als Opfer eines Attentats auf seine persönliche Verantwortlichkeit, eines „psychologischen Experiments". „Eine barbarische Lust an einer solchen Tortur" diagnostiziert er bei Goldstücker: „Sie sind faktisch ein Despot ...". Virchow beschreibt die Macht, die Goldstücker beim persönlichen Zusammensein ausüben kann, und den „herrischen Charakter" seiner Angriffe, die Unbarmherzigkeit, mit der er auf verwundbare Stellen Zugriff nehme. Aber auch von den „reichen Schätzen Ihres Geistes und den köstlichen Ihrer Zeit" ist bei ihm die Rede. Der Brief deutet außerdem an, daß sich zwischen Rosenkranz und Goldstücker Auseinandersetzungen abgespielt haben könnten, die in ähnlicher Weise mit der „Mächtigkeit Ihrer Gefühlserregungen", so Virchow über Goldstücker, zusammenhingen.

Plastisch charakterisierte Rosenkranz Goldstücker in einem Brief an Theodor von Schön vom 8. Dezember 1848:

„Dr. Goldstücker ist ein sehr edler Mann. Da er aber reich, garçon, parisisch geschult ist, so gesteh' ich, daß er mir zu sehr mit den momentanen *Eventualitäten* spielt. Er ist in steter Tätigkeit. Er liest, schreibt, läuft umher, empfängt viel Besuch – aber er ist nicht produktiv im wahren Sinne des Worts. Er ist Kritiker und zwar mit einem Hang zur *Negativität*. Ich bin viel untätiger, aber ich traue mir doch mehr gesunden *historischen Takt* zu, weil ich mein Vaterland liebe. Dr. Goldstücker macht ewig Projekte, oft utopische, und laßt ebenso rasch davon ab. Da er sehr liebenswürdig, sehr scharfsinnig, kenntnisreich und immer mit allen neuesten Neuigkeiten vollgestopft ist, so hat er über mich oft große Vorteile. Wenn er mir mit der dem jüdischen Geschlecht eignen Zuversichtlichkeit etwas vorredet, so vermag ich ihm sogleich oft nichts als ein Kopfschütteln entgegenzusetzen – worauf er dann von mir geht und mich in bester Harmonie mit sich wähnt. Daß er selbst von Dr. *Virchow* in vielen Stücken beherrscht wird, habe ich allmählich eingesehen."

Virchow gegenüber blieb Goldstücker in der Tat noch lange verletzbar und an ihn emotional tief gebunden, auch wenn er in seiner Antwort auf den oben zitierten Brief Virchows schreibt, daß dieser damit einen „Erkältungsprozeß" mit ihm veranstaltet habe. Goldstückers Gefühle kühlten sich erst sehr allmählich ab.

Im Februar 1849 berichtete Virchow dem Freund von einer „privaten Anzeige" der Würzburger Medizinischen Fakultät, die ihm eine „ordentliche Professur mit 1200 fl. Gehalt u Aussicht auf 7–800 fl. Honorar" offeriert habe. Allerdings stand die Zustimmung des Ministeriums noch aus, so daß über die Sache Stillschweigen zu bewahren war. Dieser mögliche Einschnitt im Leben des Freundes, der für Goldstücker einen großen Verlust bedeutete, beschäftigte diesen intensiv in den folgenden Briefen. Er begann, unter psychosomatischen Beschwerden zu leiden. Hinzukam, daß Virchow in Berlin gleichzeitig in konkrete berufliche Bedrängnis geriet: Ihm wurde mit der Suspendierung vom Amt des Prosektors gedroht, weil er „aufregende" Flugblätter unter Kranken habe verteilen lassen. Dies schien zunächst auch seine Berufung nach Würzburg in Frage zu stellen. Virchow fühlte sich durch Goldstückers komplizierende und problematisierende Art des Umgangs mit der Sache zusätzlich belastet. Er selbst sieht auch für den Fall, daß die Berufung nach Würzburg sich zerschlägt, sinnvolle Alternativen für sein berufliches Leben: Die ganze Stadt würde dann sein „Leichenhaus", und er kann sich vorstellen, als „freier, exoterischer

Lehrer" ein großes Handbuch der pathologischen Anatomie zu schreiben.

Vor dem Hintergrund solch zupackender und lebensbejahender Worte, in denen so viele Möglichkeiten eines gelungenen Lebens aufgezeigt werden, hebt sich die „dunkle Existenz" Goldstückers um so deutlicher ab. Dieser äußert gegen Ende seines Exils in Potsdam, ihm fehle beinahe der Mut, nach Berlin zurückzukehren. Seine Mutter hoffe ohnehin, er werde von nun an in Königsberg leben. Andererseits sieht Goldstücker in seiner Rückkehr auch eine Erlösung, weil er sich dann wieder ganz der Wissenschaft widmen könne.

Unterdessen erhält Virchow, ohne daß das bayerische Ministerium bereits eine Entscheidung gefällt hätte, eine zweite Anfrage, diesmal von der Universität Gießen, der, „was die Naturwissenschaften anbetrifft, jetzt fast bedeutendsten Universität Deutschlands", an der auch Liebig lehrt. Virchow soll eine neu eingerichtete Professur für allgemeine Pathologie und pathologische Anatomie erhalten – wenn er der Politik abschwört. Die Entscheidung zwischen Würzburg und Gießen würde ihn in Entscheidungsnot bringen. Aus seiner momentan beruflich isolierten Situation in Berlin macht er das Beste und behält seinen Humor.

Endlich schlägt dann für Goldstücker die Stunde der Rückkehr: Am 22. März 1849 erhält er brieflich die Nachricht, ihm sei die Wiedereinreise nach Berlin genehmigt worden. Er verbringt nur wenige Wochen in der Stadt, um dann im Mai zu seiner Familie nach Königsberg weiterzureisen. Virchow erhält zur selben Zeit von dem zuständigen preußischen Minister die Mitteilung, er bedaure, „daß mir die gegenwärtigen Verhältnisse es unmöglich machen, Ihnen hinsichtlich Ihrer hiesigen Stellung Vortheile zu bieten, welche Sie bewegen könnten, jenen ehrenvollen Ruf abzulehnen." Dies läßt Virchow unmittelbar Verhandlungen mit Würzburg „unter der Zusage des Kommenwollens" aufnehmen. Die beiden Freunde tauschen sich über die politischen Entwicklungen aus, Goldstückers Briefe sprechen aber auch vom Trennungsschmerz und davon, „daß die mit Ihnen verlebten Tage vielleicht die letzten frohen meines Lebens sind…". Er ist hin- und hergerissen, vorzeitig aus Königsberg abzureisen, um Virchow vor seinem Weggang nach

Würzburg noch ausgiebig zu sehen, kann sich dann aber doch von seiner Familie nicht so bald schon wieder trennen. Außerdem war in Berlin eine Cholera-Epidemie ausgebrochen, ein weiterer Grund, weshalb die Eltern den Sohn nicht wieder ziehen lassen wollen.

Auf eine definitive Nachricht aus Würzburg wartet Virchow zunächst vergebens, die Tage ziehen sich hin – endlich, am 29. Mai 1849, kommt das positive Angebot, welches Virchow ohne weiteres Zögern annimmt. Daraufhin richtet Goldstücker am 1. Juni 1849 einen programmatischen Brief an den Freund, in dem er die Vergangenheit und die Zukunft ihrer Freundschaft sowie auch seine politischen und wissenschaftlichen Pläne niederlegt. Von der Politik will er bis auf weiteres lassen, die Wissenschaft soll ihren heilenden Einfluß frei ausüben können. In der Sanskritphilologie sei „noch Alles zu thun", denn „es bedarf der Anstrengung um die Sanskritphilologie vor dem Schicksal zu bewahren, das die klassische Philologie erlitten hat, vor all den Irrfahrten, auf denen das Verständniß des Volksgeistes und der Sprache als seines edeln Ausdruckes, fast abhanden gekommen ist vor all dem Curiositätenballast."

Goldstücker fragt immer wieder nach, wie lange Virchow noch in Berlin bleibe, er überlegt, die Bibliothek dort zu nutzen, um nun doch noch seine Habilitationsschrift zu verfassen, fühlt sich jedoch andererseits in Königsberg wesentlich wohler, sowohl von seiner Stellung als auch von seinem wissenschaftlichen Umfeld her – zumal nun auch Rosenkranz Berlin wieder zu verlassen beabsichtigt. Außerdem ist immer noch unsicher, ob Goldstücker sich von der Obrigkeit unbehelligt längere Zeit in Berlin aufhalten kann. Virchow hat darüber bereits mit Rosenkranz gesprochen, der Goldstücker empfiehlt, sich direkt an den Oberkommandierenden General von Wrangel[77] zu wenden, um sich „zur ungestörten Fortsetzung Ihrer Studien den ungestörten Aufenthalt in Berlin gestatten" zu lassen. Goldstücker, gerade von einer Reise nach Tilsit zurückgekehrt, hält von diesem Vorschlag wenig und rechnet vielmehr mit einer sofortigen negativen Antwort von offizieller Seite, denn „... ein Sprichwort würde sich bewahrheiten, daß wer viel frägt, viel Antwort bekommt." Er setzt seine Abreise nach Berlin ohne weiteres auf den 4. Juli 1849 fest. Im selben Brief äußert Goldstücker zum ersten Mal den Gedanken, „nach dem gastlichen Albion" zu gehen, wenn er in Berlin nicht bleiben könne.

Aus einem Brief Rosenkranz' an Theodor von Schön am 20. Juni 1849 ergibt sich, daß Goldstückers Vorsatz, nunmehr von der Politik zu lassen, nur kurze Lebensdauer hatte [...].

Nach dem Brief Goldstückers vom 2./3. Juli sind uns bis zum 12. Oktober 1849 keine Briefe erhalten, dann schreibt Virchow aus Schivelbein, wo er seine Eltern besucht. Zum Geburtstag am 13. Oktober hat Goldstücker ihm brieflich gratuliert. Das Glückwunschschreiben ist uns neben einem weiteren, das er nach Schivelbein sandte, ebenfalls nicht überliefert. Man kann Virchows Briefen von dort entnehmen, daß die beiden sich in Berlin gesehen hatten und in den Begegnungen erneut die Konflikte aufgebrochen waren, die aus der Zurückhaltung Virchows gegenüber Goldstückers Gefühlen bereits seit Beginn der Freundschaft erwuchsen. Virchows Briefe sprechen von einer tiefen inneren Zerrissenheit, von Selbstzweifeln und „dem innerlichen Conflikt zwischen der Liebe u der Freundschaft, in dem ich nahe daran war, beides aufzugeben, da ich mich für beides zu eng fühlte."[1] Es ist anzunehmen, daß Virchow dem Freund von seiner Liebe zu Rose Mayer erzählt hatte, einer Liebe, die er zu diesem Zeitpunkt noch für unerwidert hielt. Er schreibt am 24. Oktober 1849, immer noch aus Schivelbein, wo er auf eine Rückäußerung aus München bezüglich seiner Würzburger Berufung wartet: „Ich denke oft an Sie, aber ich will es Ihnen nicht verschweigen, lange nicht so oft, als an ein Paar blaue Augen, die Sie noch nicht kennen."

Als Virchow am 28. Oktober 1849 aus Schivelbein nach Berlin zurückkehrte, war das Indigenatsdekret des bayerischen Königs Maximilian II., das schon am 17. Oktober 1849 zu (Rottach-)Egern ausgestellt worden war und ihm das bayrische Bürgerrecht verschaffen sollte, nebst anderen wichtigen Arrangements in Berlin immer noch nicht eingetroffen, obwohl die Vorlesungen in Würzburg Mitte November beginnen sollten. Die Ernennungsurkunde muß dann aber Anfang November doch übersandt worden sein, so daß für Virchow nun die Zeit des Abschiednehmens in Berlin begann.

Am 19. November 1849, als Virchow eigentlich schon längst hatte auf dem Weg nach Würzburg sein wollen, wurden die über 10 Jahre jüngere und bisher zögernde Rose Mayer und er dann doch noch ein verlobtes Paar, und Virchow schreibt daraufhin am 20. November an seine Eltern:

„Meine lieben Eltern,

ich schreibe heut an Euch beide, weil ich Euren gemeinsamen Willen einzuholen habe.

Die gedrückte Stimmung, in der ich mich zu Hause befand, ging zum großen Theile daraus hervor, daß ich verliebt war, daß ich nicht zu hoffen wagte wiedergeliebt zu sein u daß die Unsicherheit meiner Zukunft mich hinderte zu reden, u mir Gewißheit zu verschaffen.

Die endliche Entscheidung meiner Angelegenheiten traf mich in dieser Ungewißheit und ich schwankte von Tag zu Tag in meinen Zweifeln fort. So kam es, daß ich nicht von Berlin wegkonnte.

Gestern, fast im Begriff zu reisen, kam endlich der Durchbruch. Ich bin wieder geliebt, die Eltern sind damit einverstanden u ich komme, Eure Zustimmung zu holen.

Meine liebe Braut – denn ich zweifle nicht an Eurer Genehmigung – Röschen Mayer, ist die Tochter des Geheimen Sanitätsrathes Dr. Mayer, eines sehr erprobten Freundes von mir, dessen Frau mir seit langer Zeit die größte mütterliche Zuneigung nicht verhehlt hat. Röschen ist sehr hübsch u sehr, sehr gut. Sie wird im nächsten Februar 18 Jahr.

Die Zeit drängt mich, sonst hätte ich viel zu schreiben. Ich werde es morgen nachholen, denn ich bleibe jetzt doch noch einige Tage hier. ...

Ihr seid doch nicht böse, daß ich nichts erzählt habe?

Viele, viele Grüße.

Euer

Rudolf."

Am 26. November 1849 reist Virchow in überaus glücklicher Stimmung nach Würzburg ab. Für Goldstücker dagegen ist es einer „der schwersten Tage meines Lebens". Aus der Zeit seit Virchows Rückkehr aus Schivelbein gibt es keine Korrespondenz der beiden Freunde, denn seit dem 1. November 1849 hatte Virchow bei Goldstücker in dessen neuer Wohnung in der Louisenstraße 38 Quartier genommen. Er wollte vor seiner Abreise nach Würzburg keine neue Wohnung mehr nehmen. Das bedeutet, daß Virchow am Abend des 19. November zu Goldstücker nach Hause gekommen war und diesem als erstem von dem erlebten Umschwung im Hause Mayer erzählt haben mußte.

Ein Brief Virchows auf der Reise nach Würzburg, von einem Zwischenaufenthalt in Halle, gibt uns eine Vorstellung von den dramatischen Tönen, die beim Abschied der Freunde am Morgen des 26. November anklangen.

Wiedersehen sollten sie sich nur noch viermal, bevor Goldstücker 1872 starb: im März/April 1850 in Berlin, im Juli desselben Jahres in Würzburg, Ende August/Anfang September 1850 in Kreuznach und dann noch ein letztes Mal 17 Jahre später im Herbst 1867 in Aachen. Die Zeit des Zusammenseins war ohnehin im Verhältnis zur Dauerhaftigkeit der Freundschaft erstaunlich kurz: Vom April 1848 bis Januar 1849 dauerte der Abschnitt von der ersten Begegnung bis zur Ausweisung Goldstückers aus Berlin. Die zweite Phase, während derer die Freunde gemeinsam in Berlin lebten, erstreckte sich von Ende März 1849 bis November 1849, unterbrochen allerdings durch Goldstückers Aufenthalt in Königsberg von Mai bis Anfang Juli 1849 und durch Virchows mehrwöchigen Besuch bei seinen Eltern in Schivelbein im Oktober dieses Jahres. Anderthalb Jahre mögen die beiden also insgesamt in ein und derselben Stadt, zum Teil zusammen gelebt haben.

Der Briefwechsel verändert sich nach diesen Ereignissen einschneidend. Die Briefe Goldstückers werden zunehmend seltener, Virchow ist nun derjenige, der die Korrespondenz immer wieder belebt, trotzdem verlängern sich die Pausen. Kurze Zeit, nachdem Virchow nach Würzburg abgereist ist, antwortet Goldstücker auf zwei eher trübsinnige Briefe des Freundes, der sich nicht so recht einleben kann und unter der Trennung von Rose leidet, mit einer nächtens geschriebenen verzweifelten Klage über sein (Goldstückers) sinnlos gewordenes Leben. Am Rand des Briefes findet sich die Bitte, seine Briefe zu vernichten. Danach schreibt er mehrere Monate lang überhaupt nicht. Virchow dagegen berichtet ihm zuerst in Zehn-Tages-, dann in Monatsabständen von seinem Ergehen in Würzburg und – in gut gemeinter, aber für Goldstücker sicherlich quälender Weise – auch von der Intensivierung seines Verhältnisses zu Rose Mayer. Wenn Virchow an Goldstücker schreibt: „Was Sie von mir wollten weiß ich eigentlich erst, seitdem mir die Rose ihr Herz offenbart u wir immer mehr in einander aufgehen, immer mehr du u ich.", so wird daraus deutlich, daß die Beziehung zwischen den beiden Männern nie eine sexuelle Komponente besessen hat. Es ist bei einer reinen Seelenfreundschaft geblieben. Manche Briefe Goldstückers legen allerdings bei aller hier gebotenen Vorsicht nahe, daß er sich mehr gewünscht hätte.

Seinen Besuch in Berlin im März/April 1850 möchte Virchow möglichst geheim halten, denn sein Wunsch ist, mit Rose allein zu sein. Außerdem mußte er politische Repressalien fürchten, die ihm auch prompt beim erneuten Berlin-Aufenthalt im August 1850 anläßlich seiner Hochzeit (24. 8.) widerfuhren: Er wurde als bayerischer Staatsbürger polizeilich ausgewiesen. Die beiden Freunde treffen sich natürlich trotzdem. Rose läßt, auch brieflich, oft Grüße an Goldstücker ausrichten, und dieser wird bei Mayers zur Familientafel geladen – trotzdem stammt der zweite Brief von ihm nach dem Weggang Virchows aus Berlin erst vom 5. Juni 1850. Goldstücker beginnt nun, Briefe Virchows mit einer Eingangsbestätigung und einem Vermerk zu versehen, wann er sie beantwortet hat. Am 5. Juni erwähnt er zum ersten Mal seinen Stiefbruder Wilhelm, der, an einem Ausschlag erkrankt, zu ihm nach Berlin gekommen ist. Er wird Wilhelm auf eine Badekur nach Kreuznach begleiten. Goldstücker selbst hofft, dort vor allem in Ruhe arbeiten zu können.

Goldstücker stattet Virchow in Würzburg im Juli 1850 auf seiner Reise nach Kreuznach einen Besuch ab, der jedoch in dem Briefwechsel nur nebenbei Erwähnung findet. Aus einem späteren Brief Goldstückers läßt sich entnehmen, daß dieser nunmehr auch eine Dozentur in Würzburg in Erwägung zieht.

Goldstücker schreibt trotz drängender Nachfragen des Freundes nach seinem Besuch in Kreuznach wiederum mehrere Wochen nicht. Virchow lädt ihn zu seiner bevorstehenden Hochzeit ein, deren Termin noch nicht endgültig feststeht, „obwohl ich mich fast schäme, jemand einzuladen, wo ich doch so sicher weiß, daß ich für ihn verloren bin…".

Endlich erreicht Virchow Anfang August 1850 ein langer Brief des Freundes, der zunächst das lange Schweigen zu erklären sucht und noch einmal ihre Freundschaft bekräftigt („...weil ich Ihnen Freund bin in meinem Sinne des Wortes..."), darüber hinaus aber auch beruflich Einschneidendes zu berichten weiß.
Virchow schreibt ihm, der 24. August 1850 stehe nun als Hochzeitstermin fest, schlägt aber sogleich selbst vor, daß nicht Goldstücker zur Hochzeitsfeier nach Berlin kommen solle, sondern daß vielmehr Rose und er auf ihrer Hochzeitsreise in Kreuznach Halt machen, um ein ungestörtes Beisammensein genießen zu können. Das Treffen in Kreuznach kommt zustande, verläuft aber für beide Seiten unbefriedigend, das Brautpaar reist am 3. September weiter in die Schweiz, während Goldstücker mit seinem unglücklichen Schicksal hadernd zurückbleibt. Er schreibt dem Freund am 2. Oktober einen wehmütigen, erinnerungsschweren Brief, den er zunächst aus Scham über eine Woche nicht abschickt. Erst zum 13. Oktober, dem Geburtstag des Freundes, faßt er den Mut, noch einmal zwischen den Zeilen anzudeuten, wie tief er Virchow verbunden ist. Am 15. Oktober verläßt Goldstücker Kreuznach, er kann „zwei beendete Arbeiten kleinen Umfangs als Resultat unseres hiesigen Stillebens" mit nach Berlin nehmen. Dort will er sich nur noch von allen verabschieden, ehe er nach England geht.

Virchow antwortet rasch auf den Geburtstagsbrief, zieht Goldstücker gleichzeitig an sich und stößt ihn weg: Er verleiht seiner Freude Ausdruck, daß Goldstücker Deutschland verläßt, denn das Zusammensein mit ihm bedeutet für Virchow „Kämpfe ... u Unruhe".

Diese beiden Briefe, der vom 2./10. Oktober von Goldstücker und Virchows Antwort vom 15. Oktober 1850, markieren das Ende der Korrespondenz und der Beziehung, wie sie sich seit dem Exil Goldstückers in Potsdam vor den Augen des Lesers in Dichte und Intensität entwickelt hatte. Die Ereignisse des Jahres 1849/50: Virchows Berufung nach Würzburg, seine Hochzeit, Goldstückers Weggang nach England, bringen sowohl äußerlich wie innerlich eine Klärung der Bestimmungen und gleichzeitig des Verhältnisses der beiden Freunde. Ihre Lebenswege laufen von nun an immer mehr auseinander. Die gewechselten Briefe allein, die, insbesondere von seiten Goldstückers, immer spärlicher werden – zum Teil liegen mehrere Jahre zwischen zweien –, können die so unterschiedlichen Männer nicht auf Dauer so fest verklammern, wie es in den zweieinhalb Jahren zuvor der Fall war.

So reist Goldstücker ohne weiteren Abschiedsbrief Mitte November 1850 nach London ab und meldet sich auch von dort aus mehrere Monate lang überhaupt nicht. Von Virchow sind uns zwei besorgte und bittende Briefe aus dieser Zeit erhalten.

Als Goldstücker schließlich im August 1851 antwortet, stellt sich heraus, daß er während seiner ersten Zeit in London viel Betrübliches erlebt hat. [...]

Ein größerer Gegensatz zwischen den Lebenssituationen der beiden Freunde, dem erfüllten Familienleben Virchows und der Einsamkeit des Junggesellen Goldstücker, läßt sich kaum denken. Auf diesen Brief, in dem Goldstücker zum Schluß „um Nachsicht, um Verzeihung und um Ihre einstige Freundschaft" bittet, reagiert Virchow mit gleich zwei, Tag auf Tag geschriebenen, fast innig zu nennenden Briefen, in denen er den Freund zum ersten Mal mit „Du" anredet.

Virchow schlägt Goldstücker vor, dessen inzwischen psychisch erkrankten Stiefbruder Wilhelm aus der schlesischen Irrenanstalt Leubus abzuholen und mit sich nach Würzburg zu nehmen. Er hält eine „Fußreise, womöglich durch das Gebirge", für die beste Therapie gegen die Depression des Stiefbruders. Auf das Ganze soll Wilhelm in Würzburg eingestimmt werden, gleichzeitig „können wir uns ganz leben". Goldstücker bekräftigt seinen „Herzenswunsch", den Freund wiederzusehen, nach Möglichkeit dessen „ersten Geburtstag in Deinem Hause" mitzufeiern – trotzdem kommt es nicht zu einem Treffen. Wilhelm, über dessen Seelenleben und Persönlichkeitsstruktur sich sowohl Goldstücker als auch Virchow in ihren Briefen eingehend Gedanken machen, wird rascher gesund als erwartet, Goldstückers Überlegung, ihn in Zukunft in Würzburg in der Nähe Virchows oder bei sich in London leben zu lassen, wird von den Eltern und auch von Wilhelms Arzt verworfen, was in diesem Beziehungsgeflecht nicht uninteressant ist. Für den Winter plant Goldstücker Reisen nach Oxford und Paris, eine willkommene Abwechslung, denn ein Jahr „in dem mönströsen London" hat viel von seiner Lebenskraft aufgezehrt.

Er macht Virchow den Vorschlag, dessen „pathologische Anatomie" ins Englische übersetzen zu lassen, wofür dieser durchaus Interesse signalisiert, insbesondere im Hinblick auf den nordamerikanischen Markt. Virchow treibt dabei die überraschende Überlegung, daß er sich wegen der „Zustände in Deutschland" zur Auswanderung entschließen könnte – was allerdings nie realisiert wurde. Dies ist ein Hinweis, wie sehr Virchow unter den damaligen politischen Verhältnissen in Deutschland gelitten hat. [...]

Goldstücker arbeitet ähnlich wie Virchow ungeheuer viel („fast jeden Tag bis 2 und 3 Uhr in die Nacht hinein"), ist jedoch von wesentlich schwächerer Konstitution als sein Freund und hat deshalb häufiger unter Krankheiten zu leiden. Die Verbindung zwischen den beiden ist jetzt nun nur noch sporadisch. Geplante Treffen kommen nicht zustande. In Virchows Leben ereignet sich viel: Es werden ihm Kinder geboren; er erhält einen Ruf nach Zürich, dort eine Professur für pathologische Anatomie und Physiologie zu übernehmen, den er ablehnt; er kehrt schließlich 1856 zurück nach Berlin, um dort das eigens für ihn eingerichtete und erbaute pathologische Institut und die Professur für pathologische Physiologie zu übernehmen und endlich wieder politisch wirken zu können. Da in dieser Zeit nur wenige Briefe gewechselt wurden und zusätzlich einige verlorengegangen sind, finden sich diese einschneidenden Ereignisse in der Korrespondenz nicht oder kaum dokumentiert.

Im Jahr 1861 veröffentlichte Goldstücker in London sein einziges größeres darstellendes Werk, das eine Faksimile-Ausgabe des Mânava-kalpa-sûtra, einem Werk über Vedische Riten, mit einer einleitenden Studie über den indischen Grammatiker Pânini und sein Verhältnis zu anderen Grammatikern, etwa Katyayana, Patanjali und Yaska, verbindet. Darin formuliert er seine Kritik an anderen Auffassungen zu seinem Gegenstand so scharf und unerbittlich, daß er sich unter seinen Kollegen nicht wenige Feinde machte. [...]

Die brillante Einleitung markiert auf Grund ihrer scharfsinnigen Schlußfolgerungen zur indischen Literaturgeschichte und der fundierten grammatischen Arbeit einen Meilenstein in der Sanskritwissenschaft. Herausgeber und Freunde drängten Goldstücker, wesentliche Auszüge seines Vorworts unter dem Titel „Pânini: His Place in Sanskrit Literature" als Monographie gesondert zu veröffentlichen. Das Buch erschien ebenfalls im Jahre 1861 in London. Dem Werk stellte Goldstücker eine Widmung an seinen Freund voran, die er auch der Monographie beigab.

„To
Rudolf Virchow,
The great discoverer and defender of scientific truth,
This book is inscribed
as a testimony of respect and admiration,
by his affectionate friend,
Theodor Goldstücker."
[...]

Das Jahr 1869 wurde für Goldstücker noch einmal ein besonders schweres, sowohl im privaten wie im beruflichen Bereich:

Im Februar ereignete sich die von Goldstücker selbst sogenannte „Hallaffaire, die in Europa und Indien leider mich mit einer Verleumdungs-Geschichte in Verbindung gebracht hat, deren Außenseite allein dem Leser bekannt geworden ist." Der Amerikaner Dr. Fitz-Edward Hall war Bibliothekar des India Office (ehemals East India House) in London, dessen Sammlung von etwa 8000 Sanskrit-Handschriften berühmt war.

Die Bibliothekare des India Office hatten sich in allen bibliothekarischen Fragen der Sanskrit-Literatur immer maßgeblich von Goldstücker beraten lassen. Hall machte sich dessen Gelehrsamkeit auch für seine eigenen wissenschaftlichen Publikationen zunutze. Goldstücker war von der indischen Regierung gebeten worden, einen Plan für einen Katalog der Handschriften auszuarbeiten, weil Hall in dieser Hinsicht versagt hatte. Goldstücker schien allen der einzige zu sein, der zu einer solchen Leistung fähig war, weil „ich eigentlich seit 25 Jahren schon neben meinen Arbeiten natürlich Alles vorbereitet hatte was zu einer solchen Arbeit gehört – zuvorderst also die Möglichkeit den Inhalt derselben zu verstehen, die Perioden der einzelnen Werke zu bestimmen, zu sehen was darin wichtig ist, was neu, etc. etc.".

Wegen seiner intensiven Arbeiten mit den Handschriften der Bibliothek war umgekehrt Goldstücker auf ein gutes Verhältnis zu dem jeweiligen Bibliothekar angewiesen. Die Bibliothekarsstelle war seit Goldstückers Übersiedelung nach London bereits zweimal neu besetzt worden, zum ersten Mal im Mai 1860. Damals hatte der schottische Orientalist James R. Ballantyne (1813–1864) die Stelle bekommen. Bei der zweiten Besetzung nach Ballantynes Tod im Februar 1864 erhielt Hall die Stelle. Aus dem Briefwechsel mit Virchow ergibt sich nicht, daß Goldstücker sich jeweils um die Stellen beworben hat. Aus den Quellen ist jedoch sicher zu ersehen, daß er im Jahr 1864 Konkurrent Halls war. Es existieren beispielsweise mehrere Empfehlungsschreiben („testimonials") aus Anlaß seiner Bewerbung, unter anderem auch von F. Max Müller. Warum Goldstücker im Jahr 1864 nicht mit der Bibliothekarsstelle betraut wurde, ist unbekannt.

Die „Hallaffaire" hat folgenden Hintergrund: Hall hatte behauptet, Goldstücker habe unter einem Pseudonym in der Zeitschrift „The Athenaeum" einen Artikel mit der Überschrift „Die Hodgson MSS." veröffentlicht. Darin war aufgedeckt worden, daß Hall die sogenannten „Hodgson Handschriften" in inkorrekter Weise und unter Verkennung ihres hohen Wertes aus der Bibliothek des India Office weggegeben hatte. Hall hatte vermutet und dies auch gegenüber Dritten geäußert, Goldstücker habe aus Enttäuschung über seine Niederlage gegen Hall bei der Stellenbesetzung diesen Artikel an „The Athenaeum" lanciert. Goldstücker stellte im Februar 1869 unter anderem in zwei „personal explanations" in der Zeitschrift unter Beweisantritt richtig, daß er mit dem Artikel unter Pseudonym nichts zu tun habe. Diese Artikel übersandte er auch Virchow. Sie spiegeln allerdings nach seinen eigenen Worten lediglich die Außenseite des Konflikts wider.

Hall wurde wegen dieser Vorgänge von dem zuständigen Minister gezwungen, sein Amt niederzulegen, der Form nach freiwillig. Er verließ danach England.

Nachdem Hall gegangen war, bewarb sich Goldstücker abermals um die Nachfolge. [...] Goldstücker habe seine zunehmend beengtere wirtschaftliche Situation dazu bewogen. „Sein niemals gross gewesenes und nach heutigem Massstabe auch in Deutschland nicht mehr mittelgross zu nennendes Kapital", das ihm zunächst ermöglicht hatte, das Leben eines Privatgelehrten zu führen, war schon seit Jahren immer mehr geschrumpft. Bereits seit 1860, so Tobias, habe ihn die möglichste Schonung seines Kapitals dazu angehalten, für englische Enzyklopädien und Quarterlies Beiträge zu liefern und später auch gegen Honorar Privatunterricht im Sanskrit zu erteilen.

Goldstücker erhielt jedoch die Bibliothekarsstelle auch dieses Mal nicht. Sein Stiefbruder kommentiert:

„Als er sich daher im Jahre 1869 um das wiederum erledigte Amt bewarb, musste er sehr eindringlich erfahren, dass die Wiederholung eines solchen Schrittes, der bereits vergeblich gethan war, im 49. Lebensjahre und überdies im fremden Lande etwas Herbes zu empfinden giebt."

Er spielt damit auf die oben dargestellte Ablehnung einer Habilitationsmöglichkeit im August 1841 in Berlin an. Goldstücker, so sein Stiefbruder, hätte sich nach diesen Erfahrungen vor 28 Jahren zu „einer officiellen Amts-Bewerbung" nur dann bereitgefunden, wenn ihm vorher von berufener Seite zugesichert worden sei, daß es sich dabei lediglich um eine Formalität handle und er die Stelle auf jeden Fall bekommen würde. Tobias berichtet in diesem Zusammenhang von einem „in England und in der Stellung eines Königlichen Beamten lebenden Fachgenossen", der ungefragt ein „testimonial" für Goldstücker bei der Kommission eingereicht hatte, welche über die Besetzung der Stelle entscheiden sollte.

Goldstücker selbst beschreibt am 22. Juli 1869 Virchow gegenüber ausführlich die Hintergründe des Vorfalls, „weil ich Dir gegenüber mir keinen Zwang anthun mag und es, vor Allen, Dir sogar schuldig zu sein glaube, Dir über meine Gedanken und Absichten, auch die geheimsten, keinen Zweifel zu lassen." Er habe sich ursprünglich „weder direct noch indirect" um die Stelle bewerben wollen, weil er „von dem letzten Mißlingen" genug gehabt habe. Doch man habe ihn dann „vollständig bestürmt": nicht nur Müller und andere Freunde, sondern selbst „die höchsten Beamten im India Office". Goldstücker sei durch seine hartnäckige Weigerung beinahe in Verdacht geraten, „als sei sein Gewissen nicht frei, als hätte ich etwas zu scheuen!" So fand er sich bereit, mit Sir Henry Rawlinson die Sache zu besprechen. Rawlinson war einflußreiches Mitglied des „India Council". Letzteres beriet den zuständigen Minister. Rawlinson riet ihm dringend zu, seine Bewerbung abzugeben, ja er meinte, „daß Jedermann in der Regierung es erwarte, ich würde mich nicht fernhalten." Seine Anstellung schien ganz fest zu stehen, es war in dieser Phase von niemandem sonst die Rede. So bewarb er sich schließlich offiziell.

„Und was war also das Ende? Ich habe es seit 14 Tagen erfahren – der gemeinste Verrath, denn mit diesem Worte allein läßt sich das Detail bezeichnen, das ich Dir hier nicht erzählen kann."

Über den Verlauf der Beratungssitzung berichtet Tobias auf Grund des mündlichen Berichts seines Stiefbruders:

„Gerade als die Verhandlung über die Wahl eines Bibliothekars für das India Office beginnen sollte, traf ein Brief an den Vorsitzenden ein... Der Absender war derselbe Königliche Beamte, der das testimonial für Goldstücker ausgestellt hatte, und sein jetziges Schreiben bildete einen Nachtrag dazu. Es begann mit der Erklärung, dass er, der Verfasser des testimonial und des vorliegenden Schreibens, Alles lediglich aufrecht erhalte, was er über die wissenschaftliche Qualification Goldstücker's zu der Bibliothekarsstelle sowohl in früheren testimonials als in dem letzten, dem dritten, gesagt habe. Doch bei der Niederschrift dieses Gutachtens sei ihm eben nur das Interesse an der wissenschaftlichen Seite der Angelegenheit gegenwärtig gewesen. Erst nach der Absendung des jetzigen testimonial sei er sich der Pflicht voll bewusst geworden, dass er in diesem Falle nicht ausschliesslich als Fachmann zu sprechen habe, sondern auch als Wahrnehmer der Regierungs-Interessen. Diese Pflicht habe ihn auf die Frage geführt, ob wohl das grosse Publikum in England in religiöser Beziehung weit genug entwickelt wäre, um sich ganz unempfindlich dagegen zu verhalten, dass ein Amt wie das hier in Rede stehende einem Manne übertragen werde, der nicht nur ein Ausländer sei, sondern auch ein ungetaufter Jude. Er wolle, wie bemerkt, nur dem Bewusstsein von seiner Pflicht als Beamter der königlichen Regierung entsprechen, indem er das geäusserte Bedenken an massgebender Stelle der Erwägung anheimgebe."

Dieses Bedenken wog in der Tat so schwer, daß statt Goldstücker Herr Dr. Reinhold Rost die Stelle bekam. Glücklicherweise war Rost Goldstücker bis zuletzt in treuer Freundschaft zugetan. Auch Goldstücker selbst gab ihm keinerlei Anteil an seiner Niederlage. Rost schrieb die ausführliche und überaus herzliche „Biographical

Note" zu den „Literary Remains" Goldstückers. Dem war im Jahr 1872, wenige Monate nach dem Tode Goldstückers (s. u.), ein Brief Wilhelm Tobias' an Virchow vorausgegangen, in dem dieser als erstem dem alten Freund Goldstückers den Wunsch antrug, „eine biographische Skizze meines Bruders" als Einleitung zu den „Remains" zu schreiben [...]. Virchow sagte zu, doch verzögerte sich die Fertigstellung der „Remains" noch mehrere Jahre, weil sich der ursprüngliche Herausgeber Cowell (er vollendete den „Jaiminîyanyâya-mâlâvistara" Goldstückers und gab ihn 1877 heraus, [...]) im Sommer 1875 aus dem Projekt zurückzog. Tobias wandte sich im Oktober 1876 [...] ein zweites Mal an Virchow, teilte diesem mit, daß nun Rost die Herausgabe betreue, und bat um Einlösung der Zusage, die einleitende Biographie zu schreiben. Wiederum stellte Virchow seinen Beitrag in Aussicht, hatte aber bis dahin noch nicht daran gearbeitet. Tobias bedankte sich überschwenglich in einem letzten Brief vom 1. November 1876 [...], in dem er gleichzeitig ankündigte, Rost selbst werde sich mit Virchow in Verbindung setzen. Dies geschah am 29. 12. 1876, Rost kündigte in seinem Brief [...] das Ende der Drucklegung für den April 1877 an. Der nächste briefliche Kontakt datierte jedoch erst vom 9. Januar 1878: Rost schrieb an Virchow, erst jetzt sei der Druck der „Remains" zum Abschluß gekommen – es fehle „nur noch die kurze Charakterskizze, die Sie so gütig waren dem Herrn Dr. Tobias für diese Sammlung zuzusagen" [...]. Rost bot Virchow die englische Übersetzung an sowie auch die Zahlung eines Honorars durch den Verleger des Buches. Zwei abschließende Briefe Rosts vom 5. März und 8. April 1878 belegen jedoch, daß Virchow sein Versprechen letztlich nicht einlöste. Rost schreibt äußerst verständnisvoll von den „ungeheueren Ansprüchen" an Zeit und Kraft, denen Virchow ausgesetzt sei und die ihn wohl von der Abfassung der Biographie abhielten. Der verlegende Buchhändler Allen, so Rost, sei sogar „der Meinung, daß der Anthropolog und der Reichstagsabgeordnete Virchow zwei ganz verschiedene Personen, höchstens etwa Brüder seien", und wurde erst durch Rost eines Besseren belehrt. Aus welchen Gründen Virchow seinem Freund diesen letzten Dienst nicht leistete, war für mich anhand des gegenwärtigen Quellenbestandes (die Briefe Virchows an Tobias und Rost sind nicht erhalten) nicht zu ermitteln.

Man kann hieraus sicherlich nicht einen Charaktermangel Virchows konstruieren, er war in diesen Jahren einfach überbeschäftigt, wie Rost vermutete.

Nach Tobias' Aussage war Goldstücker verständlicherweise schwer enttäuscht über die zerstörte Hoffnung. „... die Wissenschaft ist natürlich beerdigt und damit auch der einzige Anstellungswunsch den ich hier je gehabt habe.", schreibt er an Virchow. Andererseits jedoch, so Tobias, habe der hierin zutage tretende Antisemitismus der Engländer ihn nicht sonderlich überrascht. Schon 1867 oder 1868 soll Goldstücker seinem Stiefbruder gegenüber geäußert haben – so schreibt es dieser –:

„Dass ich mit einem lahmen Bein zur Welt gekommen bin und eine schwere Maschine tragen muss, das habe ich recht oft zu bemerken, aber daß ich Jude bin, das merke ich doch noch öfter."

Virchow gegenüber beklagt er bitter, daß er in England „nur Bücher, keine Menschen" habe und andererseits seine Arbeits- und Geisteskraft derartig ausgebeutet werde, daß er zu seinen eigenen Projekten nicht komme. Aber was war zu tun? Goldstücker überlegte wieder ernsthaft, nach Deutschland, „ins gute Vaterland", zurückzukehren. Er war sich jedoch darüber im Klaren, daß er dort als bloßer Privatgelehrter wenig Wirkungsmöglichkeiten habe. „Denn Vieles, wie Du weißt, ist auch wissenschaftlich nur geltend zu machen, wenn man den Corporalstock führt d.h. Professor ist. Aber wo? Allerdings ist's jetzt mit Sanskrit traurig bei uns bestellt." Goldstücker erwägt, ein Gespräch mit dem Orientalisten und Politiker Olshausen (1800–1882) über die Möglichkeit einer ordentlichen Professur in Preußen zu führen. Über die weitere Entwicklung ergibt der Briefwechsel nichts. Auch diese Hoffnung Goldstückers blieb unerfüllt.

Das zweite für ihn traurige Ereignis des Jahres 1869 war, daß am 20. August in Königsberg Goldstückers bereits seit längerem schwerkranke Mutter starb. Goldstücker, der niemals verheiratet war, traf dieser Verlust besonders schwer. Er hatte seine Mutter nach Möglichkeit jedes Jahr im Sommer besucht und die übrige Zeit in intensivem Briefwechsel mit ihr gestanden. Sein Brief vom 13. September aus Königsberg an Virchow verrät von der Tiefe seines Kummers jedoch kaum etwas, ein Beleg, wie weit Goldstücker sich bei aller äußerlichen Herzlichkeit seiner Briefe im Vergleich zu seiner früheren rückhaltlosen Offenheit emotional von Virchow entfernt hatte.

Auf diesen Brief antwortete Virchow kurz und „in höchster Eile", denn er und seine Familie waren soeben im Begriff, nach Innsbruck abzureisen, wo er mit anderen Teilnehmern an der Versammlung deutscher Naturforscher und Ärzte die Gründung der Deutschen Gesellschaft für Anthropologie, Ethnologie und Urgeschichte betrieb (18.–24. 9. 1869). „Die Trauerkunde" habe seine „innigste Theilnahme erweckt", schreibt er und fährt fort: „Du stehst nun auch allein da, als oberstes Haupt der Familie, dem selbst die ideelle Schutzdecke fehlt. Alles trifft nun direkt." Dann folgt, ohne ein Wort des Trostes oder Beistands, die Beschreibung der eigenen Pläne für die nächste Zeit. Virchow fragt an, wann Goldstücker nach Berlin komme. Er habe bereits eine weitere Reise in Planung und möchte diese mit Goldstückers Besuch abstimmen. Fröhlich und beschäftigt endigt er ohne weiteres mit „Herzlichen Gruß!"

Dieser Brief ist der letzte der Korrespondenz. Virchow verlor mit dieser wenig einfühlsamen Replik wohl endgültig seinen Freund. Er lebte inzwischen in einer völlig anderen Gefühlswelt und Lebenswirklichkeit. Goldstücker, der, wie wir gesehen haben, in England, insbesondere nach dem Vorfall mit Hall, bis zum Schluß nicht heimisch werden konnte, mag sich innerlich noch weiter in sich und die Arbeit zurückgezogen haben.

Goldstücker starb knapp drei Jahre später am 6. März 1872 an einer Erkältung, die sich zu einer Bronchitis ausgewachsen hatte, nach nur drei Tagen Krankenlager völlig unerwartet mit erst 51 Jahren. Der Tod riß ihn heraus aus der Arbeit an einer photografischen Facsimile-Handschriftenedition des „Mahâbhâshya", dem Kommentar von Patanjali zur Grammatik des Pânini, die großzügig von der indischen Regierung unterstützt wurde. Es hatte ihn jahrelange Mühe gekostet, die Handschriften zu sammeln und zum Druck vorzubereiten. Als er starb, standen noch mehrere hundert Seiten des umfangreichen Werkes aus. Erst 1874 erschien in drei Bänden in London der vollständige „Mahâbhâshya", veröffentlicht von der indischen Regierung.

Europa verlor mit Goldstücker seinen einzigen Repräsentanten der sogenannten traditionellen Schule des „Vedic criticism", die der Interpretation der einheimischen Traditionen und Überlieferungen den Vorzug vor der Analyse nach den Kategorien der vergleichenden Sprachwissenschaft gab.

Goldstücker ist am 12. März 1872 in einem unprätentiösen Begräbnis, das seinem Lebensstil entsprach, auf dem Friedhof des kleinen, ca. zwei Meilen nordnordwestlich von London gelegenen Dorf Finchley bestattet worden, den er sich selbst als ungeweihten Boden ausgesucht hatte. Warum er diesen Ort wählte, habe ich nicht herausfinden können. Nördlich des Primrose Hill führt durch den Stadtteil Westend die „Finchley Road" in das Dorf hinaus. Es mag sein, daß Goldstücker es auf einer Landpartie kennengelernt und an dem Friedhof Gefallen gefunden hat. In Finchley steht heute eine Synagoge. Eine intensivere Niederlassung von Juden begann dort jedoch erst um 1913. [...]

2. Die Besetzung der Assistentenstellen am Berliner pathologischen Institut mit Beziehung auf das Glaubensbekenntniss der Bewerber erläutert

Vor dem Hintergrund der jüngsten Vergangenheit und im Hinblick auf den z. Zt. in erschreckender Weise überall aufflackernden Antisemitismus bleibt es interessant, daß in der zweiten Hälfte des 19. Jahrhunderts ein kontinuierlich wachsender Antisemitismus beobachtet werden konnte und zwar dergestalt, daß z. B. führende Mediziner-Positionen in den Universitäten grundsätzlich nicht mit Bewerbern jüdischer Abstammung besetzt wurden. Daß dieses eine unhaltbare Situation war, erkannte Virchow und machte dazu nachfolgende Ausführungen:

„Vor einigen Monaten hat eine Neubesetzung der Assistentenstellen an dem meiner Direction unterstellten pathologischen Institut hiesiger Universität stattgefunden. Hr. Dr. Meilitz zu Berlin hat diese Besetzung vom Standpunkte des Judenthums, zu dem er sich zu bekennen scheint, zunächst in der zu Bonn erscheinenden ‚Allgemeinen Zeitung des Judenthums' zum Gegenstande einer tadelnden Kritik gemacht. Vor etwa 4 Wochen wurde mir dieser Artikel von der Redaction einer hiesigen demokratischen Zeitung mit dem Bemerken zugesendet, dass die darin behandelte Geschichte ‚zur Oeffentlichkeit dränge', und bei mir angefragt, ob ich es angemessen halte, darauf zu antworten. Obwohl es sich hier um eine zwischen mir und dem Betheiligten durchaus vertraulich und mündlich verhandelte, und meiner Meinung nach unter beiderseitigem Einverständnisse erledigte Angelegenheit handelte, so hielt ich es doch für würdiger, einer solchen Anforderung nicht aus dem Wege zu gehen. Die Mittheilungen, welche ich dem entsprechend der betreffenden Redaction zugehen liess, haben jedoch nur den Erfolg gehabt, durch Vermittelung der hiesigen nationalliberalen Correspondenz die politischen Zeitungen der Provinzen und des Auslandes mit einem neuen Artikel voller Entstellung und zum Theil unter Behauptung geradezu falscher Thatsachen zu versehen, und Hr. Dr. Meilitz ist in der No. 26 der erwähnten ‚Zeitung des Judenthums' mit einem neuen Angriffe vorgegangen, der sich nicht mehr auf die alten Behauptungen beschränkt, sondern neue, angeblich aus Privatunterhaltungen geschöpfte Beschuldigungen erhebt.

Ich bin diesem offenbar planmässigen Vorgehen gegenüber genöthigt, persönliche Rücksichten fallen zu lassen, welche mir früher eine gewisse Zurückhaltung auferlegten. Denn so absurd es auch erscheinen mag, mich als Proselytenmacher für das Christenthum dem gesammten Judenthum zu denunciren, so geben doch nicht wenige Zeitungs-Redactionen die Spalten ihrer Organe dazu her, diese Absurdität zu verbreiten, und ich halte mich namentlich den Fachgenossen gegenüber für verpflichtet, diese Art des Angriffes so bestimmt als möglich zurückzuweisen.

Die Thatsache, welche nach meiner Auffassung zunächst der Beurtheilung zu unterziehen gewesen wäre, ist die wirklich erfolgte Ernennung meiner Assistenten. Der Herr Minister hat auf meinen Vorschlag die Stellen des ersten und des zweiten anatomischen Assistenten an die Herren Dr. Cohnheim und Dr. Georg Wegner, die des chemischen Assistenten an Hrn. Dr. Oscar Liebreich vergeben. Es sollte sich nun vor allen Dingen fragen, ob diese Vorschläge geeignete Persönlichkeiten betroffen haben. Sonderbarerweise ist von dieser Untersuchung jedoch nicht die Rede; keiner der mir bekannt gewordenen Zeitungsartikel bemängelt die vorgeschlagenen und ernannten Persönlichkeiten. Nicht danach fragt man, warum ich diese Persönlichkeiten vorgeschlagen habe, sondern danach, warum ich andere nicht vorgeschlagen habe.

Nach meiner besten Ueberzeugung und nach sehr langer und reiflicher Ueberlegung habe ich diejenigen Persönlichkeiten genannt, welche ich für die am meisten geeigneten hielt. Hr. Dr. Meilitz, der in Berlin selbst wohnt, hätte wohl Gelegenheit finden können, falls er sich so sehr für die Besetzung meiner Assistentenstellen durch geeignete Personen interessirt, sich darüber zu unterrichten, ob meine Wahl auf ungeeignete Personen gefallen sei. Er spricht davon jedoch nicht; ihm genügt es zu wissen, dass ich Hrn. Dr. Aufrecht nicht gewählt habe und dass dieser ein Jude ist. Es thut mir im Interesse seines Schützlinges leid, dass er mich zwingt, ihm die Frage vorzulegen, ob er glaubt, ich würde Hrn. Dr. Aufrecht gewählt haben, wenn er ein protestantischer Christ gewesen wäre? Es gab ausser den Herren Aufrecht und Wegner noch weitere Concurrenten, sowohl jüdische, als christliche. Ohne jede Beziehung auf das Glaubensbekenntniss, aus durchaus sachlichen Gründen habe ich mich für Hrn. Dr. Wegner entschieden.

Aber ich habe doch zugestanden, dass ich Hrn. Dr. Aufrecht in einer Privatunterredung vorgestellt habe, ob es nicht zweckmässiger für ihn sei, seine Bewerbung zurückzuziehen und sich eine andere und zwar namentlich eine den practischen Zweigen der Medicin zugewendete Laufbahn zu erwählen, weil er ein Jude sei. Ich bilde mir noch heute ein, dass dies Verfahren das am meisten schonende für Hrn. Dr. A u f r e c h t war und dass die Erwägungen, welche ich ihm mittheilte, in jeder Beziehung wahr und zugleich ganz und gar im Interesse seines zukunftigen Fortkommens waren. Man ziehe nur in Betracht, dass die pathologische Anatomie (denn um diese handelt es sich, und nicht, wie die Redaction der Zeitung des Judenthums annimmt, um Physiologie) auf die Dauer nicht füglich der Gegenstand der Privatthätigkeit eines Gelehrten sein kann. Man braucht dazu eine Stellung an einem Krankenhause, es gehören dazu Räume, Sammlungen, Material, welche in Deutschland nur in einer öffentlichen Stellung und in nothwendiger Fülle nur an einer Universität erreichbar sind. Soll ein junger Mann, der sich eben erst über seinen Lebensberuf entscheiden will, sich nun nicht die Frage vorlegen, wie gross die Aussicht ist, dass er eine solche Stellung erreichen werde? und wenn er selbst sich diese Frage nicht vorlegt, soll es derjenige nicht thun, der bisher sein Lehrer war und der den Wunsch hat, ihm auch ferner zu helfen und ihn nicht etwa später verhungern zu sehen?

Hr. Dr. A u f r e c h t war von mir schon während des Krieges im Jahre 1866, als er eben Doctor geworden war, zur Stellvertretung in das Allgemeine Krankenhaus zu Magdeburg empfohlen worden. Er hatte dort so gefallen, dass, als zu Anfang des Jahres 1868 die betreffende Stelle vacant wurde, man sich seiner gern erinnerte, und schon, als die Frage meiner Assistentenstellen noch schwebte, war er erwählt worden. Es fragte sich also, ob er diese Stelle, welche seinen Fähigkeiten so sehr entsprach und welche ihm eine grosse Wahrscheinlichkeit eines dauernden Erfolges in Aussicht stellte, opfern sollte gegen ein Amt, das ihm bei einer Besoldung von 200 Thlrn. und bei einer nur 3jährigen Dauer die Möglichkeit eröffnete, nach einigen Jahren ganz von vorn anfangen zu müssen.

Hr. Dr. Meilitz wirft dagegen die Frage auf: ‚Auf welchem Wege ist es denn möglich, den Juden den Zutritt zur ordentlichen Professur zu erkämpfen?' Auch antwortet er sofort darauf: ‚dadurch, dass freisinnige Professoren befähigten Juden Gelegenheit zu ihrer Ausbildung geben und an diesen der Welt zeigen, wie nützliche Dienste diese Männer ihr zu leisten im Stande sind.' Hr. Dr. Meilitz ist hier nicht ganz deutlich. Sollen wir Juden als Assistenten anstellen, um auf diesem Wege den Zutritt der Juden zur ordentlichen Professur zu erkämpfen? Das würde die Voraussetzung enthalten, dass man schon im Voraus wüsste, ein junger Doctor, der Assistent werden will, habe das Zeug zum ordentlichen Professor in sich. Denn sonst wäre es doch der reinste Missbrauch, einen Juden anzustellen, um damit einen politischen Sieg zu erkämpfen. Es kann also füglich nur die Forderung anerkannt werden, dass befähigten Personen Gelegenheit zu ihrer Ausbildung gegeben werde.

Hr. Dr. Meilitz könnte aber wohl wissen, dass das Berliner pathologische Institut Personen jeden Glaubens offen steht, wenn sie ihre Befähigung zu pathologischen Arbeiten darthun. Jetzt, wie früher, arbeiten Juden und Christen darin, und auch denen, die nicht Assistenten sind, stehen Raum, Instrumente, Material in freiester Weise zur Benutzung, Während die Assistenten für oft sehr anstrengende mechanische Hülfsleistungen in Anspruch genommen werden, können die Anderen in freier Auswahl ihrer Zeit und ihrer Beschäftigung sich ganz den Studien widmen. Und in der That genügt diese Vergünstigung, sich zu akademischen Lehrstellen vorzubereiten. In ganz Preussen gibt es nur einen Professor der pathologischen Anatomie, der mein Assistent gewesen ist, Hrn. Grohe in Greifswald; alle anderen haben nur kürzere oder längere Zeit das pathologische Institut benutzt, ohne ihm eigentlich angehört zu haben. Trotzdem ruft die nationalliberale Correspondenz emphatisch aus: ‚Warum in aller Welt hat es denn Hr. Virchow so eilig, seine Assistenten in die ordentlichen Professuren einzuschieben?' Niemand kann es weniger eilig haben. Seit den 12 Jahren, wo ich das pathologische Institut leite, sind drei meiner Assistenten, die Herren Grohe, v. Recklinghausen und Klebs Professoren der pathologischen Anatomie geworden. Weder ich hatte es also eilig, noch hatten es, und das ist mein besonderer Stolz, meine Assistenten eilig, mich zu verlassen; im Gegentheil ist es öfter vorgekommen, dass sie Bedenken trugen, auswärtige Stellen anzunehmen, nur um länger meine Assistenten zu sein.

Auch Hr. Aufrecht hat längere Zeit in meinem Institut gearbeitet, und ich hätte ihm gewiss keine Hindernisse in den Weg gelegt, wenn er es noch länger hätte thun wollen. Da er sich aber zu entscheiden hatte, hat er frei gewählt. Dass er von einem Gedanken, dem er auf Antreiben Anderer Raum gegeben und den er lieb gewonnen hatte, sich nur schwer trennte, ist selbstverständlich, aber schliesslich entschied er sich für die klinische Richtung. Der nachstehende, von ihm an mich gerichtete Brief möge den Vorgang aufklären:

Hochgeehrter Herr!

Gestatten Sie mir, in Angelegenheit der bei Ihnen von mir erbetenen Stellung als Assistent an Ihrem Institut ein paar Zeilen an Sie zu richten, nicht ohne die inständige Bitte, meine Offenheit nur als solche zu nehmen.

Ich hatte zu Anfang dieses Jahres die Stellung als Assistent am Magdeburger Krankenhause in Aussicht, als durch den Abgang des Herrn Dr. Roth die Stelle eines Assistenten an Ihrem Institut frei werden sollte. Ich selbst hätte vielleicht nie gewagt, mich hierum zu bewerben, wenn ich nicht durch meine Bekannten und Freunde dazu geleitet worden wäre. Mein Urtheil schwankte zu Anfang, durch das Urtheil Anderer wurde es corrigirt und ich erlaubte mir Sie, Herr und Lehrer, darum anzugehen. Die Aussicht auf eine Stellung, in welcher ich Einiges zu leisten hoffte, machte mich froh; aber die letzte von Ihnen mir gewährte Unterredung hat in mir einen Sturm von Ansichten und Meinungen hervorgerufen, die sich einzig und allein auf die Frage concentrirten, ob pathologischer Anatom oder Kliniker d. h. practischer Arzt. Er hat sich endlich gelegt. Ich wollte mich der pathologischen Anatomie, die ich lieb habe, ergeben, ich wollte für den Fall, dass mir auf diesem Wege keine günstige Lebensstellung blühen sollte, die mir hätte erwünscht sein müssen, weil ich regelmässig thätig sein will, der Praxis mich wieder zuwenden, aber Ihre Worte, Herr und Lehrer, haben mich ernst nachdenken gemacht. Ich mag keine Zerrissenheit und Zerfahrenheit, ich mag kein für mich unbefriedigendes Leben.

Und so gestatten Sie mir, Herr, zu einer Zeit, wo Sie wohl schon hierüber zur Tagesordnung hinweggegangen sind, zu sagen, dass ich den Weg ärztlicher Thätigkeit gehen werde, erlauben Sie mir aber auch das Bekenntniss, dass Ihr Schüler seinen Lehrer um so mehr verehrt, je mehr er seine Fürsorge einsehen gelernt hat.

Nun sagt noch seine herzlichsten Grüsse

Ihr ergebener

Loslau, den 11. März 1868. Dr. Aufrecht.

Mein Bericht an den Minister, worin ich die neuen Personal-Vorschläge machte, datirt vom 27. März, die Verfügung des Ministers vom 7. April.

So liegen die Thatsachen. Die nationalliberale Correspondenz irrt sich oder lügt, wenn sie sagt, dass ich ‚eingestandenermaassen keinen Juden als Assistenten annehme'. Ich habe dies nie eingestanden und ich werde nie aus dem Glauben der Bewerber ein entscheidendes Kriterium machen. Mit demselben Rechte könnte man sagen, ich nehme eingestandenermaassen keinen Armen als Assistenten an. Denn ich bin leider durch die geringe Ausstattung der fraglichen Stelle genöthigt, jeden Bewerber auch darauf aufmerksam machen zu müssen, dass er von der Stelle nicht leben könne. Oder sollte ich principiell arme Assistenten wählen, um eine höhere Besoldung der Stelle zu ‚erkämpfen'?

Die Correspondenz hat gut reden, wenn sie von mir aussagt: ‚Er übt hier im vermeintlichen Interesse der Betheiligten eine bureaukratische Bevormundung aus, zu welcher er keinerlei Beruf oder Befugniss hat.' Wohin doch die Consequenz führt! Bis jetzt ist noch an unseren Universitäten die Regel geltend, dass man es für einen Beruf und eine Befugniss der Anstalts-Directoren hält, ihre Assistenten zu wählen. Wie sonderbar das Verhältniss sich gestalten kann, wenn die Assistenten octroyirt werden, davon haben wir gewisse Erfahrungen, die ich hier nicht ausführen will. Die Assistenten vorzuschlagen, ist ein wohlbegründetes Recht der Vorstände der Anstalten, und das Ministerium handelt gewiss weise, wenn es dieses Recht durch seine Bestätigungen regelmässig anerkennt.

Hätte ich in einem gegebenen Falle aber die Ueberzeugung, dass der am meisten befähigte und am besten vorbereitete unter den Bewerbern um eine Assistentenstelle ein Jude, und selbst ein armer Jude wäre, so würde ich kein Bedenken tragen, ihn dem Ministerium so warm und dringlich als möglich vorzuschlagen. Auch zweifle ich nicht, dass das gegenwärtige Ministerium einen solchen Vorschlag bestätigen würde, so gut wie es jüdische Assistenten an Krankenhäusern und Kliniken zugelassen hat.

Freilich hat sich Hr. Dr. Meilitz nicht gescheut, zur Verstärkung seines Angriffes auch die Vermuthung anzuregen, ich hätte einen älteren Assistenten von mir, der früher Jude gewesen, zum Uebertritt bestimmt. Ja, die nationalliberale Correspondenz entblödet sich nicht, zu behaupten, ich hätte ‚vor längerer Zeit einen jungen Gelehrten jüdischer Abkunft, den ich zuerst abgewiesen, dann nach oder wegen bestandener Taufe angenommen'. Diese Lüge ist etwas grob. Ich habe allerdings einen jungen Arzt jüdischer Abkunft, der damals gerade noch kein Gelehrter war, nach bestandener Taufe angenommen. Dass ich ihn wegen bestandener Taufe angenommen hätte, ist wohl nur vom Standpunkt jener Transscendenz aus zu begreifen, von welcher die nationalliberale Correspondenz zuweilen angewandelt wird. Welche Komik, zu vermuthen, ich verwerthete meine

283

Assistentenstellen zu Belohnungen für Convertiten! und welche Unwürdigkeit, einem jungen ‚Gelehrten' zuzumuthen, er mache seine Conversion, um eine Assistentenstelle mit 200 Thalern Gehalt zu erlangen! Die Geschichte verliert aber ihre ganze Pointe, wenn man erfährt, dass ich den jungen ‚Gelehrten' nie abgewiesen, sondern dass ich ihn vielmehr meinerseits aufgefordert habe, mein Assistent zu werden.

Hr. Dr. Meilitz ist jedoch auch damit noch nicht am Ende seiner Angriffe. Er hat jetzt ‚aus zuverlässiger Quelle' erfahren, dass eine auf die Ernennung des Hrn. Traube zum ordentlichen Professor gehende ‚Anregung eines hervorragenden Facultätsmitgliedes bei Herrn Virchow auf Widerstand stösst'. Wie angenehm und wie collegial, die Geheimnisse der Facultät in der Zeitung für das Judenlhum auszuplaudern! Ich habe darauf eine sehr einfache Antwort: Zu allen Zeiten habe ich den statutenmässigen Grundsatz vertheidigt, dass die Ordinariate Stellen und nicht Titel sind, und dass, wenn kein Ordinariat vacant und kein neues gegründet ist, auch kein Ordinarius zu ernennen ist. Geht man davon ab, so geräth man auf das Gebiet der Willkür, welches vielleicht der einen oder anderen Persönlichkeit zum Vortheil, dem Ganzen aber stets zum Nachtheil ausschlägt. Dieser Auffassung habe ich als Professor, wie als Abgeordneter öffentlich und privatim Geltung zu verschaffen gesucht, und Hr. Dr. Meilitz kann danach im Voraus in vielen Fällen wissen, wohin meine Voten gehen werden. Sollte er es jedoch vorziehen, seine ‚zuverlässige Quelle' weiter zu benutzen, so möchte ich ihn doch ersuchen, sich und dem Publikum darüber Gewissheit zu verschaffen, wie ich mich in denjenigen Fällen, wo es sich um Abstimmungen über die Anstellung von Juden gehandelt hat, verhalten habe. Vielleicht würden er und die nationalliberale Correspondenz dann finden, dass es nicht nöthig war, in der vorliegenden Angelegenheit Spinoza und David Strauss, Lazarus und Lasker gegen mich in's Feld zu führen.

Ich leugne es ja nicht, dass unter den Juden sehr ausgezeichnete Männer sind, und ich will sogar zugestehen, dass verhältnissmässig viele darunter sind. Aber nicht jeder Jude hat deshalb das Zeug zu einem Spinoza oder einem Lasker. Der Familien- und Stammesstolz führt leicht zur Ueberhebung und zur Ungerechtigkeit. Ich verstehe das, aber ich liebe es nicht. Allein ich zweifle nicht, dass auch diese Eigenschaft, wie die so weit verbreitete Empfindlichkeit der Juden, sich verlieren wird mit der vollen Gleichberechtigung, und schon darum werde ich stets bereit sein, diese herbeiführen zu helfen. [...]"

IX. Rückblick

1. Zur Erinnerung.
Blätter des Dankes für meine Freunde

Am 13. Oktober 1901 konnte Virchow seinen 80. Geburtstag feiern. Es war ein überwältigendes Fest, noch größer als zehn Jahre zuvor der 70. Geburtstag, über den Mark Twain folgendes berichtet hatte:

„Als der Geburtstag nahte ... schien es mir, daß er die ganze Welt der Wissenschaft nach sich gezogen habe. Es kamen Deputation nach Deputation mit Huldigungen und Ehrbezeugungen aus fernen Städten und Lehrzentren. Und während eines ganzen langen Tages empfing der Heros Beweise seiner Größe, wie sie nur selten einem Manne in einem Abschnitt seines Lebens in alten oder neuen Zeiten gewährt worden sind"[78].

Fast 2000 noch erhaltene dekorative Glückwunschadressen und Geschenke von zum großen Teil persönlich angereisten Ministern und Gelehrten aus allen Erdteilen (z. B. aus Japan, Amerika, Rußland und allen europäischen Staaten) sowie Ernennungen zum Ehrenmitglied vieler wissenschaftlicher Gesellschaften existieren noch im Archiv der Humboldt-Universität, Berlin.

Virchow schreibt selbst in einer Art Lebensrückblick dazu:

„Als der Gedanke auftauchte, meinen 80. Geburtstag festlich zu begehen, beschwichtigten meine näheren Freunde meine Abneigung gegen eine öffentliche Feier durch die Zusicherung, dass jede Einwirkung auf eine solche durch mich selbst ausgeschlossen bleiben müsse. Ja, als die Festtage sich näherten, behandelten sie mich in der Art, wie einen Patienten, dem seine Aerzte das Regime seines Verhaltens vorschreiben unter der Bedingung, dass er auf jedes eigenmächtige Eingreifen verzichte; ich konnte nur bruchstückweise erfahren, was sie mit mir vorhatten. Das Comité, und namentlich sein in ähnlichen Aufgaben so erprobter Vorsitzender, mein theurer Freund und College Waldeyer und sein stets bereiter und geschickter Geschäftsführer Posner, brachten es in der That zu Stande, meine innere Bewegung in einen solchen Ruhezustand umzuwandeln, dass ich alles Widerstreben aufgab. In diesem Zustande trat ich in das Fest ein, ohne dass ich alle Consequenzen zu übersehen vermochte, ja, wie ich annehmen darf, ohne dass die Leiter selbst ein Bild davon haben konnten, welche Dimensionen dasselbe annehmen werde.

Das Fest hat seitdem stattgefunden und die Presse hat dafür gesorgt, die Nachricht davon durch alle Welt zu tragen. Ich versage es mir daher, hier nochmals eine Schilderung desselben zu geben. Eine Uebersicht der mir zugegangenen Adressen und Ehrenbezeugungen wird vielleicht später gedruckt werden; die Zahl derselben ist so gross, dass selbst die Aufführung der Kategorien an dieser Stelle zu cursorisch ausfallen würde. Die Summe der telegraphischen Depeschen beträgt allein gegen 800. Der Inhalt derselben ist so verschiedenartig, dass sie mir ein Spiegelbild meines ganzen, recht unruhigen Lebens vorgeführt haben und dass sie für jeden anderen verwirrend erscheinen mögen. Das kommt daher, dass ich im Laufe der Zeit recht verschiedene Richtungen der Forschung und der Thätigkeit eingeschlagen habe, und dass nicht bloss der Ort meines Amtssitzes gewechselt hat, sondern dass ich auch auf grösseren Reisen ganz Europa und wichtige Theile von Africa und Asien besucht habe. Von jedem dieser Plätze sind mir persönliche Beziehungen geblieben, und zwar zum grossen Theil recht innige, welche durch treffliche Menschen getragen sind. Ich erinnere nur an Dürkheim in der Rheinpfalz. Aber auch fast jeder dieser Plätze hat mir Gelegenheit geboten, neue Gebiete des Wissens für mich zu erschliessen und denselben selbständige wissenschaftliche Arbeiten zu widmen. Nicht wenig hat dazu beigetragen, dass meine häufige Betheiligung an den periodischen wissenschaftlichen, sei es nationalen, sei es internationalen Versammlungen, insbesondere der deutschen Gesellschaft der Naturforscher und Aerzte und der deutschen Anthropologischen, mich direkt zu praktischer Mitarbeit zwang. So hat der Gang meiner Forschungen nicht nur die Länder und deren Bewohner in den Kreis meiner Darstellung gebracht, sondern ich habe je nach Umständen sowohl die Medicin und die Naturwissenschaften, als auch die Anthropologie und die Archäologie, gelegentlich auch die Literatur, die Philosophie, die Politik und die socialen Zustände zum Gegenstand meiner Studien gemacht.

Diese Vermischung ist von mir nicht willkürlich oder gar tendenziös vorgenommen worden. Entscheidend dafür ist eine Mission geworden, mit der ich im Beginn des Jahres 1848 durch einen Auftrag des damaligen preussischen Medicinalministers betraut wurde. Sie galt der Erforschung der in Oberschlesien ausgebrochenen schweren Epidemie des sogenannten Hungertyphus. Bei der Erörterung der Ursachen dieser Epidemie kam ich zu der Ueberzeugung, dass die schlimmsten derselben in socialen Missständen beruhten und dass der Kampf gegen diese Missstände nur auf dem Wege tiefgreifender, socialer Reformen geführt werden könne. Meine Darstellung erregte viel Missfallen, aber ich finde einen Trost dafür in der Thatsache, dass auch die Regierung recht bald auf den Weg der Reformen einlenkte und dass dadurch höchst segensreiche Resultate erzielt worden sind. Noch mehr erhebt mich das Gefühl, dass mein Vorgehen nicht allein für Oberschlesien Bedeutung gewonnen hat, sondern dass nach und nach ein Land nach dem andern sich für ein gleiches Vorgehen entschlossen hat. Unser eigenes Land hat später wiederholt schlimme Erfahrungen auf dem Gebiete der Hungerzustände gemacht. Fast unmittelbar nach meiner Uebersiedlung nach Bayern (1849) erhielt ich dort den Auftrag, die Noth im Spessart zu studiren. In den nächsten Jahren rückte die Hungerepidemie auch in Preussen ganz nahe: über Ostpreussen habe ich in einer besonderen Schrift gehandelt, und als dirigirender Arzt der Charité sah ich zweimal meine Abtheilung ganz gefüllt mit Kranken, die an Fleckfieber (ansteckendem Typhus) litten. Aus einer dieser Epidemien stammt die durch meinen Assistenten Dr. Obermeyer gemachte Entdeckung des mikroskopischen Blutparasiten (Spirillum), welche den Weg eröffnet hat zu der Kenntniss der immer grösser werdenden Zahl gefährlicher Blutparasiten. Ich will nicht sprechen von der Cholera, den Pocken und anderen schlimmen Seuchen, welche der gesteigerte Verkehr oder die Kriegsnoth uns brachte. Mir liegt nur daran, wieder einmal in Erinnerung zu bringen, wie unvermeidlich es ist, die praktische Medicin mit der politischen Gesetzgebung in unmittelbare Beziehung zu setzen, was ich damals in der ‚Medicinischen Reform' (1848–49) versuchte. Seitdem die öffentliche Hygieine als integrirender Bestandtheil der allgemeinen Fürsorge aufgestellt worden ist, hat der Vorwurf, dass ein Arzt auch Politiker sei, alle Bedeutung verloren. Es ist freilich noch jetzt nicht immer leicht, das Recht der ärztlichen Beurtheilung in grossen Fragen des Volkslebens anzuerkennen, und wer die Discussionen der letzten Jahre über Acclimatisation und Colonisation anhaltend verfolgt hat, der wird wissen, wie gefährlich es ist, in der Beurtheilung der Verhältnisse des Volkslebens über die wissenschaftlichen Grundsätze einfach hinwegzugehen oder sie oberflächlich zu beurtheilen.

Die sanitären Zustände der Städte schliessen sich hier an. Meine ersten Versuche zu einer wissenschaftlichen Statistik der Ortskrankheiten habe ich in Würzburg gemacht. Ehe noch die Frage nach der Verbreitung der Tuberculose in Mode gekommen war, sind damals von mir die ersten, noch jetzt mustergültigen Aufnahmen der phthisischen Todesfälle in einer ganzen städtischen Bevölkerung ausgeführt worden. Im Verfolg derselben habe ich Jahre lang die Natur der Tuberkel und der Schwindsucht zu erforschen gesucht und ich bin der Meinung, dass meine damals gewonnenen Sätze ihre Bedeutung nicht verloren haben, obwohl ich den Tuberkel-Bacillus noch nicht kannte. Indess die Kenntniss dieses Bacillus ist nicht das A und Ω der Tuberkel-Lehre, wie sich das in der letzten Zeit bei dem Studium der Perlsucht des Rindviehs gezeigt hat. Auch diese Krankheit habe ich in meiner Würzburger Stellung zuerst genau studirt. Meine sehr correcten Angaben haben nicht gehindert, dass man auch diese Krankheit Tuberculose genannt und dieselbe sogar als die Hauptquelle der Menschen-Tuberculose bezeichnet hat. Erst die neuesten Angaben eines gewiss unverdächtigen Zeugen, des Herrn Rob. Koch, haben wieder die Frage aufgeführt, ob die Perlsucht der Rinder von der Tuberculose des Menschen verschieden sei. Aber das wird hoffentlich auch eine dauerhafte Warnung sein, eine Vermischung der Krankheitsursachen mit den Krankheitswesen nicht ohne gründliche Vorstudien in der pathologischen Anatomie zuzulassen.

Ich kann dieses Kapitel nicht verlassen, ohne der in neuerer Zeit ausgeführten grossen sanitären Verbesserungen in der Einrichtung der menschlichen Wohnungen und der menschlichen Ortschaften zu gedenken, mögen sie nun in Städten oder in Dörfern ausgeführt sein. Es war auch die Vermischung von Medicin und Socialpolitik, die mich auf dasjenige Feld führte, auf dem es mir durch glückliche Umstände gelungen ist, die Wohnungsverhältnisse in Berlin gründlich zu ändern. Ich verdanke die Möglichkeit, bei einer so grossen Veränderung bestimmend mitzuwirken, in erster Linie dem Umstande, dass ich Stadtverordneter von Berlin geworden war, und demnächst dem grossen und dauernden Vertrauen, welches ich durch fast 50 Jahre bei meinen Mitbürgern gefunden habe. Wenn sie mir später das Ehrenbürgerrecht ertheilten, so darf ich auch darauf hinweisen, dass seit meiner Mitarbeit die ganze Physiognomie der deutschen Hauptstadt sich verändert hat. Denn die Städtereinigung erforderte nicht bloss eine umfassende Wasserzuleitung, eine durchgreifende Canalisation und weit ausgedehnte Rieselfelder, sondern auch eine entsprechende Regulirung und

Nivellirung sämmtlicher Strassen und einen Umbau in jedem Hause. Das hat Hunderte von Millionen gekostet, aber meine Mitbürger haben die grosse Last übernommen in dem unverbrüchlichen Vertrauen, dass jede Geldsumme durch ein Aequivalent an Gesundheit und an Lebensdauer belohnt wird. So ist Berlin zugleich eine der reinlichsten und schönsten, aber auch der gesundesten Grossstädte geworden. Wenn ich noch jetzt trotz meiner gehäuften und zuweilen recht drückenden Arbeiten die sanitäre Aufsicht über die Städtereinigung behalten und sogar kürzlich von Neuem eine Wahl als Stadtverordneter angenommen habe, so darf ich wohl voraussetzen, dass man dies nicht dem Ehrgeiz, sondern einem strengen Pflichtgefühl und einer Beharrlichkeit in der Verfolgung grosser Aufgaben zuschreiben wird.

Diese halbpolitische Thätigkeit beruht überall auf ernsthaften wissenschaftlichen Vorarbeiten. Insbesondere die Organisation der Städtereinigung ist fast ganz und gar aus der communalen Initiative heraus durchgesetzt worden, und ich bin stolz darauf, dass ich daran mitwirken konnte, und dass jetzt die allgemeine Gesetzgebung auf unseren Leistungen weiter arbeiten kann. Vielleicht findet man noch ein besseres ‚System', aber was erreicht ist, wird trotz Allem sicherlich ein mustergültiges Vorbild bleiben. Dabei darf wohl an ein anderes, sehr bekanntes Beispiel erinnert werden, ich meine an die Fleischschau. Eine wie heftige und anhaltende Opposition wurde durch unsere Nachweise von den Trichinen im Schweinefleisch hervorgerufen, und wie lange hat es gedauert, ehe die Gesetzgebung dafür eintrat, eine immer wirksamere Fleischschau vorzuschreiben! Die Stadt Berlin hat ihre Einrichtungen dafür frühzeitig und ohne Mitwirkung der Staatsgewalt zu Stande gebracht. Aber noch jetzt ist es nicht möglich geworden, die internationale Gesetzgebung in vollen Einklang mit den Forderungen der Wissenschaft zu bringen, und einigemal waren wir nahe daran, über diese Discordanz in gefährlichen Streit mit Nordamerica zu kommen. Der so oft hervortretende Gegensatz zwischen der Praxis und der forschenden (nicht bloss theoretischen) Wissenschaft setzt grosse Kaltblütigkeit und Umsicht, aber auch grosse Ehrlichkeit und Zuverlässigkeit voraus, wie sie ohne die Controle der Wissenschaft kaum jemals in die Gebräuche des täglichen Lebens übergeführt werden. Am schlimmsten sind dabei die Halbwisser, die in dem Hochmuth der gewöhnlichen Laien glauben, sich über die strengen Forderungen des gelehrten Forschers hinwegsetzen zu dürfen. [...]

Den ganz ungewöhnlichen Ehrungen gegenüber, die mir zu Theil geworden sind, kann ich nichts weiter thun, als meinen wärmsten und herzlichsten Dank wiederholen. Das Gefühl der Verpflichtung ist zu gross, als dass ich ihm Worte verleihen könnte, die meine Empfindungen ganz ausdrücken. Auch bin ich zu alt geworden, um neue Leistungen in Aussicht stellen zu können, welche würdig genug wären, um als eine Gegengabe betrachtet zu werden. Ich werde nicht müde werden, so lange zu arbeiten, als meine Kräfte ausreichen. Aber ich kann nicht mehr versprechen, als dass ich versuchen werde, eine Reihe grösserer Arbeiten, die ich in jungen Jahren begonnen habe, zu einem auch für die grosse Welt brauchbaren Abschluss zu bringen. Im Uebrigen kann ich nur bitten, meinen etwa noch kommenden Arbeiten dieselbe gütige und nachsichtige Beurtheilung zu Theil werden zu lassen, die ich in so reichem Maasse, weit über alles Erwarten hinaus, bisher genossen habe. Der wohlwollende, ich darf vielleicht sagen, der liebevolle Empfang, den ich bei diesem Feste gefunden habe, bestärkt mich in dem Wunsche, noch einige Zeit in derselben Hingebung und Unabhängigkeit fortarbeiten zu können.

Wenn es richtig wäre, dass die Welt undankbar ist, so wäre es sicherlich die grösste Undankbarkeit, wenn ich diese Erfahrung auch auf mich, anwenden und demgemäss als eine allgemeine Eigenschaft der Menschen anerkennen wollte. Grössere Anhänglichkeit, als ich sie in allen Kreisen unseres Volkes und selbst unter Angehörigen fremder Nationen gefunden habe, kann niemand zu finden erwarten oder gar in Anspruch nehmen. Ich habe solche Anhänglichkeit nicht verlangt, sie ist mir freiwillig gegeben worden; ich habe sie auch nicht erwartet, aber um so mehr bin ich dadurch angenehm überrascht und tiefinnerlich verpflichtet worden. Wer von den Genossen meiner Jugend, in einigen Fällen sogar meiner Kindheit, noch am Leben, was mir von den mannigfaltigen Streifzügen früherer Jahre noch geblieben ist, das ist bei dieser Gelegenheit auch wieder zu mir gekommen, persönlich oder brieflich. Landsleute aus Pommern, deren Andenken ich nur mit Anstrengung in mir erneuern konnte, haben sich gemeldet; insbesondere meine alten Schivelbeiner Bekannten sind, wie immer, vertrauensvoll gekommen, um die Dauerhaftigkeit ihrer Gefühle zu bezeugen. Das Lehrer-Collegium am Gymnasium zu Cöslin, wo ich einst als Schüler meine Vorbildung genossen habe, versicherte mich von Neuem seiner treuen Erinnerung. Alle Städte, in denen ich einstmals gelebt habe, waren thätig, mir etwas Besonderes und besonders Angenehmes anzuthun. Aber das gilt nicht bloss von der Vergangenheit. Wenn ich um mich blicke, so sehe ich immer zahlreicher, neben Bekannten früherer, auch solche jetziger Zeit, und es dünkt mich, dass gerade die Theilnahme der gegenwärtigen Menschen mir als ein zuverlässiges Zeichen wirklicher Treue und Beständigkeit gelten muss. Eine kleine Anekdote aus den jüngsten Tagen hat, wie ich sehe, durch die Tagespresse eine starke und auffallend schnelle Verbreitung gefunden: als ich von einem der Feste noch spät nach Hause zurückkehrte, fand ich zu meiner grössten Ueberraschung meine kleine Strasse, die Schellingstrasse, durchweg hell erleuchtet. Ich hatte keine Ahnung davon gehabt, dass meine Nachbarn mich so gütig empfangen wollten. Aber die Strasse war auch ganz voll von Kindern, zum Theil recht kleinen; ich musste durch eine förmliche Gasse von Kindern den Weg zu meiner Hausthür suchen und das Jubelgeschrei der Kleinen hörte erst auf, als ich im Innern des Hauses verschwunden war. Aber so oft ich mich jetzt auf der Strasse zeige, kommen die Kleinen mir entgegen, strecken ihre Hände aus und sagen: Guten Tag, Herr Virchow!

So pflanzt sich das Gefühl von Tag zu Tag, von Kind zu Kind fort, und es darf nicht überraschen, wenn es auch bei den Grossen und sogar bei den Alten sich rührt. Der schönste Abend, den ich in dieser Zeit erlebte, war ein ganz intimes Fest unseres Handwerker-Vereins. Ich hatte ihn vor Jahren selbst mit begründet und ihn auf seinen ersten Wegen mit Rath und That begleitet. Das war zu einer Zeit, wo der damalige Kronprinz Friedrich noch Musse hatte, sich mit Fragen der Volkserziehung zu beschäftigen. Wie oft ist er, und zuweilen mit ihm seine Gattin, die kürzlich verblichene Kaiserin Friedrich, in den Handwerkerverein gekommen, um selbst nach dessen Fortschritten zu sehen! Und als wir nun endlich so weit gelangt waren, um ein eigenes Haus für den Verein herzustellen, wie hat er damals an unserer Freude theilgenommen! Dann kam die Zeit, wo unser Handwerkerverein die Musterorganisation für derartige Genossenschaften wurde, wo unsere jungen Mitglieder als Apostel in alle Welt hinauszogen und überall Handwerkervereine gründeten. Von Riga bis Lissabon hat es deren gegeben, und überall fanden unsere reisenden Mitglieder gleichsam ein vorbereitetes Heim. Die tief eingreifende Woge des Socialismus hat ein grosses Stück dieser Schöpfungen vernichtet. Trotzdem ist der Berliner Handwerkerverein am Leben geblieben und als ich neulich zu dem mir gebotenen Feste erschien, als die alten Lieder erklangen, als ich selbst einmal wieder eine Rede hielt, da streckten sich alle Hände mir entgegen, wie die der Kinder aus der Schellingstrasse. Das ist die Dankbarkeit des Volkes, und darum darf ich jedermann sagen: vertraut dem Volke und arbeitet für dasselbe, dann wird auch euch der Lohn nicht fehlen, wenngleich der Abbruch zahlreicher Einrichtungen, das Verschwinden vieler Menschen, die völlige Umgestaltung des öffentlichen Lebens den Gedanken unserer Vergänglichkeit ganz nahe bringt. Das ist mein Glaubensbekenntniss, und mit diesem hoffe ich, so lange ich lebe, auskommen zu können. [...]"

X. Textnachweise

1. Ein Brief des Studenten Rudolf Virchow, in dem Butter, Gänsebrust und Mikroskop keine Nebenrolle spielen
Berlin, 24. Januar 1841
Aus: Christian Andree (Hrsg.): Rudolf Virchow. Sämtliche Werke, Abteilung 4, Briefe, Band 59: Der Briefwechsel mit den Eltern 1839-1864. Berlin, Wien 2001, S. 108-112

2. Aus Oberschlesien. Erschütternde erste Eindrücke
Rybnik, 24. Februar 1848
Aus: Christian Andree (Hrsg.): Rudolf Virchow. Sämtliche Werke, Abteilung 4, Briefe, Band 59: Der Briefwechsel mit den Eltern 1839-1864. Berlin, Wien 2001, S. 317-320

3. Revolution! Kanonen- und Gewehrfeuer in Berlin – Der Sturm auf die Barrikaden in der Tauben- und Friedrichstraße
Berlin, 19. März 1848
Aus: Christian Andree (Hrsg.): Rudolf Virchow. Sämtliche Werke, Abteilung 4, Briefe, Band 59: Der Briefwechsel mit den Eltern 1839-1864. Berlin, Wien 2001, S. 328-335

4. Trügerische Ruhe nach dem Sturm 1848: Die „Ruhe eines Vulkans". Die Wiederherstellung Polens
Berlin, 24. März 1848
Aus: Christian Andree (Hrsg.): Rudolf Virchow. Sämtliche Werke, Abteilung 4, Briefe, Band 59: Der Briefwechsel mit den Eltern 1839-1864. Berlin, Wien 2001, S. 335-337

5. Virchow tanzt auf allen Hochzeiten. Politische und ärztliche Tätigkeit 1848
Berlin, 1. Juli 1848
Aus: Christian Andree (Hrsg.): Rudolf Virchow. Sämtliche Werke, Abteilung 4, Briefe, Band 59: Der Briefwechsel mit den Eltern 1839-1864. Berlin, Wien 2001, S. 357-360

6. „… Der Oberschlesier wäscht sich im Allgemeinen gar nicht, sondern überläßt es der Fürsorge des Himmels, seinen Leib zuweilen durch einen tüchtigen Regenguß von den darauf angehäuften Schmutzkrusten zu befreien. …"
   Ein Reiseerlebnis in Oberschlesien und seine Folgen:
   Die Geburtsstunde der modernen Sozialmedizin
   Sommer 1848
   Aus: Christian Andree (Hrsg.): Rudolf Virchow. Sämtliche Werke, Abteilung 1, Medizin, Band 4: Texte zur wissenschaftlichen Medizin aus den Jahren 1846-1850. Bern, Berlin, Frankfurt a. M., New York, Paris, Wien 1992, S. 359-372

7. Nahrung der Oberschlesier: Kartoffeln, Milch und Sauerkraut – Sauerkraut, Milch und Kartoffeln
   Sommer 1848
   Aus: Christian Andree (Hrsg.): Rudolf Virchow. Sämtliche Werke, Abteilung 1, Medizin, Band 4: Texte zur wissenschaftlichen Medizin aus den Jahren 1846-1850. Bern, Berlin, Frankfurt a. M., New York, Paris, Wien 1992, S. 372-374

8. Mittel gegen Krankheiten: „Bildung mit ihren Töchtern Freiheit und Wohlstand"
   Sommer 1848
   Aus: Christian Andree (Hrsg.): Rudolf Virchow. Sämtliche Werke, Abteilung 1, Medizin, Band 4: Texte zur wissenschaftlichen Medizin aus den Jahren 1846-1850. Bern, Berlin, Frankfurt a. M., New York, Paris, Wien 1992, S. 469-482

9. Auseinandersetzung mit Bismarck um die Rechte des Parlaments
   Rede im Abgeordnetenhaus 28. Januar 1863
   Aus: Christian Andree (Hrsg.): Rudolf Virchow. Sämtliche Werke, Abteilung 2, Politik, Band 30: Politische Tätigkeit im Preußischen Abgeordnetenhaus 28. Oktober 1861 bis 25. Januar 1864. Bern, Berlin, Frankfurt a. M., New York, Paris, Wien 1992, S. 292-310

10. Virchows Bismarck-Kritik am Beispiel eines unannehmbaren Gesetzentwurfs in bezug auf den außerordentlichen Geldbedarf der Militär- und Marineverwaltung. Der Vorläufer/Anlaß für die Duell-Affaire Bismarck/Virchow
Rede im Abgeordnetenhaus 2. Juni 1865
Aus: Christian Andree (Hrsg.): Rudolf Virchow. Sämtliche Werke, Abteilung 2, Politik, Band 31: Politische Tätigkeit im Preußischen Abgeordnetenhaus 17. Januar 1865 bis 6. Februar 1867. Bern, Berlin, Frankfurt a. M., New York, Paris, Wien 1995, S. 211-214; 216-217

11. Duell-Affaire mit Bismarck – Virchows Richtigstellung des Sachverhalts
Rede im Abgeordnetenhaus 17. Juni 1865
Aus: Christian Andree (Hrsg.): Rudolf Virchow. Sämtliche Werke, Abteilung 2, Politik, Band 31: Politische Tätigkeit im Preußischen Abgeordnetenhaus 17. Januar 1865 bis 6. Februar 1867. Bern, Berlin, Frankfurt a. M., New York, Paris, Wien 1995, S. 264-271

12. Gleichberechtigung der verschiedenen Konfessionen – ein Plädoyer für den Humanismus
Rede im Abgeordnetenhaus 12. Dezember 1868
Aus: Christian Andree (Hrsg.): Rudolf Virchow. Sämtliche Werke, Abteilung 2, Politik, Band 32: Politische Tätigkeit im Preußischen Abgeordnetenhaus 1. Mai 1867 bis 11. Februar 1870. Bern, Berlin, Frankfurt a. M., New York, Paris, Wien 1995, S. 285-299

13. Humanismus, Religion und Schulen
Rede im Abgeordnetenhaus 15. Dezember 1868
Aus: Christian Andree (Hrsg.): Rudolf Virchow. Sämtliche Werke, Abteilung 2, Politik, Band 32: Politische Tätigkeit im Preußischen Abgeordnetenhaus 1. Mai 1867 bis 11. Februar 1870. Bern, Berlin, Frankfurt a. M., New York, Paris, Wien 1995, S. 300-312

14. Gesetzentwurf über die Vorbildung und Anstellung von Geistlichen – „Kulturkampf"
Rede im Abgeordnetenhaus 17. Januar 1873
Aus: Christian Andree (Hrsg. u. Bearb.): Rudolf Virchow. Sämtliche

Werke Bd. 33, Abt. II: Politik: Politische Tätigkeit im Preußischen Abgeordnetenhaus 14. Februar 1870 bis 13. November 1874, Bern, Frankfurt a. M., New York 1996, S. 359-375

15. „... die Seele noch niemals getroffen"
Ist ein Beweis für die Existenz von Seele und Aberglaube nötig?
Rede im Abgeordnetenhaus 22. Februar 1877
Aus: Christian Andree (Hrsg.): Rudolf Virchow. Sämtliche Werke, Abteilung 2, Politik, Band 34: Politische Tätigkeit im Preußischen Abgeordnetenhaus 5. Februar 1875 bis 2. März 1877. Berlin, Wien 1999, S. 540-541

16. „Die Frage der Religion ... konvertirt in eine Frage der Politik"
Rede im Reichstag 30. November 1881
Aus: Christian Andree (Hrsg.): Rudolf Virchow. Sämtliche Werke, Abteilung 2, Politik, Band 37: Politische Tätigkeit im Preußischen Abgeordnetenhaus 14. Mai 1888 bis 16. März 1901. Politische Tätigkeit im Deutschen Reichstag. Sämtliche Reden 28. Juni 1878 bis 21. April 1893 sowie dazugehörige Dokumente. Berlin, Wien 2003, S. 571-579

17. Virchow und seine Trias
Aus: Christian Andree (Hrsg.): Rudolf Virchow. Sämtliche Werke, Abteilung 1, Medizin, Band 4: Beiträge zur wissenschaftlichen Medizin aus den Jahren 1846 bis 1850. Bern, Berlin, Frankfurt am Main, New York, Paris, Wien 1992, S. 145-226; sowie aus: Christian Andree: „Virchow und seine Trias", in: Niedermolekulares Heparin im Spannungsfeld von Theorie und Praxis, Symposium Frankfurt/Main, 27. Mai 1988, S. 10-11; sowie aus: Christian Andree (Hrsg.): Rudolf Virchow. Sämtliche Werke, Abteilung 1, Medizin, Band 16: Gesammelte Abhandlungen zur wissenschaftlichen Medizin. Hildesheim, Zürich, New York 2007, S. 221-729

18. „Wenn eine Frau liebt, so liebt sie in Einem fort, ein Mann thut dazwischen etwas Anderes."
Der puerperale Zustand. Das Weib und die Zelle (1847)
Aus: Christian Andree (Hrsg.): Rudolf Virchow. Sämtliche Werke,

Abteilung 1, Medizin, Band 16: Gesammelte Abhandlungen zur wissenschaftlichen Medicin. Hildesheim, Zürich, New York 2007, S. 735-779

19. Zur Trinkerproblematik (Alkoholabusus)
Rede im Reichstag 6. April 1881
Aus: Christian Andree (Hrsg.): Rudolf Virchow. Sämtliche Werke, Abteilung 2, Politik, Band 37: Politische Tätigkeit im Preußischen Abgeordnetenhaus 14. Mai 1888 bis 16. März 1901. Politische Tätigkeit im Deutschen Reichstag. Sämtliche Reden 28. Juni 1878 bis 21. April 1893 sowie dazugehörige Dokumente. Berlin, Wien 2003, S. 551-565

20. Tierversuche
Rede im Reichstag 23. Januar 1882
Aus: Christian Andree (Hrsg.): Rudolf Virchow. Sämtliche Werke, Abteilung 2, Politik, Band 37: Politische Tätigkeit im Preußischen Abgeordnetenhaus 14, Mai 1888 bis 16. März 1901. Politische Tätigkeit im Deutschen Reichstag. Sämtliche Reden 28. Juni 1878 bis 21. April 1893 sowie dazugehörige Dokumente. Berlin, Wien 2003, S. 610-621

21. Kurpfuscherei
Das Verhältnis von Naturheilern zu wissenschaftlich ausgebildeten Ärzten
Rede im Reichstag 15. März 1892
Aus: Christian Andree (Hrsg.): Rudolf Virchow. Sämtliche Werke, Abteilung 2, Politik, Band 37: Politische Tätigkeit im Preußischen Abgeordnetenhaus 14. Mai 1888 bis 16. März 1901. Politische Tätigkeit im Deutschen Reichstag. Sämtliche Reden 28. Juni 1878 bis 21. April 1893 sowie dazugehörige Dokumente. Berlin, Wien 2003, S. 744-749

22. Wie der Mensch wächst – eine Erinnerung
Aus: Christian Andree (Hrsg.): Rudolf Virchow. Sämtliche Werke, Abteilung 3, Anthropologie, Ethnologie und Urgeschichte (in Vorbereitung). Hildesheim, Zürich, New York (Quelle: Berthold Auerbach's

deutscher Volks-Kalender auf das Jahr 1861. Leipzig. Ernst Keil 1860, S. 95-105)

23. Der Aul Uolla-Koban im Lande der Osseten (Nordkaukasus)
Aus: Christian Andree (Hrsg.): Rudolf Virchow. Sämtliche Werke, Abteilung 3, Anthropologie, Ethnologie und Urgeschichte, Band 54: Das Gräberfeld von Koban im Lande der Osseten, Kaukasus. Eine vergleichend-archäologische Studie. Hildesheim, Zürich, New York 2008, S. 1-5

24. Heinrich Schliemann – der problematische Freund
Die Entstehungsgeschichte von Virchows dreiteiliger Veröffentlichung „Erinnerungen an Schliemann" in der Zeitschrift „Die Gartenlaube"
„Erinnerungen an Schliemann"
Aus: Christian Andree (Hrsg.): Rudolf Virchow. Sämtliche Werke, Abteilung 3, Anthropologie, Ethnologie und Urgeschichte, Band 68 (in Vorbereitung). Hildesheim, Zürich, New York (Quelle: Die Gartenlaube 1891, S. 66-68, 104-108, 299-303)

25. Ein jüdischer Freund: Theodor Goldstücker
Aus: Christian Andree (Hrsg.): Rudolf Virchow. Sämtliche Werke, Abteilung 4, Briefe, Band 61: Der Briefwechsel zwischen Theodor Goldstücker und Rudolf Virchow 1848 bis 1878. Hildesheim, Zürich, New York 2007, S. 11-58

26. Die Besetzung der Assistentenstellen am Berliner pathologischen Institut mit Beziehung auf das Glaubensbekenntniss der Bewerber erläutert
Aus: Christian Andree (Hrsg.): Rudolf Virchow. Sämtliche Werke, Abteilung 2, Politik, Band 38 (in Vorbereitung). Hildesheim, Zürich, New York (Quelle: Rudolf Virchow (Hrsg.): Archiv für pathologische Anatomie und Physiologie und für klinische Medizin, 44. Band. Berlin. Reimer 1868, S. 138-144)

27. Zur Erinnerung.
Blätter des Dankes für meine Freunde
Aus: Christian Andree (Hrsg.): Rudolf Virchow. Sämtliche Werke, Ab-

teilung 1, Medizin, Band 3 (in Vorbereitung). Hildesheim, Zürich, New York (Quelle: Rudolf Virchow (Hrsg.): Archiv für pathologische Anatomie und Physiologie und für klinische Medizin, 167. Band. Berlin. Reimer 1902, S. 1-15)

XI. Anmerkungen

1   An Literatur sei genannt:
    Christian Andree (Hrsg. u. Bearb.): Rudolf Virchow, Sämtliche Werke Bd. 4, Abt. I: Medizin: Beiträge zur wissenschaftlichen Medizin aus den Jahren 1846-1850, Bern, Frankfurt a. M., New York, Peter Lang 1992, 602 S. mit 6 s/w und 1 farbigen Tafel;
    Christian Andree (Hrsg. u. Bearb.): Rudolf Virchow, Sämtliche Werke Bd. 20, Abt. I: Medizin: Specielle pathologische Anatomie des Menschen in der Nachschrift von Friedrich Goll, Sommersemester 1851 in Würzburg, Berlin, Wien, New York, Blackwell 2002, 384 S. mit zahlreichen farbigen und s/w-Abbildungen im Text;
    Christian Andree (Hrsg. u. Bearb.): Rudolf Virchow, Sämtliche Werke Bd. 21, Abt. I: Medizin: Vorlesungs- und Kursnachschriften aus Würzburg – Wintersemester 1852/53 bis Sommersemester 1854, Berlin, Wien, New York, Blackwell 2000, 458 S. mit zahlreichen Originalskizzen anonymer Schüler Virchows;
    Christian Andree (Hrsg. u. Bearb.): Rudolf Virchow, Sämtliche Werke Bd. 27/1, Abt. I: Medizin: Die krankhaften Geschwülste. Dreißig Vorlesungen gehalten während des Wintersemesters 1862-1863 an der Universität zu Berlin. Erster Teil. (Vorlesung 1-16), Hildesheim, New York, Olms 2005, 602 S. mit 99 Abbildungen;
    Christian Andree (Hrsg. u. Bearb.): Rudolf Virchow, Sämtliche Werke Bd. 27/2, Abt. I: Medizin: Die krankhaften Geschwülste. Dreißig Vorlesungen gehalten während des Wintersemesters 1862-1863 an der Universität zu Berlin. Zweiter Teil. (Vorlesung 17-21), Hildesheim, New York, Olms 2005, 832 S. mit 97 Abbildungen;
    Christian Andree (Hrsg. u. Bearb.): Rudolf Virchow, Sämtliche Werke Bd. 27/3, Abt. I: Medizin: Die krankhaften Geschwülste. Dreißig Vorlesungen gehalten während des Wintersemesters 1862-1863 an der Universität zu Berlin. Dritter Teil. (Vorlesung 22-25), Hildesheim, New York, Olms 2006, 542 S. mit 38 Abbildungen;
    Christian Andree (Hrsg. u. Bearb.): Rudolf Virchow, Sämtliche Werke Bd. 28/1, Abt. I: Medizin: Gesammelte Abhandlungen auf dem Gebiete der öffentlichen Medizin und der Seuchenlehre, Hildesheim, New York, Olms 2006, XI, 619 S., mit umfangreichen Sach-, Personen- und Ortsregistern;
    Christian Andree (Hrsg. u. Bearb.): Rudolf Virchow, Sämtliche Werke Bd. 28/2, Abt. I: Medizin: Gesammelte Abhandlungen auf dem Gebiete der öffentlichen Medizin und der Seuchenlehre, Hildesheim, New York, Olms 2006, XI, 652 S., mit vier lithographierten Tafeln, mit umfangreichen Sach-, Personen- und Ortsregistern;
    Christian Andree (Hrsg. u. Bearb.): Rudolf Virchow, Sämtliche Werke Bd. 30, Abt. II: Politik: Politische Tätigkeit im Preußischen Abgeordnetenhaus 28. Oktober 1861 bis 25. Januar 1864, Bern, Frankfurt a. M., New York, Peter Lang 1992, 604 S.;

Christian Andree (Hrsg. u. Bearb.): Rudolf Virchow, Sämtliche Werke Bd. 30/1, Abt. II: Politik: Politische Tätigkeit im Preußischen Abgeordnetenhaus 28. Oktober 1861 bis 25. Januar 1864 – Registerband –, Bern, Frankfurt a. M., New York, Peter Lang 1996, 59 S.;

Christian Andree (Hrsg. u. Bearb.): Rudolf Virchow, Sämtliche Werke Bd. 31, Abt. II: Politik: Politische Tätigkeit im Preußischen Abgeordnetenhaus 17. Januar 1865 bis 6. Februar 1867, Bern, Frankfurt a. M., New York, Peter Lang 1995, 532 S.;

Christian Andree (Hrsg. u. Bearb.): Rudolf Virchow, Sämtliche Werke Bd. 32, Abt. II: Politik: Politische Tätigkeit im Preußischen Abgeordnetenhaus 1. Mai 1867 bis 11. Februar 1870, Bern, Frankfurt a. M., New York, Peter Lang 1992, 650 S.;

Christian Andree (Hrsg. u. Bearb.): Rudolf Virchow, Sämtliche Werke Bd. 33, Abt. II: Politik: Politische Tätigkeit im Preußischen Abgeordnetenhaus 14. Februar 1870 bis 13. November 1874, Bern, Frankfurt a. M., New York, Peter Lang 1996, 710 S.;

Christian Andree (Hrsg. u. Bearb.): Rudolf Virchow, Sämtliche Werke Bd. 34, Abt. II: Politik: Politische Tätigkeit im Preußischen Abgeordnetenhaus 6. Februar 1875 bis 2. März 1877, Berlin, Wien, New York, Blackwell 1999, 654 S.;

Christian Andree (Hrsg. u. Bearb.): Rudolf Virchow, Sämtliche Werke Bd. 35, Abt. II: Politik: Politische Tätigkeit im Preußischen Abgeordnetenhaus 23. Oktober 1877 bis 22. Februar 1881, Berlin, Wien, New York, Blackwell 2000, 650 S.;

Christian Andree (Hrsg. u. Bearb.): Rudolf Virchow, Sämtliche Werke Bd. 36, Abt. II: Politik: Politische Tätigkeit im Preußischen Abgeordnetenhaus 24. März 1881 bis 26. April 1887, Berlin, Wien, New York, Blackwell 2001, 594 S.;

Christian Andree (Hrsg. u. Bearb.): Rudolf Virchow, Sämtliche Werke Bd. 37, Abt. II: Politik: Politische Tätigkeit im Preußischen Abgeordnetenhaus 14. Mai 1888 bis 16. März 1901 (letzte gehaltene Rede). Politische Tätigkeit im Deutschen Reichstag. Sämtliche Reden 28. Juni 1878 bis 21. April 1893 sowie dazugehörige Dokumente, Berlin, Wien, New York, Blackwell 2003, 889 S.;

Christian Andree (Hrsg. u. Bearb.): Rudolf Virchow, Sämtliche Werke Bd. 52, Abt. III: Anthropologie, Ethnologie und Urgeschichte: Zur Kraniologie Amerikas. Arbeiten aus den Jahren 1871 bis 1894, Berlin, Wien, New York, Blackwell 2002, 488 S.;

Christian Andree (Hrsg. u. Bearb.): Rudolf Virchow, Sämtliche Werke Bd. 59, Abt. IV: Briefe Virchows und seiner Zeitgenossen und Registerbände: Der Briefwechsel mit den Eltern 1839 bis 1864, Berlin, Wien, New York, Blackwell 2001, 1040 S.;

Christian Andree (Hrsg. u. Bearb.): Rudolf Virchow, Sämtliche Werke Bd. 61, Abt. IV: Briefe Virchows und seiner Zeitgenossen und Registerbände: Der Briefwechsel zwischen Theodor Goldstücker und Rudolf Virchow 1848 bis 1878 zum ersten Mal vollständig in historisch-kritischer Edition, Hildesheim, New York, Olms 2007, 618 S.

Zur Biographie:
a) Erwin Heinz Ackerknecht: Rudolf Virchow – Arzt, Politiker, Anthropologe. Stuttgart, Enke 1957 [veraltet].
b) Christian Andree: Rudolf Virchow, in: Berlinische Lebensbilder – Mediziner, hrsg. v. Wilhelm Treue und Rolf Winau. (Einzelveröffentlichungen der Historischen Kommission zu Berlin, 60. Berlinische Lebensbilder, hrsg. v. Wolfgang Ribbe, Bd. 2: Mediziner) Berlin, Colloquium 1987, S. 175-190.
c) Manfred Vasold: Rudolf Virchow. Der große Arzt und Politiker. Stuttgart, DVA 1988 [zahlreiche sachliche Fehler].
d) Constantin Goschler: Rudolf Virchow. Mediziner – Anthropologe – Politiker, Köln, Weimar, Wien, Böhlau 2002, 556 S. [postmodernistisch, von Kritikern als „Fischsuppe ohne Fisch" bewertet].
e) Christian Andree: Virchows Weg von Berlin nach Würzburg. Eine heuristische Studie zu den Archivalien der Jahre 1848-1856, Würzburg, Königshausen & Neumann 2002, 301 S.
f) Christian Andree: Leben und Ethos eines großen Arztes, München, Langen Müller 2002, 304 S.

2 Otto Lubarsch: Biographische Einleitung, in: Virchows Archiv (zit. VA) 235, 1921, S. 2.

3 De rheumate praesertim corneae. Dissertatio inauguralis pathologica quam consensu et auctoritate gratiosi medicorum ordinis in alma literarum universitate Friderica Guilelma ut summi in medicina et chirurgia honores rite sibi concedantur. Die XXI. M. Octobris a. MDCCCXLIII. H.L.Q.S. Publicate defendet auctor Rudolphus Virchow Schivelbeinensis. S. 50; vgl. die vom Autor betreute Inauguraldissertation zur Erlangung der Doktorwürde an der Medizinischen Fakultät der Christian-Albrechts-Universität zu Kiel von Klaus Bublitz: „Rudolph Virchow: De rheumate praesertim corneae. Eine Untersuchung der angewandten Methoden bei der Erstellung der Dissertation von 1843", Diss. med. Kiel 2004.

4 Rudolf Virchow: Medizin und Naturwissenschaft. Zwei Reden 1845. (Bearbeitet von Klaus Klauß) Berlin, Akademie 1986, S. 59-60.

5 (wie Anm. 4) S. 67-75.

6 vgl. Christian Andree (Hrsg. u. Bearb.): Rudolf Virchow, Sämtliche Werke Bd. 59, Abt. IV: Briefe Virchows und seiner Zeitgenossen und Registerbände: Der Briefwechsel mit den Eltern 1839 bis 1864, Berlin, Wien, New York, Blackwell 2001, 1040 S.

7 Berlin, Charité, 27. Oktober 1847, in: Christian Andree (Hrsg. u. Bearb.): Rudolf Virchow, Sämtliche Werke Bd. 59, Abt. IV: Briefe Virchows und seiner Zeitgenossen und Registerbände: Der Briefwechsel mit den Eltern 1839 bis 1864, Berlin, Wien, New York, Blackwell 2001, 1040 S.

8 Christian Andree: Rudolf Virchow (1821-1902): „Das Interesse der Menschheit verlangte von mir, dasjenige zu sagen, was mir als wissenschaftliche Wahrheit galt". Plan einer Werkausgabe. in: Jahrb. d. schlesischen Friedrich-Wilhelms-Universität zu Breslau. XXXI, 1990 S. 294.
vgl. im übrigen Christian Andree (Hrsg. u. Bearb.): Rudolf Virchow, Sämtliche

Werke Bd. 59, Abt. IV: Briefe Virchows und seiner Zeitgenossen und Registerbände: Der Briefwechsel mit den Eltern 1839 bis 1864, Berlin, Wien, New York, Blackwell 2001, 1040 S.
9 Christian Andree (Hrsg. u. Bearb.): Rudolf Virchow, Sämtliche Werke Bd. 4, Abt. I: Medizin: Beiträge zur wissenschaftlichen Medizin aus den Jahren 1846-1850, Bern, Frankfurt a. M., New York, Peter Lang 1992, 602 S. mit 6 s/w und 1 farbigen Tafel. „Mittheilungen über die in Oberschlesien herrschende Typhus-Epidemie", S. 357-482.
10 (wie Anm. 9).
11 vgl. Christian Andree (Hrsg. u. Bearb.): Rudolf Virchow, Sämtliche Werke Bd. 59, Abt. IV: Briefe Virchows und seiner Zeitgenossen und Registerbände: Der Briefwechsel mit den Eltern 1839 bis 1864, Berlin, Wien, New York, Blackwell 2001, 1040 S.
12 (wie Anm. 1 e).
13 (wie Anm. 1 e).
14 Christian Andree (Hrsg. u. Bearb.): Rudolf Virchow, Sämtliche Werke Bd. 23 (in Vorbereitung), Abt. I: Medizin, Hildesheim, New York, Olms.
Darin: Die Noth im Spessart. Eine medicinisch-geographisch-historische Skizze. Vorgetragen in den Sitzungen vom 6. und 13. März 1852. in: Verhandl. d. Würzb. phys.-med. Ges. 3, 1852 S. 105-160.
15 Christian Andree (Hrsg. u. Bearb.): Rudolf Virchow, Sämtliche Werke Bd. 26 (in Vorbereitung), Abt. I: Medizin, Hildesheim, New York, Olms.
„Die Cellularpathologie in ihrer Begründung auf physiologische und pathologische Gewebelehre. Zwanzig Vorlesungen gehalten während der Monate Februar, März und April 1858 im Pathologischen Institut zu Berlin". Berlin 1858. Das häufig von Virchow zitierte Motto zierte auch sein Exlibris.
16 (wie Anm. 15) 2. Auflage 1859, 3. Auflage 1862, 4. Auflage 1871, 5. Auflage 1893 (= Vorlesung über Pathologie, 1).
17 Christian Andree (Hrsg. u. Bearb.): Rudolf Virchow, Sämtliche Werke Bd. 5 (in Vorbereitung), Abt. I: Medizin, Hildesheim, New York, Olms.
„Die medicinische Reform" Nr. 52 vom 29. Juni 1849.
18 Christian Andree (Hrsg. u. Bearb.): Rudolf Virchow, Sämtliche Werke Bd. 30, Abt. II: Politik: Politische Tätigkeit im Preußischen Abgeordnetenhaus 28. Oktober 1861 bis 25. Januar 1864, Bern, Frankfurt a. M., New York, Peter Lang 1992, S. 17. Seine erste Rede im Preußischen Abgeordnetenhaus fand am 14. Februar 1862 statt.
19 Christian Andree (Hrsg. u. Bearb.): Rudolf Virchow, Sämtliche Werke Bd. 30, Abt. II: Politik: Politische Tätigkeit im Preußischen Abgeordnetenhaus 28. Oktober 1861 bis 25. Januar 1864, Bern, Frankfurt a. M., New York, Peter Lang 1992, S. 518.
20 Oskar Klein-Hattingen: Geschichte des deutschen Liberalismus, Berlin 1911, Bd. 1, S. 265-266.
21 Die Vorgänge werden vollständig dokumentiert in: Christian Andree (Hrsg. u. Bearb.): Rudolf Virchow, Sämtliche Werke Bd. 31, Abt. II: Politik: Politische

Tätigkeit im Preußischen Abgeordnetenhaus 17. Januar 1865 bis 6. Februar 1867, Bern, Frankfurt a. M., New York, Peter Lang 1995, 532 S.
22 Christian Andree: Rudolf Virchow als Prähistoriker. 3 Bde. Köln, Wien, Böhlau 1976-1986. Hier Bd. 1: Virchow als Begründer der modernen deutschen Ur- und Frühgeschichtswissenschaft.
23 Christian Andree: Heinrich Schliemann und Rudolf Virchow. in: William M. Calder III und Justus Cobet (Hrsg.): Heinrich Schliemann nach hundert Jahren, Frankfurt a. M., Klostermann 1990, S. 256-295.
24 vgl. Christian Andree: Über Griechenland und Troja, alte und junge Gelehrte, Ehefrauen und Kinder. Briefe von Rudolf Virchow und Heinrich Schliemann aus den Jahren 1877-1885, Köln, Wien, Böhlau 1991.
25 Christian Andree: Rudolf Virchow – Theodor Billroth, Leben und Werk, Kiel 1979, S. 53-56.
26 CCV: handschriftliche Bemerkung von Carl Christian Virchow, dem Vater Rudolfs.
27 CCV: s. Anm. 26.
28 CCV: s. Anm. 26.
29 Die fehlende (halbe) Textzeile ist nachträglich (nicht von Rudolf Virchow) unleserlich gemacht. Sie wird von Marie Rabl mit „nicht" wiedergegeben. Dieses „nicht" entspricht nicht dem Originaltext, der in jedem Fall umfangreicher war.
30 Die fehlende Textzeile ist nachträglich (nicht von Rudolf Virchow) unleserlich gemacht. Marie Rabl schreibt dazu in ihrer Edition (S. 136): „Die hier ausgelassene Stelle wurde vom Vater durchstrichen und unleserlich gemacht." Diese Formulierung läßt offen, wer in diesem Fall mit „Vater" gemeint ist. Nach meiner Überzeugung sind die Texteliminierungen von Carl Christian Virchow, dem Großvater, und nicht von Marie Rabls Vater vorgenommen worden.
31 Dieser Satz ist von Marie Rabl als Auslassung gekennzeichnet.
32 CCV: s. Anm. 26.
33 Bezirksverein: vgl. auch Virchows bisher unveröffentlichtes Tagebuch von 1848 (Wahllisten und ausdrückliche Hinweise auf Beschlüsse des Friedrich-Wilhelmstädtischen Bezirksvereines, das in Band 2 der Virchow-Gesamtausgabe veröffentlicht wird: Christian Andree (Hrsg. u. Bearb.]: Rudolf Virchow. Sämtliche Werke, Abteilung 1, Medizin, Band 2 (in Vorbereitung). Hildesheim, Zürich, New York, Olms.
34 medicinische Wochenschrift ...: Gemeint ist die „Medicinische Reform", die am 10. Juli 1848 zum ersten Mal erschien. R. Virchow gab sie zusammen mit R. Leubuscher heraus (vgl. den Brief an den Vater vom 29. September 1848).
35 Ich folge hier in meinen Angaben hauptsächlich dem Kalender für den Oberschlesischen Bergmann auf das Rechnungsjahr 1845, (Zweiter Jahrgang) herausgegeben von R. v. C a r n a l l, wo pag. 27 sq. das aufgeschwemmte Gebirge von Oberschlesien abgehandelt ist.
36 Diese Ansicht von C a r n a l l scheint mir namentlich durch den Umstand gestützt zu werden, daß an den höheren Punkten gewöhnlich Lehm, an den tieferen Grand die Bodendecke zu bilden pflegt.

37 Auf den Wegen bilden sich daher leicht unsichere Stellen, indem die zäh in einander haftende Lehmdecke von einer vollkommen aufgeweichten Unterlage getragen wird und bei geringen Lasten sich stark einbiegt. Man belegt diese Stellen mit dem ganz bezeichnenden Namen „Lederbrücken".

38 Ein alter (barbarischer) Schriftsteller erzählt von den Slaven: *Sunt enim Slavi proceri omnes ac robustissimi; colorem nec summe candidum habet cutis nec flavum coma, neque is plane in nigrum deficit, ac subrufus est. (Procop. de bello Gothico III. c. 4.)*

39 Dieselbe Aufgabe stellte bekanntlich die *Académie de Médicine* zu Paris in der Pestfrage an die ägyptische Regierung.

40 Mit Vergnügen citire ich hier einen Satz von d e R e n z i *(Corrispond. scientif. in Roma. 1847. No. 2.): Quando il medico vien chiamato alla custodia di un popolo, a studiare la natura de' luoghi e la influenza de' climi, ad appressare le abitudini ed i costumi, l'indole e le passioni, le leggi e la religione; quando e chiamato a seguire le cause di generale distenzione a porre un' argine alla irruzione de' contagi ed epidemie desolatrici; quando è chiamato a raddrizzare la bilancia della giustizia, a dirigere la spada del magistrato, onde ferire il colpevole e proteggere l'innocente; a fornire cognizioni al legislatore, onde non formi della legge una forza bruta che diriga materialmente come una mandria d'animali gli uomini pel retto sentiero, ma una forza di ragione ed un mezzo di civiltà e di progresso: in questo caso la medicina acquista ancora una novella maestà, e diviene tale potenza ch'e impossibile metterla in materiali rapporti di convenzioni e di premio.*

41 Hennig, Julius Karl August v., geboren 1821 (oder 1822) in Marienwerder und 1877 in Berlin gestorben. Nach dem Jurastudium in Bonn und Berlin von 1846 bis 1863 Rittergutsbesitzer in Planchott b. Briesen in Westpreußen. 1862 bis 1873 unbesoldeter Stadtrat in Berlin. In dieser Funktion hat er viel mit Virchow zusammengearbeitet. Abgeordneter des Preußischen Abgeordnetenhauses für Marienwerder (Westpreußen) zunächst für die Linke, später für die Fortschrittspartei.

42 Zeitschrift für Theologie. In Verbindung mit mehreren Gelehrten, herausgegeben vom Geheimen Rath Dr. Hug, geistl. Rath Dr. Werk, geistl. Rath Dr. von Hirscher, geistl. Rath Dr. Staudenmaier und Dr. Vogel, Professoren der theologischen Facultät der Universität in Freiburg im Breisgau. Freiburg 1840, Bd. 4, S. 167-183 (vgl. Christian Andree: Der Kulturkampf in Schlesien. In: Archiv für schlesische Kirchengeschichte. Sigmaringen 1995. Bd. 53, S. 151-168).

43 Vgl. Christian Andree, Rudolf Virchow. Leben und Ethos eines großen Arztes. München 2002, S. 169-172.

44 Gemeint ist der evangelisch-lutherische Jurist Ludwig August Brüel (1818, Hannover-1896, Berlin), der nicht nur dem Preuß. Abgeordnetenhaus und der Hannoverschen Landessynode angehörte, sondern auch Vorsitzender des Landes-Synodalausschusses gewesen war.

45 Vgl. Christian Andree: Rudolf Virchow (1821-1902) im Spannungsfeld von Glaube, Kirche und Staat. In: Jahrbuch für Schlesische Kirchengeschichte, Würzburg 2005/06, Bd. 84/85, S. 109-110.

46 *Chéreau* hat in einer ebenso gelehrten, als scharfsinnigen Arbeit (Mém. pour servir à l'étude des maladies des ovaires. 1844.) ganz dem Standpunkte der Wissen-

schaft gemäss diesen Gegenstand dargestellt, soweit er sich eben auf seinen Zweck, die Eierstocks-Krankheiten, bezieht; ich kann nicht umhin, dieser schonen Abhandlung gegenüber meine ganze Anerkennung auszusprechen.

47 Ich erinnere dabei an den von E. H. *Weber* nachgewiesenen männlichen Uterus und den von *Kobelt* entdeckten Nebeneierstock, von denen ich der Gesellschaft Präparate vorgelegt habe. (Sitz. vom 9. Novbr. 1847.)

48 *Chéreau* (Maladies des ovaires p. 72. 91) urgirt mit vollem Recht, dass es ganz falsch gewesen sei, immer den Uterus als das eigentlich charakteristische Organ hervorzuheben und mit *van Helmont* zu sagen: Propter solum uterum mulier est id quod est. Der Uterus, als ein Theil der Geschlechtswege, des Leitungsapparates ist eben nur ein Organ secundärer Bedeutung.

49 vgl. die Bibliographie in Christian Andree: Rudolf Virchow als Prähistoriker, Bd. 1. Virchow als Begründer der neueren deutschen Ur- und Frühgeschichtswissenschaft. Köln, Wien. Böhlau 1976, S. 173-267.

50 Der Bezirk hiess früher Tagata, und nur georgisch Taguri oder Tagaur. So berichtet Joh. Ant. Güldenstädt (Reisen durch Russland und im kaukasischen Gebirge, herausgegeben von Pallas. St. Petersburg 1787, Bd. I, S. 474).

51 P. S. Pallas (Bemerkungen auf einer Reise in die südlichen Statthalterschaften des russ. Reiches. Leipzig, 1799. Bd. I, S. 363) giebt eine ganz ähnliche Abbildung von einem tscherkessischen Fürstengrabe, das er auf einem Berge zwischen der Malka und dem Bache Kurai sah.

52 B. Statkowski, Problèmes de la climatologie du Caucase. Paris 1879. p. 41.

53 Wie Hr. Chantre (Matériaux pour l'histoire primitive et naturelle de l'homme. 1882. Juin. Sér. II, T. XIII, p. 242) zu der Annahme einer Höhe von 3000 m kommt, vermag ich nicht einzusehen.

54 Julius v. Klaproth, Reise in den Kaukasus und nach Georgien, unternommen in den Jahren 1807 und 1808. Halle und Berlin 1814. Bd. II. S. 609.

55 Die Schilderung, welche Klaproth (a. a. O. Bd. II, S. 587) von den Osseten entwirft, ist in manchen Stücken abweichend. Er sagt: „Die Osseten sind ein ziemlich gut gebildetes Volk, von starkem und kraftvollem, gewöhnlich mittelmässigem Wuchs, denn die Männer sind gewöhnlich nur 5 Fuss 2–4 Zoll hoch. Ihre Körper sind nicht fett, aber sehr fleischigt und breit, besonders die weiblichen. Sie unterscheiden sich vorzüglich durch ihre Gesichtsbildung, Farbe der Haare und Augen, von ihren Nachbarn, die sehr viel Europäisches haben. Blaue Augen und blondes und rothbraunes Haar finden sich häufig bei den Osseten; recht schwarzes Haar aber fast niemals. Sie sind gesund und fruchtbar. Menschen, die über siebenzig Jahr alt werden, findet man selten. Die Frauenzimmer sind gewöhnlich klein und unansehnlich, haben runde Gesichter und Stumpfnasen, aber einen festen Körperbau, der durch schwere Arbeit und derbe Kost gestärkt wird. Doch machen die im Tagaur'schen Distrikt eine Ausnahme, indem sie sich durch ihre Schönheit und schlanken Wuchs vor allen ihren Landsmänninnen auszeichnen. Sie gleichen den Georgianerinnen, und wahrscheinlich stammt ihre vortheilhafte Bildung von der Vermischung ihrer Voreltern mit Georgianerinnen her." Da die Reisen Klaproth's hauptsächlich das Gebiet von Digurien, westlich von Tagaurien,

betrafen, so könnte die Differenz seiner Angaben einen localen Grund haben. Indess ergeben die Notizen, welche mir General v. Erckert über Osseten aus der Umgegend von Alagir überschickt hat, dasselbe, was ich in Gisel und Koban beobachtete: durchweg dunkle, entweder braune oder schwarze Kopf- und Barthaare, braune, gelegentlich hellbraune Augen. Die gleichfalls abweichenden Angaben von Karl Koch (Reise durch Russland nach dem kaukasischen Isthmus. Stuttgart und Tübingen, 1843. Bd. II, S. X, 82, 102) beziehen sich wohl hauptsächlich auf die von ihm besuchten Süd-Osseten.

56 In der benachbarten Kabardá wurden schon im 16. Jahrhundert durch den Czar Iwan Wassiliewitsch russische Missionäre eingesetzt, aber die christliche Religion, welche überhaupt keine grosse Ausbreitung fand, erlag sehr bald wieder dem Islam (Güldenstädt a. a. O. Bd. I, S. 506). Der erste Versuch, die Osseten selbst zur russischen Kirche zu bekehren, wurde im 18. Jahrhundert gemacht; 1752 wurde eine besondere ossetische Commission zur Verbreitung des Christenthums eingesetzt, auch ein Kloster am Fiagdon gegründet, aber schon 1769 zerstörten es die Osseten und es wurde nicht wieder aufgerichtet (Klaproth a. a. O. Bd. I, S. 308, 360; Bd. II, S. 607).

57 Klaproth a. a. O. Bd. II, S. 600.

58 Ebendaselbst, S. Bd. I, S. 359.

59 Adolf Kröner, seit 1905 von Kröner (26.5.1839, Stuttgart-29.1.1911, Stuttgart), Verleger und Vorsitzender des Börsenvereins der Deutschen Buchhändler; 1884 Übernahme der weitverbreiteten Familienzeitschrift „Die Gartenlaube".

60 Rudolf Virchow: „Erinnerungen an Schliemann. I", in: Die Gartenlaube: Illustrirtes Familienblatt, Nr. 4, Leipzig, Ernst Keil's Nachfolger 1891, S. 66-68.

61 Rudolf Virchow: „Erinnerungen an Schliemann. II", in: Die Gartenlaube: Illustrirtes Familienblatt, Nr. 7, Leipzig, Ernst Keil's Nachfolger 1891, S. 104-108.

62 Rudolf Virchow: „Erinnerungen an Schliemann. III", in: Die Gartenlaube: Illustrirtes Familienblatt, Nr. 18, Leipzig, Ernst Keil's Nachfolger 1891, S. 299-303.

63 Leiter war der einflußreiche Schliemann-Feind Ernst Curtius (2.9.1814, Lübeck-11.7.1896, Berlin), Archäologe und Historiker, Erzieher des preuß. Kronprinzen und nachmaligen Kaisers Friedrich III.

64 Heinrich Schliemann: „Mykenae: Bericht über meine Forschungen und Entdeckungen in Mykenae und Tiryns. Mit einer Vorrede von W. E. Gladstone", Leipzig, Brockhaus 1878, 4 S., zahlr. Ill., Pl. und Taf.

65 Dieser Manuskriptentwurf ist Bestandteil der Kröner-Korrespondenz Virchows.

66 Otto Braun (1.8.1824, Kassel-12.6.1900, München), Schriftsteller und Publizist; in seinen Studienjahren an den Universitäten Bonn, Heidelberg und Marburg war er politisch aktiv; im März des Revolutionsjahres 1848 wurde er in Marburg „Präsident der Marburger Studentenschaft"; nach Abschluß des Jurastudiums gründete er in seiner Geburtsstadt die „Hessischen Jahrbücher", 1857 das „Kasseler Sonntagsblatt"; von 1860-1891 war er Redakteur der ursprünglich Augsburger, später Münchener „Allgemeinen Zeitung"; 1885 anläßlich seines 25jährigen

Redaktions-Jubiläums wurde er in München zum Ehrendoktor der Philosophie promoviert.

67 Ein solcher Bestechungsversuch erscheint durchaus glaubhaft (vgl. Schliemanns Verhalten gegenüber Virchows Familie, über das sich Rudolf Virchow in einem Brief vom 9. Februar 1881 bei Schliemann beschwert. Dort ist von „unmotivirt großen Geschenken" die Rede. Mit allzu großzügigen Gaben hatte Schliemann nämlich versucht, über Frau und Töchter Virchows auf diesen selbst Einfluß zu nehmen. Er wollte Virchow, dessen Arbeitsüberlastung in Berlin er kannte, ganz und gar für sich allein nach Griechenland und Kleinasien ziehen. Virchow sollte nur noch als Mitarbeiter Schliemanns seinen Lebensunterhalt verdienen. Aber dabei war er an den Falschen geraten (vgl. Christian Andree: „Über Griechenland und Troja, alte und junge Gelehrte, Ehefrauen und Kinder. Briefe von Rudolf Virchow und Heinrich Schliemann aus den Jahren 1877-1885", Köln, Wien, Böhlau 1991, S. 28)).

68 Der griechische Name des Gottes der Heilkunde.

69 Vor etwa Jahresfrist ist bei F. A. Brockhaus in Leipzig ein Buch erschienen, welches die Ergebnisse der Schliemannschen Forschungen zusammenfassend und in einer für weite Kreise verständlichen Form behandelt. Auch ein kurzer lebensgeschichtlicher Abriß findet sich daselbst, und ein reicher Schatz von Abbildungen, meist nach den Schliemannschen Originalwerken, ist ihm beigegeben. Das Buch führt den Tiel: 'Schliemanns Ausgrabungen in Troja, Tiryns, Mykenae, Orchomenos, Ithaka im Lichte der heutigen Wissenschaft. Dargestellt von Dr. Carl Schuchardt, Direktor des Kestnermuseums in Hannover.' Anmerk. der Redaktion.

70 „Bekanntmachung des Geheimen Staatsministerii vom 4. Dezember 1822. in Bezug auf das Edikt vom 11ten März 1812. wegen nicht ferner Statt findender Zulassung der Juden zu akademischen Lehr- und Schulämtern.
Seine Majestät der König haben durch Höchste Kabinettsordre vom 18ten August d. J. die Bestimmung des Ediktes vom 11. März 1812., §. 7. und 8., wonach die für Einländer zu achtenden Juden zu akademischen Lehr- und Schulämtern, zu welchen sie sich geschickt gemacht haben, zugelassen werden sollen, wegen der bei der Ausführung sich zeigenden Mißverhältnisse, aufgehoben, welches hierdurch bekannt gemacht wird. Berlin, den 4ten Dezember 1822. Königliches Geheimes Staats-Ministerium…", in: Sammlung der für die Königlichen Preußischen Staaten erschienenen Gesetze und Verordnungen, Berlin 1822, Nr. 174.

71 Die Königsberger Albertina-Universität war gemäß ihrer Stiftungsurkunde eine protestantische Universität. Neben Goldstücker wurde beispielsweise auch dem katholischen Arzt Karl Theodor Ernst von Siebold (1804-1885) als Nicht-Protestanten die Habilitation dort verweigert. Im Januar 1848 wurde vom Generalkonzil mit 18 zu 5 Stimmen die „Aufhebung der Ausschließung der Nichtevangelischen" beantragt. Am 14. Januar 1848 sprach sich das Generalkonzil dafür aus, daß das Prorektorat und das Amt des Stipendiencurators nur von Protestanten bekleidet werden dürfe. Das Dekanat sollte allen Ordinarien zugänglich sein (vgl. Hans Prutz, Die königliche Albertus-Universität zu Königsberg i. Pr. Im

neunzehnten Jahrhundert. Zur Feier ihres 350 jährigen Bestehens. Königsberg 1894, S. 222 ff., 281 ff.).

72 So berichtet Friedrich Max Müller (1823-1900), der große Indologe, Sprach- und Religionswissenschaftler, später Professor am All Souls College in Oxford, der selbst in Paris studiert und die Bekanntschaft Burnoufs gesucht hatte, in: My Autobiographie. A Fragment, London/Bombay, Longmans, Green, and Co. 1901, S. 165: „His [sc. Burnoufs] select class contained some good men. There were Barthélemy St. Hilaire, the famous translator of Aristotle, and for a time Minister of foreign Affairs in France, the Abbé Bardelli, R. Roth, Th. Goldstücker, and a few more."

73 Varnhagen von Ense, Mitglied der Berliner wissenschaftlichen Sozietät, war 1817 Ministerresident in Karlsruhe, wurde 1819 abberufen und 1824 endgültig in den Ruhestand versetzt.

74 Im selben Jahr erschien der zweite Band des „Kosmos" von Humboldt. Darin schreibt dieser in einer Anmerkung: „Um das Wenige zu vervollständigen, was im Text der indischen Litteratur entlehnt ist, und um (wie früher bei der griechischen und römischen Litteratur geschehen ist) die Quellen einzeln angeben zu können, schalte ich hier nach den freundlichen handschriftlichen Mittheilungen eines ausgezeichneten und philosophischen Kenners der indischen Dichtungen, Herrn Theodor Goldstücker, allgemeinere Betrachtungen über das indische Naturgefühl ein …" Es folgt über mehr als drei Seiten die wörtliche Wiedergabe der Goldstückerschen Ausführungen (vgl. Alexander von Humboldt, Kosmos/ Entwurf einer physischen Weltbeschreibung, Teilband 2, herausgegeben von Hanno Beck, Darmstadt 1993, S. 34-37, Anm. 62). Die Bedeutung einer Zitierung durch von Humboldt läßt sich ermessen, wenn man bei F. Max Müller liest: „In einer Fussnote in seinem ‚Kosmos' erwähnt zu sein, war für einen Gelehrten, was es für eine griechische Stadt bedeutet, in der Aufzählung der Schiffe in der Iliade vorzukommen.", in: Alte Zeiten – alte Freunde. Lebenserinnerungen von F. Max Müller, Professor der vergleichenden Sprachwissenschaft zu Oxford. Authorisirte Uebersetzung von H. Groschke, Gotha 1901, Perthes, S. 192.

75 Belegt wird dies beispielsweise auch durch Marie Rabl, eine der Töchter Virchows, wenn sie in ihrer Edition des Briefwechsels zwischen Virchow und seinen Eltern (Marie Rabl (Hrsg.), Rudolf Virchow, Briefe an seine Eltern 1839 bis 1864, 2. Auflage, Leipzig 1907) alle revolutionären Äußerungen Virchows eliminiert – zum Teil ohne die Auslassungen in ihrem Text überhaupt als solche kenntlich zu machen (vgl. Christian Andree, Virchows Weg von Berlin nach Würzburg, Eine heuristische Studie, Würzburg 2002, S. 29 mit Anm. 60 und 61; S. 54 mit Anm. 174).

76 Johann Karl Rodbertus (1805-1875) war Volkswirtschaftler (Schriften zum wissenschaftlichen Sozialismus) und Politiker. Er leitete im Ministerium Auerswald vom 25. Juni bis zum 6. Juli 1848 das Kultusministerium.

77 Friedrich Heinrich Ernst Graf von Wrangel (1784-1870) hatte am 8. September 1848 den Oberbefehl über die Marken übernommen, nachdem er zuvor die deutschen Bundestruppen im deutsch-dänischen Krieg in Schleswig-Holstein geführt

hatte. Am 9. November 1848 war er mit den bei Berlin stehenden Truppen in die Hauptstadt eingerückt, hatte am 12. November den Belagerungszustand verhängt und, ohne daß es zu einem Blutvergießen kam, die Regierungsautorität wiederhergestellt.

78 vgl. Christian Andree: Rudolf Virchow als Prähistoriker, Bd. 1: Virchow als Begründer der neueren deutschen Ur- und Frühgeschichtswissenschaft. Köln, Wien, Böhlau 1976, S. 13.